仲裁司法审查机制研究

张圣翠 著

复旦大学出版社

国家社科基金后期资助项目
出版说明

后期资助项目是国家社科基金设立的一类重要项目，旨在鼓励广大社科研究者潜心治学，支持基础研究多出优秀成果。它是经过严格评审，从接近完成的科研成果中遴选立项的。为扩大后期资助项目的影响，更好地推动学术发展，促进成果转化，全国哲学社会科学工作办公室按照"统一设计、统一标识、统一版式、形成系列"的总体要求，组织出版国家社科基金后期资助项目成果。

全国哲学社会科学工作办公室

前　　言

　　本著作是在作者作为负责人的国家社会科学基金后期资助项目(立项号为 17FFX021)研究报告的基础上经两次修改后完成的。

　　第一次修改始于 2017 年 10 月底获得了参加以上项目立项评审的五位专家的意见之时,直至 2019 年 3 月底申请鉴定为止。鉴于近十年来,国家社会科学基金一般项目及后期资助项目等不能通过鉴定的情况时有所闻,加上本书负责人与团队成员本来就有的认真做科研的态度,在这一年多的时间内,除了大的章节条目几乎未改以确保主干仍属于立项成果以外,我们非常下功夫地做出了很多内容方面的改动和更新,包括:充实、扩展、深化仲裁司法审查制度的基础理论;将近五年的新理论成果与实践作为 1/3 以上篇幅的新论据;通过控制论据的文字表达长度、多在一些段中添加分析说明、增加承启或总结说明段落、每章再添加小结等手段增强各部分的逻辑联系性与理论性;根据近两年中国多个司法解释的出台而发生的仲裁司法审查机制内容方面的较大变化,境外关于仲裁司法审查机制的理论和实践的新情况,基于只有采用更多字数才能清楚论述新认识,我们将本书申报时原计划书稿字数(共 19.8 万字)增 20%(达 24 万字左右)变成了 29 万余字,即实际增幅约为 50%,比申报时的计划增幅多出了一倍多,且百分之百根据近三年的新论据写就。

　　尽管以上的第一次修改非常辛苦,我们依然诚挚地感谢立项评审时提出批评意见的每一位专家,因为这些意见所促成的修改使得我们对申请鉴定时的成果更为满意!当然也十分感谢前面提及的未能通过国家社科基金项目鉴定的一些学者,因为他们的前车之鉴一直令我们不敢怠慢批评专家的各项修改意见!正是这些专家与学者们的双重鞭策,以上的第一次修改成果于 2020 年 3 月获得了国家社科基金后期资助项目专家"通过"的鉴定。然而,由于距离以上的第一次修改完成时间已有一年有余,中外的仲裁司法审查机制又有了一些新的变化,我们便作出了第二次修改以保持其新颖性,结果便是呈现于读者面前的本著作。

此外，作为直接著者的本人还应感谢原项目的张振安、傅志军、刘明辉、朱淑娣和郁恒娟等成员的大力协助，各自单位领导和亲友的支持。更要感谢使得本著作得以及时面世的复旦大学出版社领导和责任编辑。

限于篇幅和时间，本著作对仲裁保密性争议、案外人权益争议的司法审查机制问题等未进行专门的深入研究，我们期待将来机会合适时予以弥补。另一方面，囿于水平，本著作肯定存在不少缺点，欢迎读者批评指正。

目录 Contents

绪 论 1
 一、本著作中关键词的释义 1
 二、本著作的目的与研究背景 5
 三、同类选题的研究现状 9
 四、本著作的研究意义 31
 五、本著作的基本构架和研究方法 32

第一章　概述 34
 第一节　仲裁司法审查机制沿革 34
  一、境外仲裁司法审查机制的沿革 34
  二、中国内地仲裁司法审查机制的沿革 38
 第二节　仲裁司法审查机制的指导理论与制度渊源 41
  一、仲裁司法审查机制的指导理论 41
  二、仲裁司法审查机制中的制度渊源 62
 本章小结 68

第二章　仲裁协议争议的司法审查机制 70
 第一节　概述 70
  一、提请司法审查仲裁协议争议的类型 70
  二、境外仲裁协议争议准许司法审查发生的阶段 72
  三、中国仲裁协议争议司法审查阶段规范的缺陷与完善 79
 第二节　主体可仲裁性争议的司法审查 82
  一、境外所依据的制定法 82
  二、境外司法审查实践 86
  三、中国所依据的法律制度及其完善 89
 第三节　客体可仲裁性争议的司法审查 92

一、境外所依据的法律规范演变 …………………………………… 92
　　二、中国所依据的法律制度及其改进 ……………………………… 97
　第四节　仲裁协议形式争议的司法审查 ………………………………… 101
　　一、境外所依据的制定法规则演变 ………………………………… 101
　　二、境外司法审查实践 ……………………………………………… 105
　　三、中国所依据的规则及其完善 …………………………………… 108
　第五节　仲裁协议合意争议的司法审查 ………………………………… 112
　　一、是否存在对仲裁要约接受的合意争议 ………………………… 113
　　二、是否存在都同意仲裁协议必备内容的合意争议 ……………… 115
　　三、约定多种解决纠纷方式的仲裁合意争议 ……………………… 120
　　四、并入或援引是否构成合意的争议 ……………………………… 122
　第六节　司法审查仲裁协议机制中其他值得注意的因素 ……………… 125
　　一、司法审查仲裁协议争议的举证责任与证据标准 ……………… 125
　　二、仲裁协议内容合法性争议的司法审查 ………………………… 127
　　三、司法审查仲裁协议的友好态度 ………………………………… 129
　本章小结 ……………………………………………………………………… 135

第三章　涉及仲裁员争议的司法审查机制 ………………………………… 138
　第一节　仲裁员选任争议的司法审查 …………………………………… 138
　　一、仲裁员选任争议司法审查的制定法依据 ……………………… 138
　　二、司法审查实践 …………………………………………………… 142
　第二节　仲裁员独立性与公正性争议的司法审查 ……………………… 154
　　一、学理和司法实践中仲裁员独立性与公正性的含义 …………… 154
　　二、制定法规范依据与学理依据 …………………………………… 157
　　三、仲裁员独立性和公正性争议司法审查的其他实践 …………… 165
　第三节　仲裁员独立性和公正性引申义务争议的司法审查 …………… 170
　　一、仲裁员披露义务争议的司法审查 ……………………………… 170
　　二、仲裁员或当事人调查义务争议的司法审查 …………………… 175
　第四节　仲裁员责任或豁免争议的司法审查 …………………………… 180
　　一、境外所依据的制定法规范 ……………………………………… 180
　　二、境外仲裁员民事责任或豁免争议司法审查的主流理论
　　　　…………………………………………………………………… 184
　　三、境外司法审查的实践 …………………………………………… 187

四、中国仲裁员责任或豁免制度的完善 …………………… 190
　本章小结 ……………………………………………………………… 194

第四章　仲裁保全措施争议的司法审查机制 …………………… 196
　第一节　境外制定法规范的演变与现行内容 ……………………… 197
　　一、境外制定法规范的演变 ……………………………………… 197
　　二、境外制定法规范的现行内容 ………………………………… 199
　第二节　境外仲裁保全措施争议司法审查的实践 ………………… 210
　　一、承认与执行仲裁庭发布保全措施的司法审查 ……………… 210
　　二、法院对协助仲裁发布保全措施请求的司法审查 …………… 213
　第三节　中国司法审查实践及其依据制定法的变革 ……………… 215
　　一、中国司法审查的实践 ………………………………………… 215
　　二、中国司法审查依据制定法的发展演变 ……………………… 217
　　三、中国制定法规范的改革建议 ………………………………… 221
　本章小结 ……………………………………………………………… 229

第五章　仲裁程序争议的司法审查机制 …………………………… 231
　第一节　是否违反约定仲裁程序争议的司法审查 ………………… 231
　　一、所依据的制定法规范 ………………………………………… 231
　　二、司法审查实践 ………………………………………………… 232
　第二节　是否违反仲裁程序强行法争议的司法审查 ……………… 235
　　一、所依据的制定法规范及其法理依据 ………………………… 235
　　二、司法审查实践 ………………………………………………… 236
　第三节　中国司法审查依据的制度及其完善 ……………………… 249
　　一、中国司法审查依据的制度及其缺陷 ………………………… 249
　　二、中国司法审查依据的制度完善建议 ………………………… 252
　本章小结 ……………………………………………………………… 255

第六章　裁决撤销及承认与执行争议的司法审查机制 ………… 256
　第一节　裁决撤销争议的司法审查 ………………………………… 256
　　一、裁决撤销争议司法审查的意义 ……………………………… 256
　　二、境外所依据的制定法规范 …………………………………… 258
　　三、境外的司法审查实践 ………………………………………… 261

四、中国仲裁裁决撤销争议司法审查制度的完善……………… 264
第二节　仲裁裁决承认与执行争议的司法审查……………………… 277
　　一、仲裁裁决承认与执行的区别和联系………………………… 277
　　二、境外法院所依据的制定法规范……………………………… 281
　　三、境外的司法审查实践………………………………………… 283
　　四、中国裁决承认与执行争议司法审查制度的完善…………… 286
本章小结……………………………………………………………… 301

绪　论

一、本著作中关键词的释义

"仲裁""司法审查""机制"在不同学者的论著中常常有着不同的内涵。在本书中,它们又都属于核心概念的范畴,很有必要对它们进行清晰的界定,才能明确本书的研究对象,即本书研究的是下文中界定范围内的"仲裁""司法审查""机制"。

(一) 仲裁

根据我们的观察,中国当代学者大多通用内容大体如下的一段文字简单地对"仲裁"作出定义:仲裁是指各方当事人根据其争议发生前或争议发生后达成的协议,将他们之间的争议交由法院以外的第三人作出有约束力裁断。

当然,中国也有不少学者在其学术论著中通过"优点""特征"或与协商、调解及诉讼的区别等进行描述的方式对上述定义作出进一步的补充说明。应该说,中国学者的这种定义方法和国外很多学者关于"仲裁"的高度概括定义基本上是一致的。[1] 中国学者们关于仲裁"优点"或"特征"的描述也是国外多数学者的通识。

然而,随着民商事争议解决新手段或方法的增加,以上定义是否非常准确或周全值得进一步思考。在这方面发达国家或地区某些学者的更详细的研究成果或某些法院更具体的司法审查决定为我们的思考提供了很有价值的线索。如法国和英国均有知名学者指出:根据当事人的自愿协议而由第三人单独就争议商品品质是否符合合同作出有约束力决定之类的行为就不能视为仲裁,因为当事人之间就应否减价及减价数额等违约救济问题可能

---

[1] See Maureen A. Weston, "Reexamining Arbitral Immunity in an Age of Mandatory and Professional Arbitration", *Minnesota Law Review*, February, 2004, p.452; See also Daniel Girsberger & Nathalie Voser, *International Arbitration: Comparative and Swiss Perspectives*, Kluwer Law International, 2016, p.1.

仍然存在争议；此外，第三人根据当事人的协议指定就条款不完整的合同或视情势变迁改变的合同作出约束力的填补或修改定夺也不应视为仲裁。瑞士有学者认为，由专家或评估人对法律性的事实作出的决定属于"专家决定"（expert determination），其通常目的是避免诉讼或仲裁。[1] 英国和加拿大都有法院在司法审查决定中肯定了以上的观点。[2] 然而，美国的一些学者或法院却采取了相反的态度。如美国得克萨斯州立大学的艾伦·斯科特·劳尔（Alan Scott Rau）教授便很倾向于认为就某些事实、价格等作出终局性评估或决定的评估人或专家的评估或决定行为也应视为仲裁，这些评估人或专家也应被视为仲裁员而应受到法律保护。支持该教授的判例包括1952年第八巡回法院的一项判决和1987年第九巡回法院的一项判决等。不过，在史密森（Smithson）诉美国忠诚与担保公司案（United States Fidelity & Guaranty）（1991）等案件中，美国法院也以具体的争议协议中所规定的评估目的较窄、缺乏对证据的听证等理由而拒绝将某些评估或专家决定视为仲裁。[3]

国外学者的上述不同表述及有关法院不一致的判决表明：单纯地将法院以外的第三人作出的有约束力裁断界定为"仲裁"并对该裁断之前、之中或之后的所有问题都视为仲裁争议问题而全部对应地适用相关的仲裁制度或仲裁司法审查制度则可能是错误的。应予承认的是，如果某些评估人或专家的评估或决定行为之前、之中或之后所遵循的规则都与仲裁法中规定的规则是一致的，所遇到争议问题的解决手段或方法也都与仲裁法中规定的手段或方法完全一致，则这些评估人或专家的评估或决定行为应视为仲裁。但是，如果那些在某些方面不必遵循仲裁法中的相关规则的评估人或专家的评估或决定行为，例如不必遵循使所有当事人都有机会参加仲裁审理对抗程序的规则，或评估等行为所依据的协议没有排除法院对当事人法律权利与义务的争议进行诉讼管辖的规则等，则至少不能完全视为仲裁。据此，我们在中国学者所采用的以上通用定义之前加上以下一段文字，以界

---

[1] See Daniel Girsberger & Nathalie Voser, *International Arbitration: Comparative and Swiss Perspectives*, Kluwer Law International, 2016, p.12; See also Redfern & Hunter, et al., *Redfern and Hunter on International Arbitration*, Kluwer Law International, 2009, p.47.

[2] ［法］菲利普·福盖德，［法］伊曼纽尔·盖拉德，［法］贝托尔德·戈德曼：《国际商事仲裁》，北京，中信出版社，2004年，第23～24页；See also Gary B. Born, *International Commercial Arbitration*, Kluwer Law International, 2014, pp.261-262.

[3] See Alan Scott Rau, "The Culture of American Arbitration and The Lessons of ADR", *Texas International Law Journal*, Spring, 2005, pp.487-502.

定本书中没有特别指明之处的"仲裁"含义;但是在某些方面不必遵循仲裁法规则或纯粹就某一事实定性作出有约束力裁决而对当事人之间法律上的权利与义务争执未作出决定的除外。

(二) 司法审查

在中外学者的论著中,常将"司法审查"(judicial review)的概念与"法院介入"(judicial intervention)、"法院干预"(court intervention/court interference)、"司法干预"(judicial intervention)、"法院监督"(court supervision)、"司法审查"(judicial supervision)等用语混用或等同而互相转换。① 不过,从有关论著中的描述来看,学者们对这些概念或用语并没有内容一致的界定。以"司法监督"为例,一些学者采用狭义的观点,认为是指法院对仲裁裁决的监督。② 也有学者持广义的观点,认为该用语是一国法院对仲裁审查、监督、控制、支持与协助等行为或过程的总称。③ 个别极端广义论学者主张,仲裁的"司法监督"既包括法院对仲裁的监督,也包括其他司法机关(在中国为检察院)对仲裁的监督。不过,该学者也承认仲裁的"司法监督"主要由法院承担,并且体现为强制执行仲裁协议、财产和证据保全、承认与执行仲裁裁决等支持或协助行为,以及控制仲裁庭管辖权的、撤销或拒绝承认和执行仲裁等监督措施。④ 此外,也有学者⑤或制定法用"上诉"(appeal)一词指称当事人就仲裁裁决等仲裁纠纷向法院提请的司法审查,如加拿大 2009 年修订的《仲裁法》第 45 条及第 47 条与第 49 条、法国 2011 年修订的《民事程序法典》的第 1489~1490 条和第 1494~1498 条。

笔者赞同对以上各用语进行广义的界定,但不同意一些学者采用集合罗列司法机关"审查""控制""支持与协助""介入""监督"等行为或过程的方式界定它们,因为这种方式可能使人误以为司法机关作出其中一种或几种行为时不需要经过审查。实际上,即使将仲裁的司法审查狭义地理解为单纯审视、究查有关仲裁纠纷而不包括审视或究查后的结论或行动,一国司法机关也都是在对某些对象进行狭义审查的基础上才会对有关仲裁纠纷作出

---

① 宋连斌:《仲裁司法监督制度的新进展及其意义》,《人民法治》2018 年第 3 期;See also Gordon Wade, "Courts and arbitration: an Irish perspective", *Arbitration*, Volume 79, Issue 1, 2013, pp.37-46。
② 汪祖兴:《仲裁监督之逻辑生成与逻辑体系——仲裁与诉讼关系之优化为基点的渐进展开》,《当代法学》2015 年第 6 期。
③ 石现明:《国际商事仲裁错误裁决司法审查救济制度的缺陷与克服》,《南京师范大学学报》(社会科学版)2011 年第 1 期;宋家法:《国际商事仲裁司法审查制度研究》,博士学位论文,武汉大学,2014 年,第 18 页。
④ 王金兰:《国际商事仲裁司法监督研究》,《河北法学》2004 年第 7 期。
⑤ 丁颖:《论当事人对仲裁裁决司法审查范围的合意变更》,《法学评论》2006 年第 5 期。

决定、判决或司法救济行动等,因此,狭义上的司法审查是所有仲裁司法监督或协助等行动或措施的基础行为或必不可少的过程。如果广义地将审视或究查有关仲裁问题后的结论或行动理解为司法审查的连贯性组成部分,则仲裁的"司法审查"概念与广义上仲裁的"司法监督"或以上其他用语的含义应当是相同的。为了完整地探讨问题,同时考虑到各国家或地区负责仲裁纠纷的司法审查机关主要为法院,下文中的"司法审查"概念未特别指明时不仅是在广义上使用的,而且也仅指法院审查,即一国家或地区的法院基于一方或数方当事人的控制、干预、支持或协助等请求,对仲裁协议、程序及裁决等有关问题所作的审查。

(三) 机制

题名或正文中使用"机制"一词的文献多如牛毛,但只有一小半部分包含了对它的定义,且也很不一致。

在绝大部分概念皆有可搜索定义的当今互联网上,有编者称:"机制"一词最早来自希腊文,原指机器的构造和动作原理;生物学借用此词研究分析生物的功能(如光合作用或肌肉收缩),医学中的这个概念则表示有机体内发生生理或病理变化时各器官之间相互联系、作用和调节的方式;经济学中的经济机制探讨的是一定经济肌体内各构成要素之间相互联系和作用的关系及其功能。①

法学作者则常结合其研究对象界定此词。如孙国华教授在其《法理学教程》中表示:"法律调整机制是用来保证对社会关系实现有效法律影响的各种法律手段的整个系统",并提出了法律调整机制的"法律规范、法律关系、实现权利义务的行为和法的适用"四个基本要素。② 另一学者界定称:"它应当由诸多具体的制度设计组成。具体到纠纷解决机制的定义,可以将它表述为'各种纠纷解决方式、制度的总和或体系'"。③ 还有学者写道:"国际河流保护合作法律协调机制主要涉及对合作的领导、组织、执行、督察、考评、奖惩等方面的制度建立与运行。其基本结构包括协调主体、协调对象、内容、协调制度以及协调依据和理念等。"④

笔者认为,法学中"机制"一词实际上如同生物学或医学等自然科学,即

---

① 参见林巧玲、Angle Roh 等编写《机制》,MBA 智库·百科,https://wiki.mbalib.com/wiki/机制,最后浏览日期:2018年10月28日。
② 参见孙国华主编《法理学教程》,北京,中国人民大学出版社,1994年,第294~296页。
③ 参见何兵主编《和谐社会与纠纷解决机制》,北京,北京大学出版社,2007年,第9页。
④ 参见余元玲:《中国-东盟国际河流保护合作法律机制研究》,博士学位论文,重庆大学,2011年,第45页。

所研究法律制度的构造、各规范对象和各规范本身的相互关系与运行原理等。有学者指出,自然领域的机制完全是客观的,社会领域由于在机制的形成和运行的过程中有人的因素存在而具有一定的人为主观性。[1] 我们赞同此种看法。但是,通过本著作的研究我们发现法学中的机制不仅是人为创立的,而且能够人为地改变以实现不同的目的。

然而,除了是否对题名中"机制"一词进行解释的差异以外,该冠名下的法学著作或论文的正文主要内容也很不相同。例如,尹力的《中国调解机制研究》(知识产权出版社,2009)的1/3内容讨论"调解"的定义、模式、比较特点、基本原则,另1/3内容中仅分析三种调解制度及其运作,其余1/3内容重点研究调解制度的完善问题。相比之下,高健军的属于国家社科基金项目的《〈联合国海洋法公约〉争端解决机制研究》(中国政法大学出版社,2010)探讨的则全是争端解决程序制度与实践。

综上,仲裁司法审查机制可以界定为:仲裁司法审查所依据法律制度的构造、仲裁司法审查方面各规范对象和各规范本身的相互关系与运行的理论原理等。在内容上,本著作重点探讨该机制中仲裁司法审查制度的构造理论、立法与司法的实践内容、中国相关立法与司法实践措施的完善等。

二、本著作的目的与研究背景

本著作的目的就是在比较境外司法审查机制发生、发展规律,趋势与经验教训的基础上,结合国情完善中国内地的司法审查机制,以促进中国内地仲裁业的健康繁荣。

本著作的研究背景可分为以下两个方面。

(一) 中国仲裁司法审查机制及仲裁业实践背景

中国现行的仲裁司法审查机制曾对促进中国仲裁业的发展及履行《纽约公约》[2]下的国际义务等起到过重大作用。然而,由于历史的局限性,该机制存在很多严重的缺陷,不能适应中国国内经济快速发展和对外经济日益增长的需要。其中,最为严重的是,作为机制中最核心部分的中国仲裁司法审查所依据的现行《中华人民共和国仲裁法》(以下简称《仲裁法》)十分陈旧。

自现行《仲裁法》1995年生效以来,中国经济一直维持着高速增长的态

---

[1] 参见梁宏辉:《人民调解的监管机制研究》,博士学位论文,湘潭大学,2013,第29~30页。
[2] 该公约的中文全名为《承认及执行外国仲裁裁决公约》,制定于1958年,中国于1986年加入并于次年成为正式缔约国。参见寇丽:《现代国际商事仲裁法律适用问题研究》,北京,知识产权出版社,2013年,第12页。

势,截至目前,中国的经济总量已居世界第二。如此速度的发展和越来越大的经济总量也带来了无数的纷争以及随之而来的纷争解决活动。按理,中国很依赖仲裁这一能促进内部发展的和平与公正的纠纷解决方式①,事实情况却是,仲裁在中国定纷止争的整个活动中总体上并未起到应有的作用。据统计,截至2003年年底前的近十年时间里,全国173家仲裁机构的三万多名仲裁员,共仲裁了九万多件经济纠纷案件,每个仲裁员平均三年才仲裁一件案件。② 2004年以后,随着全国仲裁机构数量的增加及仲裁界的更加努力,中国的仲裁受案量有所增加。然而,就绝对数量而言,在2010年之前的多年里与全国法院的一审民商事诉讼通常在300万件以上的受案量相比,中国的仲裁受案量大约有80~100倍的差距。③ 2010年之后,全国仲裁机构数量和受案逐年双增较快,如2012~2016年,全国仲裁机构与受案总数分别为:219家,96 378件;225家,104 257件;235家,113 660件;244家,136 924件;251家,208 545件。④ 2017年全国仲裁机构达到253家,受案总数为239 630件。⑤ 与同期全国法院的一审民商事诉讼之比降为60~90倍的差距,但这与中国很多仲裁机构事先采用"先予仲裁"(或称"确认仲裁")这种已被厦门市中级人民法院和最高人民法院视为非法⑥仲裁所推高的受案量非常有关。公开的报道显示,一些仲裁机构中这种非法活动竟然达到受案量的30%。⑦ 相比境外,美国仲裁解决争议的数量约是诉讼的三倍,瑞典在未包括难以统计的临时仲裁情况下的机构仲裁比例都非常高。⑧ 有统计资料表明,中国内地仅有1.2%的民商事案件当事人选择信赖仲裁。⑨

---

① Mark R. Shulman & Lachmi Singh:《中国通过仲裁机构履行〈联合国国际货物销售合同公约〉》,王琬璐译,《中国政法大学学报》2011年第1期。
② 谭兵:《试论我国的仲裁环境及其优化》,《法学评论》2006年第1期。
③ 刘加良:《论仲裁保全程序中的诉讼谦抑》,《政治与法律》2009年第1期。
④ 参见宋连斌、林荟、陈希佳:《中国商事仲裁年度观察(2017)》,载北京仲裁委员会、北京国际仲裁中心编《中国商事争议解决年度观察(2017)》,北京,中国法制出版社,2017年,第1、4页;傅攀峰:《单边仲裁员委任机制的道德困境及其突围以Paulsson的提议为核心》,《当代法学》2017年第3期。
⑤ 参见中国国际经济贸易仲裁委员会:《中国国际商事仲裁年度报告(2017)》,第8页,http://www.cietac.org.cn/Uploads/201810/5bd6d2e9b333e.pdf,最后浏览日期:2018年11月16日。
⑥ 参见舒锐:《莫把违法的"先予仲裁"当创新》(2018年6月13日),凤凰网 http://news.ifeng.com/a/20180613/58701503_0.shtml,最后浏览日期:2018年8月12日;同时参见江国华、陆诗怡:《确认仲裁及其在PPP合同过程管理中的适用》,《河南财经政法大学学报》2018年第3期。
⑦ 参见樊堃:《仲裁在中国:法律与文化分析》,北京,法律出版社,2017年,第247~248页。
⑧ 参见晏玲菊:《国际商事仲裁制度的经济学分析》,上海,上海三联书店,2016年,第1页。
⑨ 蒋慧:《民商事仲裁危机与重塑》,《学术交流》2016年第7期。

特别是在中国贸易依存度一直居高不下的大背景下,加上近年来政府力推的"一带一路"倡议与实践①所不断引发的中国与世界各国商事与贸易领域的纠纷与摩擦,以及国际或区际当事人偏好选择仲裁作为国际或涉外争议解决方式等,中国内地所有仲裁机构总共受理的涉外仲裁案件总数非常不尽如人意。如在2010年仅为1 219件,2016年为3 141件(除扣涉港澳台案件后仅为1 546件)。② 2017年则与2016年基本持平,共3 188件(除扣涉港澳台案件后仅为1 168件)。③ 与境内仲裁案件的比例数相差也达几十倍或上百倍。

对中国立法起草官员做过多次培训的波士顿大学的塞德曼(Seidman)教授指出,法律规范并非中国法律人所常表述的那样仅规定当事人之间的权利与义务,而是具备改变人们行为和意识的强大工具。④ 所幸的是,由于已认识到法律规范的这种重要性功能及现行《仲裁法》的严重缺陷,中国最高立法机关在其2018年9月7日公布的常委会立法规划中,将该法的修改列为"需要抓紧工作、条件成熟时提请审议的法律草案"的二类立法项目。⑤ 基于此背景及下文中的境外仲裁司法审查机制变革竞争的背景,我们课题组强烈地感到应当即行深入研究以获得有价值的成果,帮助中国采取良好变革的司法审查机制以发展国内和国际仲裁。

(二) 境外仲裁司法审查机制变革竞争的背景

有学者称,作为一种制度安排的国际商事法庭,其兴起背后的基本逻辑其实就是国家间制度竞争,特别是司法和法治竞争的恒久命题。我们十分

---

① See Luxi Gan & Shudong Yang, "Issues in the Recognition and Enforcement of Foreign Arbitral Awards in China", *Asian International Arbitration Journal*, Volume 13, Issue 1, 2017, pp.95-96.

② 刘晓红、李超、范铭超:《国际商事与贸易仲裁员(公断人)责任制度比较》,《世界贸易组织动态与研究》2012年第3期;张维:《我国商事仲裁年受案量近8万件 涉外案仍是短板》(2011年5月30日),中国新闻网,http://www.chinanews.com/fz/2011/05-30/3076911.shtml,最后浏览日期:2018年6月2日;郭晓文的《涉外仲裁中第三方资助的意义》(2017年12月19日),搜狐,http://www.sohu.com/a/211527146_708255,最后浏览日期:2018年6月6日。

③ 参见中国国际经济贸易仲裁委员会:《中国国际商事仲裁年度报告(2017)》,第8页,http://www.cietac.org.cn/Uploads/201810/5bd6d2e9b333e.pdf,最后浏览日期:2018年11月16日。

④ 参见有关英文表述 See Ann Seidman, Robert B. Seidman & Nalin Abeysekere, *Legislative Drafting for Democratic Social Change*, Library of Congress Cataloging-in-Publication Data, 2004, p.11. 在此还要进一步说明的是:本项目负责人在参加该教授及其夫人的诊所法律教育课程"legislative drafting"时曾亲自听到他们多次阐释此种观点。

⑤ 《十三届全国人大常委会公布立法规划》(2018年9月10日),央视新闻客户端,https://news.sina.cn/2018-09-08/detail-ihiixzkm6155792.d.html,最后浏览日期:2018年9月10日。

同意这种观点,并认为它同样适用于考察境外仲裁司法审查机制的构建与变革问题。① 由于成为最佳仲裁地或成为具有吸引力的国际或涉外仲裁地有带来巨大的经济利益、提升国家良好的声誉等诸多好处②,同时认识到良好的司法审查机制是竞争获取最佳仲裁地的最根本前提之一,境外很多国家或地区近年来争相更新完善其仲裁制定法,特别是其中的司法审查制度③,如中国香港 1998 年《仲裁条例》并无多大毛病却不到两年就酝酿完善修改,经过十年精益求精的过程在 2010 年制定出更完备的《仲裁条例》,且在 2017 年和 2019 年又适时地对两个新的重要领域作出规范。④ 同样的情况是意大利 1994 年《民事程序法典》在 2006 年修订、西班牙 2003 年《仲裁法》在 2011 年修订⑤、瑞典 1999 年《仲裁法》在 2018 年修订⑥、印度 1999 年《仲裁法》在 2019 年修订⑦以及新加坡、加拿大、爱尔兰、澳大利亚、苏格兰、法国、葡萄牙、荷兰、韩国、新西兰在过去的几年内纷纷修改其仲裁制定法等。⑧ 这些国家或地区的法院同时配合新制定法作出质量上乘的司法审查决定以吸引仲裁。

---

① 沈伟:《国际商事法庭的趋势、逻辑和功能——以仲裁、金融和司法为研究维度》,《国际法研究》2018 年第 5 期。

② 向阳:《最受欢迎国际商事仲裁地之析》,《北京仲裁》2009 年第 4 期;张晓玲:《国际商事仲裁协议法律适用问题探究——兼论中国国际商事仲裁协议法律适用制度设计》,《政治与法律》2007 年第 1 期。

③ See Alec Stone Sweet & Florian Grisel, *The Evolution of International Arbitration: Judicialization, Governance, Legitimacy*, New York: Oxford University Press, 2017, pp.62-64; See also Gonzalo Vial, "Influence of the Arbitral Seat in the Outcome of an International Commercial Arbitration", *International Lawyer*, 2017, pp.330-341.

④ 这两个新重要领域分别是:知识产权争议的客体可仲裁性及其裁决的可执行性;第三者对仲裁的资助。前者全部条文的英文版可下载于 https://www.elegislation.gov.hk/hk/2017/5!En,后者全部条文的英文版则可下载于 https://www.elegislation.gov.hk/results?SEARCH_OPTION=K&keyword.SEARCH_FIELD=E&keyword.SEARCH_KEYWORD=Third%20Party%20Funding%20of%20Arbitration,最后浏览日期:2019 年 3 月 2 日。

⑤ See Bernardo M. Cremades, "Spain's New Arbitration Law: A Model of Clarity", *Dispute Resolution Journal*, May-July, 2011, pp.88-89.

⑥ 由 Joel Dahlquist Cullborg 代表非官方的斯德哥尔摩商会仲裁院(the Arbitration Institute of the Stockholm Chamber of Commerce)的该法英译文可下载于 https://sccinstitute.com/media/408924/the-swedish-arbitration-act_1march2019_eng.pdf,最后浏览日期:2020 年 4 月 19 日。

⑦ See Nicholas Peacock & Rebecca Warder, "India introduces key amendments to Arbitration and Conciliation Act 1996", accessed April 20, 2020, https://www.lexology.com/library/detail.aspx?g=6e1301d4-06db-4dd8-99a8-0287d978ff59.

⑧ 参见李乾贵、胡弘、吕振宝:《现代仲裁法学研究》,北京,中国政法大学出版社,2018 年,第 157~215 页;张圣翠:《中国仲裁法制改革研究》,北京,北京大学出版社,2018 年,第 412~416 页。

三、同类选题的研究现状

很多国家或地区都存在仲裁司法审查机制,中国也不例外。合理的仲裁司法审查机制对仲裁的健康发展非常有益,相反,不适当的仲裁司法审查机制会严重地损害仲裁功能的正常发挥。正是由于该机制具有如此的重要性,国内外不少学者十分重视对其研究。然而,中外学者们也并不体现出在任何历史时期都有同样程度的执着。另外,考虑到已有华人学者在境外工作却用中文语言发表研究成果或将外文研究成果翻译成中文、非华人学者的研究成果被华人翻译成中文、中国在境内工作的学者用英文发表研究成果等,以下就从中文语言和英文语言两个角度综述本类论题的研究现状。限于篇幅,这里仅稍稍综述过去五年里,即自2015年以来的中英文研究成果,其他更早但仍有很大参考价值的文献只在下文相应部分的注释中予以注明。此外,对于多作品及跨语言的作者,尽管引用了他们的其他作品或其他语言的论著,但限于篇幅以及为了精练起见,综述中一般只列举其代表性的作品。

(一) 使用中文语言的研究现状

1. 著作成果

郭杰的《我国仲裁裁决的区际认可与执行机制研究》(2019)在较为全面地探讨了中国大陆与港澳台四个法域认可与执行仲裁裁决争议司法审查机制的历史演进和展望的基础上,进一步剖析了现行机制的缺陷,并提出和论证了统一法模式是克服这些缺陷必由之路的观点,进而分析了该模式的实现方式。

朱科的《中国国际商事仲裁司法审查制度完善研究》(2018)在较为系统地阐述仲裁司法审查的性质、功能、基本原则、标准的基础上,进一步地探讨了中国国际商事仲裁司法审查四个方面26项具体制度的完善。

李乾贵、胡弘、吕振宝的《现代仲裁法学研究》(2018)在阐述仲裁法学研究对象、方法、仲裁法本身的产生与发展及立法基本原则等基本理论的基础上,较为详细地探讨了中国、美国、英国、法国、德国、俄罗斯、瑞士、瑞典、意大利、比利时、荷兰、日本、韩国、新加坡、澳大利亚和新西兰等仲裁司法审查所依据的法律制度。

中国国际经济贸易仲裁委员会组织专家自2015年至2018年所发布的三部《"一带一路"沿线国家国际仲裁制度研究》共收集和分析了"一带一路"沿线中埃及、阿联酋、俄罗斯、法国、哈萨克斯坦、毛里求斯、泰国、新加坡、波兰、德国、荷兰、意大利、英国、印度、沙特、马来西亚、捷克、比利时、澳大利亚

19个国家的仲裁制度、相关的仲裁司法审查实践,并对其中大部分国家涉及中国当事人等内容提出了很有参考价值的建议。

张圣翠的《中国仲裁法制改革研究》(2018)在分析了中国仲裁机构法制规范的同时,也探讨了仲裁协议、仲裁保全措施、仲裁裁决撤销、仲裁裁决承认或执行、涉外仲裁争议等仲裁司法审查所依据的制定法改革问题。

翁·基达尼所著(朱伟东译)的《中非争议解决:仲裁的法律、经济和文化分析》(2017)不仅论及了国际仲裁的"非国内化"理论、美国可仲裁性方面的司法审查实践,而且提供了非洲与仲裁司法审查有关的研究及立法沿革情况。

徐伟功的《国际商事仲裁理论与实务》(2017)采用较多的笔墨分析了仲裁协议独立性争议、仲裁协议效力扩张、扩大法定仲裁司法审查范围约定争议、多方当事人仲裁争议、仲裁程序法争议、仲裁员选任争议等的司法审查理论与实践问题。

于湛旻的《国际商事仲裁司法化问题研究》(2017)在可仲裁性、集团仲裁、仲裁保密性等多方面采用数个国家或地区的司法审查判例论证了国际商事仲裁司法化问题。

樊堃自译的《仲裁在中国:法律与文化分析》(2017)在阐述中国其他仲裁问题的同时,对中国仲裁司法审查实践中的种种问题也作政治、历史和文化上的分析。

江伟与肖建国在他们主编的《仲裁法》(2016)中指出,中国司法对仲裁的高度干预,及对内外仲裁司法审查的双轨制的先前体制的历史合理性,随着司法资源供求矛盾的日益加剧而自然死亡。该著作还阐述了英国司法审查确立仲裁协议独立性、中国法院司法审查仲裁协议效力争议、美国法院对一些集团仲裁争议的司法审查的态度等实践,并分析了中国司法审查中对临时仲裁裁决的应然态度、仲裁地和裁决执行地法院对仲裁庭自裁管辖权争议的司法审查权力等问题。

刘晓红主编的《仲裁"一局终局"制度之困境及本位回归》(2016)在阐释各国或地区司法审查范围和程度的差异基础上,认为这种局面的原因在于对仲裁公正价值实现程度要求与政治、经济、法律、文化等社会环境存在差异,并提出各国需要设计出符合自身社会环境的司法审查机制,该著作还进一步论述了美国、德国、英国、欧盟、中国、俄罗斯等国家或国际组织对仲裁庭管辖权争议、撤销仲裁裁决争议的司法审查实践等问题。

杨秀清与史飚的《仲裁法学》(2016)在重点阐述中国仲裁法律制度基本内容的同时,也较深入地分析了仲裁和仲裁协议的性质、仲裁司法审查的必要性与范围等,从而对相应仲裁纠纷的司法审查机制的构筑产生有益的启发。

韩立新、袁绍春、尹伟民在《海事诉讼与仲裁》(2016)中,除了阐述中外海事仲裁裁决争议的司法审查制度以外,还较详细地分析了仲裁的性质,并论述了印度、英国、中国香港、美国、法国法院及中国法院在仲裁协议效力争议特别是在发生海运提单转让及保险代位求偿情况下仲裁协议对第三人效力争议等方面的司法审查实践。

马德才的《仲裁法学》(2016)系统地阐述了仲裁的性质、基本原则及仲裁协议、仲裁程序、仲裁裁决的撤销与执行、涉外仲裁争议司法审查所依据的制定法,特别是穿插了数个仲裁司法审查实例并作了较详细的评析。

张艾清的《国际商事仲裁中反垄断争议的可仲裁性问题研究》(2016)不仅较详细地分析了反垄断可仲裁性争议司法审查的发展历程,而且论述了欧美多国程序性、海事救助、公共政策等可仲裁性争议司法审查的情况。

汪祖兴与郑夏的《自治与干预:国际商事仲裁当事人合意问题研究》(2016)重点探讨了国际商事仲裁的自治与其限度具有同一本质性之观点,也用部分篇幅直接分析了仲裁与司法审查的关系,同时还阐述了二十年前的全面司法审查论同程序审查论之争,并用表格及案例展示了国际商事仲裁司法审查的时点与实践。

张志的《仲裁立法的自由化、国际化和本土化:以贸法会仲裁示范法为比较》(2016)不仅阐述了中国仲裁裁决执行等方面争议的司法审查实践,而且重点以联合国贸法会《国际商事仲裁示范法》(以下简称为《示范法》或根据公布年限分别为 1985 年版《示范法》及 2006 年版《示范法》)为参照论述了中国法院司法审查仲裁程序的争议缺乏明确的规定、对国内仲裁裁决争议较多地进行实体审查等问题的解决措施。

林燕萍的《反垄断争议的仲裁解决路径》(2016)分析了反垄断争议仲裁司法审查的理论与美欧很多国家的实践问题。

晏玲菊的《国际商事仲裁制度的经济学分析》(2016)不仅从经济学的角度分析了仲裁的效率与公正问题,而且提供的一些经济数据非常有助于司法审查研究的思考。

金彭年、董玉鹏的《海事诉讼特别程序与海事仲裁规则》(2015)在阐述海事仲裁发展、海事仲裁机构等的基础上,分析海事仲裁协议、海事仲裁管辖权、海事仲裁程序与仲裁裁决争议司法审查所依据的制定法规则及相关实践运用。

胡荻的《国际商事仲裁权研究》(2015)在系统地阐述仲裁权来源、内容、行使与监督的同时,也对仲裁庭自裁管辖权、罚金措施、仲裁裁决标准与范围、缺员仲裁、仲裁权不当行使、仲裁员法律责任、漏裁等纠纷的司法审查问题作了较翔实的探讨。

2. 论文成果

在《国际商事仲裁当事人程序自治边界冲突与平衡》(2020)中,杜焕芳与李贤森以中国与新加坡法院关于当事人的仲裁程序与机构规则相冲突的司法审查实践等为论据,指出国际仲裁当事人在选择仲裁机构时应当审慎考察仲裁规则,尤其是要着重考虑是否接受某些仲裁机构下的特有规则,从而准确地选择适合自身需要的仲裁机构,为妥善解决争端打下良好基础。

基于仲裁裁决不予执行制度导致了审判权与执行权(执行裁决权)行使的混同,张卫平在《现行仲裁执行司法监督制度结构的反思与调整——兼论仲裁裁决不予执行制度》(2020)中认为,应当专门设置对仲裁裁决可执行性的审查程序,即由权利人向法院提出对仲裁裁决的确认申请,法院予以审查确认,从而进一步合理地实现审执分离,并与国外及中国港澳台地区仲裁裁决的执行保持一致。

李建忠的《临时仲裁的中国尝试:制度困境与现实路径——以中国自贸试验区为视角》(2020)指出,法院为顺利推进临时仲裁可进行的司法审查主要体现在六个方面:① 在当事人对仲裁协议或管辖权提出异议时优先作出裁定;② 在当事人无法依据仲裁协议组成仲裁庭或选任仲裁员时指定仲裁员;③ 在当事人无法就仲裁地的指定达成协议时裁定仲裁地;④ 在当事人无法就仲裁员的回避与更替达成协议时作出裁定并指定仲裁员;⑤ 在当事人申请临时措施时提供司法支持;⑥ 在当事人申请撤销仲裁裁决或不予执行仲裁裁决时进行监督等。

沈伟的《我国仲裁司法审查制度的规范分析——缘起、演进、机理和缺陷》(2019)从中国仲裁司法审查制度的内部报告制度产生、发展及其具体操作情况出发,较详细地评析了该制度的缺陷,同时归纳了近两年内出自中国最高人民法院司法解释中其他仲裁司法审查制度的优点与不足,进而对其中的多项规定作了法释义学视角下的分析。

初北平、史强在《自贸区临时仲裁制度构建路径》(2019)中,分析了承担中国仲裁终极司法审查任务的最高人民法院发布的涉自贸区临时仲裁司法意见,认为在效力实现层面,该意见中的问题最终应以未来《仲裁法》修改引入国际国内双轨制为临时仲裁合法化的方式加以解决,目前则应通过全国人大常委会解释《仲裁法》以暂时清除临时仲裁障碍之手段作为答案。

林洋的《论仲裁协议的调查方式》(2019)从《仲裁法》与《民事诉讼法》及

最高人民法院对后者的司法解释涉及仲裁协议在司法审查中构成诉讼障碍还是诉讼要件的不同规定入手,阐述了该种不同规定所导致的不同司法审查实践,并结合境外的理论和实践指出这种状况的危害性,进而建议中国应将仲裁协议的存否问题作为妨诉抗辩事项,采用辩论主义非法院职权的方式进行调查。

姚敏的《中国消费仲裁的问题与进路——基于美国消费仲裁的启示》(2019)认为,针对消费小额争议、消费集团争议等在司法审查中是否令其具有客体可仲裁性的问题,未来应逐一考虑。

刘敬东的《司法:中国仲裁事业发展的坚定支持者》(2018)不仅探讨了中国仲裁司法审查制度的基本架构,而且进一步地分析了中国仲裁司法审查制度的演进与发展状况以及近年来的一些创新举措,同时指出当事人对于仲裁裁决受到司法审查有着同样的合意与期待,并认为司法对仲裁争议审查的立场很大程度上决定了仲裁业的生存环境和发展前途。

江国华与陆诗怡的《确认仲裁及其在PPP合同过程管理中的适用》(2018)对确认仲裁进行理论上的肯定,并提出应当加紧完善中国确认仲裁方面的实体规范,改进相关审理制度与程序规则以确保其切实可行,从而实现其在实践中发挥更大作用的功能。

宋连斌在《仲裁司法监督制度的新进展及其意义》(2018)中肯定了2017年5月以来中国最高人民法院相继颁布四份文件是对中国仲裁司法审查制度作出的重大革新,同时也提出了它们的种种不足,包括:内部报告制度没有涵盖国内仲裁机构以境外为仲裁地的仲裁协议与仲裁裁决、临时仲裁裁决以及外国仲裁机构以境外为仲裁地作出的裁决的司法审查;可能造成对实体仲裁争议的司法审查;仲裁机构所在地受到过度重视而忽视仲裁地,特别是没有"仲裁地"的确认规则。

杜玉琼、帅馨在《"一带一路"背景下中国仲裁制度的完善》(2018)中建议中国采取双轨模式,出台暂时在自贸区内施行的《国际仲裁法》,将自贸试验区作为国际经验作用的缓冲地带,实现自贸区仲裁机制的国际化和专业化。

薛源、程雁群的《论我国仲裁地法院制度的完善》(2018)认为仲裁地法院对仲裁争议的司法审查机制是世界规则竞争的重要组成部分,为了提高作为仲裁地的竞争力,中国应引入临时仲裁机制,确立仲裁地法院对仲裁协议效力的最终决定权和撤销仲裁裁决的地位。

张卫平在《仲裁裁决撤销程序的法理分析》(2018)中指出,中国现行的仲裁裁决撤销程序忽视了对当事人辩论性、对审性等方面权利的程序保障,具有简单化和行政化弊端,据此认为该程序具有诉讼与非讼两种特性,可对其进行重构和完善。

姜波、叶树理的《行政协议争议仲裁问题研究》(2018)认为提交仲裁的行政协议仍具有公法属性,法院仍应按照行政诉讼的司法审查标准对协议裁决进行审查,以确保行政合法性与维护人民权益。

张虎在《外国仲裁裁决在我国承认与执行程序的重构》(2018)中指出,近年来的实践证明中国司法审查外国仲裁裁决承认或执行的程序制度存在不少缺陷,特别是其中的审查时限、仲裁裁决国籍标准、保全措施及上诉等方面制度应作重点改革。

丁朋超在《我国国际商事仲裁司法监督体制的反思与重构》(2018)中认为,由于仲裁的自身局限性,商事仲裁受到司法审查,并提出中国《仲裁法》应当修改仲裁司法审查范围,试行"单轨制",使国内、涉外司法审查内容趋于一致,即仅限于影响公正的纯粹程序性问题而非全面审查。

陈琦的《医疗纠纷仲裁制度的正当性证成》(2018)指出,医疗纠纷的可仲裁性可以更好地减少医疗纠纷、缓解医患关系,域外主要发达国家或地区均认可医疗纠纷的可仲裁性,在判断可仲裁性时主要考虑争议的经济利益和可处分性并以公共政策为限,且对公共政策进行限缩解释而使得可仲裁性的范围不断扩大,中国的医疗纠纷仲裁发展缓慢的原因在于医疗纠纷是否具有可仲裁性不明确,进而以规范分析的方法解释称应有可仲裁性。

周艳云、周忠学的《第三方资助国际商事仲裁中受资方披露义务的规制——基于"一带一路"视阈》(2018)认为,第三方资助仲裁与"一带一路"沿线国家间国际商事仲裁在利益冲突、仲裁程序公正和仲裁裁决的承认和执行等层面的不相容有多处,对此解决的关键方法是优化受资方披露规则之设计,特别是要对受资方披露义务的属性、披露的合理时机、披露的应然程序、披露范围及其基准、资助信息披露形式、受资方未履行披露义务的法律后果进行合乎程序正义的设置,并通过仲裁立法实现设计与实践的对接。

张珍星的《无涉外因素纠纷约定外国仲裁协议无效的司法惯例剖析》(2018)在分析中国已形成无涉外因素纠纷约定外国仲裁协议无效的司法审查惯例基础上,指出其形成的根本原因在于中国现行仲裁立法与司法审查受"混合论"的较大影响且偏重仲裁的司法权属性,对中国仲裁市场的保护则是最直接原因,并认为此司法惯例存在未充分保障当事人的意思自治,对仲裁协议准据法的选择不当,与中国现行立法框架、国际条约及域外实践不一致,违背中国商事仲裁国际化现实需求等问题,据此建议改革现行仲裁立法理念并且在仲裁协议的效力认定上采用具有国际接受性的意思自治原则,合理使用公共政策来弥补仲裁市场开放后可能出现的漏洞。

高晓力在《中国法院承认和执行外国仲裁裁决的积极实践》(2018)中分析了中国法院承认和执行外国仲裁裁决的法律依据,结合典型案例说明了中国法院对《纽约公约》第5条规定的外国仲裁裁决承认或执行异议的七项理由的适用情况,进而梳理了最高人民法院在全国范围内统一解释《纽约公约》所采取的各种措施以贯彻积极承认和执行外国仲裁裁决、支持仲裁的基本司法理念。

杨育文的《中国仲裁裁决在美国法院的承认与执行:问题与对策》(2018)从2000~2016年在美国司法审查承认与执行中国贸易仲裁和海事仲裁的18个中国仲裁裁决中发现2/3获得承认与执行,将其余仲裁裁决未获承认与执行归纳为认定不当、仲裁最初通知不适当、仲裁庭组成或程序不当问题数种,并对中国仲裁机构今后的应对方法提出建议。

祁壮的《论国际商事仲裁裁决的国籍属性》(2018)认为,由于仲裁地的法律概念在立法上缺失,中国法院司法审查实践中的仲裁裁决国籍认定标准混乱,这对"一带一路"下中国利益的保护十分不利。为解决该问题,应尽快修改《民事诉讼法》《仲裁法》等相关法律。

孙晋、王贵的《论反垄断纠纷可仲裁性的司法考量——兼评某垄断纠纷管辖权异议案》(2017)指出,基于反垄断法被称为"经济宪法"、较强公法色彩和公共利益价值取向,长期以来,传统观点认为反垄断纠纷应当由法院专属管辖而排除仲裁解决,但是伴随着经济全球化和国际商事仲裁的发展,许多国家在立法和司法实践中也逐步承认反垄断纠纷的可仲裁性,中国最近的一起司法审查决定却没有赋予反垄断纠纷的可仲裁性,为此中国司法审查至少应当从法律因素、纠纷具体类型定性、公共政策等角度考量反垄断纠纷的可仲裁性,从而更加全面、客观地分析具体个案。

傅攀峰的《未竟的争鸣:被撤销的国际商事仲裁裁决的承认与执行》(2017)阐述了法国与荷兰等司法审查被境外撤销的仲裁裁决的承认与执行的一些实践及中外学者的相应观点,同时提出中国未来的态度应当是:仲裁地法院根据联合国国际贸易法委员会《示范法》所确立的国际通行标准撤销的仲裁裁决才可拒绝承认及执行,其他则应保留承认与执行被撤销的仲裁裁决的自由裁量权。

覃华平的《我国仲裁裁决撤销制度探析及立法完善之建议》(2017)阐述了包括中国在内的世界各国家或地区普遍接受的撤销仲裁裁决的司法审查制度,并通过较多司法审查实例论证中国现行《仲裁法》规定的撤销仲裁裁决的法定事由和程序规定显然存在不足之处,为此建议参考联合国国际贸易法委员会制定的《示范法》予以修订。

朱矾的《国际商事仲裁条款独立性原则之法理依据再探》(2017)认为，仲裁协议独立性在经过几十年的发展后尽管得到世界上各国家或地区的广泛适用，但其一些理论问题并没有因逻辑自洽平息争议，尤其是其存在的合理性至今仍未获得完全的认同，为此应将程序契约、当事人意思自治作为法理依据。

俞风雷、初文祺在《我国专利纠纷仲裁制度研究》(2017)中认为，专利纠纷仲裁早在欧美等发达国家得到了广泛应用并取得了良好的社会效果，在中国却因制度设计的缺位和理论研究不足而存在诸多困难，为此建议中国借鉴国外相关制度设计和实践经验，特别是要在修改的《专利法》中引入专利仲裁机制。

于喜富的《论争议可仲裁性司法审查之启动程序》(2016)以争议可仲裁性法律是强行公共政策规范、相关国际仲裁条约和域外法律均规定法院有权主动审查该种事项并对违反该种规范的仲裁裁决有权撤销或不予执行为出发点，指出中国关于该事项不属于法院主动审查范围的规定既与该问题的法律性质相悖，也不符合国际普遍实践，为此应当及时进行修改完善。

王哲在《重新仲裁的若干法律问题研究》(2016)中提出，司法审查中符合适当且经一方当事人申请条件的，法院应优先适用重新仲裁制度。

辛柏春的《国际商事仲裁保密性问题探析》(2016)讨论了仲裁保密性含义及价值、境外相关的法律渊源及英国、美国与澳大利亚等法院的相应司法审查实践，进而提炼了对中国的启示。

董春华在《美国医疗纠纷仲裁发展困境的缘由与中国的选择》(2016)中不仅阐述了美国联邦与州法院医疗纠纷仲裁司法审查的实践，而且对中国应否发展医疗纠纷仲裁业提出建议。

宋建立的《涉外仲裁裁决司法审查原理与实践》(2016)对涉外仲裁裁决司法审查原理实际上仅作非常短小的理论探讨，但大量地汇集了中国法院的仲裁司法审查实践，并且在内容上超出了书名中的"涉外仲裁裁决司法审查"范围，包含了单纯的仲裁协议争议的司法审查问题。

陈卫佐的《国际性仲裁协议的准据法确定——以仲裁协议的有效性为中心》(2016)论述了国际性仲裁协议的准据法具有仲裁协议有效性的重要意义，并阐明了确定国际性仲裁协议的准据法两种方法及瑞士、英格兰和中国相应的司法审查实践及国际趋势等。

肖蓓在《〈纽约公约〉背景下我国对外国仲裁裁决承认及执行的实证研究》(2016)中认为，不仅有必要考察中国仲裁司法审查实践，还需要对亲历者们进行调查以获取调研数据。为此,该文基于案例梳理和对所收集数据的统计分析,实证研究论证了中国履行仲裁司法审查方面的国际承诺意愿及能力,并提出中国法院在执行外国仲裁裁决的效率,监管逃避履行的被执行人、公信力方面的司法审查建设还应予以加强的建议。

王峥、曹伊清的《仲裁与诉讼衔接机制研究》(2016)分析了中国的立法或一些法院不适当的仲裁司法审查规范或行为、仲裁司法审查中的效率价值的不充分体现等缺陷,并建议中国在相关的司法审查中应更多地支持仲裁、统一国内仲裁和涉外仲裁的司法审查模式和健全撤销仲裁裁决、重新仲裁的程序规则等。

蒋慧的《民商事仲裁危机与重塑》(2016)多处采用统计数字作为论据,进而指出中国对仲裁司法审查干预过度、缺乏正确认识的问题普遍存在,原因在于仲裁立法不完善、法院受到了不成熟私法秩序等因素的影响,建议全国人大的有关部门增强对法院的立法监督,确保各级法院对仲裁的司法审查合理适度地行使权力。

张建在《非涉外纠纷约定境外仲裁的条款效力问题探微》(2016)中认为,纯国内纠纷约定当事人境外仲裁的司法审查其所涉法律核心问题是此类仲裁条款的效力争议,对此现有的国际条约与国内立法无正面的规定,由此提出中国法院在典型案例中持否定立场应加以反思。

王铜琴的《仲裁裁决承认与执行中未签字第三方"同意"问题研究》(2016)从境外近期一著名案件入手,分析了境外数国对未签字第三方"同意"仲裁问题的规范差异、英国法院的司法审查立场,进而得出解决该问题的关键在于确定国际仲裁中"同意"所处地位的结论。

张兴伟的《日本商事仲裁司法审查中的公共政策适用问题》(2016)从日本东京地方法院于2011年6月13日作出的一份判决入手,分析了该国司法审查仲裁公共政策争议所依据的立法发展及具体的理论与实践问题,并提出日本法院的改进和中国的应对之策。

李海涛在《重新仲裁制度的立法审视及实践困境》(2016)中认为,重新仲裁制度并非独立的司法审查制度,而是作为仲裁裁决撤销制度中的替代性方案,其给予仲裁庭纠正错误的机会可以有效地减少仲裁裁决被撤销的频率而符合效益价值。然而,中国关于重新仲裁制度的立法显示出与国际先进国家立法既不相称又与国内实践脱节的严重弊端,应当予以完善。

赵秀举在《诉讼视角下的仲裁管辖权限的扩张及问题》(2015)中认为,仲裁制度是当代司法"私法化"的一种形式以及自身发展和完善的一个重要基础,同时指出仲裁又始终被置于国家司法的大框架下而在不少方面要接受法院的司法审查,并且提出了诉讼案件负担的压力是仲裁管辖权限的扩张和法院司法审查范围生效的重要原因之一的观点。

张淑钿在《海峡两岸"仲裁裁决参照民事判决认可与执行":立法悖谬与司法困境》(2015)中认为,海峡两岸相关制度忽视了仲裁裁决认可与执行制度具有独立性的特点,造成了司法实践中大陆法院审查事项的悖谬和中国台湾地区法院审查事项与程序开展法律适用的困难,并最终影响了当事人对仲裁机制的选择,为此建议两岸应制定双边或单边的专项性的仲裁裁决认可与执行制度。

罗发兴的《大陆仲裁裁决在台湾地区的既判力之困与应对——评我国台湾地区"最高法院"104 年度台上字第 33 号判决》(2015)针对题目中的司法审查判决问题,从仲裁裁决认可后的效力范围之基本理论出发,探寻和驳斥了中国台湾地区"最高法院"否定认可后大陆仲裁裁决既判力的表面理由与背后理由,并指出其危害性以及应对之策。

金鑫的《论法国法上仲裁庭否认自身管辖权的仲裁裁决——以 Abela 案为例》(2015)不仅探讨了法国关于仲裁庭否认自身管辖权争议的司法审查实践,而且比较了英国、瑞士、新加坡等对此种争议处理的制定法规则等。

章杰超的《论仲裁司法审查理念之变迁——以 N 市中院申请撤销国内仲裁裁决裁定为基础》(2015)在分析了 N 市中级人民法院针对申请撤销 N 仲裁委员会仲裁裁决案争议的司法审查实践的基础上,探究了有关理念变迁特点、表现及原因等。

马占军在《我国商事仲裁员任职资格制度的修改与完善》(2015)中认为,中国《仲裁法》对仲裁员任职资格的立法缺陷主要是采用严格任职资格制度、未赋予当事人决定仲裁员任职资格的权利等,为此指出应该对《仲裁法》进行修改和完善。

王克玉的《涉外仲裁协议案件中的司法剩余权及法院地法的谦抑性》(2015)指出,相对于仲裁协议当事人的自治权和仲裁机构的自裁权而言,司法审查涉外仲裁协议纠纷案件具有"剩余权"属性,并对中国一些司法解释中适用于仲裁司法审查的规则进行了批评。

(二)英文语言的成果

1. 著作成果

P. K. Mukherjee 领衔主编的《运行中的海商法》(*Maritime Law in Motion*)(2020)不仅阐述了海事领域的公法与私法中的实体规则,而且探讨了多国法院司法审查海运提单并入仲裁条款争议所依据的制定法等。

Katia Fach Gomez & Ana M. Lopez-Rodriguez 主编的《〈纽约公约〉60

周年：关键问题与挑战》(*60 Years of the New York Convention: Key Issues and Future Challenges*)(2019)共分 27 章，除去其中的 8 章讨论《纽约公约》本身是否需要修改及其与投资争议仲裁司法审查或未来的投资法庭关系以外，其余 19 章全部涉及该公约与缔约方其他类型争议仲裁司法审查的关联性，包括缔约方法院执行仲裁协议时的司法审查水平、该公约下的仲裁协议形式规范是否过时、该公约对多层次争议解决条款缺陷救济的作用、该公约与非国内裁决及紧急仲裁员裁决争议的司法审查关系等。

Stephan W. Schill 主编的《商事仲裁年刊》(*Yearbook Commercial Arbitration*)(2019)提供了加勒比共同体、多米尼加共和国、中国香港、肯尼亚、中国澳门、美国、英国、印度八个国家或地区 14 起与《纽约公约》《华盛顿公约》等有关的仲裁司法审查案件的事实与法院的决定及该决定的摘要，分别涉及政府的贷款凭据可否执行、对临时保全措施的司法审查、代理权的异议是否有时限及其对裁决可执行性的影响、仲裁程序通知的不当性与仲裁裁决可执行性的关系等。

Manuel Arroyo 主编的《在瑞士仲裁：实务者指南》（第 2 版）(*Arbitration in Switzerland: The Practitioner's Guide*)(Second Edition)(2018)分两卷本共近 3 000 页的篇幅重点探讨了瑞士国内和国际仲裁法及其在仲裁司法审查中的运用，特别是进一步具体分析了瑞士的临时仲裁及知识产权争议、建筑争议、并购争议、劳动争议、商品贸易争议、运输和相关争议、体育争议等部门或领域仲裁的共性与特性及其司法审查的理论与实践。

Emilia Onyema 领衔主编的《非洲国家的法院在仲裁中作用的反思》(*Rethinking the Role of African National Courts in Arbitration*)(2018)总体上论述了仲裁与诉讼的关系、相似性引发的竞争可能会影响法院对仲裁司法审查的支持或干预强度，同时对埃及法院的仲裁司法审查态度进行了批评、对南非法院的仲裁司法审查态度进行了总体上的肯定并预测这对南非成为有吸引力的仲裁地有益、对苏丹法院的仲裁司法审查态度进行了阐述并对该国发展仲裁提出了建议。此外，该著作还研究了毛里求斯法院对待仲裁的态度并指出了仲裁质量与司法审查等的关系，尼日利亚法院对待仲裁的态度并将司法审查结果分成好、坏与丑陋三类且提出了改善立法的建议，加纳法院对待仲裁的态度及其新仲裁制定法下并无多少司法审查实践、卢旺达法院对待仲裁的态度并得出该国支持仲裁的结论、肯尼亚法院对待仲裁的态度与数起司法审查判决并特别论述了该国仲裁与宪法的关系。

Lin Yifei 的《仲裁的司法审查：在中国的法律与实践》(*Judicial Review of Arbitration: Law and Practice in China*)(2018)以英文语言在

对中国仲裁法制发展沿革与仲裁司法审查等作出总体评论的基础上,进一步分析了仲裁当事人、仲裁协议、仲裁涉外因素、仲裁员、仲裁程序、仲裁公共政策与仲裁裁决承认与执行争议司法审查的规范与一部分其亲身经历的实践,并在多处与境外相应的规范与实践如法国与美国对被撤销仲裁裁决的承认与执行等作了比较。

Wei Sun 的《外国仲裁裁决在中国承认与执行的年度报告》(Annual Report on Recognition and Enforcement of Foreign Arbitral Awards in China)(2018)在概述中国仲裁状况的基础上,不仅结合法院裁案的实例对中国总体的仲裁司法审查情况进行了评估,而且采用多个案例实证的方法进一步具体分析了中国法院在仲裁协议、仲裁当事人、仲裁员与仲裁机构、仲裁程序、可仲裁性与仲裁范围、公共政策与区际仲裁裁决承认和执行纠纷的司法审查问题。

Sandra Synkova 的《裁决前阶段法院对仲裁管辖权的审查》(Courts' Inquiry into Arbitral Jurisdiction at the Pre-Award Stage)(2017)从论述比较方法的研究价值、目的、比较对象的选择、比较方法的固有问题及最大化减轻措施和仲裁裁决前仲裁庭管辖权司法审查规则的功能入手,探讨了该种规则在《纽约公约》等国际条约、联合国《示范法》及德国与英国、瑞士仲裁制定法中的体现与彼此间的异同,同时也分析了该种规则所含术语的界定和仲裁管辖权与审理权监督理论、仲裁庭自裁管辖权理论、《纽约公约》下承认与执行仲裁协议的义务,进而结合各自的制定法规则进一步讨论了以上三国的司法审查实践。

Alec Stone Sweet & Florian Grisel 的《国际仲裁的变革:司法化,治理,合法性》(The Evolution of International Arbitration: Judicialization, Governance, Legitimacy)(2017)回顾了过去的一个世纪内国际仲裁所经历的变化、精英仲裁员与主要仲裁机构的努力推动、作为立法者和条约缔结者的国家或地区官员及执行仲裁裁决的法官不仅适应了仲裁的变化而且深度参与支持,并且指出仲裁大发展带来的跨国治理的合法性、上诉需求、公共利益平衡等诸多问题,进而认为解决这些问题的最好办法是进一步地司法化、日常公布重要裁决、发展仲裁上诉监督机制、在国际和国内层面增加仲裁庭与法院的对话。

Laurence Shore & Tai-Heng Cheng 等的《在美国的国际仲裁》(International Arbitration in the United States)(2017)分析了美国法院司法审查仲裁纠纷所依据的《联邦仲裁法》与联合国《示范法》的异同、美国联邦法院司法审查确立仲裁庭自裁管辖权原则的情况、仲裁协议独立性及其他纠纷、仲裁员任命与质疑(多数美国法院对模糊的仲裁条款作出有效仲裁协议的解释)、仲裁保全措施、承认与执行纠纷的司法审查实践。

George A. Bermann 主编的《外国仲裁裁决的承认与执行》(*Recognition and Enforcement of Foreign Arbitral Awards*)(2017)在探讨《纽约公约》的缔约方的自动执行或纳入立法情况、保留与声明、涵盖仲裁裁决的含义、保全措施决定是否为涵盖仲裁裁决、执行仲裁裁决替代依据的渠道、仲裁协议的执行、承认与执行仲裁裁决中的一般问题和不予承认或不予执行的司法审查理由、承认与执行外国仲裁裁决的程序问题及总体评估等基础上,由另外 40 多位专家学者分别对阿根廷、澳大利亚、奥地利、巴西、加拿大、中国(包括澳门和台湾)、美国等国家或地区在仲裁司法审查中该公约关于仲裁裁决承认与执行规范的解释与适用进行了进一步的分析。

Daniel Girsberger & Nathalie Voser 的《国际仲裁:比较与瑞士的视角》(*International Arbitration: Comparative and Swiss Perspectives*)(2016)不仅比较了众多缔约国参加的约束其适用范围内仲裁司法审查活动的国际统一法公约、欧盟法院的司法审查实践特别是竞争法方面的司法审查实践,而且阐述了德国法院关于仲裁协议合意终止争议的司法审查及瑞士最高法院关于破产类、竞争法方面争议的司法审查实践、仲裁协议争议消极效果方面的司法审查与学术争论、法国仲裁裁决纠纷的司法审查实践等。

Gomez-Acebo 的《国际仲裁中当事方任命的仲裁员》(*Party-Appointed Arbitrators in International Commercial Arbitration*)(2016)不仅阐述了当事人任命仲裁员问题研究的学术史、对该问题的当今制度运作进行了批判性探讨,而且对相应的司法审查问题进行了实证分析,由此进一步地提出了完善建议。

Neil Andrews 的《仲裁与合同法》(*Arbitration and Contract Law*)(2016)除了有一半内容讨论合同法问题以外,另一半内容主要以英国的普通法为视角考察了仲裁协议的有效性与解释、仲裁协议的可分性、仲裁协议当事人范围、仲裁协议的终止、仲裁地与仲裁协议适用法、仲裁协议的司法支持、仲裁庭的任命、仲裁员的公正性与仲裁庭的程序责任、仲裁程序的保密性争议的司法审查、对仲裁庭适用合同法的司法审查,并根据合同自由、调查报告结果等认为英国对法律错误有条件允许司法审查的规则应继续保留、仲裁程序的公正性应置于更重要的地位,进行法律错误争议司法审查的法院应为英国的上诉法院。此外,该著作也阐述了英国、美国、法国和德国等法院援引《纽约公约》进行仲裁司法审查的实践。

González-Bueno 主编的《西班牙仲裁法:评论》(*The Spanish Arbitration*

Act: A Commentary)(2016)逐条阐述了西班牙法院仲裁司法审查所依据的仲裁制定法,并分析了相关的理论和运用实践。

Bassiri & Draye 主编的《在比利时的仲裁》(Arbitration in Belgium)(2016)不仅逐条分析了比利时新旧《司法法典》中司法审查所依据的仲裁规范的变化并与德国、法国等国家的相应规范进行比较,而且阐述该国法院在仲裁司法审查中的任务分工、仲裁司法审查的语言,并且零星地阐述法国法院对仲裁保全措施方面争议、英国法院对仲裁员独立性与公正性及仲裁协议扩张争议、法国与荷兰法院对境外被撤销仲裁裁决执行争议、法国对仲裁费用争议,以及欧盟法院对消费仲裁协议争议及仲裁公共政策争议的司法审查决定等。另外,该书还详细分析了比利时法院对仲裁通知争议、仲裁协议合意争议、仲裁协议消极效果争议、仲裁员中立性争议、仲裁员责任豁免争议、仲裁专家程序与正当程序争议、是否为仲裁裁决争议、仲裁裁决内容矛盾争议、超裁弃权争议、仲裁裁决撤销争议、仲裁裁决执行争议等方面的司法审查实践。

Esin & Yesilirmak 主编的《在土耳其的仲裁》(Arbitration in Turkey)(2015)在阐述土耳其国内与国际仲裁分开立法模式的法律框架的基础上,结合该国法院的司法审查实践论述了仲裁协议起草技巧、仲裁员的任命与质疑、仲裁程序规范,并专门分析了仲裁裁决作出之前的司法审查、仲裁裁决作出之后撤销与执行争议司法审查的理论与实践问题。

Böckstiegel & Kröll 等主编的《在德国的仲裁》(Arbitration in Germany)(2015)在描述德国作为国内和国际仲裁地状况、先前仲裁制定法弊端、修改成现行规范的基础上,逐条讨论了该国仲裁司法审查所依据的集中体现于其《民事程序法典》中的现行规范,并与其所参照的《示范法》进行对比分析,同时在正文或脚注中不时采用仲裁司法审查实例进行论证。

David D. Caron 等主编的《实践的价值:国际仲裁透视》(Practising Virtue: Inside International Arbitration)(2015)阐述了国际投资仲裁与其他国际仲裁的差异、国际仲裁的合法性争议、国际仲裁与人权法及宪法等的关系、权威仲裁学者反对与支持仲裁的理论之争及历史的实证依据、仲裁参与者及其活动的社会功能与相互区分和相互作用、仲裁员是否有权宣告某项法律违宪、仲裁中的文件开示及证人的平等待遇、仲裁中法律争论的发展、仲裁前程序要求争议的司法审查与仲裁裁决不一致并建议应不承认其中的协商与调解条款等。

2. 论文成果

John Burritt McArthur 的《当事人通常最受益于有理由而非标准的裁

决》(Parties Usually Benefit Most from Reasoned Awards, NOT Standard Awards)(2020)认为,没有理由的仲裁裁决不符合当事人的期望,美国不少法院支持此种裁决的司法审查实践在世界上属于少有的例外,有理由的仲裁裁决既有利于当事人知道输赢的理由,又有利于司法审查,且有助于仲裁界的声誉。

Piotr Wojtowicz 的《你将被倾听：欧洲人权法院澄清公开听证的仲裁权》(You Will Be Heard: The European Court of Human Rights Clarifies the Arbitration Right to a Public Hearing)(2019)阐述了欧洲人权法院 2018 年 10 月 2 日对 Mutu and Pechstein 与瑞士就体育仲裁纠纷所作的判决概要,并分析了该案对一般商事仲裁的影响,进而得出结论：欧洲人权法院在该案中的判决结果对体育仲裁或其他商事仲裁可能没有影响,但对仲裁协议是否是自愿签署很有影响性。

William D. Gilbride Jr. & Erin R. Cobane 的《仲裁协议扩张约束非签字人》(Extending Arbitration Agreements to Bind Non-signatories)(2019)分析了美国部分联邦法院与州法院在确定未签字者是否有仲裁合意时运用援引、意定、代理、揭开公司面纱、禁止反言的理论或原则的司法审查实践。

Oya Dirim 的《土耳其法院与外国仲裁裁决的承认》(Turkish Courts and the Recognition of Foreign Arbitral Awards)(2019)从土耳其最高法院 2015 年判决拒绝执行中国 CIETAC 的一项仲裁裁决入手,分析了该国法院在仲裁司法审查的实践中多起矛盾的决定,结合国际权威学者的理论指出该判决存在违背土耳其在《纽约公约》下的义务、解释不当等缺陷,并提示由于该判决具有先例性而对该国未来的法律实践及其对仲裁的态度都有潜在的重要影响。

Michael Kotrly & Barry Mansfield 的《在英国与爱尔兰国际仲裁的近期发展》(Recent Developments in International Arbitration in England and Ireland)(2018)阐述并评论了英国与爱尔兰法院 2017 年对仲裁协议有效性、仲裁员资格、仲裁庭秘书与撤换仲裁员有关的文件、撤销仲裁裁决程序中担保费用提交、执行仲裁地撤销仲裁裁决、仲裁管辖权与程序严重不正常等争议的司法审查实践。

Johannes Koepp & Agnieszka Ason 的《在波兰撤销程序中实体公共仲裁例外的适用》(The Application of the Substantive Public Policy Exception in Polish Annulment Proceedings)(2018)探讨了波兰法院对基于违反实体公共政策撤销仲裁裁决申请的司法审查立场,通过与英国、法国、瑞士和德国

的比较得出波兰法院对仲裁不友好的结论,指出其原因在于对公共政策进行了扩张解释,由此建议波兰法院应采取狭义解释公共政策的方法,以推动该国成为一个有吸引力的仲裁中心。

Jingzhou Tao & Mariana Zhong 的《有关仲裁司法审查机制重在改善法院事先报告制度的 2017 年改革》(China's 2017 Reform of its Arbitration-Related Court Review Mechanism with a Focus on Improving Chinese Courts' Prior-Reporting System, Journal of International Arbitration)(2018)阐述了中国最高人民法院 2017 年发布涉及仲裁协议有效性、仲裁裁决的执行或有效性争议司法审查内容的数项司法解释。作者评价认为,这些司法解释有助于规范和统一全国法院的司法审查行为,从而向国际仲裁界发出了中国向仲裁友好型环境演化的强烈信号。

Philippe Cavalieros & Janet Kim 的《紧急仲裁员对法院:从并行管辖到实际考量》(Emergency Arbitrators Versus the Courts: From Concurrent Jurisdiction to Practical Considerations)(2018)不仅分析了各著名仲裁机构规则、新加坡和中国香港与荷兰及玻利维亚近几年的新仲裁制定法包含的紧急仲裁员发布保全措施规范,而且探讨了英国、美国、法国对紧急仲裁员发布保全措施争议的司法审查实践态度,还进一步分析了在投资者与东道国的投资仲裁争议中紧急仲裁员发布保全措施在乌克兰等国发生的司法审查问题。

Yeshnah D. Rampall & Ronán Feehily 的《当事人意思自治的神圣性与仲裁员决定适用法的权力:仲裁平衡的寻求》(The Sanctity of Party Autonomy and the Powers of Arbitrators to Determine the Applicable Law: The Quest for an Arbitral Equilibrium)(2018)分析了相关国家仲裁司法审查所依据的《纽约公约》《欧洲国际商事仲裁公约》《巴拿马公约》以及英国、法国、瑞典、瑞士等国的制定法和主流的国际仲裁机构规则,商人法或一般法律原则中的意思自治原则的体现、该原则的例外等。

Deborah R. Hensler & Damira Khatam 的《重塑仲裁》(Re-Inventing Arbitration)(2018)回顾了美国联邦仲裁法制自殖民地时期以来的沿革,1925 年的《联邦仲裁法》产生的背景及其基本内容,美国法院从 20 世纪 70 年代开始逐步将客体可仲裁性范围扩展到涉及证券、反托拉斯、雇佣与消费等公共政策争议的司法审查实践及受到的舆论与理论及仲裁机构的回应等,进而结合投资者与国家间仲裁的出现与司法化现象、美国国内仲裁、国际商事仲裁的不同特征,建议进行不同的重塑。

Luxi Gan & Shudong Yang 的《中国承认与执行外国仲裁裁决的问题》

(*Issues in the Recognition and Enforcement of Foreign Arbitral Awards in China*)(2017)从中国加入的《纽约公约》《民事诉讼法》、最高人民法院发布的一系列法律文件和大陆同港澳台的区际安排中相应规定入手,结合典型的案例分析了中国大陆人民法院在司法审查中承认与执行涉外仲裁裁决和外国仲裁裁决中出现的问题,同时根据中国的最新发展实践提出了解决问题的建议。

Thomas J. Lilly Jr. 的《在法定权利仲裁协议中的可仲裁性与可分性:如何决定谁应当决定》(*Arbitrability and Severability in Statutory Rights Arbitration Agreements: How to Decide Who Should Decide*)(2017)从美国《联邦仲裁法》第2条和第4条关于仲裁协议效力和可执行性的规则入手,阐述了美国法院在司法审查实践中对这两条的理解,同时具体分析了仲裁协议成立、仲裁协议涵盖实体争议范围、前置程序条件、仲裁协议可分性的理论与司法审查决定,并特别探讨了美国联邦巡回法院在关于法定权利仲裁协议效力条件方面的分歧,进而主张否定妨碍维护法定权利的仲裁条款不具有可执行性。

Tietie Zhang 的《中国仲裁法下的司法主权与公共政策》(*Judicial Sovereignty and Public Policy Under Chinese Arbitration Law*)(2017)分析了司法主权概念在中国的兴起与发展变化,指出公共政策概念受到当代中国历史和共产党政治理念的严重影响、数起司法审查实践显示中国法院明白该概念是对其自身权威的保障,同时认为中国最高人民法院对《纽约公约》第5条第2款b项的一般态度及相关法院执行外国仲裁裁决的情况将可确定公共政策的范围,最后结合中国最高人民法院关于执行外国仲裁裁决是否侵犯司法主权的两起案件决定、类似概念比较、司法主权概念并未清晰界定等建议中国废除该概念,选择公共政策理念管控所欲保护的价值及利益。

Christine Kang 的《仲裁与调解相结合的东方经验:贸仲与中国司法实践的新发展》(*Oriental Experience of Combing Arbitration with Conciliation: New Development of CIETAC and Chinese Judicial Practice*)(2017)不仅阐述了中国国际经济贸易仲裁委员会对仲裁与调解相结合的运用并与中国香港国际仲裁中心、新加坡国际仲裁中心、国际商会仲裁院等的相应做法进行比较,而且阐释了中国人民法院对仲裁调解书可撤销性争议的不同态度及中国仲裁机构和解仲裁裁决在境外执行争议的司法审查情况,进而认为司法审查不应剥夺当事人选择争议解决方式的权利。

Weixia Gu 的《揭开中国仲裁改革的面纱:承诺、陷阱、范式、预测与前景》(Piercing the Veil of Arbitration Reform in China: Promises, Pitfalls, Patterns, Prognoses, and Prospects)(2017)指出：中国 1994 年公布的《仲裁法》在很大程度上改革了之前的仲裁制度,并固化了中国当代仲裁规范的框架,自此以后中国却几乎没有满足变化需求的立法改进,最高人民法院和仲裁机构都进一步努力地使中国仲裁制度国际化,近年来中国仲裁概貌发生较大变化,然而,多起仲裁司法审查决定表明其中存在不少缺陷,建议中国利用 2006 年联合国的《示范法》进行立法改革并对各种仲裁规范进行立法审查以确保立法改革目的的实现。

Gonzalo Vial 的《仲裁地对国际商事仲裁结果的影响》(Influence of the Arbitral Seat in the Outcome of an International Commercial Arbitration)(2017)从仲裁地的概念及有吸引力仲裁地的特征入手,阐述了仲裁地法院在司法审查方面对仲裁员选择及质疑或替换、仲裁庭的管辖权、仲裁证据的收集、其他仲裁保全措施及仲裁程序的速度、仲裁裁决的撤销等的支持或控制作用。

David Howard 的《破产程序中的国际仲裁：执行仲裁协议的不确定性》(International Arbitration in Bankruptcy Proceedings: Uncertainty in the Enforcement of Arbitration Agreements)(2017)从美国证券争议、反垄断争议客体可仲裁性司法审查立场变化入手,分析了美国多地法院在破产争议客体可仲裁性的态度差异性和不确定性,其中不少法院在仲裁与破产法发生固有冲突的情况下否定仲裁协议的效力,另一些法院则严重依赖核心与非核心业务的区分方法决定是否赋予某破产程序中仲裁协议有效,然而,在国际破产案件中仲裁协议更容易被司法审查认定为有效,作者认为应在国际平台上维持这种趋势。

David MacArthur & Junu Kim 的《2016 年韩国国家仲裁法的修订》(2016 Amendments to Korea's National Arbitration Legislation)(2017)阐述韩国仲裁司法审查所依据的《1999 年仲裁制定法》在 2016 的修订情况,包括扩大客体可仲裁性范围、吸收《2006 年示范法》中关于仲裁协议书面形式的宽松规定、大幅度重构仲裁庭发布保全措施及其执行的规定、改善法院在协助仲裁取证中的作用、简化仲裁裁决的执行程序等。

Nico Gurian 的《仲裁司法审查的反思》(Rethinking Judicial Review of Arbitration)(2017)以数十个仲裁司法审查实例阐述了美国极度支持仲裁的司法审查模式,并指出了其弊端,同时提议应在消费、汽车市场、劳工等领域所导致的仲裁条款增加、集团仲裁的禁止、公司法律责任的降低等予以适当变革,且在关注仲裁当事人意思自治、仲裁效率等的前提下,适当考虑公平性和当事人的合理期望。

Kenneth D. Beale & Nelson Goh 的《在亚洲正当程序的质疑：一种新型的高杠》(Due Process Challenges in Asia: An Emerging High Bar)(2017)以多个调查统计数字说明中国香港和新加坡等在全球仲裁份额中的增加、当事人对仲裁多种情况的喜恶，并阐述了当事人正当程序方面的质疑对仲裁员审理的影响，同时分析了中国国际经济贸易仲裁委员会的多起案件仲裁裁决因一方当事人的质疑在中国香港特别行政区法院受到司法审查的情况、新加坡对仲裁正当程序争议的司法审查立场及其与英国等同行态度的对比，进而归纳了中国香港与新加坡法院审查所采取的两种方法及质疑当事人应采取的两方面应对。

Stephan Wilske、Todd J. Fox & Rafał Kos 的《欧洲仲裁有哪些新情况》(What's New in European Arbitration?)(2017)分析和评论了 2017 年德国法院对一起卡特尔争议是否具有客体可仲裁性纠纷、波兰法院对一起仲裁裁决撤销纠纷、瑞士法院对一起纯国外当事人之间是否有效放弃撤销救济纠纷的司法审查的决定情况，并阐述了德国与奥地利的机构仲裁规则的发展。

Tadas Varapnickas 的《涉及公平审理权的仲裁员责任问题：政策制定者可选方式》(Issues of Arbitrator's Liability as Regards the Right to Fair Trial: What Way to Choose for Policy-Maker)(2016)从《欧洲人权公约》第 6 条公平审理权规定入手，分析了在瑞典、瑞士、法国、拉脱维亚等国的制定法和联合国《示范法》中没有关于仲裁员责任规定的原因，英国和新西兰与西班牙及新加坡等国的制定法中相应规定、美国判例法的广泛豁免等，也阐述了仲裁员全面责任的合同法理论、仲裁整体性理论、有条件豁免论的合理性，并建议有关国家或地区采纳有条件豁免制度。

Eduardo Silva Romero & Luis Miguel Velarde Saffer 的《在欧洲仲裁协议向非签字人的扩展：统一的方法？》(The Extension Of the Arbitral Agreement to Non-signatories in Europe: A Uniform Approach?)(2016)分析了根据国际商会(ICC)所统计的常为仲裁地的英国、法国、瑞典、西班牙、瑞士关于仲裁协议扩张至非签字方的当事人所适用的法律及司法审查实践，进而得出除英国以外其他国家都有条件地承认默示仲裁合意而使得仲裁协议扩张的结论。

V. V. Veeder 的《仲裁员与仲裁机构：产品责任的法律风险？》(Arbitrators and Arbitral Institutions: Legal Risks for Product Liability?)(2016)认为从英国对准仲裁员的司法审查决定来看，其对仲裁员的法律责

任态度不甚明朗,其仲裁机构在普通法下基于公共政策不能免责而要承担契约责任。英国法院对仲裁员法律责任态度的不确定性、法国对仲裁员和仲裁机构法律责任争议的司法决定、伦敦与法国和斯德哥尔摩及纽约等地的法官在司法审查中要求仲裁员出庭宣誓作证导致一些著名仲裁员退出仲裁市场等,对此种法律风险只能以专业责任保险予以化解。

Roger P. Alford、Julian G. Ku & Bei Xiao 的《观念与现实:外国裁决在中国的执行》(Perceptions and Reality: the Enforcement of Foreign Arbitral Awards in China)(2016)立足于近20年前在中国执行外国仲裁裁决的理论、传说、统计方面的陈旧性和经久中断性的状况,以中国执行外国仲裁裁决的司法意见和对实践者新颖性调查证据的细致分析为手段,进而认为中国执行外国仲裁裁决的司法审查实践在总体上与国际标准是一致的,特别是最高人民法院无疑严格对待《纽约公约》,不轻易拒绝执行外国仲裁裁决,但同时又指出:尽管新调查数字显示中国在进步,对中国的怀疑仍然存在且继续;总体上对执行友好的案例法不能实际反应执行方面的程序性及非理性障碍。

Manjiao Chi 的《国际仲裁中豁免请求的阻碍作用:中国立场的回顾》(The Impeding Effects of the Immunity Plea on International Arbitration: China's Position Revisited)(2016)鉴于中国香港特别行政区法院公布的关于 Democratic Republic of the Congo and Others 与 FG Hemisphere Associates LLC 之间仲裁纠纷案司法审查决定引发的热点讨论与研究成果的不足,探讨了中国大陆如何处理豁免与仲裁庭管辖权及仲裁裁决,指出中国大陆尽管宣示原则上坚持绝对豁免却对两种主要形式的仲裁采用事实上的双规制,即对条约基础的投资者与国家之间的仲裁不主张豁免,而对其他形式的仲裁主张绝对豁免,进而认为中国大陆这种立场给国家与私人之间的公私仲裁带来不确定性,同时基于更好地保护日益增长的海外投资之目的建议中国大陆向限制豁免立场转变。

Sarah Rudolph Cole 的《制约商事仲裁中时空的仲裁员:考量越权》(Curbing the Runaway Arbitrator in Commercial Arbitration: Making Exceeding the Powers Count)(2016)以实证的调查数据说明更窄范围的仲裁司法审查导致很多当事人或其律师不选择仲裁,并认为这些当事人原先偏好更窄范围的仲裁司法审查的改变源自环境的变化,即更大的争议导致更大的风险转移,据此建议当事人根据美国各法院的各种仲裁司法审查立场设计可执行性概率大的仲裁协议。

Stephen J. Ware 的《仲裁法的政治与温和派的改革建议》(The Politics

of Arbitration Law and Centrist Proposals for Reform)(2016)认为仲裁在美国对个人适用远比对企业适用的争论更大,后者只引起学者、律师和仲裁界人士的兴趣,前者却引发很多国会议员及利益团体的关注,对其中的消费者与企业之间附属合同争议有很多不同的立场可予以比较,建议根据附属合同等理论对仲裁合意实行更高的合意水平。

Ana Coimbra Trigo 的《中国仲裁法的近期发展-保全措施,如何获得适当救济》(*Recent Developments in Arbitration in China-Interim Measures, How to Achieve Proper Relief*)(2016)在阐述了中国境外国际商事仲裁法律基本框架、仲裁优势和保全措施的基础上对比了中国仲裁法律存在的问题,特别指出了最近仲裁的立法中关于保全措施的规定仍然存在着仲裁庭无权发布、保全措施的类型有限、中国法院不愿意执行境外仲裁庭发布保全措施指令等问题,进而建议中国法院减少干预或者修订《仲裁法》。

Arnoldo Wald & Ana Gerdau de Borja 的《巴西新仲裁法》*The New Brazilian Arbitration Law*(winter 2015-2016)阐述了巴西仲裁发展情况、其法院司法审查所依据的 2015 年 5 月 26 日新仲裁制定法的增改内容及其与之前司法审查实践的关系等。

Andrés Jana L. 的《在拉美的国际商事仲裁:神话与现实》(*International Commercial Arbitration in Latin America: Myths and Realities*)(2015)在阐述拉美国家国际商事仲裁的发展沿革、对国际商事仲裁与国际投资仲裁的区别对待、多数拉美国家当代国际商事仲裁立法的基础上,进一步地分析数国法院司法审查实践中致力于克服国内怪异形式主义的趋势,由此得出结论:对国际商事仲裁采取消极态度在拉美地区已不是现实。

Duan Xiaosong 的《中国仲裁法中仲裁员的刑事责任:商事仲裁中的枉法》(*Criminal Responsibility for Arbitrators in Chinese Law: Perversion of Law in Commercial Arbitration*)(2015)在阐述中国国际、国内仲裁发展沿革及立法规范的基础上分析了 2006 年新刑法规范涉及对偏袒仲裁员刑事责任的规定,指出了该种不同于西方的所谓"枉法仲裁罪"规定的成因与相关的学术争论,同时认为该种规定改变了仲裁裁决被司法审查的方式,进而结合作者所理解的美国仲裁员责任制度、中国"枉法"规范的历史渊源、欠发达的市场经济情况等,批判性地评估了该种规定并建议通过司法解释避免该规定的严厉后果。

Yaraslau Kryvoi & Dmitry Davydenko 的《国际仲裁中的和解裁决:从和解到执行》(*Consent Awards in International Arbitration: From Settlement to Enforcement*)(2015)分析了和解裁决的性质和目的、仲裁员与和解裁决有

关的权责及与调解员角色能否转换、和解裁决在司法审查中的可执行性、非法和解裁决及其后果等，进而认为和解裁决的可执行性取决于仲裁庭是否处理了真正的争议或已解决的争议和裁决内容的合法性等。

Marike R. P. Paulsson 的《1958 年的〈纽约公约〉第 2 条：适合当代国际贸易？》(*The 1958 New York Convention Article Ⅱ: Fit for Modern International Trade?*)(2015)从现有 150 多个缔约方参加的《纽约公约》第 2 条关于仲裁协议形式要求的字面规定及其在整个公约中的地位入手，分析其与 21 世纪贸易实践之间的偏差，并在鉴于《纽约公约》第 2 条历史上起草过程的基础上阐述了美国第一和第三与第九巡回上诉法院、瑞士联邦最高法院、西班牙最高法院、澳大利亚联邦法院对有缺陷仲裁协议或默示仲裁协议是否有效争议的司法审查实践差异，进而说明当事人应起草与《纽约公约》第 2 条相符的仲裁条款及有关法院应如何合理地解释该条要求。

Bernard Hanotiau 的《在几个亚洲国家中的非签字人，公司集团与多合同：案例法分析》(*Non-signatories, Groups of Companies and Groups of Contracts in Selected Asian Countries: A Case Law Analysis*)(2015)讨论了新加坡、中国大陆、中国香港、印度、韩国、马来西亚和日本在关于仲裁协议扩展至非签字人方面的司法审查实践，进而得出结论：新加坡、中国、马来西亚和韩国的法院依然坚守严格的书面同意要求，日本法院的司法审查态度较为灵活，印度法院则极端地宽松。

Weidong Zhu 的《"无外国因素"的外国仲裁裁决在中国的承认与执行》(*The Recognition and Enforcement of the Foreign Arbitral Awards "with No Foreign Element" in China*)(2015)以 2014 年北京市第二中级人民法院对韩国 the Korean Commercial Arbitration Board 所作出的纯中国境内无涉外因素仲裁裁决的拒绝执行为切入点，分析认为：北京市第二中级人民法院对案涉仲裁条款适用法的选择不当；即使根据中国法律也不应认定案涉仲裁条款无效；案涉仲裁条款与公共政策问题有一定的关联性却未作出这方面的司法审查；未遵循内部报告制度；最高人民法院及其他人民法院对同类纠纷的司法审查态度存在着类似的缺陷；未来的中国司法审查应对仲裁更为友好。

Hilary Heilbron 的《英国法院通过质疑与执行审查裁决的方法》(*The English Courts' Approach to Review of Awards by Way of Challenge and Enforcement*)(2015)在阐述英国司法审查仲裁裁决执行争议所依据制定法规范的基础上，分析其法院在涉及仲裁庭管辖权、在仲裁地撤销仲裁裁决时限、仲裁程序严重不正常、可承认的外国法院判决已成先例、公共政策等问题上的仲裁裁决执行争议中所持的立场,并在一些方面与新加坡法院的司法审查立场相对照,进而根据30%的国际仲裁以伦敦为仲裁地等现实肯定英国法院多半尊重仲裁裁决和少数情况下否定仲裁裁决属于正当的做法。

从研究趋势来看,境外学者日益注重采用实证的方法,特别关注仲裁司法审查机制在实践中的运行情况、运行效果及关注仲裁当事人的合理期望等。不过,境外多数学者主要关注其所在国家或地区的仲裁司法审查机制或从该国家或地区的立场出发论及对其他国家或地区相应机制的借鉴问题。相比之下,中国内地很多学者偏好采用比较方法,并基于完善中国内地仲裁司法审查机制之目的,提出了种种借鉴的建议,其中的不少建议具有真知灼见的性质。

四、本著作的研究意义

中国内地的仲裁一直很不发达,与全国法院的一审民商事诉讼几乎年年有着上百倍的差距,特别是中国涉外仲裁十分萧条。[①] 中国内地仲裁司法审查机制存在不健全或不科学的严重缺陷无疑是造成这种局面的重要原因之一。党的十八大明确提出要坚定改革方向,推进科学的法治建设。其后,党和国家最高领导人在多种场合也强调要继续解放思想,全面深化改革开放。然而,虽然存在以上可肯定的一面,中国不少学者却由于对境外相应理论与立法新情况不太关注,也不太注重境外有关制度的实践效果,从而大大影响了其成果的先进性和可行性。此外,尽管对于中国内地仲裁司法审查机制的诸多缺陷存在共识,却由于仲裁的理论界和实务界努力程度不够等原因,中国立法机关在2008年未将体现上述缺陷主要所在的现行《仲裁法》列入修改的立法规划,由此导致了针对本项目的理论成果大幅度地减少。2018年现行《仲裁法》尽管被列入了二类立法规划[②],相应的论文成果有了较高频度的涌现。然而,由于积弱太久和时间太短,很有重量的深度作品依然十分缺乏。本书的负责人及成员们深感此种环境下更要加倍努力地创造出更高质量、更具科学性、更大程度系统性和更强操作性的理论成果。

在此思想的指导下,通过下一目所述方法产生的本书研究成果的理论和实践意义就在于:(1)提高了中国仲裁司法审查方面理论成果综合性、先

[①] 刘加良:《论仲裁保全程序中的诉讼谦抑》,《政治与法律》2009年第1期;王峥、曹伊清:《仲裁与诉讼衔接机制研究》,《南通大学学报》2016年第6期。

[②] 苏明龙:《修订仲裁法列入立法规划引热议 专家建议增加国际仲裁的"中国特色"》(2018年10月19日),法制网,http://www.legaldaily.com.cn/Arbitration/content/2018-10/08/content_7661264.htm,最后浏览日期:2018年12月16日。

进性和可行性。本书研究理论综合地涵盖了境内或国内仲裁和涉外或国际仲裁两方面的司法审查机制,并参考了更广、更新颖的境外相应理论和立法与司法实践及其社会效果,进而结合中国国情提出和论证对中国具有可行性的先进性完善观点与建议,为以提升仲裁在解决社会争议和纠纷中的作用并使中国成为世界有吸引力的仲裁地之目标作出应有的贡献;(2)向中国理论界或实务界提供关于更多境外国家或地区仲裁司法审查机制理论和实践的最新发展情况,从而作为进一步的相关理论研究或实践决策的有益参考。

五、本著作的基本构架和研究方法

从仲裁的实践来看,司法审查的对象包括对仲裁协议是否存在或有效,仲裁员或仲裁庭的组建是否符合约定条件或法定条件,仲裁庭是否拥有管辖权,仲裁保全措施的发布主体是否合格及该措施是否应强制执行,仲裁程序是否具有合法性,仲裁裁决应否撤销、承认或执行以及仲裁员或仲裁机构的违法行为是否承担法律责任等众多问题。为此,本书的基本构架是:在绪论部分首先进行总体说明,不仅界定本书研究对象中的关键用语以明确研究范围,而且阐释本书的研究目的、概况、背景、意义、基本构架和方法等,以使评阅者或读者快速地对其形成大致的了解,接着(第一部分)探讨仲裁司法审查机制的沿革指导理论,然后使用五个部分(第二部分至第六部分)分别探讨涉及仲裁协议、仲裁员、仲裁保全措施、仲裁程序、仲裁裁决撤销和承认与执行等方面争议的司法审查机制。

本书采用比较借鉴、实证、交叉学科、归纳、演绎、文献梳理等研究方法,着重采用以下四种方法。

(一)实证的方法

对于仲裁司法审查机制的问题及其解决,不少领域中不少细节处都已有了较丰富的理论成果,它们的可靠性不仅需要其他相关理论和逻辑推论加以论证,而且更需要实践的检验。本书中所提出的新理论同样需要立足于实践才具有说服力。作为仲裁司法审查机制重要组成部分的相关制度的运作实践,其本身也存在很强的实践性和操作性问题,中国内地及世界上其他国家或地区都出现了很多生动的实例,因此,本书研究中必须充分依赖这些实例,以支持我们的观点或结论。

(二)比较的方法

"比较的方法能帮助人类丰富问题的解决方案……并为学者们对其时

代或环境下问题的探讨提供较佳解决的机会"①,对各种法律规则进行比较的比较法学可以像化学一样既可以是纯科学也可以是应用科学。比较法学中所描述的法律解决方案,犹如"一块巨大的试验田,使人们可以观察到不同的文明国家里所尝试改革的效果"。② 比较研究能更好地从国际视角理解仲裁问题。③ 我们的研究所参考的文献很多都采用了比较的方法,其标题甚至就显示其为主要的方法。④ 有鉴于此,本著作根据不同的情况和上下文的需要进行比较研究,从而在参照各国经验和教训的基础上为中国的仲裁司法审查机制提出最佳的借鉴方案。

(三) 交叉学科的方法

这是由本书的研究对象涉及多元的利益主体且问题的性质非常复杂所决定的,本书所涉及的问题不仅与仲裁法学直接相关,而且也与诉讼法学、合同法学、国际法学等同样直接相关,同时源于大法学部门的共性而使其他法学领域及其他文理科学领域渗透而成的很多研究成果同样具有适用性或启示性,因此,本书在以仲裁法学、诉讼法学、合同法学、国际法学学科研究方法为主的基础上,必要时也引入竞争法学、统计学等研究方法或研究视角,从而多维度地透视相关复杂问题并论证解决之道。

(四) 文献梳理分析的方法

仲裁司法审查机制在国内外已经积累了相当的研究基础,有关的各种文献比较丰富。本书的研究在很多方面都是在对大量相关文献的系统梳理分析基础上展开的。所梳理分析的文献包括教材、专著、调研报告、学术论文和第一手的立法文件和司法判例等。

---

① See Koen Lenaerts, "Interlocking Legal Orders in the European Union", *Comparative law International & Comparative Law Quarterly*, October, 2003, p.879.
② See Pan R. Dubinsky, "Human Rights Law Meets Private Law Harmonization: The Coming Conflict", *Yale Journal of international Law*, Winter, 2005, pp.219-220.
③ Lin Yifei, *Judicial Review of Arbitration: Law and Practice in China*, Kluwer Law International, 2018, pp.x-xv.
④ 张潇剑:《中美两国执行国际商事仲裁裁决比较研究》,《河北法学》2011年第4期;王晓川、夏兴宇:《海峡两岸商事仲裁制度对比研究》,《河北法学》2013年第8期;Daniel Girsberger & Nathalie Voser, *International Arbitration: Comparative and Swiss Perspectives*, Kluwer Law International, 2016.

第一章 概 述

第一节 仲裁司法审查机制沿革

一、境外仲裁司法审查机制的沿革

有学者考证,境外的很多国家或地区的仲裁可以追溯到有记录人类历史的初期。其中,古巴比伦和古埃及(公元前 2500 年至 2300 年)的仲裁记录可谓是人类最早的仲裁报道之一。[①] 但是,关于古巴比伦和古埃及仲裁司法审查机制的论述非常罕见。仲裁在印度有很长的历史,古代印度有不同级别的仲裁员,对低级别仲裁员的裁决可向高级别仲裁员请求审查,但没有学者下结论称此种情况具有仲裁司法审查性质。[②]

《荷马史诗》记载了公元前 8 世纪的希腊所发生的一起著名的仲裁案件。[③] 古罗马与古希腊一样,基于当事人选择仲裁自负后果的理念而无论仲裁裁决是否公正都具有约束力,从而事后几乎没有司法审查。然而,从当时仲裁员的管辖权严格地限于当事人的协议且裁决事项必须与该协议一致等规则来看,关于仲裁员的管辖权或是否越权的纠纷肯定了司法审查或其他官方审查制度的存在。就古罗马而言,对仲裁协议采用"双重允诺"机制,即只有同时满足了仲裁允诺和违背仲裁协议将支出罚金的允诺的条件才能使仲裁协议具备可执行性。这表明:对于仲裁协议是否满足"双重允诺"条件的纠纷也是可以请求司法审查的。古罗马法中的这些先进的机制对后来的

[①] See Gary B. Born, *International Commercial Arbitration*, Kluwer Law International, 2014, p.25.

[②] See Biswas, *Introduction to Arbitration in India: The Role of the Judiciary*, Kluwer Law International, 2013, p.7.

[③] See Gary B. Born, *International Arbitration: Cases and Materials*, Kluwer Law International, 2015, p.2.

仲裁法制发展起着重要的引领作用。古罗马的后期，基于约定必遵守的原则等，仲裁协议的司法审查机制中去除了仲裁协议中是否含支出罚金允诺的纠纷事项。此时，基督教会开始发挥主导作用，教会法学家在仲裁协议方面发展和适用了约定必遵守的原则，基督教的牧师也常常担任仲裁员，他们的裁决不在法院做审查就可得到执行。①

在古代非洲，个人非常普遍地将相互间的商事争议甚至非商事争议提交仲裁，对于其中的严重争议则提交一个叫"长者理事会"（a council of elders）仲裁，该理事会不仅会取证，而且有时还会倾听当事人的代理人作出的辩论。然而，在欧洲殖民者进入之前，非洲仲裁的记录非常稀少②，仲裁的司法审查情况则更难查询。

中世纪欧洲中的一些国家或地区广泛地采用仲裁解决纠纷。其中的英国行会等团体成员内部仲裁非常独立和活跃，在司法审查中英国法院时常禁止含惩罚性条款的仲裁协议的当事人提起诉讼，并且对执行仲裁裁决的态度积极，以显示对仲裁一定程度的支持。③ 同时期的德语语言区仲裁使用率同样较高，那里的法院制度实际上就是从根据自愿协议管辖的临时仲裁庭的模式中发展而来的④，这些地区的仲裁裁决在国家法院建立后也仅受最低限度的司法审查。其他欧洲地区由于教会法盛行，仲裁程序不仅更为正式，而且仲裁裁决要遭受包括"明显不公正"（manifest injustice）等在内各种理由的司法审查。不过，仲裁协议还是常常被承认具有可执行性。⑤

文艺复兴及资产阶级革命前后的一段较长时间，欧洲的比利时、荷兰和瑞士通过立法或其法院的主动行为体现了对仲裁友好的司法审查机制。18～19世纪的德国尤为突出，其很多地区法院在司法审查中高度尊重仲裁员的程序自主权，在1998年前基本上一直实行的1877年的德国《民事程序法典》包含了对仲裁裁决的实体不做司法审查的规范。19世纪末和20世纪初，德国法院在司法审查中积极地支持仲裁，包括率先确立了下文中将进一步阐释的在当代很多国家或地区都已成为最重要的仲裁原则之一的仲裁

---

① See Gary B. Born, *International Commercial Arbitration*, Kluwer Law International, 2009, pp.24-27.
② See Gary B. Born, *International Commercial Arbitration*, Kluwer Law International, 2014, p.25.
③ See Lew & Bor, et al. (eds.), *Arbitration in England*, Kluwer Law International, 2013, pp.1-4.
④ See Böckstiegel & Kröll, et al. (eds.), *Arbitration in Germany: The Model Law in Practice*, Kluwer Law International, 2015, p.4.
⑤ See Gary B. Born, *International Commercial Arbitration*, Kluwer Law International, 2009, pp.24-31.

协议可分性原则——将仲裁协议的有效性因素与基础合同分开考虑。不过，其后到第二次世界大战结束的数十年间，德国法院的司法审查机制充满着对仲裁的敌意、不信任和压制。①

同期的欧洲其他一些国家或地区的仲裁司法审查机制对仲裁颇为敌视。不过，这种局面后来获得了改变。

比如在文艺复兴时期的英国，库克（Coke）大法官在一起案件的司法审查中宣告仲裁协议是可以事后单方撤销的。根据英国的其他普通法司法审查判例，仲裁协议同样不能阻止任何一方当事人向法院提起诉讼，同时仲裁裁决仅被视为当事人之间的一项协议，意图执行仲裁裁决的一方当事人只能以违约为理由向法院起诉。直到1698年《仲裁法》的颁行，英国才以制定法形式在局部范围内改变了该判例规则而有条件地承认仲裁协议的约束性，并对法院为支持仲裁程序、延长作出裁决期限、裁决的撤销和执行等所享有的司法审查权力问题作出了规定。不过，在18世纪，英国法院司法审查中对仲裁的态度很不友好，对违反仲裁协议的行为仅判给名誉赔偿，这与当时的法官没有固定工资而靠诉讼获得大部分收入等情况十分有关。② 其后英国的制定法在司法审查方面逐步地给予仲裁协议及仲裁庭的权力更大的支持。19世纪中叶的一些著名的司法审查判例更是从根本上改变了英国法院长期对仲裁采取的很敌意态度。英国1854年的《普通程序法》(the Common Law Procedure Act)确认了这一时期本国法院的司法审查态度，并通过以"案件陈述"(case stated)方式获准仲裁程序中法律问题的司法审查规定引入了限制司法审查仲裁程序的规则。在英联邦得到广泛采用的1889年《仲裁法》不仅确立了关于未来争议的仲裁协议不可撤销性，而且赋予了法院是否搁置违反仲裁协议诉讼的自由裁量权。③

再如，法国资产阶级大革命也一改弗朗西斯（Francis）二世1560年颁布《敕令》(Edict)后200多年间对仲裁的极端支持态度，视仲裁为法治及国家权威的威胁，1804年的《拿破仑民事程序法典》也反映了这种对仲裁敌视的

---

① See Gary B. Born, *International Commercial Arbitration* (Second Edition), Kluwer Law International, 2014, pp.33-34.

② 参见赵秀文：《国际商事仲裁法》，北京，中国人民大学出版社，2012年，第5~6页；[英]维杰·K.巴蒂亚、[澳]克里斯托弗·N.坎德林、[意]毛里齐奥·戈蒂：《国际商事仲裁中的话语与实务：问题、挑战与展望》，林牧、潘苏悦译，北京，北京大学出版社，2016年，第5~6页。

③ 王德新：《仲裁司法监督的定位：过度干预抑或适度监督》，《河北青年管理干部学院学报》2014年第4期；See also Lew & Bor, et al. (eds.), *Arbitration in England*, Kluwer Law International, 2013, pp.2-4.

立场,该法典第 1006 条规定针对未来争议的仲裁协议不具有可执行性。整个 19 世纪及 20 世纪的早期,法国法院在司法审查程序中也表现出对仲裁的高度不信任。实际上,直到加入 1923 年的《日内瓦议定书》之后,法国才承认关于未来国际商事争议的仲裁协议可通过法院的司法审查获得可执行性。[①]

18~19 世纪的美国法院在司法审查中对仲裁协议也很敌意[②],直到 1925 年《联邦仲裁法》的颁行,这一局面才得到根本的改变。同时值得注意的是,1925 年前的美国纽约州有些例外,主要是因为早期的荷兰殖民者推崇仲裁,且当事人除请求法院协助任命仲裁员以外,罕有对仲裁裁决请求司法审查,其后接手的英国殖民者延续了这种习惯。另一方面,18~19 世纪尽管存在不友好的司法审查机制,仲裁在美国依然是常见和有效的,主要通过诸如商会、社团或宗教组织成员资格的法外禁令实现。此外,19 世纪末和 20 世纪初,美国一些地区的法院通过司法审查的方式宣布确定仲裁协议具有可执行性,且对仲裁裁决也只做最低限度的审查。同时商业社会也施加了立法改革的压力,纽约州于 1920 年制定了司法支持仲裁协议和裁决的法律,1925 年的《联邦仲裁法》规范与之类似。同时美国议定和加入了对仲裁协议的司法审查较之前友好得多的 1923 年的《日内瓦议定书》。[③]

以上英法美等国的仲裁司法审查机制的变化与当时其境内外商界的急切呼吁非常攸关,特别是与 1919 年成立的国际商会的核心作用密不可分。然而,19 世纪末 20 世纪初,墨西哥、智利、巴拉圭、巴西的仲裁制定法和法院却仍选择对仲裁敌意的司法审查机制。巴西的表现尤为极端,在 1940 年前其法院根据民事程序规则中的本地法院排他管辖权的规定而在司法审查中没有承认一起外国的仲裁裁决。同期非洲、亚洲的很多国家或地区法院在司法审查中也很不信任仲裁,并拒绝承认仲裁裁决的终局性。[④] 还有属于社会主义性质的苏联在立法中虽然有规定,实践中却一直没有仲裁[⑤],从而

---

① See Delvolvé & Pointon, et al, *French Arbitration Law and Practice*, International Commercial Arbitration, Kluwer Law International, 2009, pp.3-4.
② 赵秀举:《诉讼视角下的仲裁管辖权限的扩张及问题》,《当代法学》2015 年第 6 期;李建忠:《临时仲裁的中国尝试:制度困境与现实路径——以中国自贸试验区为视角》,《法治研究》2020 年第 2 期。
③ See Gary B. Born, *International Commercial Arbitration*, Kluwer Law International, 2014, pp.42-50.
④ See Fernando Cantuarias, "Problematic of International Arbitration in Latin America", *Florida Journal of International Law*, 2008, p.154; See also Gary B. Born, *International Commercial Arbitration* (Second Edition), Kluwer Law International, 2014, pp.60-61.
⑤ See Oleg Skvortsov & Leonid Kropotov, "Arbitration Changes in Russia: Revolution or Evolution?" *Journal of International Arbitration*, April, 2018, p.254.

更没有对仲裁纠纷的司法审查活动。

第二次世界大战之后,包括非洲在内[①]的世界上很多国家或地区的仲裁司法审查机制发生了较大变化,具体表现是在司法审查中逐步给予仲裁更大的支持,并更多地承认形式与内容多样的仲裁协议和由此产生的仲裁裁决。自20世纪90年代开始,苏联解体后的俄罗斯等不仅有了仲裁,而且也伴随产生了对仲裁较友好的仲裁司法审查机制。[②] 该机制的这种变化及其可能的再变化趋势将在下面的各章目中进一步阐释。

此外,在法律制度方面长期被视为境外且非常具有仲裁吸引力的中国香港地区的仲裁司法审查机制的发展历程也十分值得关注。据学者的考证,中国香港地区早在1844年就有了《仲裁条例》,后随其原先的宗主国英国的仲裁制定法变化而修改了数次,然而,在1997年回归中国前就采纳了作为仲裁司法审查制定法依据的联合国1985年版的《示范法》[③],并在2010年主要根据联合国2006年版的《示范法》进行了大幅度的更新,该条例近三年内又作出了与时俱进的修改。[④] 中国香港地区法院多年来的仲裁司法审查实践受到国际仲裁专家的好评,特别是经常为增加说服力引用其他国家或地区同行的司法审查认知,如在当事人一方为一内地企业的案件中,中国香港地区的终审法院竟然一下子引用德国、印度、意大利、瑞士、英国和美国等多个国家的法官对《纽约公约》的解释。[⑤]

二、中国内地仲裁司法审查机制的沿革

学者们对中国仲裁法制产生的肇始时间看法不一。一些境内学者在未提供古文献中记录出处的情况下简单地描述说中国早在春秋战国时期就有仲裁制度。[⑥] 境外也有学者声称中国的仲裁或类似于仲裁的争议解决手段

[①] 非洲仲裁司法审查机制中的制定法因素所发生的变化可参见[美]翁·基达尼:《中非争议解决:仲裁的法律、经济和文化分析》,朱伟东译,北京,中国社会科学出版社,2017年,第440~445页。

[②] See Oleg Skvortsov & Leonid Kropotov, "Arbitration Changes in Russia: Revolution or Evolution?" *Journal of International Arbitration*, April, 2018, pp.254-256.

[③] 郭杰:《我国仲裁裁决的区际认可与执行机制研究》,北京,中国法制出版社,2019年,第49页。

[④] 有关信息的网址为https://www.elegislation.gov.hk,最后浏览日期:2019年3月12日。

[⑤] 该案的当事方分别是Hebei Import & Export Corp和Polytek Engineering Co Ltd。See Jack Wright Nelson, "International Commercial Arbitration in Asia: Hong Kong, Australia and India Compared", *Asian International Arbitration Journal*, Volume 10, Issue 2, 2014, pp.105-136.

[⑥] 李广辉、张晓明:《国际商事仲裁与WTO仲裁之比较》,《汕头大学学报》(人文社会科学版)2009年第2期。

在公元前就存在。① 另外一些境内学者则称，中国的仲裁发端于20世纪，由于中国历史上习惯地将仲裁称作"公断"，因此中国仲裁法制的最早文件体现便是北洋政府颁发的1912年《商事公断处章程》和1913年《商事公断处办事细则》。根据这两个法律文件，只要有当事人各方的合意，商事争议即可提交依其设立的商事公断处处理，由此产生的仲裁裁决在当事人各方的同意下发生法律效力。② 笔者认为这种规定意味着当时的当事人不得将仲裁裁决提交司法审查，因为仲裁裁决的法律约束力取决于包括不利结果的当事人在内的所有当事人的认可。换句话说，只要一方当事人不认可，法院不会通过司法审查途径赋予该仲裁裁决的执行力。当然，在这种情况下，其他当事人可以就原纠纷向法院提起民事诉讼③，但这种行为已不能归入仲裁的司法审查范畴，因为它不是针对仲裁协议、仲裁裁决或任何其他的仲裁纠纷，而是针对无仲裁协议或仲裁程序从未发生过的原纠纷提起诉讼而已。不过，另有境外学者考证出中国的仲裁及仲裁的司法审查制度出现得更早，并提供了清代发生的一项财产纠纷经六位亲友审理后达成了一项和解裁决书后被官方裁判机构以司法审查的方式批准的实例。④

再就以上的两个仲裁法律文件而言，1927年南京国民政府成立后仍然予以暂准援引。后来直至中国大陆解放，这两个法律文件虽经多次修改，但基本内容并没有太大的改变，并适用于南京国民政府控制的地区。⑤⑥

中国具有社会主义性质的仲裁法制规范的最早发端可以追溯到1926年10月2日制定的《中国共产党湖南区第六次代表大会之农民政纲》，其中的第7条规定："由乡民大会选举人员组织乡村公断处，评判乡村中之争执。"20世纪30~40年代，中国共产党领导的革命根据地民主政府也相继制定其他一些关于仲裁法制规范，如1943年4月9日晋察冀边区行政委员

---

① See Deborah R. Hensler & Damira Khatam, "Re-Inventing Arbitration: How Expanding the Scope of Arbitration Is Re-Shaping Its Form and Blurring the Line Between Private and Public Adjudication", *Nevada Law Journal*, Winter, 2018, p.400.
② See Jingzhou Tao, *Arbitration Law and Practice in China*, Kluwer Law International, 2012, p.1.
③ 张松：《从公议到公断：清末民初商事公断制度研究》，北京，法律出版社，2016年，第30~31，67~80页。
④ See Gary B. Born, *International Commercial Arbitration*, Kluwer Law International, 2014, p.58.
⑤ 谭兵：《中国仲裁制度的改革与完善》，北京，人民出版社，2005年，第5~6页；马德才：《仲裁法学》，南京，南京大学出版社，2016年，第16~17页。
⑥ See also Pippa Read, "Delocalization of International Commercial Arbitration: Its Relevance in the New Millennium", *American Review of International Arbitration*, 1999, pp.185-186.

会发布的《关于仲裁委员会的工作指示》和天津市人民政府 1949 年制定的《天津市调解仲裁委员会暂行组织条例》等。① 中华人民共和国成立之后一直到改革开放前,境内经济的总体情况是企业、经济组织均实行国家或集体计划经营,对财产、经营管理等方面没有自主权,更不能自主地选择具有民间性质的仲裁解决纠纷。然而,为处理境内经济往来中难免发生的纠纷,人民政府颁布了数个行政法规,明确规定各级行政部门中的经济委员会为经济合同纠纷的"仲裁"机构。如国务院 1962 年发布的一项通知②规定:对于执行合同中发生的争议,应提交各级经济委员会仲裁;各地建设银行或者人民银行以扣付货款的方式负责执行各级经济委员会的决定。以上的社会主义性质的法规中都未对任何仲裁争议作出司法审查的规定,有学者认为,当时的法院审判人员严重不足是一个重要原因。③

从 1978 年年底实行改革开放政策时算起至 1995 年的《仲裁法》实施之前,中国 1982 年的《民事诉讼法(试行)》、1987 年《技术合同法》的第 58 条、1991 年《民事诉讼法》的第 111 条及其他法律与一些行政法规④等都有关于仲裁的规范。然而,这些法律、法规下的仲裁都典型地属于行政仲裁,有关的仲裁机构具有不同的行政级别并对案件按照级别管辖,仲裁庭的组成人员也是行政人员,仲裁与诉讼对当事人而言是单方任选关系,不必要有事先协议或协议排除。若选择了仲裁且在当事人一方或者各方未向人民法院起诉的情况下,自收到之日起 15 天内仲裁决定书才发生法律效力。⑤ 显然,以上的"起诉"尽管是针对同一案件的事实,却并不是针对仲裁决定书或其他仲裁问题请求的司法审查。不过,1982 年的《民事诉讼法(试行)》第 167 条规定,对于一方当事人不履行发生法律效力后仲裁机构的裁决的行为,另一方当事人可以向有管辖权的人民法院申请执行。⑥ 据此推断,在执行前人民法院会作出某种司法审查,如审查核实裁决的真实性等。

新中国成立后至现行《仲裁法》实施前,中国在涉外仲裁方面一直包含

---

① 叶青主编《中国仲裁法制度研究》,上海,上海社会科学院出版社,2009 年,第 10 页。
② 该通知的全名是《关于严格执行基本建设程序、严格执行经济合同的通知》。
③ 参见全国人大常委会法制工作委员会及中国经济贸易仲裁委员会共同编制《中华人民共和国仲裁法全书》,北京,法律出版社,1995 年,第 9 页;袁忠民:《中国仲裁制度》,上海,上海人民出版社,1991 年,第 1 页。
④ 如 1981 年的《经济合同法》、1979 国家经济委员会等三家部门共同发布的《关于管理经济合同若干问题的联合通知》及 1983 年的《经济合同法仲裁条例》等。
⑤ 参见马德才:《仲裁法学》,南京,南京大学出版社,2016 年,第 18 页;See also Pippa Read, "Delocalization of International Commercial Arbitration: Its Relevance in the New Millennium", *American Review of International Arbitration*, 1999, pp.185-186。
⑥ 参见 1982 年的《民事诉讼法(试行)》第 167 条。

着遵循当事人意思自治、协议管辖等与国际惯例一致的规则。如在 1954 年和 1958 年通过的两个行政决定中就规定当时成立的两家涉外仲裁机构受理案件的依据为:"双方当事人间签订的有关合同、协议等。"①1979 年的《中华人民共和国中外合资经营企业法》第 14 条、1982 年的《民事诉讼法(试行)》第 192 条、1985 年的《涉外经济合同法》第 37 条等都有关于该种仲裁的规定。此外,在涵盖的范围内,《纽约公约》也因 1986 年的通知加入而成为中国国际仲裁争议司法审查规则的一部分。②然而,在 1991 年的《民事诉讼法》颁行之前,由于缺乏司法审查的国内立法规则,中国人民法院对以境内为仲裁地的涉外仲裁实际上一直是无权审查或过问的。③不过,1982 年的《民事诉讼法(试行)》第 204 条含有对境外作出的仲裁裁决进行司法审查的规则。④

1991 年的《民事诉讼法》和 1995 年 9 月 1 日起生效的《仲裁法》中的部分条文及其修订规则构成了中国当今仲裁司法审查制度的主干。然而,由于这些条文的抽象性和中国国情的特殊性及发展性等因素,中国中央或地方有关行政机关陆续颁行的很多法规或规章中也含有一些直接或间接的司法审查规范,如:国务院办公厅于 1996 年颁布的《关于贯彻实施〈仲裁法〉几个问题的通知》;建设部与国务院法制办公室 2001 年 5 月联合下发的《关于在全国建设系统进一步推行仲裁法律制度的意见》(建法〔2001〕91 号文)等。⑤此外,中国内地的人民法院特别是最高人民法院的一些文件中的规范也是中国目前仲裁司法审查制度的重要补充,这将在下文中的多处进一步地阐述。

第二节 仲裁司法审查机制的指导理论与制度渊源

一、仲裁司法审查机制的指导理论

仲裁法学者和仲裁实务工作者对于仲裁司法审查机制的指导理论仍然

---

① 参见 1954 年政务院的《关于中国国际贸易促进委员会内设立对外贸易仲裁委员会的决定》第 2 条及 1958 年国务院的《关于中国国际贸易促进委员会内设立海事仲裁委员会的决定》第 2 条。
② 寇丽:《现代国际商事仲裁法律适用问题研究》,北京,知识产权出版社,2013 年,第 12 页。
③ 陈安:《中国涉外仲裁监督机制评析》,《中国社会科学》1995 年第 4 期。
④ 该条规定的内容是:"中华人民共和国人民法院对外国法院委托执行的已经确定的判决、裁决,应当根据中华人民共和国缔结或者参加的条约,或者按照互惠原则进行审查,认为不违反中华人民共和国法律的基本准则或者我国国家、社会利益的,裁定承认其效力,并且依照本法规定的程序执行。否则,应当退回外国法院。"
⑤ 陈福勇:《我国仲裁机构现状实证分析》,《法学研究》2009 年第 2 期。

存在不同的看法。笔者认为,仲裁司法审查机制的指导理论应当主要包括仲裁司法审查是否具有必要性的理论、仲裁司法审查范围或程度的理论、仲裁性质的理论、仲裁司法审查价值取向的理论、仲裁司法审查区分的理论等,它们对该机制的产生、发展或变化等方面都起着至关重要的引领作用。同时,作为专门的研究者,除了关注各具体领域和/或具体环节的具体理论以外,我们还应对中国仲裁司法审查机制的整体完善理论给予高度重视。应予以说明并在下文的某些地方会进一步指出的是:这些理论相互之间可能有交叉重叠的内容,或者对同一仲裁司法审查规范、实践或认知等同时具有指导作用。

(一) 仲裁司法审查是否具有必要性的理论

仲裁司法审查是否具有必要性的问题,历来都有否定与肯定的两种理论观点。

否定仲裁司法审查具有必要性理论的基本内容为:仲裁只具有契约性,凡仲裁纠纷应按仲裁员和当事人之间的协议加以解决,法院应当避免或尽可能少地审查仲裁有关问题。这种理论的基本理由是:没有仲裁协议就没有仲裁,当事人任何一方不能强迫对方当事人参与仲裁;同时,由协议当事人选择的仲裁员权力来自当事人并实际上是所有当事人的代理人,该仲裁员作出的仲裁裁决相当于其代表各方当事人订立的一种合同,后者有义务予以自动执行;此外,由于仲裁协议的约束力,当事人有义务参加仲裁并承认和自动履行仲裁裁决;最后,只有在仲裁裁决未被某当事人自动执行的情况下,对方当事人可以申请有管辖权的法院通过司法审查的方式予以强制执行,即使如此,法院也并不是承担了公共职能,而仅仅是强制执行了一项未履行合同的行为。[①] 由于不能说服性地解释各方当事人利益不一致的情况下仲裁员如何以代理人身份忠诚于所有当事人利益问题,一些否定或基本上否定仲裁司法审查具有必要性的学者放弃了上述关于仲裁员是当事人代理人的观点。[②]

从实际情况来看,否定仲裁司法审查具有必要性的理论在很多国家或地区的历史上都曾占据支配地位,从而不存在或几乎不存在仲裁司法审查制度及其贯彻的实践,仲裁协议、仲裁程序和仲裁裁决的执行力等纠纷立法者无意予以过问,且也不是任何法院的司法审查对象,全凭当事人之间或当

---

① See Sarah Rudolph Cole, "Arbitration and State Action", *Brigham Young University Law Review*, 2005, pp.43-45.
② 邓杰:《商事仲裁法》,北京,清华大学出版社,2008年,第20~21页;韩立新、袁绍春、尹伟民:《海事诉讼与仲裁》,大连,大连海事大学出版社,2016年,第189页。

事人与仲裁员之间的自行了断或自救。①

肯定仲裁司法审查具有必要性的学者则认为,通常情况下的仲裁庭并非某国家或地区的官方机构,对当事人或与仲裁标的有关的第三人没有强制性权力,从而有必要通过法院强制性地支持或保障仲裁程序的顺利进行和仲裁裁决的执行。另一方面,实证调查显示,公正是选择仲裁当事人的重要价值目标之一②,允许法院对司法审查仲裁争议,不仅可以有效地防止少数仲裁员的偏袒、随意性或严重不正常的仲裁程序,减少仲裁裁决错误,而且可以有力地维护法院地一些至关重要法律的原则或规则的统一实施,同时司法审查的存在对当事人是非常大的心理支持,他们知道极端或紧急的情况有司法救济途径就会更信任仲裁,因此,司法审查为仲裁注入了公信力,是仲裁公信力的重要来源。③ 此外,基于维护国家主权的考虑,也需要对仲裁争议进行司法审查。④

在当代的实践中,仲裁司法审查具有必要性的理论在绝大多数国家或地区都已得到了采信,表现为均拥有仲裁司法审查的立法制度和司法实践。

笔者赞同仲裁司法审查具有必要性的理论与实践。如下文所述,效率也应成为仲裁的价值取向之一⑤,在遇到当事人任命仲裁员僵局、传唤证人、保全财产或证据或强制执行裁决等方面,通过司法审查满足符合条件的当事人请求无疑能提高仲裁的效率。一些学者依据对美国606名最大公司的律师调查后就发现:54.3%的律师因为仲裁太难上诉而放弃仲裁。⑥ 由此可见,如果没有司法审查,难免会被一些不理智或恶意的当事人或仲裁员钻空子,从而不仅导致仲裁失去生存特色,而且会让其中的不讲究最低公正性或效率的仲裁活动败坏仲裁业的整体声誉或浪费社会资源。

(二) 仲裁司法审查范围或程度的理论

仲裁司法审查范围或程度的理论可以细分为全面审查、程序审查、适度

---

① 赵健:《国际商事仲裁的司法监督》,北京,法律出版社,2000年,第7~8页;谭兵主编《中国仲裁制度的改革与完善》,北京,人民出版社,2005年,第63~85页。
② 丁朋超:《我国国际商事仲裁司法监督体制的反思与重构》,《华北水利水电大学学报》(社会科学版)2018年第1期;See also Carol Mulcahy, "Delay in arbitration: reversing the trend", *Arbitration*, Volume 79, Issue 1, 2013, pp.2-3.
③ 石现明:《国际商事仲裁错误裁决司法审查救济制度的缺陷与克服》,《南京师大学报》(社会科学版)2011年第1期。
④ 朱科:《中国国际商事仲裁司法审查制度完善研究》,北京,法律出版社,2018年,第27~28页。
⑤ 谭兵主编《中国仲裁制度的改革与完善》,北京,人民出版社,2005年,第63~85页;王小莉:《英国仲裁制度研究——兼论我国仲裁制度的发展完善》(上),《仲裁研究》2007年第4期。
⑥ 参见晏玲菊:《国际商事仲裁制度的经济学分析》,上海,上海三联书店,2016年,第85~86页。

审查、扩大审查、拒绝审查等几种理论或立场。

仲裁纠纷多种多样,包括仲裁协议的当事人无行为能力、仲裁事项不具有客体可仲裁性、仲裁协议的内容不合法、仲裁协议的意思表示不真实或已失效、仲裁员选任不符合约定或法定、仲裁裁决存在认定事实错误或适用法律错误等。仲裁或其裁决无论出现何种错误,都可能损害一方当事人的合法权益甚至可能是巨大的合法权益。根据"有损害就有救济"的法律理念,国家或地区的法制应当向受到错误裁决损害的一方当事人提供有效的救济,除非有关的救济权利被他们自愿放弃。① 全面审查论的基本立场是:以上的任一种国内或国际仲裁纠纷,都可能涉及各方当事人的巨大合法权益,因而都应纳入全面司法审查的范围。该论的依据是,在公正和效率的两种司法审查的价值取向中,公正是第一位的,效率应是服从于前者的第二位角色,这是"违法必究"这一基本法理的准则要求。②

全面审查论在历史上连一些经济上处于当时世界先进地位的国家和地区也采纳过,其原因是这些国家或地区的立法机关与法院对仲裁不信任甚至敌视。③ 当今一些经济上不发达的国家或地区的立法者或法院不时地受到该种理论的高度控制,如非洲的苏丹最高法院在一司法审查的案件中就认为,仲裁裁决不具有终局性,可对之进行全面的司法审查。④

当代一些学者将全面审查论另名为"过度审查论"并给予严厉的批评。这些批评者认为,全面审查论过于强调法院对仲裁司法审查的作用而忽视了仲裁的特殊性,从而在很大程度上违背了当事人的意愿,当事人选择仲裁的目的之一就是为了避免法院的过多干预,并且这种过度审查论实施的结果会损害效率这一仲裁的价值目标,导致仲裁速度的延误和当事人花费的增加,同时,过度审查也妨碍了当事人享有很大自主权等仲裁优势的发挥。⑤再从英国等国的历史教训来看:在当事人没有一致同意的情况下,过度的司法审查只会窒息国内或国际仲裁。⑥

---

① 石现明:《国际商事仲裁错误裁决司法审查救济制度的缺陷与克服》,《南京师大学报》2011年第1期;余蕊桢:《英国法院对仲裁裁决的司法监督》,《仲裁研究》2008年第4期。
② 陈安:《中国涉外仲裁监督机制申论》,《中国社会科学》1998年第2期;脱剑锋:《仲裁司法监督再探》,《西部法学评论》2009年第4期。
③ 宋家法:《国际商事仲裁司法审查制度研究》,博士学位论文,武汉大学,2014,第21页。
④ See Emilia Onyema (ed.), *Rethinking the Role of African National Courts in Arbitration*, Kluwer Law International, 2018, p.18.
⑤ 赵健:《国际商事仲裁的司法监督》,北京,法律出版社,2000年,第10~11页;于湛旻:《国际商事仲裁司法化问题研究》,北京,法律出版社,2017年,第182页。
⑥ See Gordon Wade, "Courts and arbitration: an Irish perspective", *Arbitration*, Volume 79, Issue 1, 2013, pp.37-38.

不过,少数发达国家或地区的立法对特定类别仲裁中的特定纠纷采纳了有条件的全面审查论,如法国2011年修订的《民事程序法典》的第1489条和第1494～1498条对国内仲裁裁决中的法律和事实问题就允许当事人提请全面的审查,其条件是:当事人在仲裁协议中没有放弃他们的上诉权。另外,可能由于人口较少、纠纷不多等原因,发达国家如澳大利亚国内而非国际仲裁界仍存在较全面的司法审查理念,从而使国内仲裁的司法审查范围较广,变得太像"没有假发的诉讼"并在争议解决中没有多大地位。[1]

程序审查论者主张:仲裁司法审查的范围应当仅限于程序问题,对仲裁裁决的实体问题不应进行任何司法审查。程序审查论又有单轨与双轨的亚种之别,前者对国内/域内和国际/区际仲裁的司法审查标准不做区分,后者则主张要适用不同的标准。[2] 程序审查论者的立论理由包括为当事人选择仲裁解决纠纷的目的是为了追求效率而希望一裁终局,避免在诉讼的上诉程序中耗费时间与金钱,仲裁终局性(效率)价值大于公正性(正义)价值,只要终局的仲裁裁决来自符合自然正义的仲裁程序,应推定当事人甘冒仲裁可能在事实或法律等实体方面出现错误的风险。[3] 然而,很少有国家或地区采用纯粹的单轨程序审查论,采用纯粹的双轨程序审查论也很罕见。

适度审查论的基本内容是:仲裁司法审查的范围不宜太广,应该主要限于审查仲裁协议是否有效、支持和协助仲裁的请求是否合理合法、仲裁程序是否遵守自然正义的要求、对仲裁裁决的实体内容原则上不审查或者严格限制审查;除了属于实体公共政策范畴的争议以外,司法审查的对象以当事人或仲裁庭的申请事项为限,超过此范围的司法审查实际上是将仲裁演变成诉讼,这种损害仲裁的权威性的司法审查做法既浪费司法资源,又将使仲裁的优势大打折扣甚至扼杀仲裁的发展。[4]

从实践情况来看,适度审查论对现代多数国家或地区仲裁司法审查法制规范的制定或修改有着重要的指导作用,从而在仲裁立法的文本中承认一些仲裁纠纷不可提交司法审查。然而,属于少数派的以下两类国家或地区的仲裁立法没有完全采用这种理论。

---

[1] 参见[英]维杰·K.巴蒂亚、[澳]克里斯托弗·N.坎德林、[意]毛里齐奥·戈蒂:《国际商事仲裁中的话语与实务:问题、挑战与展望》,林枚、潘苏悦译,北京:北京大学出版社,2016年,第20～21页。

[2] 汪祖兴:《仲裁监督之逻辑生成与逻辑体系——仲裁与诉讼关系之优化为基点的渐进展开》,《当代法学》2015年第6期。

[3] 宋家法:《论我国国际商事仲裁司法监督制度的立法完善》,《海南大学学报》(人文社会科学版)2014年第3期。

[4] 王德新:《仲裁司法监督的定位》,《河北青年管理干部学院学报》2014年第4期。

第一类如1996年英国《仲裁法》。该法第69条赋予当事人运用"排除协议"(exclusion agreement)避免法院对仲裁裁决中的法律问题进行审查。该条的这种规定意味着只要当事人未能达成协议，英国法院就可应一方当事人的请求审查公共政策以外的实体法律问题。有学者赞成这种做法及十多年前与之类似的美国部分联邦巡回法院支持当事人协议扩大司法审查范围的实践。[①] 他们的理由是：仲裁及其过程并非完美无缺，其健康发展除了良好的内部制约外，也需要一定广度的司法审查，如果仲裁实体的公正在某些情况下无法实现，当事人的合法利益就会受到损害，因此，按照当事人意思自治的任意性选择，有条件[②]地允许对仲裁中的事实和/或法律之类实体争议请求司法审查，既不损害仲裁的独立价值，又满足一部分当事人实现选择仲裁实体公正的目的，使法院的仲裁司法审查活动更为灵活务实，"当事人得自由约定争议解决方式"的仲裁理念由此便比较好地得到实现。[③]

瑞士、比利时与瑞典等国则可以归成第二类。例如，按照1987年瑞士的《国际私法法典》第192条第1款和第2款的规定，各方当事人在瑞士如果既无住所也无惯常居所或营业所，在通过事先或事后的书面仲裁条款或仲裁协议中有明示声明的情况下，撤销仲裁裁决的司法审查程序、在该程序中撤销一种或数种仲裁裁决的理由即可被全部或部分排除。不过，瑞士法院仅在极个别情况下会在司法审查中承认符合严格排除条件的排除协议。[④] 2013年9月1日生效[⑤]的比利时《司法法典》第1718条、2019年3月1日生效的瑞典《仲裁法》第51条也有类似规定。比较起来，本类模式与第一类模式的不同之处在于：在本类模式下，此种排除协议仅允许所在地以外的当事人签订；所有的司法审查事项包括程序性事项可以被当事人全部或部分地协议排除；当事人必须采用书面明示形式而非默示推定形式的排除协议，

[①] 美国联邦最高法院于2008年在 Hall Street v. Mattel 案中否定了当事人能约定扩大司法审查范围的权利，在此之前一些美国法院相反立场的司法审查实践的较详细情况可参见谢菁菁：《国际商事仲裁中的当事人意思自治与司法审查》，《河北法学》2009年第9期；刘晓红主编《仲裁"一局终局"制度之困境及本位回归》，北京，法律出版社，2016年，第16页。

[②] 选择的方式可以是仲裁当事人有扩大实体争议司法审查的协议或没有排除实体争议司法审查的协议。

[③] 按照一些学者采用的描述语言，英国之类的司法审查机制可谓为"克制的全面审查"论为指导。此种观点可参见范铭超：《英国法院对商事仲裁裁决的司法审查权》，《法治论丛》2006年第5期；左海聪、胡永攀：《美国仲裁当事人协议扩大司法审查探析》，《法治论丛》2006年第2期。

[④] 赵秀文：《国际商事仲裁现代化研究》，北京，法律出版社，2010年，第250~253页。

[⑤] See Bassiri & Draye (eds.), *Arbitration in Belgium*, Kluwer Law International, 2016, p.5.

否则该排除协议无效。① 很明显,本类规范实际上采用的是有条件的司法不审查论或拒绝司法审查论。值得注意的是,瑞士等国法院对国内和国际仲裁的司法审查范围不一致。以撤销仲裁裁决的救济规则为例,该国的国际仲裁的实体问题的审查范围仅以公共政策为限。2011 年瑞士新的《民事程序法典》生效,依该法典的第 393 条(e)项的武断的显然违反法律或显然违反公平这一超过"公共政策"之更广的撤销国内仲裁裁决的理由,该国最高法院便多次作出司法审查决定。②

我们赞同中国应考虑自身司法资源供求矛盾的日益加剧③、完全不审查会毁掉仲裁及应放弃在仲裁世界中植入司法标准等权威理论④而采用适度审查论。具体而言,在司法审查所主要依据的《仲裁法》修改方面不提倡效法英国、瑞士、比利时与瑞典等的实体公共政策以外的审查或有条件的不审查模式的前述规范。我们的主要理由是:英国、瑞士、比利时与瑞典的模式规范并非属于世界主流,特别是后三国的该种模式规范存在较大的缺陷⑤,未予以参照的法国(国际仲裁方面)、奥地利、美国、新加坡(国际仲裁方面)等照样能成为仲裁强国的事实证明没有必要照搬。当然,英国、瑞士、比利时与瑞典等国仲裁司法审查机制中的其他规范或元素是很值得借鉴的,这在下文中将进一步阐述。

此外,我们认为,中国内地的法院还应特别注意避免曾出现过的超出立法许可范围的过度审查做法,包括允许对确认仲裁协议效力的裁定进行上诉⑥、对同一仲裁纠纷反复使用撤销仲裁裁决程序与不予执行程序加发回重审后裁决再撤销程序等多个司法审查过程。⑦ 就前一类做法而言,2017 年 5 月 22 日最高人民法院公布实施的《关于仲裁司法审查案件归口管理有关问题的通知》⑧(以下简称 2017 年《归口管理通知》)的第 3 项⑨规定只是显示

---

① 胡秀娟:《论仲裁当事人对司法审查的协议排除》,《安徽教育学院学报》2007 年第 4 期。
② See Daniel Girsberger & Nathalie Voser, *International Arbitration: Comparative and Swiss Perspectives* (Third Edition), Kluwer Law International, 2016, pp.37-38.
③ 江伟、肖建国:《仲裁法》,北京,中国人民大学出版社,2016 年,第 3 页。
④ See William W. Park, "Arbitrator Integrity: The Transient and the Permanent", *San Diego Law Review*, August/September, 2009, pp.630-696.
⑤ See Albert Jan van den Berg, *Arbitration: The Next Fifty Years*, Kluwer Law International, 2012, pp.17-65.
⑥ 参见黄亚英:《仲裁前言理论与案例》,北京,中国民主与法制出版社,2013 年,第 105~107 页。
⑦ 参见刘晓红主编《仲裁"一局终局"制度之困境及本位回归》,北京,法律出版社,2016 年,第 33 页。
⑧ 法〔2017〕152 号。
⑨ 该项的全文是:一审法院作出的不予受理、驳回起诉、管辖权异议裁定涉及仲裁协议效力的,当事人不服该裁定提起上诉的案件,由二审法院专门业务庭办理。

允许对未确认仲裁协议效力的裁定进行上诉,却并未禁止对相反的裁定进行上诉。我们希望该通知中归口审判庭法官们的水平都较高,能按照世界主流的处置措施①只允许当事人对否定仲裁协议效力的司法审查决定提请上诉,对肯定仲裁协议效力的司法审查决定则不允许上诉。这些过度审查行为具有"越权创新"性质②,不仅导致了仲裁的低效,也违反了立法民主③的原则。另一方面,中国内地法院的法官同时要注意仲裁争议司法审查的标准与其他争议的诉讼审判标准进行区别,特别是应避免在立法许可范围之外进行实体审查。④

中国内地还应效法上文提及的瑞士、俄罗斯、新加坡⑤及很多其他国家或地区的做法,如对国际或涉外、国内或境内的一些仲裁争议等采用的不同双规制、不同司法审查标准,原因在于:国际或涉外的一些仲裁争议情况较为复杂,采用与国内或境内一样的单轨标准很不利于对外交往,也可能会违背中国在一些国际条约下的义务。⑥当然,在经济全球化高度发展的今天,在很多领域和包括很多仲裁争议司法审查方面,内外同等对待的情况非常普遍,中国已经且将不应有例外。为此,下文中未特别指明之处,其理论或原理对内外仲裁司法审查机制问题都是适用的。

(三)仲裁性质的理论

有学者指出,仲裁性质"是仲裁理论中不能回避而又较为复杂的问题,且和仲裁实践息息相关"⑦,并往往直接影响着一国家或地区的法律对仲裁的态度。⑧ 我们认为,仲裁司法审查机制方面的研究也不能回避该理论,因为它决定着该机制应如何构架或改革的战略性理念,而且如一些学者已论及⑨的那样,它直接决定着一国家或地区法院对仲裁活动的微观态度。

归纳起来,具有世界影响性的关于仲裁性质的认识理论主要有司法权

---

① 这种世界主流处置措施的较详细内容可参见张圣翠:《中国仲裁法制改革研究》,北京,北京大学出版社,2018年,第224~228页。
② 参见杨建学:《法治框架中的司法社会管理创新》,《法律适用》2013年第4期。
③ See Sean Farhang, "Legislating for Litigation: Delegation, Public Policy, and Democracy", *California Law Review*, October, 2018, pp.1530-1603.
④ 参见朱科:《中国国际商事仲裁司法审查制度完善研究》,北京,法律出版社,2018年,第89页。
⑤ 参见中国国际经济贸易仲裁委员会:《"一带一路"沿线国家国际仲裁制度研究(一)》,第164页,http://www.cietac.org/Uploads/201604/570fcdb8d2411.pdf,最后浏览日期:2018年6月16日;初北平、史强:《自贸区临时仲裁制度构建路径》,《社会科学》2019年第1期。
⑥ 参见张圣翠:《论我国涉外仲裁法制的完善》,《法学》2013年第5期。
⑦ 参见黄进、宋连斌、徐前权:《仲裁法学》,北京,中国政法大学出版社,2002年,第8页。
⑧ 参见杨秀清、史飚:《仲裁法学》,厦门,厦门大学出版社,2016年,第2版,第3页。
⑨ 参见石育斌:《国际商事仲裁研究》,上海,华东理工大学出版社,2004年,第154页。

论、契约论、混合论、自治论(非国内化理论)等。①

司法权论包含仲裁地和特许权理论(the seat and concession theories)②,其代表人物有 Mann、Lainé、Klein 和 Pillet 等,他们主张:对于其辖区内所有仲裁,国家或地区的法院具有审查的权力,虽然仲裁来自当事人的自愿协议,但是判案通常是国家或地区法院实施的主权或公共职能③,在这种情况下,仲裁也可谓是来自国家审判权的授予,仲裁协议具有诉讼契约性,应当受到公法性质的诉讼法方面的严格规则规范;仲裁协议本身、仲裁员的合适性、仲裁程序及仲裁实体裁决争议等都可以受到深入的司法审查。④ 由此可知,司法权论很接近以上的全面审查论。

司法权论在仲裁法学史上曾一度处于支配地位⑤,很多现代国家或地区的仲裁司法审查所依据的制定法及司法审查活动本身在多个方面依然常受其指导,《纽约公约》等国际条约中对仲裁地或执行地法院司法审查职能的有条件承认也显示肯定了该种理论具有一定程度的合理性。然而,英国等国的历史教训表明:完全或主要地依靠司法权论构筑仲裁司法审查机制只会窒息国内或国际仲裁。⑥

该种理论受到很多当代学者的强烈批评,他们认为该种理论过于强调国家或地区的法院对仲裁司法审查的干预,忽视了仲裁的特殊性。不过,多数批评者也没有声言仲裁不受任何司法审查,他们一般也承认国家可以对仲裁协议效力、仲裁保全措施、根本性仲裁程序、裁决可执行力等少数类型的争议问题提交司法审查。⑦

以 Merlin、Foelix 等为代表的契约论(the contractual theory)认为,仲裁只具有契约性或者在很多方面特别是最主要方面具有契约性。⑧ 从内容

---

① See Sandra Synkova, *Courts' Inquiry into Arbitral Jurisdiction at the Pre-Award Stage*, Springer International Publishing Switzerland, 2013, pp.46-48.
② See Emilia Onyema (ed.), *Rethinking the Role of African National Courts in Arbitration*, Kluwer Law International, 2018, p.18.
③ 乔欣:《仲裁权论》,北京,法律出版社,2009 年,第 33 页。
④ 韩健:《商事仲裁律师基础实务》,北京,中国人民大学出版社,2014 年,第 9 页。
⑤ See Pippa Read, "Delocalization of International Commercial Arbitration: Its Relevance in the New Millennium", *American Review of International Arbitration*, 1999, pp.185-186.
⑥ 赵健:《国际商事仲裁的司法监督》,北京,法律出版社,2000 年,第 14~15 页。
⑦ 参见马德才:《仲裁法学》,南京,南京大学出版社,2016 年,第 5 页;See also Pippa Read, "Delocalization of International Commercial Arbitration: Its Relevance in the New Millennium", *American Review of International Arbitration*, 1999, pp.185-186.
⑧ See Sarah Rudolph Cole, "Arbitration and State Action", *Brigham Young University Law Review*, 2005, pp.43-45;韩立新、袁绍春、尹伟民:《海事诉讼与仲裁》,大连,大连海事大学出版社,2016 年,第 189 页。

上看,契约论与上述的仲裁司法审查无必要理论大同小异,其支持者就常用"契约性"口号提倡对仲裁中的各种问题不给予或少给予司法审查。①

从实践的角度来看,不少国家或地区的法院多年来在司法审查的决定中承认在某些方面仲裁员与当事人之间存在契约关系,同时,不少国家或地区晚近司法审查依据的立法制定或修改过程中仍然受到契约论的重大影响,使得最终的法条大多表现为供当事人协议选择或排除的任意规则。② 但是,本著作下文中的多处将会论证很多司法审查事项并非都认可当事人之间或当事人与仲裁员之间的契约。换句话说,意图使仲裁成为一种独特的争议解决制度的当今世界上的大多数国家或地区并非在确定任一仲裁司法审查规则时都以契约论为依据。

Surville 和 Sauser-Hall 是混合论(the mixed or hybrid theory)的鼻祖,该种理论的内容是:仲裁具有司法和契约的双重属性,一方面,仲裁源于私人契约,仲裁员的权力基础为当事人的协议,另一方面,法院对仲裁协议的有效性和仲裁裁决的可执行性有最终的审查权。③ 混合论受到中外大量学者的支持。④ 但是,混合论遭到一些学者的批评,这些批评者指责该论没有说明仲裁的司法性和契约性两种要素是否同等重要,对这两种要素的范围区分既不清楚也不适当,从而不能为仲裁司法审查机制的改革提供合理细致的参照。⑤ 我们赞同这些批评者的观点,混合论太过于抽象和粗线条,远远不能满足可操作性必须强且运行效果应当好的现代完善立法或修法等要求。

不满于上述三种学说的 Rubellin-Devichi 提出了自治论(the autonomous theory),声称:仲裁的性质自成一类,对仲裁规范的制度应当是一种独创的超国家的自治制度,仲裁界应当立足于其目标、效用并关注创造友好的仲裁环境。⑥ 该种自治论后来在宏观与微观方面都有一些变种。就宏观方面而言,其在当代的一种变种是被一些学者冠名并受到著名学者 Julian Lew 支持的对仲裁友好型的"非本地化理论"(the delocalised theory)。⑦ 这种"非

---

① 邓杰:《商事仲裁法》,北京,清华大学出版社,2008年,第20~21页。
② See Emilia Onyema (ed.), *Rethinking the Role of African National Courts in Arbitration*, Kluwer Law International, 2018, p.22.
③ 常英主编《仲裁法学》,北京,中国政法大学出版社,2013年,第12~13页。
④ [法]菲利普·福盖德、[法]伊曼纽尔·盖拉德、[法]贝托尔德·戈德曼:《国际商事仲裁》,北京,中信出版社,2004年,第600~626页。
⑤ See Hong-Lin Yu, "Explore the Void-An Evaluation of Arbitration Theories: Part 2", *International Arbitration Law Review*, 2005, pp.14-16.
⑥ 邓杰:《商事仲裁法》,北京,清华大学出版社,2008年,第23页。
⑦ See Emilia Onyema (ed.), *Rethinking the Role of African National Courts in Arbitration*, Kluwer Law International, 2018, pp.22-23.

本地化理论"将在下文的一些地方予以详述。在微观方面,动辄用可译为"自成一类"的英文"sui generis"短语表示当事人之间或当事人与仲裁员之间涉仲裁的协议、涉仲裁的证据收集等,在理论上这些都属于该种理论的变种或具体运用的体现。① 在实践中,自治论也影响着一些国家法院司法审查所依据的制定法规范的废改立,同时还不时地影响着一些国家或地区法院的司法审查决定,如瑞典斯维尔上诉法院2005年2月28日拒绝受理在该国作成的仲裁裁决的撤销请求的行为显然就是受该论变种的"非本地化理论"的影响。②

然而,很多中外学者同样强烈地批评宏观意义上的该种自治论。他们指出:仲裁必须根植于某一国家或地区的法律制度,多数仲裁的使用者期望的是使其争议不是根据跨国的商人自治法而是按照某国家或地区的国内法或区内法予以解决;该种理论过于强调跨国商人自治法的作用,现实的情况却是不少国家或地区的仲裁制定法并没有准许这种法律的适用,并且其法院在司法审查中对根据这种法律作成的仲裁裁决常拒绝予以承认或执行;即使是在那些不反对跨国商人自治法适用的国家或地区,对某些仲裁程序争议中的绝大多数也仍然坚持允许请求司法审查;仲裁协议的强制执行、任命仲裁员、采取仲裁保全措施、指示仲裁合并审理等问题往往也需要法院经过司法审查符合条件后才能协助解决;自治论的完全贯彻将会导致仲裁与诉讼外的协商、调解等争议解决方式很难区别③;同时,自治论在某些情况下会严重损害国家的司法主权。④

除了简述、赞同或反对以上的主流理论⑤外,21世纪以来内地一些学者在论证对中国某一项或几项仲裁法制规范的应然修订时,结合中国的特殊现象,用"民间性"和"专业服务性"等类名词阐释其对仲裁性质认识的理论。

---

① See Bassiri & Draye (eds.), *Arbitration in Belgium*, Kluwer Law International, 2016, p.128 & p.305.
② See Sigvard Jarvin, "Swedish Court Decisions on Arbitration", *Journal of International Arbitration*, Volume 26, Issue 6, 2009, pp.873-889.
③ 黄进、宋连斌、徐前权:《仲裁法学》,北京,中国政法大学出版社,2002年,第12页;See also Victor Bonnin Reynes, "Forum non conveniens: A Hidden Ground to Refuse Enforcement of Arbitral Awards in the United States", *Journal of International Arbitration*, Volume 30, Issue 2, 2013, pp.165-175。
④ See Sandra Synkova, *Courts' Inquiry into Arbitral Jurisdiction at the Pre-Award Stage*, Springer International Publishing Switzerland, 2013, pp.51-52.
⑤ 中国内地也有学者十分赞同契约论,强调契约性是现代仲裁制度的根本特征。参见杜新丽:《国际商事仲裁理论与实践专题研究》,北京,中国政法大学出版社,2009年,第104页。

其中,"民间性"论的主要内容是:仲裁目的是解决私人性质的争议,仲裁协议具有私法性;部分财产性质的家事纠纷应当具有可仲裁性;仲裁员是以个人而不是国家机构代表的名义独立地裁断私法上的纠纷;仲裁机构属于独立于司法、行政等国家机关的非官方且非营利的民间组织;国家的权力应尽可能少地介入仲裁;仲裁应受到尽可能少的司法审查。[①] "专业服务"论的主要内容则是:仲裁具有专业服务性,可以作为商品交易的对象,仲裁的发展应当遵循市场经济的客观规律,尊重争议当事人的意思自治;国家不应当对仲裁实施直接的行政管理和干预;应当允许临时仲裁和仲裁庭自行决定管辖权;仲裁机构管理费和仲裁员报酬由市场决定,同时应建立仲裁服务责任赔偿制度。[②]

值得关注的是,中国另一些学者为调和以上矛盾而提出了仲裁具有契约性、准司法性、民间性和自治性的所谓广义混合论。[③] 从该论的详细内容来看,它实质上仍然是笼统地反对大部分的司法审查。

我们认为,学者们理论上主张的上述仲裁性质总体上都属于应然性质,而不是必然的或现实的性质。必然性质是一个国家或地区的立法当局赋予的,因为即使最初的仲裁具有纯粹的契约性或自治性[④],到后来也在很多或某些方面被国家或地区的立法当局赋予了司法性,在中国甚至曾强加了纯粹的行政性,至今仍在大范围内保留着浓烈的行政性。[⑤] 当然,中国目前法制下的仲裁也混杂着契约性、司法性和自治性等特征。[⑥]

应该说,上述的应然性质的理论对中国仲裁司法审查机制的改革具有重要的启示意义。但是,正如这些理论的批评者所言,它们都或多或少地有偏颇性。笔者认为,个别学者曾提出和论证了名为"分项区别说"的国际商事仲裁性质理论[⑦],比以上各种理论更科学一些,且其基本原理也适用于区际、国内或域内仲裁。不过,数年后的今天经进一步思考,"分项赋予说""区别赋予说"或"区分定性说"等才能成为仲裁性质应然理论中更为精确的名称,同时,该理论的内容还必须与时俱进地作出相应的更正后才能适当地指

---

① 钟琴:《论家事仲裁在我国适用的必要性》,《法制与经济》2008年第5期;陈建:《论仲裁员在市场经济中的定位》,博士学位论文,对外经济贸易大学,2007年,第37、68~69页。
② 赵秀文:《中国仲裁市场对外开放研究》,《政法论坛》2009年第6期;康明:《论商事仲裁的专业服务属性》,博士学位论文,对外经济贸易大学,2004年,第37~40、115~123、178页。
③ 陈治东:《国际商事仲裁法》,北京,法律出版社,1998年,第9页。
④ 刘俊、吕群蓉:《论仲裁庭组成与仲裁之价值》,《仲裁研究》2006年第4期。
⑤ 王红松:《中国仲裁面临的机遇与挑战》,《北京仲裁》2008年第1期。
⑥ 康明:《论商事仲裁的专业服务属性》,博士学位论文,对外经济贸易大学,2004年,第29页。
⑦ 张圣翠:《强行规则对国际商事仲裁的规范》,《法学研究》2008年第3期。

导中国司法审查机制的完善或变革。

从仲裁司法审查角度而言,"区别赋予说"的基本原理是:仲裁争议应当被区分为仲裁协议争议、涉及仲裁员或仲裁机构争议、仲裁保全措施争议、仲裁审理程序争议、仲裁裁决争议等诸多类别;各类别争议在其他国家或地区的仲裁法历史上或现在被赋予了司法、契约、自治、民间、专业服务中的一种或几种性质,这些国家或地区如此定性的原因及定性后所采用的仲裁司法审查规则及其运行实践效果应当被更细化地探究,总结其经验教训,以便为中国仲裁司法审查机制在同样类别方面的完善参考借鉴;除了履行在国际条约下的义务之外,中国对某些仲裁争议司法审查机制的改进应当考虑到中国的国情,特别是中国发展健康的市场经济和仲裁业的迫切需要。

(四)仲裁司法审查机制价值取向的理论

法学著作中的"价值取向"一语有时又被"价值目标"之类的用语替称,学者们阐述的这种价值目标的主体可能是当事人、研究者、立法者、司法者等。如在谈到法的价值体系问题时采用"秩序、正义、效益和自由分别成为一些学者的价值取向"[①]的表述显然把"研究者"或"学者"当作"价值取向"的主体。再如在将"仲裁司法审查法官的价值取向"解释为"法官或司法者对当事人选择仲裁司法审查的目标追求作出的判断和选择"时,就是将"法官或司法者"当作"价值取向"的主体。同时鉴于前文的界定,笔者认为,"仲裁司法审查机制"价值取向的主体还应少不了对仲裁司法审查活动进行规范的立法者。

一些学者主张,立法者在考虑仲裁法制的"价值取向"时应当并且只能根据当事人选择仲裁的价值追求或目标。[②] 我们十分赞同这种主张,并且认为这对仲裁司法审查机制的理论设计者、立法与司法主体等来说同样适用。就学界、境内外立法与司法主体而言,目前受到认可的当事人对仲裁司法审查机制的价值追求主要有公正说、效率说、双重价值说和三重价值说等不同的类型。

公正说学者主张或声称当事人对仲裁的期望是程序与实体双公正,仲裁司法审查机制的价值追求也应当是通过不计效率地、广泛全面地审查确保或满足以上的双公正期望得以实现,包括应立法不禁止当事人请求司法审查仲裁实体问题,或者在立法未禁止的情况下法院应允许当事人协议选

---

① 石育斌:《国际商事仲裁研究》,上海,华东理工大学出版社,2004年,第217页。
② 谭兵主编《中国仲裁制度的改革与完善》,北京,人民出版社,2005年,第59页。

择扩大仲裁实体的司法审查问题。公正说还获得了一些调查结果的支撑，有境外学者分别于1997年和2011年调查了1 000家大公司后发现，使用仲裁公司的比率由85%降到62.3%，主要原因是缺乏上诉、担心出现妥协让步的裁决和不能要求仲裁员使用法律规则。① 另一些境外学者的实证调查甚至表明公正是当事人选择仲裁的首要因素。② 中国境内学者提供的信息也显示，被调查的中国当事人中有高达64.5%的人将公正性排在很优先的位置。③ 不过，从实质内容来看，仲裁司法审查机制价值追求方面的公正说就是前述的全面审查论的一个翻版。

效率说学者认为，当事人选择的仲裁所追求的唯一目标是效率而不是公正。④ 仲裁司法审查规则的制定者和适用者应认可这种目标，对全部或部分仲裁争议不允许进行司法审查或宽松地作出司法审查，特别是应不允许对实体问题尤其是实体公共政策以外的实体问题进行司法审查。⑤ 这种理论在境内外都曾有市场并带来很大的恶果。如中国曾发生的下文中将进一步论述的先于仲裁或确认仲裁及其受到一些人民法院司法审查的支持⑥显然受到此论的毒害。再如俄罗斯一度很宽松的仲裁司法审查机制导致欺诈性地转移财产等弊端，从而受到不少学者和法官的批评。⑦ 如此或更甚的仲裁司法审查方面的效率说实际上差不多类似于或等同于上述的拒绝审查论，在通常情况下能成为毁坏仲裁的两大手段之一。⑧

双重价值取向说的理论者在中国学界可以被分为两派。一派属于少数方，主张仲裁司法审查机制的价值取向有两个，即意思自治和效率。⑨ 另一

---

① See also Sarah Rudolph Cole, "Curbing the Runaway Arbitrator in Commercial Arbitration: Making Exceeding the Powers Count", *Alabama Law Review*, 2016, p.181.
② 杨玲：《国际商事仲裁程序研究》，北京，法律出版社，2011年，第109~110页。
③ 李佳勋：《解决两岸商务仲裁法律制度冲突问题之研究》，北京，法律出版社，2010年，第31页。
④ 曾建国：《从监督价值取向、仲裁文化来讨论〈仲裁法〉修改的思路》，载韩健主编《涉外仲裁司法审查》，北京，法律出版社，2006年，第78~79页。
⑤ 宋家法：《论我国国际商事仲裁司法监督制度的立法完善》，《海南大学学报》（人文社会科学版）2014年第3期。
⑥ 江国华、陆诗怡：《确认仲裁及其PPP合同过程管理中的适用》，《河南财经政法大学学报》2018年第3期。
⑦ See Oleg Skvortsov & Leonid Kropotov, "Arbitration Changes in Russia: Revolution or Evolution?" *Journal of International Arbitration*, April, 2018, pp.254-257.
⑧ 另一手段为对仲裁进行过度的司法审查和过度的公正。See William W. Park, "Arbitrator Integrity: The Transient and the Permanent", *San Diego Law Review*, August/September, 2009, pp.630-696.
⑨ 参见池漫郊：《从"效率至上"到"契约自由"——基于合并仲裁评当代仲裁价值取向之变迁》，《仲裁研究》2008年第4期。

派在人数和论著上占主导地位,他们将仲裁司法审查机制的价值取向也限定为两个,名曰公正和效率。① 然而,在具体内容上后一派的理论并非是铁板一块的共识,而是可以被进一步地区分为同等重要论、公正优先论和效率优先论三种不同的看法。同等重要论者认为:公正和效率在仲裁司法审查机制的价值取向上同等重要,不存在谁为第一性或第二性的问题;没有了公正的仲裁司法审查机制,就不能认为其是好的仲裁司法审查机制,同样,无效率的仲裁司法审查机制在实践中无生命力。② 公正优先论和效率优先论的倡导者都主张,公正和效率在仲裁司法审查机制的价值取向上有时存在冲突关系,因此要排清次序。其分歧点在于:当两种价值取向发生冲突时,前者认为应当公正优先,后者则坚持效率优先。③

三重价值取向说的学者认为,除了公正和效率外,包括仲裁司法审查机制在内的整个仲裁体制的价值取向还应当包括意思自治。④ 三重价值取向说也有价值次序方面的不同主张,一些境外学者和法官支持意思自治在很多情况下优先并给出了诸多理由,包括其为仲裁的基石、无意思自治即无仲裁等。⑤ 我们支持三重取向价值说,原因如下。

其一,意思自治对仲裁当事人具有满足其需要的效用,且在很多方面是当事人选择国内或国际仲裁的根本原因,如可以自主地选择仲裁员、在不违反根本性程序公正标准的情况下一般可以自主地决定仲裁程序,难怪一些学者称之为仲裁的"帝王"原则。⑥ 本著作下文中的多处都会有佐证显示此说得到了仲裁司法审查的立法规则和实践运作活动的支持。

---

① 石现明:《国际商事仲裁价值取向之检讨——以当事人的价值追求为视角》,《学术论坛》2007年第9期;汪祖兴:《仲裁监督之逻辑生成与逻辑体系——仲裁与诉讼关系之优化为基点的渐进展开》,《当代法学》2015年第6期。
② 石育斌:《国际商事仲裁第三人制度比较研究——兼论中国〈仲裁法〉修改中的第三人问题》,博士学位论文,华东政法大学,2007年,第229页;刘晓红主编《仲裁"一局终局"制度之困境及本位回归》,北京,法律出版社,2016年,第27页。
③ 曾建国:《从督价值取向、仲裁文化来讨论〈仲裁法〉修改的思路》,载韩健主编《涉外仲裁司法审查》,北京,法律出版社,2006年,第79页;石现明:《国际商事仲裁价值取向之检讨——以当事人的价值追求为视角》,《学术论坛》2007年第9期。
④ 罗芳:《我国仲裁裁决异议方式改革新探——基于当事人意思自治原则引入的思考》,《西部法学评论》2011年第5期。
⑤ See Sarah Rudolph Cole, "Curbing the Runaway Arbitrator in Commercial Arbitration: Making Exceeding the Powers Count", *Alabama Law Review*, 2016, pp.190-191; See also Yeshnah D. Rampall & Ronán Feehily, "The Sanctity of Party Autonomy and the Powers of Arbitrators to Determine the Applicable Law: The Quest for an Arbitral Equilibrium", *Harvard Negotiation Law Review*, Spring, 2018, p.348.
⑥ 姚敏:《中国消费仲裁的问题与进路——基于美国消费仲裁的启示》,《河北法学》2019年第3期。

其二,单纯的某价值取向说或者笼统地谈论某价值取向优先论既不科学,也不利于仲裁司法审查机制的良性发展或改革。如单纯采用意思自治说为全部仲裁司法审查机制的价值取向,允许当事人对所有的仲裁程序及其他仲裁纠纷问题甚至是一般实体问题的司法审查进行随意约定,则是包括中国在内的很多国家或地区的法院无暇顾及的。① 一些境外学者为此将这种意思自治视为仲裁的基石之一而不是唯一基石,就是这个道理。② 我们认为,如果仲裁司法审查机制令所有仲裁纠纷的司法审查简单地强调效率、效率优先或快速结案,完全不顾当事人的自主意愿或最低的程序公正性和实体公共政策,则会使仲裁失去公信力。③

可见,中国仲裁司法审查机制的完善应当以三重价值取向说为指导。同时我们也认为,如同上文的"区别赋予说",这三重价值的次序在仲裁司法审查机制的具体领域、具体环节或方面都应具体分析。从总体上讲,对仲裁司法审查所依据的制定法规范中的多数条文,应当以当事人真实的意思自治为价值取向进行改革。仲裁毕竟是当事人共同协议选择的争议解决方式,因此,只要不损害第三人利益和社会公共利益,对仲裁的繁荣发展没有副作用,未遭受强迫、欺诈或不当影响的当事人有正当的意思自治权利约定仲裁中诸多事项问题的解决。符合上述条件的意思自治一般情况下也是正当的或者说是公正的,同时对多数理性的当事人而言,也是有效率的。承担中国仲裁司法审查所依据的制定法改革任务的立法者,当然要支持这种兼备了公正和效率的意思自治,但是,如果在仲裁的所有事项上任由当事人随意约定而不给予司法审查控制或否定,则难免会让一些不理智或恶意的当事人滥用,从而不仅导致仲裁失去生存特色,而且会让其中的不讲究最低公正性或效率的仲裁败坏仲裁的整体声誉或浪费社会资源。因此,该种制定法需要修订的少部分条款,必须否定那些不理智或恶意的当事人的意思自治,转而以公正或效率为价值取向作出增删或改动,从而引导中国仲裁业的健康发展。

此外,与应用仲裁性质的理论一样,承担中国仲裁司法审查所依据的制定法改革任务的立法者应当进一步地考察仲裁的各细小环节,从而决定每

---

① 王德新:《仲裁司法监督的定位》,《河北青年管理干部学院学报》2014年第4期。
② See Laurence Shore & Tai-Heng Cheng, et al. (eds.), *International Arbitration in the United States*, Kluwer Law International, 2017, pp.2-3.
③ 石现明:《国际商事仲裁错误裁决司法审查救济制度的缺陷与克服》,《南京师大学报》(社会科学版)2011年第1期;See William W. Park, "Private Disputes and the Public Good: Explaining Arbitration Law", *American University International Law Review*, 2005, p.904.

一具体规范改革的一种或数种价值取向或考虑哪一种价值取向优先。法国等国仲裁法的修订成果已为中国立法者提供了这种理论指导思路的典范。[①]当然,中国仲裁司法审查所依据的制定法的改革或修订不应当简单地吸收一两个成功国家或地区仲裁法现成条文中的价值取向,而是应当基于理论界和实务界所反映的中国仲裁中具体的事项或环节问题,尽可能多地参考有代表性国家或地区的相应规范,再结合中国的实际情况决定价值取向的选择。

另外,在所依据的仲裁制定法改革之前,在现行仲裁制定法未禁止的领域、环节或方面,中国承担仲裁司法审查的人民法院法官应以三重价值取向说为指导,多参考境外的仲裁制定法和司法审查判例中有利于仲裁健康发展的司法审查决定,对一些仲裁纠纷作出创新性的司法审查举措。

(五) 仲裁司法审查区分的理论

仲裁协议可能是一份主合同[又称"基础合同"(the underlying contract)]中的一个或几个条款或者是一份主合同的附属协议、被异议的某仲裁员可能是多人仲裁庭中的一员、被质疑的部分仲裁裁决同样可能包含于一份仲裁裁决之中……这类仲裁协议等作为司法审查对象时应否与其所属的整体或主体[②]相区分的理论,也是仲裁司法审查中的重要指导理论。

以司法审查对象是主合同中一个或几个条款的仲裁协议为例,不应区分的理论内容是:仲裁协议是主合同不可分割的一部分,其效力附属于该合同的效力,主合同的无效或不存在自动地导致仲裁协议无效,即所谓的"皮之不存,毛将焉附"。与前述主张相反的是,应予区分的理论则强调仲裁协议与主合同是可分的或者独立的,主合同的效力瑕疵对仲裁协议的效力判断没有影响、仲裁庭审理当事人之间有关主合同的争议的管辖权取决于对该仲裁协议自身效力要素的考量。后一种理论观点有很多别称,包括"仲裁条款分离(separability of arbitration clause)论""仲裁条款可分(severability of arbitration clause)说"或"仲裁条款自治(arbitration

---

① 李健男:《论瑞典的新仲裁机制——兼论现代国际商事仲裁的价值取向》,《法学评论》2002年第4期;See also Yeshnah D. Rampall & Ronán Feehily, "The Sanctity of Party Autonomy and the Powers of Arbitrators to Determine the Applicable Law: The Quest for an Arbitral Equilibrium", *Harvard Negotiation Law Review*, Spring, 2018, pp.348-398.

② 我们注意到一些学者近年来认为应抛弃有弊的"主从合同关系"称谓而用有利的"程序契约"标识仲裁条款或仲裁协议的观点,应该说,该种观点很有说服力。然而,鉴于在不否定仲裁协议独立性原则的情况下使用较大范围流行的"主合同"称谓也无多大副作用,故下文中多处仍沿用该概念。该种"程序契约"标识理论可详见朱彧:《国际商事仲裁条款独立性原则之法理依据再探》,《山西农业大学学报》(社会科学版)2017年第12期。

clause autonomy)说"等。①

一些学者考证后认为,仲裁条款不具有可分性的理论深刻地影响着第二次世界大战前的仲裁司法审查活动。然而,英国法院在1942年在海曼诉达尔文思(*Heyman v. Darwins*)一案中开创性地以仲裁条款可分论或独立论为指导。不过,仲裁条款独立论者并未因此强调各种仲裁条款必然有效或者仲裁庭作出的关于某仲裁条款效力的错误裁定可以逃避司法审查,他们仅仅指出一方当事人只能直接以影响仲裁协议本身各要素的理由对该仲裁协议存在或效力提出异议并依法请求司法审查。②

目前,仲裁条款独立论在很多国家或地区的司法审查实践中被广泛地贯彻,如2007年英国法院对菲奥拉(Fiona)信托持股官司诉普里瓦诺夫(Privalov)的判决③、2006年美国法院对巴克艾支票贴现(Buckeye Check Cashing)公司诉卡德尼亚(Cardegna)案的判决④及瑞士⑤、法国、荷兰、以色列法院更早一些年份的判决等。⑥ 该论也得到1961年《欧洲国际商事仲裁公约》(第5条)和众多制定法的承认,如英国1996年《仲裁法》第30条、德国1998年《民事程序法典》第1040条第1款、葡萄牙2012年3月15日生效⑦的《仲裁法》第18条、比利时2013年《司法法典》第1690条第1款、瑞典2019年3月1日最新修订生效的《仲裁法》第2条第1款等。⑧

20世纪90年代之前,中国有人民法院在司法实践中根本没有仲裁协议具有可分性的理念,这种情况受到学者们的严重质疑。⑨ 中国《仲裁法》第19条从根本上改变了这种司法审查态度,规定:"仲裁协议独立存在,合同

---

① 中国有些学者采用"仲裁协议独立性原则"指称该理论。可参见张建:《国际商事仲裁协议独立性原则的理论溯源与实践演进》,《河南工程学院学报》(社会科学版)2015年第3期;同时也可参见杨秀清、史飚:《仲裁法学》,厦门,厦门大学出版社,2016年,第158页。
② 江伟、肖建国主编《仲裁法》,北京,中国人民大学出版社,2016年,第60页。
③ [2007] UKHL 40 (House of Lords).
④ 546 U.S. 440 (U.S. S.Ct. 2006).
⑤ 陈卫佐:《国际性仲裁协议的准据法确定——以仲裁协议的有效性为中心》,《比较法研究》2016年第2期。
⑥ See Gary B. Born, *International Commercial Arbitration* (Second Edition), Kluwer Law International, 2014, p.897.
⑦ See Tito Arantes Fontes & Sofia Martins, "The Role of State Courts within the New Portuguese Arbitration Law: A Brief Overview", *Spain Arbitration Review*, Issue 15, 2012, pp.15-16.
⑧ 这些境外的仲裁制定法条款都同于或类似于1985年和2006年版《示范法》第16条第1款,即:"构成合同的一部分的仲裁条款应视为独立于其他合同条款以外的一项协议。仲裁庭作出关于合同无效的决定,不应在法律上导致仲裁条款的无效。"
⑨ 宋朝武主编《仲裁法学》,北京,北京大学出版社,2013年,第113~114页。

的变更、解除、终止或者无效,不影响仲裁协议的效力。"中国人民法院在司法审查实践中同样多次对此种可分理论和制定法规范予以采纳支持。① 特别是最高人民法院2017年年底公布并自2018年1月1日起施行的《关于审理仲裁司法审查案件若干问题的规定》(以下简称2018年《若干问题的规定》)②第13条对确认合同中仲裁条款效力的准据法也体现了可分性的理念。③ 不过,中国《仲裁法》对仲裁协议可分性理论确认得不全面,没有规定主合同未成立④、不存在或自始无效的情况下仲裁协议的独立性问题。⑤ 另外,一些人民法院在一些司法审查实践中的立场也与可分性的理论大相径庭。如在西恩服务公司与乾成公司纠纷案⑥中,中国的最高人民法院竟然根据中国《仲裁法》第9条第1款的"一裁终局"规定,认为中文"提交×××仲裁机构仲裁,若不服再提交(另一)仲裁机构"⑦的表述不能构成有效的仲裁协议。笔者认为,这种态度与其他人民法院不时采用比较机械的"文义解释"的错误方法⑧如出一辙,若在今后采用更合理的可分性理论情况下,将"不服前一仲裁机构仲裁"之类的表述可以违反"一裁终局"的规定分离出去视为无效,对"提交(另一)仲裁机构仲裁"的意思则应视为"一裁终局"而予以司法审查上的认可。

我们倡议中国未来修订的《仲裁法》及未来的仲裁司法审查实践能弥补以上缺陷。同时对于美国等一些国家对主合同欺诈灵活地适用仲裁协议"有限独立性"原则及中国已出现的类似案件事实⑨,我们认为不必多加效

---

① 不过,在一方当事人与案外第三人合谋欺诈的情况下,我国人民法院数次"以仲裁条款不能约束三方当事人之间的必要共同侵权纠纷为由"否定仲裁协议的独立性理论和制定法规范的适用。此外,除非代理权的瑕疵完全只与主合同有关,境外不少国家或地区的法院在代理人缺乏订立主合同代理权的情况下对仲裁条款常常也不适用可分性理论。参见王克玉:《合谋欺诈视角下的合同仲裁条款独立性问题研究》,《法商研究》2014年第3期;See also Gary B. Born, *International Commercial Arbitration* (Second Edition), Kluwer Law International, 2014, pp.737-738。
② 法释〔2017〕22号。
③ 该条的内容是:"当事人协议选择确认涉外仲裁协议效力适用的法律,应当作出明确的意思表示,仅约定合同适用的法律,不能作为确认合同中仲裁条款效力适用的法律。"
④ 此种情况及境外相关的司法审查实践与立法内容可参见安宁、赵紫鹰:《未成立合同中仲裁条款效力相关问题探析》,《黑河学刊》2013年第10期。
⑤ 汪祖兴:《中国仲裁的境遇及改革要略》,北京,法律出版社,2010年,第53页。
⑥ 最高人民法院〔2012〕民四他字第39号。
⑦ 中国有学者认为该条有排除了多级或多次仲裁的可能性之功效。参见罗剑雯:《仲裁中的"一事不再理"新探》,《广东社会科学》2014年第1期。
⑧ 此种错误方法的详情可参见顾维遐:《香港与内地仲裁裁决司法审查制度的借鉴和融合》,《法学家》2009年第4期。
⑨ 王克玉:《合谋欺诈视角下的合同仲裁条款独立性问题研究》,《法商研究》2014年第3期。

法,而应更多地支持仲裁协议可分性理论和实践,对仲裁欺诈问题重点以撤销或拒绝承认与执行仲裁裁决中的"违反公共政策"的规则予以控制。

此外,一些国家或地区法院所承认的仲裁条款可分说还包含将有效的仲裁协议部分与无效的仲裁协议部分区分开来的内容,新西兰上诉法院2013年、美国最高法院2010年作出的判决就是此种态度的例证。[1]

再以司法审查对象是部分仲裁裁决的问题为例,不应区分理论的基本内容是:只要部分仲裁裁决是无效或不能执行的,则整个仲裁裁决就是无效或不能执行。相反,应予区分理论的基本内容则是:在某部分无效或不能执行的仲裁裁决与其他部分有效或能执行的仲裁裁决能进行区分的情况下,其他部分的仲裁裁决不应予以撤销或不予执行。1985年版和2006年版《示范法》第34条第2款第1项第3目及当今很多国家或地区普遍地贯彻着后一理论,如日本2003年《仲裁法》第44条第7款、挪威2004年《仲裁法》第43条第3款、丹麦2005年《仲裁法》第37条第3款、奥地利2006年《民事程序法典》第611条第2款第3项、比利时2013年《司法法典》第1721条第1款第3项、荷兰2015年《民事程序法典》第1065条第5款等无不采用了此原则。

不少国家或地区的司法审查实践也支持无效或不能执行的部分仲裁裁决应与其他部分有效或能执行的仲裁裁决相区分的理论,澳大利亚新南威尔士最高法院2015年的一项判决则为较近的一个典型。在该案中,被申请执行方当事人作为承包人与被上诉方签订了一份分包合同,详细规定对被上诉方在阿联酋首都的阿布扎比国际机场进行的建设工作支付方案:分包酬金的最高留置额为分包价的10%;收到接受证明时留置金减至5%;凭缺陷责任期结束时的履行证明解禁其余的5%留置金。该合同还规定争议提交阿布扎比工商会以英语仲裁。后来为解决工程款总额和留置金问题的争议,上诉方于2011年5月10日寄送了向被上诉方支付15 950 000美元总额及两笔各797 500美元留置金的最终总和解书确认信。2012年5月29日,上诉方向被上诉方支付了797 500美元,第二批797 500美元留置金却未付,被上诉方提请仲裁并于2014年5月1日获得的最终裁决要求上诉方支付该留置金及该最终总和解书中减让的50 000美元。澳大利亚新南威尔士最高法院在对被申请执行方的执行总异议的判决中指出:仲裁裁决是可以部分执行的;本案中的仲裁员所处理的纠纷与申请执行人索赔请求中未

---

[1] 前一项判决的当事人分别为 Gallaway Cook Allan 与 Carr,后一项判决的当事人分别为 Rent-A-Ctr, W., Inc. 和 Jackson。See Gary B. Born, *International Commercial Arbitration* (Second Edition), Kluwer Law International, 2014, pp.362-389.

提的 50 000 美元折让款纠纷是可分的。①

在司法审查对象是部分仲裁裁决的问题方面,中国的立法实践却没有很好地实施可分性理论。

在上述提及的部分仲裁裁决的问题方面,如中国现行《仲裁法》第58条就没有考虑到可分性的部分撤销理由仅应当导致部分裁决撤销。中国人民法院的一些司法审查实践②、2006年9月8日起施行的《最高人民法院关于适用〈中华人民共和国仲裁法〉若干问题的解释》(以下简称为2006年《司法解释》)第19条以及2018年《若干问题的规定》第3条虽然弥补了这一缺陷,但毕竟赶不上基本制定法的权威性。更为遗憾的是,《仲裁法》第63条和《民事诉讼法》第237条均不仅没有款项针对"属于仲裁协议的范围"和"不属于仲裁协议的范围"的可分性问题,由此便没有进一步规定在具有可分性的情况下仅不予执行"不属于仲裁协议的范围"那部分裁决,而且这一缺陷在最高人民法院2014年12月18日通过的自2015年2月4日起施行的《关于适用〈中华人民共和国民事诉讼法〉的解释》(以下简称2015年《民事诉讼法司法解释》)第477条中尽管得到了补救,却仍然没有解决权威性不足的问题。有鉴于此,我们期望未来修订的《仲裁法》能切实地以可分性理论为指导而加以合理的修补。

(六) 中国仲裁司法审查机制完善的整体理论

中国仲裁司法审查机制目前存在着司法审查部门分散、对一些较为合理的理论建议缺乏回应、一些仲裁司法审查文书过于简略、仲裁司法审查数据分析薄弱、人民法院与仲裁机构常态化联系缺乏、法院与法官独立行使职权无足够保障、仲裁司法审查权存在较强的行政化现象等弊端。对此,有学者认为消除这些弊端的总体指导理论或思路是:根据党的十八届四中全会的"完善仲裁制度、提高仲裁公信力"的要求,坚持尊重规律、整体推进与重点突破相结合等原则,正确理解和处理仲裁与对外开放、经济建设等关系。③

毫无疑问,以上理论很具有启发性。不过,我们认为,当前中国仲裁司法审查机制中最大的缺陷是:作为该机制中最重要组成部分的中国《仲裁法》过于陈旧,不适应仲裁司法审查实践的客观要求;中国仲裁司法审查机

---

① 该案当事人的英文名称分别为 Support Industries Pty Ltd 和 Willian Hare VAE LLC。See Albert Jan van den Berg (ed.), *Yearbook Commercial Arbitration* (Volume 41), Kluwer Law International, 2016, pp.1-10.

② 宋建立:《涉外仲裁裁决司法审查原理与实践》,北京,法律出版社,2016年,第109~113页。

③ 朱科:《中国国际商事仲裁司法审查制度完善研究》,北京,法律出版社,2018年,第73~75页、第85~90页。

制目前完善的整体理论的最重要部分是如何解决该法的修订模式问题。

境外对于该种问题的解决方法就是在《示范法》和非《示范法》两种模式中选择其一。境外一些学者对《示范法》模式给予了高度的肯定,认为其体现出很多国家或地区的经验和权威学者的意见,反映了重要的国际实践与技巧。[1] 中国也有不少学者很赞同《示范法》中的多款项内容[2],并建议中国应加以借鉴或直接采纳,其理由是:有众多国家或地区以其为蓝本制定或修改了仲裁法;是否采纳是反应立法先进与落后、开放与封闭的重要指标,也反应国际社会主流的看法和普遍的实践。[3]

我们认为,以上的一些观点是正确的,另一些看法却言过其实。实际上,法国、瑞典、瑞士、美国联邦层面及英国的英格兰和威尔士等很多仲裁强国或强区并未选择《示范法》模式。苏格兰对国际仲裁原先采用了《示范法》模式,制定2010年新法时却抛弃了该模式,对国际和国内仲裁统一转而部分采用英格兰和威尔士的1996年《仲裁法》加部分自创的模式(最突出的特征是在该新法的后部集中附列了整套仲裁规则),原因在于该国的立法者发现:德国、澳大利亚、丹麦、挪威等采用《示范法》模式并未能大份额地吸引到仲裁当事人或标的量;奥地利、爱尔兰、百慕大、新加坡和中国香港等《示范法》模式的国家或地区仲裁吸引力优势则出于中立地位、强大的美国仲裁协会入驻、金融业发达和背靠世界第二大经济体等原因;《示范法》本身很不完整,很多采用《示范法》模式的国家或地区作了大幅度的增删改。[4]

以上的情况表明,中国《仲裁法》的修改不宜唯以《示范法》为据,而应在博采境外仲裁制定法特别是强国或强区好规定之众长的基础上创新出优势规范。

二、仲裁司法审查机制中的制度渊源

尽管相互关系及运作实践等也是仲裁司法审查机制的构成要素,制度

---

[1] See Gary B. Born, *International Commercial Arbitration*, Kluwer Law International, 2014, p.138.
[2] 朱克鹏、笪恺:《联合国〈国际商事仲裁示范法〉评述》,《武汉大学学报》(哲学社会科学版)1996年第5期;王徽:《〈国际商事仲裁示范法〉的创设、影响及启示》,《武大国际法评论》2019年第3期。
[3] 赵秀文:《〈国际商事仲裁示范法〉对临时性保全措施条款的修订》,《时代法学》2009年第3期;赵健:《联合国〈国际商事仲裁示范法〉2006年修订条款的评述——兼论对我国仲裁立法与实践的影响》(2016年3月16日),原创力文档,https://max.book118.com/html/2016/0308/37139469.shtm,最后浏览日期:2017年9月28日。
[4] 王徽:《〈国际商事仲裁示范法〉的创设、影响及启示》,《武大国际法评论》2019年第3期; See also Hew R. Dundas, "The Arbitration (Scotland) Act 2010: A Great Collaborative Success and an Innovative Model for Other Jurisdictions to Follow", *Indian Journal of Arbitration Law*, Volume V, Issue 1, 2016, pp.81-106.

却是仲裁司法审查机制的最重要组成部分,因此,这里单独提炼阐述该种制度的渊源。

仲裁司法审查制度公认地表现为有关国家或地区缔结的国际或区际条约、各国家或地区的制定法和判例法。但是,学者们却较少讨论不在上述之列的民间仲裁规则是否也是仲裁司法审查制度的渊源问题,下文将详细地予以分析。

(一) 国际或区际条约

国际条约是指两个或两个以上国家或其他国际公法主体之间达成的明确其相互间权利和义务的协议。在全球化的今天,双边、区域性或全球多边国际条约不仅是仲裁司法审查制度的主要渊源之一,而且在其涵盖的适用范围内具有高于其缔约方单边制定的仲裁司法审查规则的效力。① 其中最具广泛影响性和重要性②的国际条约当属 1958 年通过的《纽约公约》,截至 2018 年 12 月,加入该公约的缔约国已经达到 159 个。③ 一些学者的研究成果还表明:该公约本身不仅导致了 90%④的仲裁裁决得到了执行,加入该公约对缔约国的国际贸易有着重要的正面作用。⑤

很遗憾的是,一些国家或地区并没有很好地甚或根本没有履行《纽约公约》的义务,从而连属于该公约成员国的中国当事人有时也成了受害人,如 2015 年 12 月 31 日在对中国国际经济与贸易仲裁委员会组建的仲裁庭作出的仲裁裁决执行的司法审查决定中,土耳其最高法院就完全无视同为成员国的该公约的第 2 条规定,偏袒性地适用该国单方制定的《国际仲裁法》,从而以仲裁协议形式无效等理由拒绝执行上述对中国当事人有利的仲裁裁决。⑥ 当然,中国不能就此否定该公约经常得到众多缔约国遵循的事实。只是对于此种不履行国际义务的司法审查行为,我们应适时地进行揭露、交

---

① 张圣翠:《仲裁协议纠纷司法审查阶段制度的国际比较与我国的借鉴》,《国际商务研究》2017 年第 3 期。
② See Marike R. P. Paulsson, "The 1958 New York Convention Article II: Fit for Modern International Trade?" *BCDR International Arbitration Review*, Volume2, Issue 1, 2015, pp.117-134.
③ 联合国国际贸易法委员会,http://www.uncitral.org/uncitral/en/uncitral_texts/arbitration/NYConvention_status.html,最后浏览日期:2018 年 12 月 31 日。
④ See Katia Fach Gomez & Ana M. Lopez-Rodriguez (eds.), *60 Years of the New York Convention: Key Issues and Future Challenges*, Kluwer Law International, 2019, pp.269-294.
⑤ See Walter Mattli & Thomas Dietz (eds.), *International Arbitration and Global Governance: Contending Theories and Evidence*, New York: Oxford University Press, 2014, pp.196-197.
⑥ See Oya Dirim, "Turkish Courts and the Recognition of Foreign Arbitral Awards", *Legal Issues Journal*, Volume 7, Issue 1, 2019, pp.97-104.

涉,以维护中国当事人的正当利益。

另一些涉及仲裁司法审查的区域性著名多边国际条约包括 1961 年《欧洲国际商事仲裁公约》等。此外,一些双边的国际条约也可能是仲裁司法审查的依据。① 区际条约则是两个区域主体之间达成的明确其相互间权利和义务的协议,如中国内地最高人民法院和中国香港特别行政区于 1999 年 6 月 21 日共同签署并于 2000 年 2 月 1 日生效的一项区际协议②(以下简称 2000 年《相互安排》)等。不过,目前《纽约公约》等仲裁国际条约并没有对参加者司法审查的所有规则进行统一的约束,同样,包括《2000 年相互安排》在内的一些区际协议也存在一些缺漏③,为此,各国家或地区通常都有自己的另外立法规定,在国际或区际协议所不适用的领域,这些另外立法规定或曰制定法就构成了适用于相关仲裁司法审查问题的制度渊源。

(二) 各国家或地区的制定法

在分割治理的当今社会中,仲裁活动一般都无法在有管辖权的国家或地区之外的区域进行。同时,为了使仲裁司法审查活动有更具操作性或填补空白性的规范可依,很多国家或地区都颁行了相应的制定法,在不违背相关国际义务的前提下,它们可以说是该国家或地区的仲裁司法审查制度直接渊源之一。其中很有代表性或反映世界仲裁司法审查制度趋势的制定法有:美国 1925 年《联邦仲裁法》及 2000 年修订的《统一仲裁法》、瑞士 1987 年联邦《国际私法法典》、英国 1996 年《仲裁法》、德国 1998 年《民事程序法典》、日本 2003 年《仲裁法》、奥地利 2006 年《民事程序法典》、澳大利亚 2010 年修订的《国际仲裁法》、中国香港 2010 年《仲裁条例》、法国 2011 年的《民事程序法典》、西班牙 2011 年《仲裁法》、葡萄牙 2012 年《自愿仲裁法》、新加坡 2002 年《仲裁法》及 2013 年《国际仲裁法》第 9 条第 3 款、比利时 2013 年《司法法典》、荷兰 2015 年《民事程序法典》和巴西 2015 年《仲裁法》等。

作为中国司法审查制度制定法依据的则有 1995 年生效的《仲裁法》、2000 年施行的《海事诉讼特别程序法》、2011 年生效的《涉外民事关系法律适用法》、2017 年第 3 次④修订生效的《中华人民共和国民事诉讼法》等。

---

① 谢俊英、吕中行:《中国国际商事仲裁模式的创新理论与实践研究》,石家庄,河北人民出版社,2013 年,第 12 页。
② 其全名为《关于内地与香港特别行政区相互执行仲裁裁决的安排》。
③ See Yang Honglei & Wang Yuan, "Mutual Enforcement of Mainland China and the Hong Kong SAR Awards: An Issue of Nationality", *Asian International Arbitration Journal*, Volume 8, Issue 1, 2012, pp.120-130.
④ 《中华人民共和国民事诉讼法(2017 修订)》(2017 年 6 月 27 日),华律网,http://www.66law.cn/tiaoli/12.aspx,最后浏览日期:2018 年 6 月 6 日。

(三) 国内或域内判例法

在英美法系的国家或地区,判例法一直是重要的法源,它们由上诉法院和最高法院有拘束力的判决理由所构成。研究这些国家或地区的仲裁司法审查制度时绝不能无视其相关判例,这些国家或地区仲裁制定法中一些规则如仲裁保密性义务规则[1]就是从判例法中发展而来的,因此,本书中的很多部分对英美国家或地区的有关典型判例作出清楚的介绍以支持对有关问题的探讨。

另一方面,判例虽不是大陆法系国家或地区的正式法源,但是,判例在大陆法系国家或地区的司法和仲裁实践中越来越重要,著名的判例被法官、仲裁员及律师援引作为自己主张依据的情况非常常见。由于大陆法系国家或地区的最高法院一般都拥有司法解释权,这些国家或地区的最高法院在相关判例中对仲裁司法审查问题的解释无疑对下级法院具有约束力。至少可以说,大陆法系国家或地区最高法院的相关判例是这些国家或地区仲裁司法审查制度的渊源之一。此外,大陆法系国家或地区最高法院以外的其他下级法院的终审判例也向人们宣示了这些国家或地区的法官们如何解释和适用其制定法中的仲裁司法审查制度。因此,本书也引入一些大陆法系国家或地区的最高法院或者下级法院的有关判例。

在中国内地现行的法律体制下,判例并不是正式的法律渊源。然而,与其他大陆法系国家或地区一样,判例构成中国内地仲裁司法审查制度的重要辅助性渊源。最高人民法院虽然很少通过自己直接作出的判例解释仲裁司法审查法律制度,但是其拥有司法解释权而能发布具有全国适用性的司法解释(如其2006年的《司法解释》)及针对下级人民法院受理的具体案件中出现的具体问题作出"批复""解答"等咨询性司法解释,这些都可以被视为对同类的仲裁司法审查问题有拘束力的特殊判例。另外值得关注的是,最高人民法院公报中所公布的一些涉及仲裁司法审查问题的典型案例,公布的本身表明了最高人民法院对相关的司法审查决定的认可态度,对地方各级人民法院虽无法律约束力却有很大的影响力并具有重要的指导作用。地方各级人民法院在处理相同或类似的仲裁司法审查问题时,在一般情况下均会遵循最高人民法院公布的这些案例中所体现的原则和规则,并据之作出判决或裁定。[2]

同时,中国最高人民法院还发布了多项不针对具体案件却在实施之日

---

[1] 辛柏春:《国际商事仲裁保密性问题探析》,《当代法学》2016年第2期。
[2] 参见韩德培主编《国际私法》,北京,高等教育出版社和北京大学出版社,2002年,第25页。

后具有普适性的司法解释,最近几年的发布尤其频繁,除了前文已列举的中国内地史上同类中篇幅最长、共达552条(其中17个条款涉及仲裁)的2015年《民事诉讼法司法解释》①等以外,还有多项的其他司法解释②,其中的不少规范既顺应了学界和实务界的呼吁,也借鉴了境外的有益经验,在一定程度上能够及时、有效地弥补现行制定法的缺漏。③ 如在中国内地之前的仲裁司法审查实践中,具体负责的人民法院部门比较混乱,其中的法官对仲裁程序不一定十分了解,长期从事民事审判形成的挖掘事实真相的惯性思维使该种司法审查程序成为民事诉讼的"准二审程序",为解决此种"外行"审查"内行"行为的问题,上文提及的2017年《归口管理通知》就借鉴了中国香港高等法院的经验做法④,从此这种固定的仲裁司法审查主体会有利于形成固定的审查思维,并有利于统一程序规则的适用。

此外,在既没有制定法规范也没有最高人民法院司法解释的情况下,中国的一些地方人民法院时而也发布一些仲裁司法审查意见,如北京和天津的高级人民法院2017年就曾分别发布了该种意见。⑤ 这些意见中的一些立场、做法或举措可能会被最高人民法院后来的司法解释甚至人大的制定法所采纳。⑥

(四)民间仲裁规则

仲裁机构或其他组织都可能制定民间仲裁规则。前者如国际商会2017年最新修订的《仲裁规则》。⑦ 后者如国际律师协会(the International Bar Association/IBA)于2014年修订的《关于国际仲裁中利益冲突问题指南》(以下简称《IBA指南》)⑧等。此外,作为政府间国际组织的联合国贸易

---

① 宋连斌、傅攀峰、陈希佳:《中国商事仲裁年度观察(2016)》,载北京仲裁委员会、北京国际仲裁中心编《中国商事争议解决年度观察(2016)》,北京,中国法制出版社,2016年,第2页。
② 如2012年的《关于适用〈中华人民共和国涉外民事关系法律适用法〉若干问题的解释(一)》、2016年的《关于为自由贸易试验区建设提供司法保障的意见》(法发〔2016〕34号)等。
③ 丁伟:《国际商事仲裁中适用司法解释的悖论性现象透析》,《政法论坛》2009年第2期。
④ 姜霞:《仲裁裁决撤销程序的定位及建构》,《广西民族大学学报》(哲学社会科学版)2009年第3期;See also Jingzhou Tao & Mariana Zhong, "China's 2017 Reform of its Arbitration-Related Court Review Mechanism with a Focus on Improving Chinese Courts' Prior-Reporting System", *Journal of International Arbitration*, June, 2018, pp.371-378。
⑤ See Wei Sun, *Annual Report on Recognition and Enforcement of Foreign Arbitral Awards in China*, Kluwer Law International, 2018, pp.4-6.
⑥ 樊堃:《仲裁在中国:法律与文化分析》,北京,法律出版社,2017年,第42~43页;宋连斌、傅攀峰、陈希佳:《中国商事仲裁年度观察(2016)》,载北京仲裁委员会、北京国际仲裁中心编《中国商事争议解决年度观察(2016)》,北京,中国法制出版社,2016年,第37~38页。
⑦ See Manuel Arroyo (ed.), *Arbitration in Switzerland: The Practitioner's Guide* (Second Edition), Kluwer Law International, 2018, p.472.
⑧ 该"《IBA指南》"2014年修订的相关规定详见周艳云、周忠学:《第三方资助国际商事仲裁中受资方披露义务的规制——基于"一带一路"视阈》,《广西社会科学》2018年第2期。

法委员会也制定过1976年和2010年的《仲裁规则》，因其供当事人自愿选用而在广义上也可谓民间仲裁规则。

民间的上述种类仲裁规则含有当事人、仲裁员、仲裁机构等之间的很多权利与义务的规定，被选用后一旦发生了司法审查纠纷，其中的相应规定也很可能被承接司法审查任务的法院所引用，例如，在AT&T诉阿拉伯电缆公司案中，英国法院的May法官就援引了受理当事人之间仲裁纠纷的国际商会1998年《仲裁规则》中的仲裁员独立性标准的规定给出判决理由。① 另一方面，前述的《IBA指南》即使没有得到当事人的正式选用，在发生司法审查纠纷时也可能被一些国家或地区的法院作为定案依据，如瑞士联邦最高法院2008年的一项判决②、美国第九巡回法院2007年对New Regency公司诉Nippon Herald Films公司案的判决③、瑞典最高法院2007年和2010年分别对Anders Jilkén诉Ericsson AB、Korsnäs AB诉AB Fortum Värme samägt med Stockholms stad案所做的判决④等。不过，若民间仲裁规则中的相关制度违背了应予适用的强行制定法或判例法，则会被进行司法审查的法院宣告无效。即使如《国际仲裁员道德准则》之类的仲裁规则很有影响力，也不是任何法院在任何情况下都予以适用，如2007年奥地利某法院在一起关于仲裁员回避纠纷的司法审查案件中就宣示该《国际仲裁员道德准则》不具有可适用性。⑤ 同样，英国法院在2016的W Ltd诉M SDN BHD案中也没有认可应适用上述《IBA指南》决定仲裁员独立性与公正性标准的主张。⑥

可见，尽管民间仲裁规则也是不可忽视的仲裁司法审查制度的渊源之一，但是应被视为仲裁位阶较低的辅助性渊源，只有承担司法审查任务的法院认为具有正当性时，才有可能得到适用。

---

① See AT & T Corp. v. Saudi Cable Co., 2 Lloyd's Rep. 127, (2000).
② Daniel Girsberger & Nathalie Voser, *International Arbitration: Comparative and Swiss Perspectives* (Third Edition), Kluwer Law International, 2016, p.170.
③ See *New Regency Prods., Inc. v. Nippon Herald Films, Inc.*, 501 F.3d 1101, 1108 (9th Cir. 2007).
④ 其中的后一项判决还属于严格意义上的国内仲裁争议判决。See Franke & Magnusson, et al. (eds.), *International Arbitration in Sweden: A Practitioner's Guide* (Second Edition), Kluwer Law International, 2013, pp.8-10.
⑤ See Gary B. Born, *International Commercial Arbitration*, Kluwer Law International, 2014, p.1853.
⑥ See Nick Longley, "IBA Guidelines on Conflicts of Interest: The Traffic Lights Flash Amber", accessed January 10, 2018, http://www.hfw.com/IBA-guidelines-on-conflict-of-interest-April-2016.

本章小结

仲裁自古以来就是人类社会的一种重要的争议解决手段，仲裁争议的司法审查在古代却仅在古罗马留下了丁点踪迹。中世纪的欧洲各国广泛地使用仲裁，英国等国也有某些相应问题的司法审查。文艺复兴及资产阶级革命前后的一段较长时间，欧洲的一些国家或地区出现了对仲裁友好的司法审查机制，另一些国家如英国及美洲的美国等法院在司法审查中对仲裁则较为敌对。第一次世界大战之后，当时的主要资本主义国家或地区仲裁的司法审查机制发生了较大变化，表现为较为尊重仲裁的意思自治并产生了约束有关成员国的国际公约。第一次世界大战之后，对仲裁更为友好的全球性与区域性国际公约和国内或域内制定法陆续产生和更新发展，时至今日已形成了相当可观的共同原则或规则。同时，不少国家或地区的法院司法审查实践也相互影响，助推其国际、区际、国内或区内仲裁的健康、繁荣。然而，局部或某时段等例外的情况也会出现。中国仲裁的司法审查也经历着类似的过程。

仲裁司法审查机制的产生沿革及发展现状都是受到理论指导而成的，这些理论主要包括仲裁司法审查是否具有必要性的理论、仲裁司法审查范围或程度的理论、仲裁性质的理论、仲裁司法审查价值取向的理论、仲裁司法审查区分的理论等。当今仲裁司法审查具有必要性的理论受到了广大学者、立法者和仲裁司法审查者的认可，然而审查范围或程度的理论认识与实践贯彻在世界范围内仍存在较大的差异，这种情况的存在实际上与对仲裁性质的看法十分有关。我们认为仲裁的性质要具体问题、具体环节、具体方面、具体事项区别考察，并要就容纳仲裁当事人的合理期望、优秀仲裁员培养方法、仲裁公正性与效率性、仲裁在争议解决中承担的应然份额、在国内或区内或国际或区际服务贸易中应有份额等区别决定审查范围大小、程度深浅等。

制度是仲裁司法审查机制的最重要组成部分，其渊源中的双边、区域性或全球多边的国际或区际条约仅对缔约方有效，并且这些国际或区际条约并非对缔约方所有的仲裁司法审查问题都能作出统一的有约束性的规定或在任何情况下都能适用，这便使得相关的缔约方的制定法或判例法成为这种制度的另一大渊源。机构仲裁在当今的国际、区际、国内或区内仲裁中占有很大的份额，这些机构都有仲裁规则。此外，一些政府或非政府机构也制定了一些供民间当事人选用的仲裁规则,不同国家或地区的法院在不同的仲裁司法审查中对这些规则的效力持有不同的立场,仲裁研究者或使用者只能将之视为一种位阶较低的辅助性渊源多加观察,才能得出较规律性的认识。

第二章 仲裁协议争议的司法审查机制

第一节 概 述

一、提请司法审查仲裁协议争议的类型

尽管有境外学者提出过任意仲裁（Default Arbitration）的理念或模式，即当事人之一在未约定排除仲裁或未约定选择诉讼的情况下即可将争议提交仲裁①，毕竟这种理念或模式并未在商事仲裁中存在过。过去和现在或不短时间内的将来，仲裁的基石都是或仍将是仲裁协议。②无论是根据众多国家或地区的制定法，还是按照《纽约公约》《欧洲仲裁公约》等国际条约，在一般情况下出现仲裁协议未生效、无效、失效甚至根本没有仲裁协议等可概称为效力方面缺陷的情况，仲裁庭就没有管辖权，由此仲裁程序便不应开始和进一步地进行，最后除宣告仲裁协议无效和无管辖权之外更不能对实体争议作出仲裁裁决，否则，受害的当事人可请求有管辖权的法院撤销或拒绝执行这样的仲裁裁决。在超越有效仲裁协议的范围之外，仲裁庭也无管辖权和不能作成仲裁裁决，否则即构成超裁而令超裁的裁决部分可撤销或拒绝执行。③ 然而，在效力方面，如果仲裁协议没有瑕疵，就该仲裁协议所涵盖的争议，有当事人提起诉讼时，其他方当事人可以存在有效仲裁协议为由要求法院驳回该起诉；在其他方面也合法的情况下，各方当事人应当自动履行按

---

① See Gilles Cuniberti, "Beyond Contract-the Case for Default Arbitration in International Commercial Disputes", *Fordham International Law Journal*, January, 2009, pp.417-487.
② 马占军：《我国仲裁协议效力异议规则的修改与完善》，《法学评论》2011年第2期。
③ 超裁导致部分仲裁裁决无效的进一步论述可参见邓瑞平、赵生祥、刘想树等：《国际商事仲裁法学》，北京，法律出版社，2010年，第71页；刘璐：《欧美法院对国际商事仲裁中"超裁"问题的认定标准及启示——以索尼拉案为例》，《法律适用》2018年第12期。

照有效仲裁协议作成的仲裁裁决,否则,获有利裁决的当事人可申请有管辖权的法院强制执行。① 由于存在这些规则,当事人之间不时地出现仲裁协议是否存在、范围大小、是否失效或无效、是否生效等问题的纠纷,其目的在于支持或抗辩某一诉讼程序或判决、肯定或者否定仲裁庭的管辖权、阻止或推进某种仲裁程序、接受或拒绝仲裁裁决的效力等。在不能通过自愿弃权、仲裁庭本身或其他途径解决以上各种问题的争议时,司法审查的请求就会被一方或几方当事人提起。② 在符合本节下一目规则的前提下,现代众多国家或地区内的有管辖权的法院一般都会受理此类请求。

从不同的角度,提请司法审查的仲裁协议纠纷可以被分成不同的类型。从实践情况来看,以上纠纷主要可归为主体可仲裁性、客体可仲裁性、仲裁协议形式效力、仲裁协议的合意等类别。本章首先探讨这些争议司法审查的发生阶段,其他各节的主要内容便按照本段中的类别法进一步地研究解决这些仲裁协议纠纷问题的司法审查制度的构造及其运行原理,并且在最后一节探讨仲裁协议司法审查的其他相关问题。

顺便予以说明的是,上述的"可仲裁性"(arbitrability)术语在仲裁法学论著的不同上下文中有多种不同含义。欧美及中国学者经常提到的"可仲裁性"为以下两种:"主体可仲裁性"(subjective arbitrability/arbitrability ratione personae),指当事人(通过自己或代表人)具有缔结仲裁协议的能力③;"客体可仲裁性"(objective arbitrability/arbitrability ratione materiae),指争议标的(subject matter)不属于法院专属管辖范围从而依法能够提交仲裁。④ 此外,还有少数欧美学者或法官在其他意义上使用"可仲裁性"一词,包括"管辖权可仲裁性"(jurisdiction arbitrability/arbitrability ratione jurisdictionis)或"协议可仲裁性"(contractual arbitrability)、"程序可仲裁性"(procedural arbitrability)和"实体可仲裁性"(substantive arbitrability)等。其中,"管辖权可仲裁性"或"协议可仲裁性"是指仲裁庭因当事人同意

---

① 杜新丽:《论国际商事仲裁的司法审查与立法完善》,《现代法学》2005年第6期。
② 张圣翠:《仲裁协议纠纷司法审查阶段制度的国际比较与我国的借鉴》,《国际商务研究》2017年第3期;李昌超:《仲裁协议合意不当及其救济》,《社会科学家》2018年第1期。
③ See Daniel Girsberger & Nathalie Voser, *International Arbitration: Comparative and Swiss Perspectives* (Third Edition), Kluwer Law International, 2016, p.110; See also Lauren Brazier, "The Arbitrability of Investor-State Taxation Disputes in International Commercial Arbitration", *Journal of International Arbitration*, Volume 32, 2015, p.2.值得注意的是,境外少数学者认为,代订仲裁协议尽管与主体可仲裁性密切相关却是有些区别的问题,See Böckstiegel & Kröll, et al. (eds.), *Arbitration in Germany: The Model Law in Practice* (Second Edition), Kluwer Law International, 2015, p.464。
④ See Mistelis & Brekoulakis (eds.), *Arbitrability*, Kluwer Law International, 2009, pp.5-6.

仲裁的意思表示一致并且有效而对争议具有管辖权。①"程序可仲裁性"是指仲裁申请方当事人是否满足了先置程序,而"实体可仲裁性"则涉及客体可仲裁性、仲裁协议其他非形式方面的有效性、仲裁协议是否包含当事人之间的特定争议等实体事项问题。② 这后三种术语的使用受到一些学者的批评,认为它们带来概念上的混乱。③ 笔者也有同感,因此,本章的前两节只探讨司法审查前两种意义上的"可仲裁性"争议问题。

二、境外仲裁协议争议准许司法审查发生的阶段

就当事人之间仲裁协议有效性或可执行性等争议而言,从时间顺序角度来看,下列一个或几个阶段都有可能发生:(1)仲裁程序开始之前;(2)仲裁程序开始之后仲裁裁决作出之前;(3)作出仲裁裁决之后请求撤销、执行或拒绝执行的司法审查程序之中等。由于仲裁开始之前肯定总是在仲裁裁决作成之前,因此,"仲裁裁决作成之前"的阶段实际上可用于合称以上的前两阶段。本目下文中无特别说明之处的"仲裁裁决作成之前"就是对这两阶段的统称。

在当今社会中,几乎没有国际条约统一规定直接约束缔约方对仲裁协议司法审查介入上述哪一或哪几阶段。稍稍有所例外的是 1961 年《欧洲国际商事仲裁公约》第 6 条第 1 款的规定,即:在向某法院提起任何诉讼之前,若仲裁程序已被仲裁协议的任一方当事人所启动,除非有正当和实质性理由采取相反的行动,被请求处理相同当事人之间相同标的争议的缔约国法院……应当暂停对仲裁员的管辖权作出决定。这一规定表明,在已开始仲裁程序的情况下,除非存在正当和实质性理由,对于仲裁协议是否存在或无效或已过期等问题,该公约的缔约方法院不得进行司法审查。④ 在《欧洲国际商事仲裁公约》不能涵盖的诸多争议中,正是由于不存在控制性的国际统一法规范,境外很多国家或地区利用国内或域内法规范自主地规定仲裁协议争议司法审查介入的阶段。

---

① See Stephen J. Ware, "Default Rules from Mandatory Rules: Privatizing Law Through Arbitration", *Minnesota Law Review*, February, 1999.
② See Thomas J. Lilly, Jr., "Arbitrability and Severability in Statutory Rights Arbitration Agreements: How to Decide Who Should Decide", *Oklahoma City University Law Review*, 2017, pp.9-10.
③ [法]菲利普·福盖德、[法]伊曼纽尔·盖拉德、[法]贝托尔德·戈德曼:《国际商事仲裁》,北京,中信出版社,2004 年,第 312 页。
④ See Klausegger & Klein, et al. (eds.), *Austrian Yearbook on International Arbitration*, Kluwer Law International, 2013, p.10.

大体上而言,在作成仲裁裁决之后申请撤销、承认或执行该裁决的阶段,经一方或数方当事人的请求,对其法院介入审查仲裁协议的存在或有效性问题,世界上大多数国家或地区的现代法律规则概不禁止。在本阶段中,一方当事人如果对仲裁协议的存在、范围或有效性提出异议,这些国家或地区的仲裁制定法皆允许其有管辖权的法院彻底地审查该异议,且仲裁庭相关结论对这种审查没有约束性。在各国家或地区进行这种彻底的司法审查实例不胜枚举,以下仅举巴西高等法院 2015 年 12 月 16 日对 Transdata Transportes Ltda 与 Biglift Shipping BV 纠纷案的判决说明该种司法审查的彻底程度。该案缘起双方当事人之间电话达成的一项租船协议,后来前者 Transdata Transportes Ltda 收到后者 Biglift Shipping BV 起草的文件规定:争议按照英国法缺席仲裁解决,仲裁地为伦敦。前者没有签署该文件并拒付船舶的滞期费,后者便在前者缺席伦敦仲裁的情况下拿到有利的仲裁裁决。以上的巴西法院作出拒绝执行该仲裁裁决时指出:该协议草案中的仲裁条款是否有效的问题适用巴西法;根据巴西法规定,只有采用书面形式时,仲裁条款才能约束当事人;本案中的仲裁条款未采用书面形式;没有参加仲裁的事实就表明被申请执行人后来并没有追认该仲裁条款。[①]

此外,在仲裁裁决作出之后一方当事人申请正式承认或强制执行该裁决阶段,在要求提交该裁决的同时,很多国家或地区的制定法规范还要求该当事人提交导致该裁决的仲裁协议的原件或经证实的复本,并且在法院地的官方语言不同于该仲裁协议语言的情况下,该当事人还可能会被依法要求提供符合特定格式并经证实的该仲裁协议的翻译文本。[②] 这些规范表明,即使没有对方当事人提出的质疑,有管辖权受理承认或执行仲裁裁决申请的法院,仍然必须根据其职责义务审查仲裁协议表面上是否符合这些规范规定的条件。在表面上条件不符时,也应当拒绝承认或执行该裁决。[③]

然而,一些国家的法制却限制或禁止在仲裁裁决作成之前的阶段对仲

---

① See Albert Jan van den Berg (ed.), *Yearbook Commercial Arbitration* (Volume 41), Kluwer Law International, 2016, pp.1-5.
② 例如,法国 2011 年《民事程序法典》第 1515 条第 2 款规定,仲裁协议的语言使用非法语语言时,申请承认或执行仲裁裁决的当事人必须提供登记于专家名册中的一名翻译者证实的翻译件。由 Emmanuel Gaillard, Nanou Leleu-Knobil & Daniela Pellarini 翻译的该法典中仲裁法规范的英文文本可下载于 http://www.iaiparis.com/pdf/FRENCH_LAW_ON_ARBITRATION.pdf,最后浏览日期:2018 年 11 月 5 日。此外,中国学者也将该法典的仲裁法规范部分译为中文,可参见《2011 年新法国仲裁法》,鲍冠艺译注,宋连斌校,北京,法律出版社,2011 年。
③ 张圣翠:《仲裁协议纠纷司法审查阶段制度的国际比较与我国的借鉴》,《国际商务研究》2017 年第 3 期。

裁协议进行司法审查。德国历史上就有过这种法律制度或规则，该国法院曾通过司法审查判例赋予仲裁庭最终的自裁管辖权，但现在已经不再实行此种规则。①

至今在该阶段对仲裁协议进行司法审查仍然给予限制或禁止的国家还有瑞士和法国等。从文字上看，在该阶段就仲裁协议的争议问题，1987年制定并更新至2017年的瑞士联邦《国际私法法典》第7条②并没有禁止或限制瑞士法院进行全面的司法审查，该国法院一度也谨慎地解释称没有限制。③然而，在1995年1月16日、1996年4月29日、2012年8月6日该国最高法院分别作出的三项判决表明：只有在瑞士为仲裁地时，根据当事人的请求，该国法院才对仲裁协议争议进行表面或初步的审查；在国外是仲裁地的情况下，该国法院根据《纽约公约》等规定全面审查的措施并不受到限制。④

法国最高法院早在20世纪60年代就以对Cosset案决定的形式限制在仲裁裁决作成之前阶段进行深度或全面的司法审查⑤，该国1981年《民事程序法典》第1458条第1款和第2款吸收了此种司法审查的立场而分别规定：在仲裁庭已受理争议的情况下，对仲裁协议的存在或有效性问题，法国法院应拒绝进行管辖；在争议尚未提交仲裁庭的情况下，法国法院也应当拒绝审查，但是，仲裁协议明显无效的除外。在国内和国际的仲裁司法审查中，法国法院严格统一地适用以上第1款的规定。如在Dame Bohin与Coprodag的纠纷案中，仲裁程序被启动之后，法国地方法院及其上诉法院都判决认定仲裁协议无效和仲裁庭不应当组建。法国最高法院1995年5月10日却推翻了该判决并指出：除了考虑仲裁庭组建以外，法国法院不得根据仲裁协议明显无效宣布仲裁员不应当被任命；在仲裁协议争议已提交

---

① See Klausegger & Klein, et al. (eds.), *Austrian Yearbook on International Arbitration*, Kluwer Law International, 2013, pp.9-10.
② 该条的内容是：如果当事人对一项可仲裁的争议达成仲裁协议，除非发现该仲裁协议无效或不能执行，瑞士法院应当拒绝行使管辖权。由瑞士UMBRICHT律师事务所负责的该国瑞士联邦《国际私法法典》及其第7条的官方英译文可下载于 https://www.umbricht.ch/fileadmin/downloads/Swiss_Federal_Code_on_Private_International_Law_CPIL_2017.pdf，最后浏览日期：2018年6月22日。
③ 周清华：《国际商事仲裁自裁管辖原则消极效力研究》，博士学位论文，大连海事大学，2010年，第409页。
④ See Daniel Girsberger & Nathalie Voser, *International Arbitration: Comparative and Swiss Perspectives*, Kluwer Law International, 2016, p.123.
⑤ See Beatrice Castellane, "The New French Law on International Arbitration", *Journal of International Arbitration*, Volume 28, Issue 4, 2011, pp.371-380.

的情况下,仲裁庭有权单独对其任命的限制或有效性进行决定。有法国学者认为,上述第 2 款中的"明显无效"意味着:在仲裁程序启动之前,法国法院可以对仲裁协议进行表面的(prima facie)司法审查。但是,巴黎上诉法院 1994 年 12 月 7 日对 Renaut 与 V 2000 纠纷案的判决表明,法国法官有权力却无义务进行初步的司法审查,对于争议可仲裁性等涉及仲裁协议的效力问题,他们有权要求在司法审查前必须先交经仲裁员裁决。① 在未作实质性修改②的情况下,法国 2011 年新修订的《民事程序法典》第 1448 条第 1 款合并了以上两款的规定,并在同条第 3 款中宣布其为强行规则。

瑞士、法国等国的司法审查阶段的上述限制或禁止的做法体现了遵循所谓的"自裁管辖权"/"管辖权与管辖权"(the "Kompetenz-Kompetenz" doctrine/the competence-competence principle)原则消极效果的理念。就含义而言,"自裁管辖权"或"管辖权与管辖权"原则通常是指:对于仲裁协议纠纷这一牵涉到其是否有管辖权、仲裁庭组成合适性、管辖权范围等争议,赋予仲裁庭不受相关法院是否作出司法审查决定影响而自行作出裁断的权力。一些学者称这种通常含义为该原则的积极效果。与此相对应的是被称为"消极效果"的该原则的另一种含义,即:对于仲裁庭管辖权纠纷排除法院司法审查,在仲裁协议的效力或其存在遭异议时,令仲裁庭仍保留继续审理的权力③,从而阻止滥用异议权之诉以达到拖延仲裁程序的不当目的。

以上情况表明:"自裁管辖权"原则在瑞士和法国等国不仅得到理论上的支持,而且在立法和司法实践方面还对该原则的消极效果④有程度不同的⑤肯定。在仲裁裁决作成之前的阶段,限制或禁止其法院对仲裁协议争议

---

① 周清华:《国际商事仲裁自裁管辖原则消极效力研究》,博士学位论文,大连海事大学,2010 年,第 405~406 页。

② 在并入原先第 2 款时加了仲裁协议"显然不适用"这一情况。法国 2011 年《民事程序法典》第 1448 条第 1 款现行规定的英译文为:When a dispute subject to an arbitration agreement is brought before a court, such court shall decline jurisdiction, except if an arbitral tribunal has not yet been seized of the dispute and if the arbitration agreement is manifestly void or manifestly not applicable。

③ 樊堃:《仲裁在中国:法律与文化分析》,北京,法律出版社,2017 年,第 63 页;See also Ashley Cook, "Kompetenz-Kompetenz: Varying Approaches and a Proposal for a Limited Form of Negative Kompetenz-Kompetenz", *Pepperdine Law Review*, December, 2014, pp.20-21。

④ See John Zadkovich, "Divergence and Comity Among the Doctrines of Separability and Competence-Competence", *Vindobona Journal of International Commercial Law & Arbitration*, 2008, p.18。

⑤ 其中的瑞士接受的程度较低,即仲裁地在瑞士时无论仲裁庭是否成立,瑞士法院仍可表面审查中餐厅的管辖权争议。See Amokura Kawharu, "Arbitral Jurisdiction", *New Zealand Universities Law Review*, December, 2008, p.247。

进行审查的这种机制充分地显示：在本阶段，这些国家对于尚未开始或正在进行的仲裁保持高度不干预的友好态度。不过，即使在瑞士、法国等国，仲裁庭在本阶段或其他任何阶段对仲裁协议争议的决定并无最终约束力，在国内仲裁裁决作成之后的阶段，就仲裁庭对仲裁协议争议的裁决部分，根据一方当事人的请求，其法院仍有权进行前述的彻底审查。① 同时，如果属于国际仲裁，即便是对仲裁庭关于自身管辖权决定未质疑或撤销该仲裁庭决定的司法审查请求被驳回，在承认和执行仲裁裁决的阶段，上述国家仍允许当事人根据《纽约公约》第 5 条第 1 款(a)项的规定请求对仲裁庭的该种决定进行有限的司法审查。②

此外，仲裁庭的管辖权纠纷并不仅有涉及仲裁协议的效力问题这一种。实际上，对仲裁庭组成合适性、仲裁庭超越权限行使职权的异议等也应归为仲裁庭的管辖权纠纷。换句话说，20 世纪 50 年代开始，境外就有司法审查实践承认仲裁庭有权对包括仲裁协议的效力问题在内的所有管辖权纠纷作出决定③，目前在境外的仲裁立法中这已成为一项普遍采用的原则，学者们将之概括为上文中所称的"自裁管辖权"原则。④

在立法方面，比利时 2013 年《司法法典》第 1690 条第 1 款、德国 1998 年《民事诉讼法典》第 1040 条第 1 款、英国 1996 年《仲裁法》第 30 条、瑞典 2019 年 3 月 1 日最新修订生效的《仲裁法》第 2 条第 1 款等境外很多仲裁制定法和 1985 年版与 2006 年版《示范法》第 16 条第 1 款在宣布以上原则时还进一步地规定：在提交仲裁答辩书之后，当事人不得提出有关仲裁协议效力等仲裁庭管辖权的问题；在仲裁协议效力等仲裁庭管辖权的问题被法院作出最终司法审查决定之前，仲裁庭可以继续进行仲裁程序和作出裁决；不服关于仲裁庭认定仲裁协议效力等决定的当事人，可以请求法院进行审查。⑤ 美国《联邦仲裁法》虽然无此种规定，但多数美国法院在司法审查中支持此做法。⑥ 法国 2011 年《民事程序法典》第 1448 条第 1 款规定，只有在仲

---

① See Gary B. Born, *International Commercial Arbitration*, Kluwer Law International, 2014, p.1069.
② See Arroyo (ed.), *Arbitration in Switzerland: The Practitioner's Guide*, Kluwer Law International, 2013, pp.146-148.
③ 侯登华、赵莹雪：《仲裁庭自裁管辖理论及其在我国的实践路径》，《河北法学》2014 年第 7 期。
④ 张皓亮：《仲裁程序中管辖权异议的理论与实践》，《北京仲裁》2010 年第 3 期。
⑤ [法]菲利普·福盖德、[法]伊曼纽尔·盖拉德、[法]贝托尔德·戈德曼：《国际商事仲裁》，北京，中信出版社，2004 年，第 409 页。同时参见采纳了 2006 年《示范法》的 2010 年爱尔兰《仲裁法》和 2010 年中国香港《仲裁条例》等。
⑥ See Tai-Heng Cheng, et al. (eds.), *International Arbitration in the United States*, Kluwer Law International, 2017, pp.22-23.

裁庭尚未受理且仲裁协议明显无效或不能执行的情况下，其法院才能管辖有关案件。然而，该法典的第 1492 条第 1 项又规定，对于包括仲裁协议效力在内的管辖权问题，在认为仲裁庭错误地作出仲裁裁决的情况下，当事人可以向法院提起撤销该裁决的司法审查请求。对于 Société Subway international BV 与 Société Weissberg et autre 的纠纷案，2016 年 2 月 24 日法国最高法院作出的司法审查决定则是该种规则较新适用的一项实践。在该案中，双方当事人约定：在争议不能调解解决或不能通过提交巴黎律师事务所主任解决时，提交美国仲裁协会根据其商事仲裁规则仲裁。由于 Société Subway international BV 终止合同并拒绝参加约定的巴黎律师事务所主任程序，Société Weissberg et autre 便向法国法院提起诉讼。根据提交美国仲裁协会仲裁的条款，Société Subway international BV 主张应通过仲裁解决争议。法国最高法院支持双方当事人将争议提交美国仲裁协会仲裁，理由是：需要仲裁员解释仲裁协议和研究当事人的共同意图，以评估仲裁条款对当事人现有争议的适用性；本案中并无任何情况显示不可能在美国仲裁协会进行仲裁。[1]

再回到仲裁协议本身纠纷的情况来看，瑞典及采纳联合国《示范法》第 8 条第 1 款的众多国家或地区等在采用了"自裁管辖权"原则的同时，对其法院在仲裁裁决作成之前审查仲裁协议的行为不作限制或禁止，即仲裁庭在任何阶段都没有比法院更优先的审查仲裁协议效力及范围的权力。[2] 如瑞典的仲裁制定法规定：仲裁员对其解决争议的管辖权可以作出决定，但这并不妨碍当事人请求法院对此类问题作出裁定。[3] 又如采纳联合国《示范法》的比利时 2013 年《司法法典》第 1680 条规定：除非仲裁协议无效或已过期，根据一方当事人的请求，法官应当对仲裁协议所涵盖的争议拒绝行使管辖权。荷兰 2015 年 1 月 1 日生效[4]的新《民事程序法典》第 1022 条规定：如果在抗辩之前一方当事人主张仲裁协议的存在，除非仲裁协议无效，法院应当宣告没有管辖权。不过，显然应归于例外之列的是，属于《示范法》模式的加拿大等国法院的一些司法审查判决宣示：在仲裁开始前，除非受理了实体争议的诉讼，法院不得审查仲裁协议纠纷之类的

---

[1] See Albert Jan van den Berg (ed.), *Yearbook Commercial Arbitration* (Volume 41), Kluwer Law International, 2016, pp.1-4.

[2] See Bassiri & Draye (eds.), *Arbitration in Belgium*, Kluwer Law International, 2016, pp.93-94.

[3] 参见瑞典 2019 年 3 月 1 日最新修订生效的《仲裁法》第 2 条第 2 款。

[4] 年利达律师事务所，http://www.linklaters.com/pdfs/mkt/amsterdam/Dutch_Arbitration_Act，最后浏览时间：2017 年 10 月 16 日。

管辖权争议。① 还应指出的是,对当事人而言,这类司法审查制度是强行的,即当事人不可事先约定排除此项制度的适用。此外,为了避免发生不应有的拖延仲裁程序的情况,包含这类司法审查制度的制定法多在同条同款或同条另一款中规定:仲裁的开始、继续进行或作成裁决的活动在法院作出司法审查决定之前都不受影响。

英国现行的相应仲裁制定法规则及美国一些法院的司法审查决定也很值得注意。在仲裁裁决作成之前阶段,英国此前与很多其他国家或地区一样,对仲裁协议争议适用强行的司法审查制度。1996年《仲裁法》第32条彻底抛弃了该传统制度,使本阶段当事人的司法审查仲裁协议争议的请求权变得具有任意法性质。美国法院长期的同类司法审查立场可能影响到英国以上规则的制定者的这种取舍。②

比较而言,仲裁协议的司法审查介入阶段的规则在英美目前被定性为任意性制度的做法有着较大程度的合理性,因为该种性质的制度使当事人有权另外约定,从而带来以下诸多益处:避免针对仲裁协议的司法审查与仲裁审理同时进行的平行程序;减少法院与仲裁庭不一致决定;提高争议解决的效率等。

同时,在实践中,对于仲裁协议效力或范围等争议,仲裁庭既可以先行裁决,也可以同其他争议合并,最后作出一项总裁决。如果仲裁庭选择了先单独裁决,很多境外仲裁制定法与《示范法》都允许当事人在一定时限内③及时提请司法审查。然而,根据两版《示范法》④与很多国家或地区的制定法中的仲裁裁决撤销或拒绝执行争议方面的赋权制度,现实中的有些当事人可能会等到总裁决后才单独针对仲裁协议的效力或合并其他问题请求司法审查,一些学者对诱发这种恶意行为的现有规则进行了强烈的批评。⑤ 我们认为,现有的这种规则确实给了一些当事人恶意拖延的机会,不过,有关法院的法官可借助下文提及的弃权规则等进行矫正。

最后还应指出的是,除瑞士、法国等国家或地区的法院存在上述情况以

---

① [法] 菲利普·福盖德、[法] 伊曼纽尔·盖拉德、[法] 贝托尔德·戈德曼:《国际商事仲裁》,北京,中信出版社,2004年,第409页。
② See Alan Scott Rau, "The Culture of American Arbitration and the Lessons of ADR", *Texas International Law Journal*, Spring, 2005, p.461; See also Lew & Bor, et al. (eds.), *Arbitration in England*, Kluwer Law International, 2013, p.151.
③ 1985年及2006年的《示范法》第16条第3款对仲裁庭关于仲裁协议的决定规定的请司法审查时限为1个月。
④ 参见1985年及2006年的《示范法》第34条。
⑤ 乔欣:《仲裁权论》,北京,法律出版社,2009年,第225~227页。

外,在仲裁裁决作出之前的阶段,其他国家或地区的法院对仲裁协议纠纷司法审查程度也不尽一致。尽管采纳《示范法》的国家或地区的制定法规范很相似,相关法院的司法审查实践模式却有三种类别。其中,印度、加拿大和百慕大等第一类模式的国家或地区的法院同于瑞士、法国等,认为该阶段的初步或表面审查才合法。一些学者也赞同这种做法。① 德国、澳大利亚和新西兰等第二类模式的国家或地区的法院则被允许在该阶段全面司法审查仲裁协议的争议。不属于《示范法》体系的英国等也采纳了第二类模式。这类司法审查模式受到一些学者的支持,他们认为:对仲裁协议情况只作初步的审查,既会导致仲裁协议无效时常规司法的拒绝行为,也可能会产生无有效仲裁协议却走完整个仲裁过程的问题,造成极大的浪费。② 第三类属于区分情况的模式,如在审查戴尔(Dell)计算机公司与 Union des Consommateurs 案时,加拿大最高法院指出:对于关乎法律问题的案件部分,全面的司法审查是必要的;若事实与法律问题相混合或仅涉及事实问题,则初步的司法审查才合法。③

三、中国仲裁协议争议司法审查阶段规范的缺陷与完善

除已经接受的《纽约公约》等国际统一法规范之外,中国大陆关于仲裁协议纠纷司法审查阶段的制度基础主要包含于《仲裁法》第 20 条、第 26 条、第 58 条、第 63 条、第 63 条和后三条所对应的《民事诉讼法》中相关规定。④

对与其关联于仲裁的哪一阶段,《仲裁法》上述的前两条内容中并没有明示的文字。根据其所处的章目位置及上下文,它们应与仲裁前和仲裁裁决前这两阶段相关联。⑤ 由此可推论:在仲裁开始前及仲裁开庭前这两阶段或时间节点,就仲裁协议的效力纠纷问题,当事人可向人民法院提请司法

---

① See Gary B. Born, *International Commercial Arbitration*, Kluwer Law International, 2014, pp.1088-1091.
② See Paulsson, *The 1958 New York Convention in Action*, Kluwer Law International, 2016, p.66.
③ *Dell Computer Corp. v. Union des Consommateurs*, 2007 SCC 34 (Canadian S.Ct.).
④ 张圣翠:《仲裁协议纠纷司法审查阶段制度的国际比较与我国的借鉴》,《国际商务研究》2017 年第 3 期。
⑤ 这两条的完整内容是:对仲裁协议的效力有异议,当事人可以请求仲裁机构作出决定或者请求人民法院作出裁定;一方就仲裁协议的效力异议问题请求仲裁机构作出决定,另一方请求人民法院作出裁定的,由人民法院裁定;当事人对仲裁协议效力有异议,应当在仲裁庭首次开庭前提出;达成仲裁协议的一方向人民法院起诉未声明有仲裁协议,人民法院受理后另一方在首次开庭前提交仲裁协议的,人民法院应当驳回起诉,但仲裁协议无效的除外;另一方在首次开庭前未对人民法院受理该案提出异议的,视为放弃仲裁协议,人民法院应当继续审理。

审查。然而,该两条的明显缺陷是:关于法院优先司法审查仲裁协议效力的做法明显地弱化仲裁的妨诉抗辩力①,这种过早的司法介入使得当事人有可能恶意拖延或破坏仲裁程序的进行,也增加了决定仲裁管辖的难度,造成仲裁的高效、快捷的优势不能得到发挥②;规定由仲裁机构而不是由仲裁庭来决定仲裁协议的效力既非常不合理,以至于影响仲裁效率和公正性的提高,又与承认"自裁管辖权"原则的境外通行实践不符,因为对仲裁协议的效力问题作出决定通常需要审阅当事人提交的证据材料,听取当事人意见,且在同时并发实体争议的情况下聚合处理才有效率,为不形成不当干预,这些问题的具体审理和裁决理应至少先由仲裁庭完成,仲裁机构只应提供诸如受托收取并保管仲裁费、登记仲裁案件、指定仲裁员等管理服务③;不合理地将质疑仲裁协议效力的截止期推迟到仲裁庭或法院的首次开庭前④,这不仅同国际惯例很不一致⑤,对仲裁庭或法院可能不开庭审理的情况也未考虑进去;没有考虑到仲裁机构在先作出的决定是否具有最终约束力的问题;在不同的当事人分别向仲裁机构和人民法院请求的情况下,规定了由后者优先裁定,却未指明在后者裁定期间是否可以继续进行仲裁程序。

为了解决上述的一些缺陷,1998年10月21日最高人民法院发布的一批复⑥的第3条至第4条规定:在仲裁机构尚未作出决定的情况下,对于仲裁协议效力的纠纷,人民法院都可以受理且一旦决定受理就应通知仲裁机构中止仲裁;在该种纠纷处理申请被仲裁机构先接受并已作出决定的情况下,人民法院不应再受理。2006年《司法解释》第13条第1款对该规定作出

---

① 李佳勋:《解决两岸商务仲裁法律制度冲突问题之研究》,北京,法律出版社,2010年,第64页。
② 叶永禄:《以〈仲裁法〉完善为视角:论司法与仲裁的关系》,《华东政法学院学报》2007年第2期。
③ 周江:《论国际商事仲裁庭管辖权自治原则》,《仲裁研究》2009年第1期。
④ 《仲裁法》中的这种不合理的规定导致实践中的一些当事人在收到仲裁机构送达的仲裁通知和申请人的仲裁申请及其材料后,不进行任何书面答辩,直至仲裁机构按照仲裁规则组庭,并确定了开庭时间后,在开庭的前一天或前一刻,才向仲裁机构提出管辖权异议,导致已经组织好的仲裁庭不得不推迟开庭时间,一些从外地或境外来参加开庭的仲裁员或当事人连任何实体问题的审理都没能进入,就不得不无功而返,既拖延了仲裁程序的正常进行,又给仲裁员和对方当事人造成时间和经济等其他方面的损失。参见汪祖兴:《效率本位与本位回归——论我国仲裁法的效率之维》,《中国法学》2005年第4期。
⑤ 国际惯例是以当事人提交首次实体答辩作为对仲裁协议效力提出异议的最后时间点,其法律逻辑为:当事人提交实体答辩即表明其已确认仲裁有权处理当事人之间的实体争议,从而事实上已认可了仲裁协议的效力;以仲裁庭首次开庭这一时间点为标准,实际上会造成在允许当事人在事实上已认可仲裁协议的效力后又对仲裁协议的效力提出异议的矛盾局面。参见于喜富:《论仲裁协议有效性的司法审查》,《山东审判》2008年第1期。
⑥ 该批复的全名为《关于确认仲裁协议效力几个问题的批复》。

了重申并澄清：对于仲裁协议的效力，在仲裁庭首次开庭前没有异议的情况下，人民法院不应受理当事人之后的质疑申请。与上述的境外很多国家或地区仲裁法律规范相比，在中国的这些司法解释中，仲裁机构在先决定时，人民法院"不应受理"和受理的情况下应"中止仲裁"等规则显然可能产生仲裁机构的错误决定得不到纠正或使仲裁延误的不公正或无效率的后果。①

针对以上关于仲裁协议争议司法审查阶段方面规范的缺陷问题，应当通过修订中国权威性较大的《仲裁法》的方式进行解决。具体的修订内容无疑是要根据前述境外普遍采纳的规则赋予仲裁庭而不是仲裁机构决定仲裁协议的效力。中国目前的多数仲裁机构的仲裁规则实际上都规定：该仲裁机构授权仲裁庭处理仲裁条款或协议效力的异议问题。② 如前所述，在仲裁庭管辖权的数种争议中，仲裁协议效力纠纷仅是其一而已，一些境外规定是给予仲裁庭在所有管辖权争议方面的决定权，并一般在同一条款中一并规定这种"自裁管辖权"原则，这种合并规范的模式完全可以供中国《仲裁法》修订时参考借鉴。不过，其中仲裁庭组成的合适性纠纷同时涉及管辖权与仲裁员的回避问题，1985年版和2006年版《示范法》采用分开条文的规范技巧，即在其第13条放入请求司法审查的当事人质疑这类管辖权的规则，而在第16条第2款列明质疑仲裁协议效力及仲裁庭超越权限行使职权之类管辖权的规则。中国现行《仲裁法》对当事人质疑仲裁协议效力的规则与质疑仲裁庭组成合适性的仲裁员回避规则分别放在第20条和第34条。这种分开规范的方式既与境外较多国家地区采纳的《示范法》模式一致，也比较合理而没有必要修改。但是，在仲裁裁决作出之前的阶段，关于仲裁庭超越权限进行仲裁的问题，该法没有作出给予当事人提请司法审查质疑的规定。2006年《司法解释》第19条只规定这种所谓的"超裁"裁决在可分的情况下可仅撤销"超裁"部分的裁决，对"超裁"异议权的放弃问题仍然没有规定。对此，中国修订的《仲裁法》可以如《示范法》中的上述第16条第2款，将"超裁"的异议和仲裁协议效力问题规定于同一款，原则上将"超裁"的异议时间限定在出现"超裁"情况的当时，将仲裁协议效力的异议期规定到被

---

① 如在"香港某装饰工程公司与湖南某大酒店"的纠纷案中，鉴于香港某装饰工程公司后于1999年5月17日向湖南某大酒店送达仲裁申请书副本和应诉通知书，从被送达人处获知已向法院起诉的长沙仲裁委员会只得中止仲裁。1999年9月17日某人民法院的〔1998〕湘法经一初字第30民事裁定书发出一审裁定认为系争合同中的仲裁条款有效，再等双方当事人均未上诉、组织联系及研讨后才于1999年12月30日和2000年1月5日分别向双方当事人送达该案仲裁程序恢复的决定书。由此白白拖延了7个多月的时间。参见周安烁：《关于仲裁程序中止的思考》，《湖南省政法管理干部学院学报》2001年第6期。
② 张皓亮：《仲裁程序中管辖权异议的理论与实践》，《北京仲裁》2010年第3期。

申请人向仲裁庭提交答辩书时截止,存在正当理由的情况下才允许仲裁庭自由裁量地作出例外决定。在仲裁裁决前这一阶段关于仲裁协议争议的司法审查制度完善方面,中国修订的《仲裁法》不仅要规定仲裁庭自裁管辖权不受人民法院司法审查活动的影响,而且要明确当事人在一定时间内可就仲裁庭自裁管辖权决定①寻求人民法院司法审查,对此人民法院不得拒绝受理。此外,为了防止一些当事人拖延仲裁或诉讼的战术,中国修订的《仲裁法》还应规定:在人民法院对仲裁协议争议作出裁定之前,仲裁庭可以继续进行仲裁活动;在诉讼期间就仲裁协议问题提请司法审查的当事人,应在首次实体问题答辩前作出此种请求。在仲裁裁决前的这一阶段,对于仲裁协议争议司法审查的程度,尽管国际上有前述的不同规定,学者们也没有一致意见②,笔者认为,中国修订的《仲裁法》应当选择初步程度的审查规则,依据是:境内外都尚无可靠的证据证明法院在本阶段比仲裁庭更适合对该种争议进行审查。退一步而言,仲裁庭对该种争议的决定即使有差错,经一方当事人的请求,中国的人民法院既可在前述时日内单独对仲裁庭的裁定进行审查改正,也可以在撤销或执行仲裁裁决的阶段单独或与其他仲裁争议合并进行审查。

最后,对于仲裁裁决后的撤销该裁决争议阶段或裁决是否具有可承认或执行性纠纷阶段,《仲裁法》第 58 条、第 63 条、第 70 条、第 71 条和后四条所对应的《民事诉讼法》中相关规定,很明显地针对该阶段有关的仲裁协议司法审查问题。单纯就"阶段"视角,这些规定与境外普遍规则相同且合理而无需作出修改。③

第二节　主体可仲裁性争议的司法审查

一、境外所依据的制定法

在现代世界中,民商事交易的主体有自然人、法人、国家各级政府机关及其下属机构等所谓的公法实体(public law entities)、公法法人(legal

---

① 如借鉴《示范法》第 16 条第 3 款中的 30 天规定。
② 境外有学者认为两种不同的审查程度各有利弊。See Paulsson, *The 1958 New York Convention in Action*, Kluwer Law International, 2016, p.66; See also Daniel Girsberger & Nathalie Voser, *International Arbitration: Comparative and Swiss Perspectives* (Third Edition), Kluwer Law International, 2016, pp.123-127.
③ 张圣翠:《仲裁协议纠纷司法审查阶段制度的国际比较与我国的借鉴》,《国际商务研究》2017 年第 3 期。

persons of public law)或公共实体(public entities)三大类。这些主体可仲裁性问题是仲裁中的重要问题之一,因为根据世界各地的制定法及有关的国际条约,各方当事人在订立仲裁协议的时候必须具有行为能力,否则,该仲裁协议无效,据该仲裁协议作出的仲裁裁决可以被撤销、拒绝承认或执行。但是,世界上目前在主体可仲裁性标准方面并不存在全球性国际统一法条约。《纽约公约》第 5 条第 1 款(a)项对当事人订立仲裁协议的能力除了含混地规定根据"对其适用的法律"确定外,没有提供任何进一步的指南。在欧洲,有区域性的公约①包含对公法法人订立国际商事仲裁协议能力的明确的规定:依照应适用的法律,公法法人有权达成仲裁协议,但若认为需在某些方面予以限制,缔约国则应在签署、批准或加入本公约时声明。② 然而,由于该种区域性公约的参加者不多,同时因仅适用于缔约国之间的国际贸易领域③,所以,就该公约的上述关于承认公法法人具有缔结仲裁协议能力原则性规定而言,其实际意义并不太大。④ 在公法法人主体可仲裁性问题方面,由 16 个欠发达国家⑤于 1999 年 3 月 11 日组成的非洲商法协调组织(the Organization for the Harmonization of Business Law in African, OHADA)制定了有所创新的《仲裁统一法》,其第 2 条第 2 段规定:国家、地方当局和公共实体也可以是仲裁程序的当事人;它们不可以声称具有质疑仲裁协议有效性、争议的可仲裁性或自身进行仲裁的能力的权利。然而,由于该《仲裁统一法》只适用于 OHADA 成员国境内为仲裁地的仲裁⑥,所以其影响非常有局限。以上情况表明,有关法院司法审查所依据的主体可仲裁性规则的渊源在全球范围内至今仍然主要是域内法或国内法规范。

在境外,历史上的一些社会主义国家曾规定只有符合特别条件的法人才具有订立国际交易合同和国际仲裁协议的能力,目前这些规定大多已被废止。当今世界上绝大多数国家或地区专门的仲裁制定法规范对法人订立

---

① 即 1961 年的《关于国际商事仲裁的欧洲公约》。
② 《关于国际商事仲裁的欧洲公约》第 2 条第 1~2 款。
③ See Mistelis & Brekoulakis (eds.), *Arbitrability*, Kluwer Law International, 2009, pp.12-13, pp.107-108 & pp.209-210.
④ See Klausegger & Klein, et al. (eds.), *Austrian Yearbook on International Arbitration*, Kluwer Law International, 2013, pp.12-13.
⑤ 2017 年 11 月 23 日该法作出了修订,成员国达到 17 个,See Emilia Onyema (ed.), *Rethinking the Role of African National Courts in Arbitration*, Kluwer Law International, 2018, pp.3-4.
⑥ 该统一法可下载于 http://www.ohada.org/attachments/article/2290/Acte-Uniforme-relatif-au-droit-d-arbitrage-2017.pdf,最后浏览日期:2018 年 6 月 25 日。

仲裁协议的能力并没有特别的规定①,这便意味着其法院审查法人的主体可仲裁性问题依据法人订约能力的一般规则,即具有订立其他合同能力的法人通常具有订立仲裁协议的能力。不过,有时会出现声称的代理人是否具有代理法人订立仲裁协议能力的问题,这仍然可归入法人的可仲裁性问题的范畴。顺便指出的是,自然人和公法法人当然也可能会出现同样应归类为主体可仲裁性问题的代理订立仲裁协议资格的纠纷。② 只有少数国家或地区专门仲裁制定法以外的其他法律规定一些特别的规则,如奥地利《民事程序法典》第1008条规定:代理人为被代理人签订仲裁协议必须具有书面的授权书。希腊和瑞士等也有类似的制定法规则。对制定法无特别规则涵盖的情形,司法审查这些代理问题的依据是一般的代理法规则加特别的解释。③

自然人是否具有订立仲裁协议的能力问题较为复杂。自然人与法人或其他自然人的民商事交易关系往往不是具有雇佣性质就是属于消费性质。从总体上说,目前发达的市场经济国家或地区大多授予自然人在这两种性质交易关系中订立仲裁协议的能力,但是,其消费者或劳动者保护的基本法及其所派生的争议解决法中的特别规定均约束着消费争议仲裁相关的其他方面。如德国《证券交易法》第37条规定,商人和公法法人以外的自然人只就已发生的证券交易争议具有订立仲裁协议的能力。这表明在德国这类主体对尚未发生的证券交易争议不具有订立仲裁协议的能力。④ 同时,德国的立法和法院的司法审查实践表明,在该国的当事人对破产争议仅有有限的仲裁协议的能力。⑤ 此外,拉脱维亚与波兰等国的自然人和法人对破产等争议也不拥有订立仲裁协议的能力。⑥ 这些关于限制或禁止自然人和法人订

---

① 不过,专门针对仲裁问题的2013年比利时《司法法典》是少数的例外之一,该《法典》第1676条第1~2款对公法法人在内的当事人缔结仲裁协议的能力都作了规定。See Bassiri & Draye (eds.), *Arbitration in Belgium*, Kluwer Law International, 2016, p.17; See also Gary B. Born, *International Commercial Arbitration*, Kluwer Law International, 2014, p.725.
② See Lew, et al, *Comparative International Commercial Arbitration*, Kluwer Law International, 2003, pp.707-709.
③ See Gary B. Born, *International Commercial Arbitration*, Kluwer Law International, 2014, pp.733-736.
④ See Böckstiegel & Kröll, et al, *Arbitration in Germany: The Model Law in Practice* (Second Edition), Kluwer Law International, 2015, pp.97-98.
⑤ 屈志一、杨文升:《论破产与国际商事仲裁的冲突及应对——以外国商事仲裁裁决的承认与执行为视角》,《河北法学》2014年第7期。
⑥ See Böckstiegel & Kröll, et al, *Arbitration in Germany: The Model Law in Practice* (Second Edition), Kluwer Law International, 2015, pp.97-98; See also Kröll, et al. (eds.), *International Arbitration and International Commercial Law: Synergy, Convergence and Evolution*, Kluwer Law International, 2011, pp.164-165 & p.341.

立仲裁协议能力的规范具有强行性质,因为当事人不能通过协议改变,其出发点是保护特别情况下处于弱势的自然人或法人的法定私益或公益。①

世界上很多公法法人经常进行民商事交易,它们是否具有主体可仲裁性的问题,境外的制定法与司法审查实践很不相同。德国②、法国、英国、阿尔及利亚、希腊、摩洛哥和乌拉圭等很多国家的制定法对公法法人缔结国际仲裁协议的能力限制较少或未作任何限制。③ 除法国外,上述其他国家对公法法人订立国内仲裁合同一般也不作限制。④ 巴西2015年5月26日新修订的《仲裁法》根据之前多起的司法审查判例干脆增加了明确的立法规定:公共当局可以采用仲裁解决其可以处分的固有权益争议。⑤ 第二类如卢森堡、委内瑞拉、哥斯达黎加等国家或地区则完全否定公法法人具有主体可仲裁性。⑥ 比利时、埃及、伊朗、印度尼西亚和沙特阿拉伯等则属于第三类,其相同的规定是:只有在特定的情况下,公法法人才具有主体可仲裁性。特定的情况包括必须遵守特别的法律、经过特定部门或国家特别法令授权、争议具有特别的性质等。如比利时2013年修订的《司法法典》第1676条第3款规定:公法法人通常只有目的在于解决与一项协议有关争议的情况下才可以缔结仲裁协议;根据法律或部长会议决定的王室命令,公法法人也可以缔结仲裁协议;王室命令可以限定缔结仲裁协议的条件和规则。⑦ 第四类国家如中国等国的国内法没有明确规定公法法人是否具有主体可仲裁性的问题。不过,作为1965年的《华盛顿公约》的参加国,同时又签订了很多同意将自己与其他缔约国投资者投资纠纷交付仲裁的双边投资条约,中国的公法法人在国际投资领域应当被视为具有主体可仲裁性。已有几家外国公司根据这些国际条约或公约向国际仲裁庭提请针对中国地方政府的仲裁请求且得到受理的实例。⑧

---

① See John Linarelli, "The Economics of Uniform Laws and Uniform Lawmaking", *The Wayne Law Review*, Winter, 2003, p.140; See also Mistelis & Brekoulakis (eds.), *Arbitrability*, Kluwer Law International, 2009, p.6.
② 姜波、叶树理:《行政协议争议仲裁问题研究》,《行政法学研究》2018年第3期。
③ See Gary B. Born, *International Commercial Arbitration*, Kluwer Law International, 2014, pp.733-736.
④ See Redfern & Hunter, et al., *Redfern and Hunter on International Arbitration*, Kluwer Law International, 2009, pp.96-97.
⑤ See Arnoldo Wald & Ana Gerdau de Borja, "The New Brazilian Arbitration Law", *University of Miami Inter-American Law Review*, Winter, 2015-2016, pp.26-27.
⑥ 韩健:《国际商事仲裁法的理论与实践》,北京,法律出版社,2000年,第74~77页。
⑦ See Bassiri & Draye (eds.), *Arbitration in Belgium*, Kluwer Law International, 2016, p.17 & p.550.
⑧ 马吉:《国际投资仲裁对中国企业海外投资的影响》,《法制与社会》2015年第27期。

各国家或地区关于禁止或限制公法法人订立仲裁协议能力的规则具有强行性质。不过,正如一些学者所言,国家限制或禁止公法法人具有主体可仲裁性的强行规则具有公法性质,其目的在于:保护公共利益或执行公共政策。① 这与关于自然人或法人订立仲裁协议能力的强行规则是不同的。此外,还有学者认为,法国等国禁止公法法人订立国内仲裁协议的目的是为了保留行政法院对国家或国家实体的监督。②

二、境外司法审查实践

从境内外的文献资料来看,自然人或法人的主体可仲裁性纠纷司法审查制度的实践都会不时地出现。③ 如 2003 年美国第十巡回法院对 Spahr 诉 ecco 案就涉及智力欠缺的自然人主体可仲裁性的纠纷问题。该案的法官指出,智力欠缺的自然人常被视为无缔结仲裁协议的能力,其所订的仲裁协议往往是无效的。④

又如 Syska 诉维旺迪(Vivendi)公司案及维旺迪与德国电信(Deutsche Telekom)公司纠纷案则涉及破产法人的主体可仲裁性纠纷问题。在前一案中,波兰电信(Elektrim)公司同法国两家维旺迪公司在一份涉及移动电话业务的合同中约定争议按伦敦国际仲裁院规则在伦敦仲裁。维旺迪公司 2003 年在伦敦启动了仲裁,2007 年 8 月 21 日,波兰华沙区法院宣告波兰电信公司破产,2007 年 10 月 15~19 日,伦敦的仲裁庭却安排了听证会,Syska 作为波兰电信破产公司的代表请求英国法院判决波兰电信破产公司无主体可仲裁性资格。英国法院两审法院都以仲裁地法无禁止性规定驳回 Syska 的主张。波兰华沙的上诉法院二审时反转地执行了伦敦的仲裁庭作出的有利维旺迪公司的裁决,其理由是:本案中波兰电信破产公司主体可仲裁性资格问题不应适用波兰的禁止性规定,而应适用仲裁地英国法。在后一案中,德国籍的德国电信公司与以上的波兰电信破产公司属于同一方的当事人,它们与上述的维旺迪公司达成的另一份协议约定争议在瑞士的日内瓦按国际商会的规则仲裁,瑞士的仲裁庭却以波兰法中的禁止性规定宣布自己没有管辖权,瑞士最高法院最后按波兰电信公司设立地波兰法判决仲

---

① [法]菲利普·福盖德、[法]伊曼纽尔·盖拉德、[法]贝托尔德·戈德曼:《国际商事仲裁》,北京,中信出版社,2004 年,第 317 页。
② See Klausegger & Klein, et al. (eds.), *Austrian Yearbook on International Arbitration*, Kluwer Law International, 2013, p.11.
③ 杨良宜、莫世杰、杨大明:《仲裁法》,北京,法律出版社,2006 年,第 16 页。
④ See Liz Carson, "Mental Capacity to Arbitrate", *Dispute Resolution Journal*, August-October, 2003, p.90.

庭的结论正确。①

就司法审查代理签订仲裁协议纠纷的实践而言,很多国家或地区的法院通常认定法人的负责人或雇员具有订立仲裁协议的表见授权,代理律师需要特别授权才有订立仲裁协议的资格,其他代理人则根据明示或暗示等代理授权规则确定是否拥有代订仲裁协议的资格。② 然而,也有一些国家的法院持相反的观点。如阿联酋最高法院在 2005 年的两起判决中指出:只有获得明确和特别授权的代理人,才拥有代理签订仲裁协议的资格。③非洲一些国家的法院也判决尚未成立的公司不能被代理签订仲裁协议。④ 中国最高人民法院也曾就下级人民法院呈报的司法审查案件答复称:无事先明示授权和事后追认,主合同代理人无签订仲裁协议的能力。⑤

不过,引起学界非常关注的主体可仲裁性纠纷司法审查实践常涉及国家/公法法人缔结国际仲裁协议的能力问题⑥,这种审查的实践还牵连到国家或其他公法法人的主权豁免或在主权争议方面不具有订立仲裁协议的资格问题。⑦ 归纳起来,境外法院的司法审查实践可分为两类:第一类是判决认定公法法人具有订立国际仲裁协议的能力,且在行政行为之外的商业行为中不享有豁免仲裁庭管辖权。第二类则相反,是判决认定公法法人不具有订立国际仲裁协议的能力,在行政行为之外的商业行为中仍享有豁免仲裁庭管辖权。

---

① See Klausegger & Klein, et al. (eds.), *Austrian Yearbook on International Arbitration*, Kluwer Law International, 2011, pp.164-170.
② See Gary B. Born, *International Commercial Arbitration*, Kluwer Law International, 2014, pp.733-736 & pp.1419-1420; See also Carl F. Ingwalson, Jr., Adam T. Mow & Elysian Kurnik, "Arbitration and Nonsignatories: Bound or Not Bound?" *American College of Construction Lawyers Journal*, Volume 6, Issue 1, January, 2012.
③ See Saloni Kantaria, "Is Your Arbitration Agreement Valid in the United Arab Emirates?" *Arbitration*, Volume 80, Issue 1, 2014, pp.16-19.
④ See Emilia Onyema (ed.), *Rethinking the Role of African National Courts in Arbitration*, Kluwer Law International, 2018, pp.341-343.
⑤ 赵秀文:《国际商事仲裁法》,北京,中国人民大学出版社,2012 年,第 88~89 页。
⑥ 池漫郊:《国际仲裁体制的若干问题及完善——基于中外仲裁规则的比较研究》,北京,法律出版社,2014 年,第 321 页;Kronke, Nacimiento, et al. (eds.), *Recognition and Enforcement of Foreign Arbitral Awards: A Global Commentary on the New York Convention*, Kluwer Law International, 2010, p.57.
⑦ See Bassiri & Draye (eds.), *Arbitration in Belgium*, Kluwer Law International, 2016, pp.26-27 & p.57; Kronke, Nacimiento, et al. (eds.), *Recognition and Enforcement of Foreign Arbitral Awards: A Global Commentary on the New York Convention*, Kluwer Law International, 2010, p.57.

属于第一类的著名司法审查判决包括1976年突尼斯一审法院对STEG诉法国Entrepose公司的判决、1996年意大利最高法院对突尼斯SIAPE公司诉意大利Gemanco公司的判决、英国高等法院1988年对Gatoil国际公司诉伊朗国家石油公司的判决、2012年西班牙马德里高等法院Diques y Astilleros Nacionales CA诉Raytheon Anschutz GmbH及相应时期美国、法国、希腊、埃及、摩洛哥法院的多起判决[1]等。

例如,在STEG与法国Entrepose公司的纠纷案中,原告STEG突尼斯的公法法人与被告法国Entrepose公司达成一份在突尼斯境内建造天然气运输管道的合同,其中的第57条规定,争议按国际商会规则在日内瓦仲裁,第19条则写明交易适用突尼斯法。原告声称:该第19条赋予了突尼斯法院的排他管辖权,且突尼斯法律禁止国家和其他公法法人诉诸仲裁,该第19条导致以上的第57条仲裁条款无效。突尼斯一审法院在判决STEG败诉时指出:该第19条绝不是指管辖能力,而是要求在日内瓦的仲裁庭对当事人的实体争议适用突尼斯法;国际商务关系应遵循其自身习惯和当事人的共同需求,而不能以一方当事人所属的国内法禁止性规定否定仲裁合意的效力。[2]

又如在突尼斯SIAPE公司诉意大利Gemanco公司案中,上诉方SAEPA公司及突尼斯的另一家SIAPE公司与意大利Gemanco公司达成的一份协议规定:发生争议时交付巴黎的国际商会仲裁。后来突尼斯的两家公司以其国家法律的禁止性规定为由主张仲裁条款无效,仲裁员尽管驳回此理由却作出对这两家公司有利的裁决,这两家公司便寻求该裁决在意大利的执行。根据这两家公司是公法法人、突尼斯法禁止其缔结仲裁协议,意大利巴瑞(Bari)的上诉法院作出了拒绝执行该裁决的司法审查决定。1996年3月9日,意大利最高法院推翻该下级法院决定时指出:被申请方Gemanco没有证明突尼斯法禁止国家与公法法人在国际合同中缔结仲裁协议;国内法中关于国家机关订立仲裁协议能力的限制在国际商事仲裁中不适用;适用于仲裁条款的法律不是突尼斯法,而是当事人协议的法律或按仲裁裁决认定的以国际惯例为基础的商人法。[3]

---

[1] See Gary B. Born, *International Commercial Arbitration*, Kluwer Law International, 2014, pp.731-732.

[2] See Pieter Sanders (ed.), *Yearbook Commercial Arbitration* (Volume 3), Kluwer Law International, 1978, pp.283-283.

[3] See Albert Jan van den Berg (ed.), *Yearbook Commercial Arbitration* (Volume 22), Kluwer Law International, 1997, pp.737-743.

属于第二类的著名司法审查判决包括1976年美国纽约南区法院对BV Bureau Wijsmuller诉美国的判决①、利比亚行政法院1988年对Fougerolle SA诉利比亚国防部的判决。②

另一方面,从经济重要性等方面来看,法国等国的法院在实践中曾采取过的很自私的双重标准及其变化也很值得关注。如法国法院在司法审查中常比较多地否定其他国家或地区关于公法法人不具有主体可仲裁性规定的效力③,其最高行政法院却多次发布了否定法国公法法人具有主体可仲裁性的行政司法判决或指南。例证之一是在1986年Walt Disney公司与法国政府及其下属的两个公法法人之间关于某项国际建筑合同的纠纷案中,法国最高行政法院毫不含糊地判决适用禁止法国公法法人订立仲裁协议的国内法。④ 好在法国法院近年来已在多起案件中放弃这种立场,然而,美国一些法院仍然可能效法之前以立法限制为由否定美国政府或其公法法人所订立的仲裁协议具有可执行性。⑤ 因此,中国当事人在与美国公法法人考虑争议解决条款时,一定要注意此种情况。

三、中国所依据的法律制度及其完善

中国内地主体可仲裁性纠纷的司法审查依据的专门制定法规范主要为《仲裁法》第16条第2款和第65条,其中的前者只是简单地规定:无民事行为能力人和限制行为能力人没有主体可仲裁性。按照该法第65条的规定,这两类自然人也没有缔结国际仲裁协议的资格。从该法第2条等规则来看,上述条款中的"人"除自然人之外,还应当包括法人和其他组织。

上述规定表明:现行的《仲裁法》无直接的条文明确地规定没有或限制行为能力人以外的什么样的自然人、法人、公法法人或其他组织具有主体可仲裁性的问题。不过,中国内地也报道过司法审查涉及自然人订立仲裁协

---

① See Gary B. Born, *International Commercial Arbitration*, Kluwer Law International, 2014, pp.730-732.
② 利比亚法院在该案中宣布:未向利比亚国会(the Syrian Council of State)咨询的仲裁条款无效。See Lew, et al, *Comparative International Commercial Arbitration*, Kluwer Law International, 2003, pp.707-709.
③ See Delvolvé & Pointon, et al. *French Arbitration Law and Practice*, Kluwer Law International, 2009, p.287.
④ See Otto Sandrock, "To Continue Nationalizing or to De-Nationalize? That is Now the Question in International Arbitration", *The American Review of International Arbitration*, 2001, pp.319-320.
⑤ See Gary B. Born, *International Commercial Arbitration*, Kluwer Law International, 2014, pp.727-732.

议能力争议的实践。① 从中国人民法院司法审查实践来看,对于已发生的争议和尚未发生的争议,具有民事行为能力的自然人和法人都具有订立国际、区际、涉外、国内和境内仲裁协议的能力,这些自然人在以个体工商户名义签订仲裁协议后,只能以他们自己的名义进行仲裁活动。②

对于国家机关与政府部门是否具有订立仲裁协议能力的问题,中国尚无国内制定法作出明确规定。前已指出,中国是 1965 年《华盛顿公约》的缔约国,该公约明确规定:作为解决一缔约国和其他缔约国国民间投资争端的仲裁机构,这两类特别主体之间因直接投资而产生的任何法律争端,可以由按照该公约建立的投资争端国际中心(ICSID)受理。中国加入该公约时的保留声明限定 ICSID 管理只能为因中国国有化和征收而引起的赔偿争议。尽管如此,有学者指出,加入《华盛顿公约》的行为本身已经说明了中国允许自己具有成为国际仲裁协议当事人的行为能力。③ 我们认为,《华盛顿公约》本身并没有使任何缔约国就其与另一缔约国国民之间投资纠纷承担必须签订提交 ICSID 仲裁协议的义务,也没有使缔约国放弃限制或禁止其某一公法法人订立国际协议的权力。④ 实际上,只要缔约国没有公法法人与另一缔约国国民签订过就投资纠纷问题提交 ICSID 仲裁的协议,ICSID 就无权受理这两主体之间的投资纠纷,据此包括中国在内的任一缔约国可以通过国内法限制或禁止其公法法人与另一缔约国国民就投资纠纷问题签订任何仲裁协议。

不过,中国是世界上签署双边投资保护协定(BIT)数量第二多的国家。⑤ 这些双边投资协定本身或通过其中的最惠国待遇条款确定了 ICSID 对于投资争议的仲裁管辖权⑥,并且已有外国当事人以中国公法法人为仲裁被申请人的先例:如马来西亚 Ekran Berhad 建筑公司 2011 年向 ICSID 提起的针对中国政府的 No. ARB/11/15 仲裁案件[*Ekran Berhad v. People's Republic of China* (ICSID Case No. ARB/11/15)],涉及海南省撤销该公司

---

① 杜新丽:《国际商事仲裁理论与实践专题研究》,北京,中国政法大学出版社,2009 年,第 333~334 页。
② 黄亚英:《仲裁前言理论与案例》,北京,中国民主与法制出版社,2013 年,第 147~148 页。
③ 寇丽:《论中国国际商事仲裁的法律适用问题》,《北京仲裁》2006 年第 1 期。
④ 缔约国也可以通过其他国际条约或国内法背离这一原则,如《北美自由贸易协定》(NAFTA)第 11 章采用预先规定的方式使缔约国承担了在当事人选择下将有关投资争议提交 ICSID 仲裁的义务。具体可参见张圣翠:《NAFTA 投资规则及其影响》,《政治与法律》2005 年第 2 期。
⑤ 马吉:《国际投资仲裁对中国企业海外投资的影响》,《法制与社会》2015 年第 27 期。
⑥ 刘京莲:《阿根廷国际投资仲裁危机的法理与实践研究——兼论对中国的启示》,博士学位论文,厦门大学,2008 年,第 169~170 页。

在 900 公顷租赁地上享有的权利(目前此投资仲裁已和解终结)。又如韩国房地产开发商安城住宅产业公司 2014 年向 ICSID 提起的针对中国政府的 No. ARB/14/25 仲裁案件[*Ansung Housing Co., Ltd. v. People's Republic of China* (ICSID Case No. ARB/14/25)],涉及韩国房地产开发商安城住宅产业公司在中国江苏省射阳县建造一座高尔夫球场的相关纠纷。① 可见,双边投资保护协定已赋予中国公法法人在投资领域缔结国际仲裁协议的能力。

此外,中国 1980 年参加的《国际油污损害赔偿民事责任公约》第 11 条规定:"缔约国就油污损害赔偿案件放弃对油污损害所在缔约国法院的管辖豁免。"据此可以认为,在该公约涵盖的事项方面,中国的公法法人应有缔结仲裁协议的能力。然而,在国内争议或投资和油污损害领域以外的其他国际争议方面,中国的公法法人是否具有主体可仲裁性问题,由于不存在国内制定法和国际条约的约束而十分不明朗。这不能不说是中国立法方面的一大缺陷。同时,从全国人大常委会针对中国香港地区终审法院审理刚果(金)案请示的答复解释②来看,中国坚持绝对豁免论的立场,从而使得公法法人在签订非条约义务领域的仲裁协议后拥有反悔的权利。这无疑会影响中国的声誉,且也不利于保护日益增长的海外投资之目的③而也应视为一项缺陷。

为了弥补以上的前一项缺陷,中国应由制定法明确国家机关或各级政府部门是否具有主体可仲裁性或在何种条件下具有主体可仲裁性问题。在制定法的具体内容方面,笔者建议经过法定的机构授权后,中央和地方政府及其下属机关具有签订境内仲裁协议的资格,但中央和地方政府除国际条约涵盖的事项外,在其他事项方面没有签订涉外仲裁协议的资格。如此规定的原因在于:赋予中央和地方政府及其下属机关经法定授权后具有签订境内仲裁协议的资格,可扩大相关争议的解决渠道,避免一些争议初期交法院解决的中立性嫌疑,同时中国已有这样的一些实践④;中国内地人民法院在司法审查中是可控制少数极端不正常境内仲裁裁决的;涉外仲裁协议往往牵涉到重大的国家或地方利益,且不容易达成以中国内地为仲裁地的约

---

① 马吉:《国际投资仲裁对中国企业海外投资的影响》,《法制与社会》2015 年第 27 期。
② 张虎:《外国仲裁裁决在我国的承认与执行研究——以海事仲裁为重点》,博士学位论文,大连海事大学,2014 年,第 124~125 页;袁发强:《基本法的解释与香港法院司法管辖权——以刚果主权豁免案为例》,《政治与法律》2011 年第 5 期。
③ See Manjiao Chi, "The Impeding Effects of the Immunity Plea on International Arbitration: China's Position Revisited", *Asian International Arbitration Journal*, Volume 12, Issue 1, 2016, pp. 21-39.
④ 姜波、叶树理:《行政协议争议仲裁问题研究》,《行政法学研究》2018 年第 3 期。

定,从而使中国内地人民法院不一定能成为有关仲裁纠纷的司法审查法院,为此,中央和地方政府及其下属机关显然不适合在条约义务以外的领域拥有签订涉外仲裁协议的资格。

第三节 客体可仲裁性争议的司法审查

一、境外所依据的法律规范演变

一国家或地区关于司法审查当事人有权将哪些争议提交仲裁即客体可仲裁性[①]纠纷适用也属于强行法范畴,并且《纽约公约》等有关国家或地区这方面的强行法限制范围并未作出统一的约束。[②] 如果当事人就不可提交仲裁的争议突破这些强行法限制而达成仲裁协议,这会导致该仲裁协议无效、有关仲裁裁决的撤销或被拒绝承认和执行。不过,一国家或地区关于客体可仲裁性范围的强行法限制不应违背其根据相关国际或区际条约所承担的义务。

传统上,在包括发达国家或地区在内的多数境外法律、判例[③]中,所有的公法争议以及当事人的法律地位及行为能力、离婚等少数类型的强行私法争议,都不能提交仲裁。按照早先的理念,这些法律争议不能任由当事人和解私了。换言之,狭义可和解性和商事性以外的争议根据传统的客体可仲裁性规则不可提交仲裁。其中范围广泛的公法争议属于制定这些公法国家或地区法院的专属规则管辖范畴,各国家或地区法院通常也不审理其本国或本地以外的公法争议或执行其本国或本地以外的公法索赔要求。这就是所谓的"公法禁忌(Public Law Taboo)原则"。[④]

当今对仲裁协议或仲裁裁决起主流作用的国际公约,大多是在公法争议不可仲裁的传统原则盛行时期制定的,因此,这些条约对各缔约方关于客体可仲裁性的限制规定采取非常包容的态度。以当今最具有影响性的

---

① See Loukas A. Mistelis, *Is Arbitrability a National or an International Law Issue?* Kluwer Law International, 2009, p.4.
② 倪静:《知识产权仲裁机制研究》,厦门,厦门大学出版社,2013年,第95页。
③ 如美国第二巡回法院在审理"American Safety"案中就属于这一类型中的典型判例。参见林燕萍主编《反垄断争议的仲裁解决路径》,北京,法律出版社,2016年,第25页。
④ See Dafina Atanasova & Adrián Martínez Benoit, et al., "The Legal Framework for Counterclaims in Investment Treaty Arbitration", *Journal of International Arbitration*, 2014, p.385.

1958年《纽约公约》为例,在制定该公约的过程中,代表们普遍认为公法争议不可仲裁,以致起草会议中的瑞士代表提出用"私法仲裁裁决"用语代替"外国仲裁裁决"。① 在这种背景下,《纽约公约》不仅在其第1条第2款中允许各缔约方作出"商事"保留,而且通过第2条第1款及第3款和第5条第2款(a)项明示或默示地承认各缔约方利用限制客体可仲裁性规则否定仲裁协议或仲裁裁决的效力。鉴于本国存在较广泛的客体可仲裁性规则,当时的加入国大多将其《纽约公约》下义务的适用范围限于商事争议的仲裁。目前,世界上已有一些20世纪90年代达成的区域性或全球性国际条约规定:对于某种公法争议,成员方必须提交国际私人仲裁庭仲裁。② 不过,从总体上看,各国家或地区在对非商事争议③客体可仲裁性实施限制的自主权目前仍然很大。

从国内法或境内法的角度来看,20世纪70年代起开始了较大的变化,当时的法国、美国等通过司法审查的判例率先主动地扩大客体可仲裁性的范围。1971年3月18日,在Impex诉P. A. Z. Produzione Lavorazione案中,法国最高法院(the Cour de cassation)正式宣布《法国民法典》第2059条和第2060条关于公法争议不具有可仲裁性的规定不适用于国际案件。不过,法国最高法院判定:根据当事人仲裁协议对公法争议取得排他管辖权的仲裁庭,在一方当事人声称违反公法而要求撤销裁决或拒绝执行时接受法院的审查。④ 法国巴黎的上诉法院还判决认为,违反竞争法等强制性法律的行为尽管可提交仲裁,但仲裁庭仅能裁决民事制裁措施,禁令与罚款等无权裁决。⑤

在1974年德国原告Scherk诉美国Alberto-Culver公司的跨界证券交易

---

① See Philip J. McConnaughay, "A 'Second Look' at International Commercial Arbitration", *Northwestern University Law Review*, Winter, 1999, p.463 & p.475.
② 《北美自由贸易协定》(NAFTA)及《世界贸易组织协定》(WTO)等晚近达成的一些国际条约中包含了成员方必须将某种公法争议提交仲裁的国际义务,如NAFTA第11章C节中第1116条和第1117条规定,一缔约国的投资者无需其所属国卷入,即可以在无仲裁协议的情况下就另一缔约国或其所属的地方当局违反NAFTA投资规则而导致其损害行为提请仲裁。按照WTO《装运前检验协议》第4条及其上下文,审查和纠正成员方政府或其授权机构有关装运前检验方行政行为的机构和程序只能是仲裁庭和仲裁程序。上述国际条约中的相关规定意味着成员方不得对指定争议的客体可仲裁性进行强行法限制。
③ 这里的"商事"一词都是在其狭义上使用的,如前所述,和当今绝大多数学者一样,本文其他地方中的"商事"一词除了根据上下文应作狭义解释外都是在广义意义上使用的,其范围与本书第一章中对"商事"用语的界定一致。
④ [法]菲利普·福盖德、[法]伊曼纽尔·盖拉德、[法]贝托尔德·戈德曼:《国际商事仲裁》,北京,中信出版社,2004年,第331页。
⑤ 杜新丽:《国际商事仲裁理论与实践专题研究》,北京,中国政法大学出版社,2009年,第25页。

案中,美国最高法院第一次判定关于 1933 年《证券法》中公法规则的国际争议具有可仲裁性。美国最高法院对如此判决出具的理由是:本案涉及一项"真正的国际协议";由仲裁庭统一解决仲裁协议中的公法和非公法争议会促进国际商务的可预见性,并避免违背国际商界的愿望。20 世纪 80 年代以后,美国最高法院通过三菱汽车公司诉 Soler Chrysler-Plymouth 和 Vimar Seguros Y Reaseguros 诉 M/V Sky Reefer 等著名案件,相继赋予国际案件中涉及反托拉斯和海上货运等公法争议和强行私法争议的可仲裁性①,到了 80 年代末,根据"没有理由从一开始就认为仲裁员不会遵守法律"的信念,美国最高法院及一些地方法院在 Shearson/American Express 诉 McMahon、Rodriguez 诉 Shearson/American Express、GKB Caribe 公司诉 Nokia-Mobria 公司与 Cellular World 公司等案中又开了允许将国内交易中涉及公法和强行私法争议提交仲裁的先河。② 目前在美国,除了刑事等少数领域的公法争议以外,实际上包括经过集体谈判达成的仲裁条款所涵盖的就业歧视争议③、部分非核心破产争议④在内的几乎所有其他公法争议和私法争议都可以提交仲裁。⑤

其他发达国家、印度等发展中国家及中国台湾地区⑥紧随法国和美国的步伐,陆续通过随后的制定法和/或司法审查判决宣布众多领域的国内外公法和强行私法争议具有可仲裁性,承认相关的仲裁协议,并依据《纽约公约》或其他的国际协议或本国国内法执行针对这些争议的仲裁裁决。⑦ 如瑞士的仲裁制定法规定:任何涉及经济利益的争议都具有客体可仲裁性。⑧ 有境外学者曾认为,该款规定表明,瑞士允许当事人将任何涉及具有金钱价值的强行私法和公法争议提交仲裁。⑨ 不过,从瑞士后来的仲裁司法审查实践

---

① 陈治东、沈伟:《国际商事仲裁裁决承认与执行的国际化趋势》,《中国法学》1998 年第 2 期。
② 黄进、马德才:《国际商事争议可仲裁范围的扩展趋势之探析——兼评我国有关规定》,《法学评论》2007 年第 3 期。
③ See Joshua D H Karton, *The Culture of International Arbitration and The Evolution of Contract Law*, New York: Oxford University Press, 2013, pp.83-84.
④ 不过从 Green Tree Financial Corp. — Alabama 诉 Randolph 案的司法审查情况来看,在仲裁成本过高的情况下,美国的一些法院可能连非核心破产争议也不允许提交仲裁。参见杜新丽:《跨国破产与国际商事仲裁的冲突与弥合》,《比较法研究》2012 年第 1 期。
⑤ 于湛旻:《国际商事仲裁司法化问题研究》,北京,法律出版社,2017 年,第 44~55 页。
⑥ 王晓东、夏兴宇:《海峡两岸商事仲裁制度对比研究》,《河北法学》2013 年第 8 期。
⑦ 陈治东:《论我国涉外仲裁的可仲裁性问题》,《法学》1997 年第 6 期。
⑧ 参见 1987 年瑞士《国际私法法典》第 177 条第 1 款。
⑨ See Patrick M. Baron & Stefan Liniger, "A Second Look at Arbitrability Approaches to Arbitration in the United States, Switzerland and Germany", *Arbitration International*, No.1, 2003, p.34.

情况来看,该种说法有些过于夸张。例如,瑞士最高法院在 2009 年的 Vivendi 案判决中指出,在境外当事人的主体可仲裁性问题所适用的法律禁止的情况下,涉及金钱价值的破产争议不能提交仲裁。瑞士最高法院只是在 2012 年的另一项判决中对以上 Vivendi 案判决中的原则进行了稍有些扩大破产争议可仲裁性范围的解释。当然,再从瑞士的《债务法典》(第 513 条)甚至赋予赌博类引起的不具有可执行性的经济纠纷可仲裁性等情况来看,该国规定的客体可仲裁性范围确实很广。①

还应指出的是,目前在很多国家或地区仍有一些法律争议不具有可仲裁性,这些国家或地区鉴于需要将某些特别的争议甚至确定为本国或本地的法院专属管辖范围。如争议可仲裁性领域规定得很广的法国对涉及婚姻和人权等领域的公法争议和一些强行私法争议依然不允许提交仲裁。再如奥地利 2006 年的《民事程序法典》第 617 条第 1 款规定:企业与消费者之间仅能就已发生的争议达成仲裁协议。② 有鉴于此,德国 1998 年 1 月 1 日实施的《民事程序法》第 1030 条采取如下措辞表明该国包括公法争议在内的所有争议的可仲裁性原则与例外:除非另有法律规定,任何涉及经济利益的争议都具有客体可仲裁性;在当事人有权就纠纷问题缔结和解协议的范围内,涉及非经济利益争议的仲裁协议有效。③ 美国多地的破产法院对核心的破产争议一般也不允许提交仲裁。④ 并且美国至今仍然有法官以显示公平等为由否定某些案件中涉及竞争法争议的仲裁协议效力。⑤ 俄罗斯则对公司纠纷不允许提交临时仲裁、对知识产权法院管辖的争议与企业的商誉保护争议不允许一切形式的仲裁。⑥ 各国家或地区保留其法院对某些法律

---

① See Daniel Girsberger & Nathalie Voser, *International Arbitration: Comparative and Swiss Perspectives* (Third Edition), Kluwer Law International, 2016, pp.110-111.
② 该种规则究竟是属于主体可仲裁性规则还是客体可仲裁性规则,学者们的观点不尽一致,笔者姑且在此归入客体可仲裁性规则里加以阐释。See Klausegger & Klein, et al. (eds.), *Austrian Yearbook on International Arbitration*, Kluwer Law International, 2011, pp.260-261.
③ 在德国,离婚、家庭或成年人监护等特别敏感性的私人利益争议仍然属于法院专属管辖范畴而不具有可仲裁性。参见 Patrick M. Baron & Stefan Liniger, "A Second Look at Arbitrability: Approaches to Arbitration in the United States, Switzerland and Germany", *Arbitration International*, No. 1, 2003, p.37.
④ 核心的破产争议合同或欺诈以外的诸如对债权人主张证据的异议、优先权安排、债权免除等。See David Howard, "International Arbitration in Bankruptcy Proceedings: Uncertainty in the Enforcement of Arbitration Agreements", *Defense Counsel Journal*, January, 2017, pp.6-7.
⑤ See Gordon Blanke, et al. (eds.), *Arbitrating Competition Law Issues*, Kluwer Law International, 2008, pp.43-55.
⑥ See Oleg Skvortsov & Leonid Kropotov, "Arbitration Changes in Russia: Revolution or Evolution?" *Journal of International Arbitration*, April, 2018, p.255 & p.261.

争议专属管辖的理念还得到了至今仍在实施的一些国际公约的承认,如分别制定于 1968 年和 1988 年的关于民商事管辖权和判决执行的《布鲁塞尔公约》和《鲁甘卢公约》第 16 条第 2～3 款规定,缔约国法院对关于公司组建的有效、无效、解散、登记或所登记的工业产权有效性争议具有专属的管辖权。①

从总体上来看,在当今世界上具有仲裁高度吸引力的、发达的经贸国家或地区,大多仅将少数几个领域的法律争议排除在可仲裁的范围之外②,且对国际争议的客体可仲裁性争议在法院司法审查的实践层面上较多地根据冲突法规则或下文中的对仲裁协议友好态度加以解决。③ 不过,尽管这些国家或地区都倾向于更广地放开对争议事项可仲裁性的限制,却仍然在范围方面不尽相同。例如,尽管 30 多年前美国法院通过上述的司法审查决定显示了证券争议可以被提交仲裁性,德国法院却仍然不赞同赋予证券交易法下证券索赔争议的客体可仲裁性。④

此外,俄罗斯、土耳其⑤,以及另一些阿拉伯国家或地区及其他一些发展中国家或地区司法审查依据的客体可仲裁性规则限制范围至今仍然很广。如俄罗斯通过 2015～2016 年的数项立法改革规定:知识产权法院管辖的争议与企业的商誉保护争议不可仲裁。⑥ 并且,近年来还有俄罗斯法院判决公司争议不具有可仲裁性。⑦ 再如在阿联酋,不动产争议和代理及分销协议

---

① See Kresimir SAJKO, "Arbitration Agreement and Arbitrability Solutions and Open Issues in Croatian and Comparative Law," *Croatian Arbitration Yearbook*, 1996, p.52.
② 如 2003 年的日本《仲裁法》第 13 条第 1 款及修订于 2005 年的法国《民法典》第 1060 条仍将离婚和分居这两种家事纠纷排除在可仲裁性的范围之外。同时,奥地利 2005 年的《民事程序法典》第 582 条将整个家庭法下的纠纷排除在可仲裁性的范围之外。不过,这些国家的法院特别是对仲裁很友好的法国法院在实践中对不可仲裁的纠纷作出了很限制的解释。See Jan Engelmann, *International Commercial Arbitration and the Commercial Agency Directive: A Perspective from Law and Economics*, Springer International Publishing AG, 2017, pp.33-36.
③ 张艾清:《国际商事仲裁中反垄断争议的可仲裁性问题研究》,北京,法律出版社,2016 年,第 111～117 页。
④ Tamas Szabados, "EU Economic Sanctions in Arbitration", *Journal of International Arbitration*, Volume 35, Issue 4, 2018, pp.444-450.
⑤ 土耳其上诉法院第 11 民事分部及第 11 民事分部在 2012～2013 年的数起司法审查案中宣布多项公司法、所有劳动法与消费者保护法下的争议不具有客体可仲裁性。See Esin and Yesilirmak (eds.), *Arbitration in Turkey*, Kluwer Law International, 2015, pp.45-46.
⑥ See Oleg Skvortsov & Leonid Kropotov, "Arbitration Changes in Russia: Revolution or Evolution?" *Journal of International Arbitration*, April 2018, p.255 & p.261.
⑦ See Maren Heidemann & Joseph Lee(eds.), *The Future of the Commercial Contract in Scholarship and Law Reform*, Springer Nature Switzerland AG, 2018, p.67.

的争议都不具有可仲裁性。① 又如2001年的孟加拉国《仲裁法》规定,在各方均具有孟加拉国籍或住所的情况下,当事人不可将相互之间国际货物买卖争议提交仲裁。② 还有如巴基斯坦法院数次判决所有的欺诈争议都不具有客体可仲裁性,发达国家有学者指出,这种规则违背了《纽约公约》第2条第1款所确定的要求缔约国承认和执行针对"合同或非合同"争议仲裁协议的国际义务。③

二、中国所依据的法律制度及其改进

中国客体可仲裁性争议司法审查所依据的法律规则主要体现于《仲裁法》第2条与第3条、2007年施行的《企业破产法》第20条、2010年修改的《著作权法》第55条、中国证监会在1994年10月11日颁发的《关于证券争议仲裁协议问题的通知》(证监发字〔1994〕139号)及其他一些通知④等,其基本内容是:平等主体的公民、法人和其他组织之间发生的合同和其他财产权益争议可以提交仲裁;婚姻家庭及继承关系争议与应由行政机关处理的行政争议不具有客体可仲裁性;破产申请被人民法院受理后,已开始但并未完成的涉及债务人的仲裁应当中止,在债务人的财产被管理人接管后再继续进行该仲裁;当事人可将著作权争议提交仲裁;证券经营机构与证券交易场所之间以及证券经营机构之间因股票的交易或者发行引起的争议具有可仲裁性;证券期货市场主体之间发生的与证券期货经营交易有关的纠纷可以提交仲裁。

现行的司法审查客体可仲裁性争议法律规则的主要弊端表现为以下两个方面。

其一是作为基本法律的《仲裁法》有数处表述不当。如该法第2条使用"公民"这种概念就没有考虑到非中国"公民"的外国人、无国籍人等也可以成为仲裁协议的主体。又如,尽管世界上确实仍有一些发达国家或地区未赋予离婚、分居等少数种类家事纠纷的可仲裁性,但是,其他大多数可以自由处分的家事财产权益纠纷却是可交付仲裁的,并且,其中的一些国家或地

---

① See Sami Tannous, et al., "The New UAE Federal Arbitration Law: Was it Worth the Wait?" *ASA Bulletin*, Volume 36, Issue 4, 2018, pp.866-894.
② See Klausegger & Klein, et al. (eds.), *Austrian Yearbook on International Arbitration*, Kluwer Law International, 2011, pp.228-228.
③ See Gary B. Born, *International Commercial Arbitration*, Kluwer Law International, 2014, p.972.
④ 如该机构同国务院法制办2004年1月18日联合颁发的《关于依法做好证券、期货合同纠纷仲裁工作的通知》等。

区原先的某些家事纠纷不可仲裁的规则近年来已被废除,意大利 2006 年修订的《民事程序法典》第 806 条的新规定就是一个例证。实际上,仲裁的私密性和灵活性等特征非常适合解决家事纠纷,中国的国情等也显示了采用仲裁解决家事纠纷的高度需求。对于所有的婚姻家庭和继承关系争议,现行的《仲裁法》第 3 条第 1 款一概不赋予客体可仲裁性肯定是不当的。再如,该法的第 3 条第 2 款列举的"依法应由行政机关处理的行政争议"不能仲裁的规定也是不妥的,因为对"行政争议"该款没有作出任何的界定,这样凡是由行政机关处理的争议都可能会被误以为是不能仲裁的"行政争议"。然而,随着市场经济的进一步发展和避免行政的过度膨胀,特定类型的知识产权法律关系争议、竞争法律关系争议等不一定都必须要交给行政机关处理,或者可能适合让当事人选择交给行政机关或私人仲裁庭单独或分别处理。正是基于这种符合市场经济规律的理念,一些国家或地区的制定法或判例法中明确地将上述行政机关也有权处理的争议同时宣布为可仲裁事项。实际上,只有治安拘留等行政机关排他地行使管辖权的争议才是不能提交仲裁的。同时,该法第 2 条和第 3 条措辞也不能使人注意到人民法院专属管辖范围的争议不具有客体可仲裁性的这一法律原理。

其二是中国很多其他法律没有明确其涵盖的争议中哪些可以提交仲裁及哪些不可以提交仲裁。如 2013 年修正的《商标法》第 60 条第 3 款和 2009 年实施的《专利法》第 60 条只是规定侵犯注册商标专用权和专利的纠纷由行政部门处理或通过司法途径解决,根本未明确境外普遍赋予客体可仲裁性的商标专用权和专利的侵权纠纷是否能提交仲裁。为此,有学者认为这类纠纷"不能由仲裁解决"。实际情况则是中国国际经济贸易仲裁委员会曾受理了数起这类纠纷。笔者未曾见到报道称,有当事人成功地以这些纠纷不具有可仲裁性为由获得了裁决被撤销或拒绝承认与执行的结果。中国的一些仲裁机构在十多年前建立了非独立的知识产权仲裁院,2008 年后多地又出现了独立的知识产权仲裁机构,然而,其运营效果并不理想,有学者将之归咎于制度安排和机构设置还不到位。[①] 2008 年 8 月 1 日开始实施的《反垄断法》也没有规定国际、国内反垄断案件的可仲裁性问题,这种局面也可能导致学者、仲裁使用者或相关法官对该问题的不同理解。有学者认为,根据立法史情况可推论出立法者有允许仲裁等纠纷解决手段的意图。[②] 然

[①] 俞风雷、初文祺:《我国专利纠纷仲裁制度研究》,《华北水利水电大学学报》(社会科学版) 2018 年第 8 期。

[②] 曹志勋:《论可仲裁性的司法审查标准——基于美国反垄断仲裁经验的考察》,《华东政法大学学报》2012 年第 4 期。

而,2016 年 8 月 29 日江苏省高级人民法院在一起最终裁决定中公然宣示:涉及公共利益的垄断纠纷在中国法律未明确规定其可提交仲裁的情形下,当事人之间的仲裁条款不能适用于该种纠纷。①

我们认为,对于现行的可仲裁性法制规范的上述缺陷,首先,应当通过修订《仲裁法》的方式予以弥补。具体办法是采用一个条款取代该法第 2 条和第 3 条,因为从境外仲裁法的制定经验及中国可仲裁性规则的应然内容来看一个条款就已足够;然后,使用如下文字作为新条款的内容:"当事人可以约定将依法自由处分权利下的任何争议提交仲裁。但是,下列争议不得提交仲裁:(一)依法应由行政机关或人民法院排他地行使管辖权的争议;(二)离婚、收养、监护、扶养争议;(三)其他法律、法规规定不得提交仲裁的争议。"这里进一步说明的是,新条款中用"自然人"替代现行《仲裁法》第 2 条中的"公民"也是可以的,不过,主流的境外仲裁制定法都统一采用"当事人"一语,笔者如此建议,既与境外仲裁制定法主流规定一致,也与现行和修订的《仲裁法》其他条款中必不可少的"当事人"用语呼应。同时,新条款采用的"依法自由处分权利下的任何争议"具有可仲裁性的原则与但书列举的几种例外的表达方式,既尽可能广地赋予适合仲裁事项的可仲裁性,又明确排除了其中不能提交仲裁或可能不适合提交仲裁的事项。如离婚问题,这是一个家庭解体的重大问题,日本、法国、奥地利等国的仲裁制定法都不允许交付仲裁。在没有充分论证的情况下,中国也不应当赋予其可仲裁性。当然,中国可以在未来修订的《婚姻法》中明确这一点,但是,修订的《仲裁法》可能先于修订的《婚姻法》出台,因此,笔者建议在前者中明确地列举出来。同时,收养、监护、扶养争议的可仲裁性问题,以及特别敏感性的私人利益争议在一些发达国家或地区仍然属于法院专属管辖范畴,并在制定法中明确地列举为不可仲裁的事项,如法国《民法典》第 1060 条和日本 2002 年的《仲裁法》第 13 条第 1 款就排除了离婚或分居争议的可仲裁性,奥地利 2006 年《民事程序法典》第 582 条第 2 款禁止家庭法下争议交付仲裁。在德国,离婚、家庭或成年人监护等争议同样不具有可仲裁性。② 可见,某些类型的婚姻、家庭或监护纠纷确实不宜赋予可仲裁性,但是,其他婚姻关系纠纷如在维持婚姻状态的情况下财产支配纠纷及纯粹的财产继承纠纷应当可以

---

① 孙晋、王贵:《论反垄断纠纷可仲裁性的司法考量——兼评某垄断纠纷管辖权异议案》,《法律适用》2017 年第 7 期。
② See Patrick M. Baron & Stefan Liniger, "A Second Look at Arbitrability Approaches to Arbitration in the United States, Switzerland and Germany", *Arbitration International*, No.1, 2003, p.37.

网开一面,中国的仲裁界也有这种呼声。① 同时,对涉外纯粹的财产继承纠纷更应赋予其客体可仲裁性。② 另一方面,上述但书中的第(三)种例外也是为了与中国今后经科学论证不适合交付仲裁的一些法律争议(如某些不动产争议)而出台的禁止性法律规范一致。

其次是应当加强在立法者当中宣传,使之意识到制定其他法律时应当考虑到有关争议的可仲裁性问题,进而在这些法律中明确地加以规定。同时,基于诉讼案件居高不下、可自主处分的反垄断纠纷具备可仲裁性只会如境外一些国家与地区一样总体上分流司法审查压力、可借助仲裁解决一些人民法院常常会不予受理的反垄断疑难案件这一现实难题③等正面作用,我们完全同意一些学者关于必要性和可行性方面的论证④,并为此呼吁全国其他地方的人民法院不要效法上述江苏省高级人民法院否定反垄断争议的可仲裁性。同样的原理也应适用于解决专利侵权纠纷之类的客体可仲裁性问题。

我们不赞成个别学者从美国截至20世纪90年代的医疗纠纷仲裁司法审查的发展情况等角度出发,称中国不适合赋予医疗纠纷的可仲裁性。⑤ 我们认为,该学者所选的实例中的所有法官都没有判定美国的医疗纠纷不具有客体可仲裁性,其中的一些法官否定医疗纠纷仲裁协议的原因是不存在合意或合意形式欠妥等问题,这些问题在其他具有可仲裁性的事项纠纷中也会存在,而且可能导致仲裁协议无效,这与司法支持协议仲裁的立场是无关的,即司法支持的协议仲裁是协议有效时才能得到司法支持的仲裁,该学者在同篇论文中也提到美国法官在司法审查中经常表示支持医疗纠纷仲裁解决。其他学者通过研究证实境外很多发达国家赋予了医疗纠纷的客体可仲裁性。⑥ 至于法官支持而医患双方不喜欢选择仲裁的现象,与司法审查支

---

① See Wang Sheng Chang & Lijun Cao, "Towards a Higher Degree of Party Autonomy and Transparency: The CIETAC Introduces Its 2005 New Rules", *International Arbitration Law Review*, Volume 8, Issue 4, 2005, p.118; See Patrick M. Baron & Stefan Liniger, "A Second Look at Arbitrability Approaches to Arbitration in the United States, Switzerland and Germany", *Arbitration International*, No.1, 2003, p.37.

② 最高人民法院在2009年的Wu Chunying诉Zhang Guiwen案中很遗憾地认为国际继承纠纷在中国没有客体可仲裁性。See Roger P. Alford, Julian G. Ku & Bei Xiao, "Perceptions and Reality: the Enforcement of Foreign Arbitral Awards in China", *UCLA Pacific Basin Law Journal*, Spring, 2016, p.18.

③ 曹志勋:《论可仲裁性的司法审查标准——基于美国反垄断仲裁经验的考察》,《华东政法大学学报》2012年第4期。

④ 林燕萍主编《反垄断争议的仲裁解决路径》,北京,法律出版社,2016年,第168~177页。

⑤ 董春华:《美国医疗纠纷仲裁发展困境的缘由与中国的选择》,《现代法学》2016年第3期。

⑥ 陈琦:《医疗纠纷仲裁制度的正当性证成》,《江汉论坛》2018年第6期。

持赋予医疗纠纷具有客体可仲裁性的问题是无关的。实际上,民事性的医疗纠纷与其他民事性的服务纠纷是一样的,民事性的医疗纠纷仲裁及其他民事性纠纷中出现的反复玩家、一部分当事人反感等问题可以通过其他仲裁规则进行解决,如仲裁员中立性规则和意思自治性规则等。实际上,进一步就一部分当事人反感医疗纠纷仲裁而言,这完全不能成为排除客体可仲裁性的理由,犹如世俗社会中有当事人不喜欢打官司而不能排除其他愿意打官司的当事人使用诉讼的手段。

第四节 仲裁协议形式争议的司法审查

一、境外所依据的制定法规则演变

传统上,境外很多国家或地区关于仲裁协议形式争议司法审查所依据的制定法明确强行地规定:必须采取书面仲裁协议形式。[1] 这类传统的制定法规则对书面形式限定的类型也非常有限,常常只承认争议发生后共同签署的书面协议,西班牙等一些国家甚至曾更严格地要求必须经过法院批准或公证等其他形式。[2] 1923 年《关于仲裁条款的日内瓦议定书》等早期的国际条约,对缔约方关于仲裁协议特殊形式要求的强行规定除了给予确认以外,没有进行任何限制。这些形式要求的强行规定在仲裁的司法审查中具有重要意义,一些学者或法官甚至将其列入公共政策规则范畴,在相关的仲裁协议不符合法定形式的情况下,任何民商事交易中的当事人都不应当被剥夺通过有管辖权的法院处理争议的权利,法院具有管辖权时不得在司法审查中强制执行这样的协议,更不得命令当事人将争议提交仲裁,据不符合法定形式的仲裁协议作成的仲裁裁决,将被有管辖权的法院在司法审查中予以撤销或拒绝予以承认和执行。[3]

第二次世界大战以后,随着民商事活动的频繁化,为了促进市场经济的繁荣和民商事争议得以通过仲裁、顺利解决以减轻法院的诉讼压力,很多国

---

[1] See Gary B. Born, *International Commercial Arbitration*, Kluwer Law International, 2014, p.659.

[2] 刘晓红:《国际商事仲裁协议的法理与实证研究》,北京,商务印书馆,2005 年,第 32 页;See James D. Fry, "The Federal Arbitration Act, UNCITRAL Model Law and New York", *International Arbitration Law Review*, Volume 8, Issue 1, 2005, p.8.

[3] See De Campos Melo, *Recognition and Enforcement of Foreign Arbitral Awards in Brazil: A Practitioner's Guide*, Kluwer Law International, 2015, pp.37-38.

家或地区逐步放弃了对仲裁协议形式过严要求的法律规则。不少发达国家还共同认识到要制定国际条约控制缔约方的仲裁协议形式要求标准。这些共识在1958年的《纽约公约》中得到了集中体现。《纽约公约》第2条和第5条规定,在不违反其他方面规定的前提下,构成书面形式标准的仲裁协议和据之作成的仲裁裁决,各缔约方就应当予以承认和强制执行。限于当时的技术手段,《纽约公约》第2条第2款列举的"书面"仲裁协议"包括当事人所签署的或者书信或电报交换中所包含的合同中的仲裁条款和仲裁协议"。

在《纽约公约》制定后的十多年中,强行地坚持仲裁协议必须采取较窄的几种书面形式的国家或地区在世界上仍然居于多数。这一期间达成的1961年《欧洲国际商事仲裁公约》、1965年的《华盛顿公约》和1975年《美洲国家国际商事仲裁公约》等国际条约对缔约国在书面形式问题方面也没有比《纽约公约》作出更多的实质性约束。①

20世纪80年代以后,随着确保当事人对仲裁协议同意真实性形式意义认识的加深、促进民商事仲裁发展观念的加强及社会通信技术的进步,原先对仲裁协议实行严格书面形式要求的国家或地区纷纷通过宽松化的立法界定或司法审查解释。为了适时地反映国际社会的这一扩大书面形式范围的动向,联合国1985年的《示范法》第7条第2款规定了比《纽约公约》更多的可承认书面类型。② 其后,约有50个根据《示范法》制定自己新仲裁法的国家或地区基本上采用了以上关于仲裁协议有效性书面形式的规则。③ 一些没有采纳1985年《示范法》的国家或地区则在其新仲裁法中作出了更具创新性的规定。如英国1996年《仲裁法》第5条第1款规定了当事人之间的任何仲裁协议必须是书面的才有效。但是,该条第3~5款同时规定,采取以下各种形式达成的仲裁协议皆符合法定的书面要求:(1)无论当事人签署与否的书面形式、以书面形式证实、互换书面通讯;(2)非书面形式同意援引书面条件;(3)非书面形式的协议由当事人授权之一方当事人或第

---

① 其中的《关于国际商事仲裁的欧洲公约》第1条第2段后半部分的规定有些特殊,即:在其法律不要求仲裁协议以书面形式作成的缔约国之间,仲裁协议得以这些法律授权的形式缔结。
② 该款的具体内容是:仲裁协议应采用书面形式;协议如载于当事人各方签字的文件中,或载于往来的书信、电报或提供协议记录的其他电讯手段中,或在申诉书和答辩书的交换中当事一方声称有协议而当事他方不否认即为书面协议;如果援引载有仲裁条款一项文件的合同是书面的且这种援引足以使该仲裁条款构成该合同的一部分,则该合同中所援引的载有仲裁条款的文件即构成仲裁协议。
③ 德国1998年的新法则将以上两国添加的内容一并吸纳。See Pieter Sanders, "UNCITRAL's Model Law on International and Commercial Arbitration: Present Situation and Future", *Arbitration International*, No.4, 2005, p.447.

三者录制；(4) 在当事人之间的书面交换过程中或在仲裁、诉讼程序中,一方当事人声称相互间存在一个非书面形式的协议,而另一方当事人在答复中未否认的；(5) 援引任何书写的或书面形式的材料包括其任何方式的录制形式。

另一些国家或地区更激进地采用完全开放的态度,如挪威2004年《仲裁法》、丹麦2005年《仲裁法》和瑞典2019年3月1日最新修订生效的《仲裁法》等对仲裁协议的形式没有任何规定,新西兰2007年修订的《仲裁法》表1中第7条第1款宣布仲裁协议采用口头或书面形式均可,法国2011年的《民事程序法典》尽管在第1443条要求国内仲裁协议必须采用书面形式,却同时在第1057条中规定国际仲裁协议可采用任何形式。[①] 同样,比利时2013年《司法法典》的第1681条不再坚持仲裁协议得采用书面形式的要求。[②]

不过,很多国家或地区的现行仲裁制定法仍坚持要求仲裁协议必须采用书面形式,如美国1925年《联邦仲裁法》第2条及2000年修订的《统一仲裁法》第6条第1款、英国1996年《仲裁法》第5条、日本2003年《仲裁法》第13条、德国1998年《民事程序法典》第1031条、奥地利2006年《民事程序法典》第583条、意大利2006年《民事程序法典》第807条、塞尔维亚2006年《仲裁法》第12条、新加坡2002年《仲裁法》第4条第3款及2009年修订的《国际仲裁法》表1中第7条第2款、土耳其2007年《国际私法与程序法》第62条[③]、澳大利亚2010年修订的《国际仲裁法》第16条第2款第1项、澳大利亚南威尔士2010年《商事仲裁法》第7条、中国香港2010年新《仲裁条例》第19条、荷兰2015年《民事程序法典》第1021条、韩国2016年《仲裁法》第8条[④]等。有学者认为,仍坚持书面形式要求的原因在于:增加仲裁协议的法律确定性和可预见性。[⑤] 只是近年来出台的一些仲裁制定法关于书面形式的规定更为宽松且与社会科技发展同步俱进。如荷兰2015年《民事程序法典》第1021条规定:仲裁协议应采用书面的形式证明;为此经另

---

① 该法典的英文版的部分条款可下载于 http://www.iaiparis.com/pdf/FRENCH LAW ON ARBTRATION.pdf,最后浏览日期:2014年6月12日。
② See Bassiri & Draye (eds.), *Arbitration in Belgium*, Kluwer Law International, 2016, p.83.
③ See P. K. Mukherjee et al. (eds.), *Maritime Law in Motion*, Springer Nature Switzerland AG, 2020, p.4.
④ See David MacArthur & Junu Kim, "2016 Amendments to Korea's National Arbitration Legislation", *Dispute Resolution Journal*, 2017, pp.70-71.
⑤ See Sandra Synkova, *Courts' Inquiry into Arbitral Jurisdiction at the Pre-Award Stage*, Springer International Publishing Switzerland, 2013, p.122.

一方当事人或其代表接受的规定仲裁的文件或者援引规定仲裁的一般条件者皆满足书面要求;仲裁协议也可以使用电子手段证明。①

以上情况表明,在依然要求仲裁协议必须采取书面形式的国家或地区中,一个明显的发展趋势是:将口头以外越来越多反映当事人提交仲裁真实意愿的各种协议形式归入书面形式范畴,从而尽可能地避免因形式正式化的略微欠缺而使仲裁协议变得无效或不能执行。同时,除了丹麦、瑞典、日本等少数国家较早地放弃对仲裁协议的特定形式要求外,只有法国等个别国家在新近的立法中对某些仲裁协议不再作形式要求以外,其他多数国家或地区却没有迹象显示要在未来几年的立法中取消关于仲裁协议必须采取书面形式的强制要求。其中的一些国家或地区甚至未必会废除那些特殊的书面仲裁协议形式规则,如德国要求针对消费合同的仲裁条款必须分开单独书面(可用电子签名的方式)签署②、希腊要求以公司为一方当事人的仲裁协议必须有公司董事会的单独批文、美国南卡罗来纳州规定仲裁条款必须在合同的首页中以"醒目的粗字体"(underlined capital letters)标出等。③ 然而,越来越宽松的书面形式规则在世界范围内确实有越来越流行的趋势,为此某些国家或地区的仲裁制定法中多了一些类型的新书面形式也不算很意外。

鉴于已有数个国家或地区对所有仲裁协议或特定类型的仲裁协议无特定形式要求,2006 年版《示范法》第 7 条备选案文二对仲裁协议形式也无特别规范。但是,考虑到要求采用书面形式的国家或地区仍然为数众多④,以上的 2006 年版《示范法》第 7 条将要求采取仲裁协议书面形式的规则列为优选的案文一。境内外学者们认为,仲裁协议属于一种特殊类别的合同,有关国家或地区选择强行地要求采用书面形式的目的主要在于:以很强的证据证明仲裁协议存在的方式,确保当事人明白无误地确实同意了该合同,同时使当事人意识到该合同的重要性,从而避免由于裁判人对各种形式的仲裁协议进行弹性裁断所导致的滥诉及不确定性等。⑤

---

① 参见由阿姆斯特丹年利达仲裁小组(the Linklaters arbitration group in Amsterdam)翻译的荷兰 2015 年生效的《民事程序法典》第 1021 条的英译文本,http://www.linklaters.com/pdfs/mkt/amsterdam/Dutch_Arbitration_Act_2014.pdf,最后浏览日期:2017 年 5 月 8 日。
② See Böckstiegel & Kröll, et al, *Arbitration in Germany: The Model Law in Practice*, Kluwer Law International, 2015, pp.21-22.
③ See Gary B. Born, *International Commercial Arbitration*, Kluwer Law International, 2014, p.669 & pp.719-720.
④ See Hong-Lin Yu, "Written Arbitration Agreements — What Written Arbitration Agreements?" *Civil Justice Quarterly*, Volume 32, Issue 1, 2013, p.73.
⑤ 赵健:《国际商事仲裁的司法监督》,北京,法律出版社,2000 年,第 69 页;See also Sun & Willems, *Arbitration in China*, Kluwer Law International, 2015, pp.38-39.

二、境外司法审查实践

涉及仲裁协议形式争议的司法审查在境外有着长期的实践,其中的纯国内或境内仲裁协议形式争议的司法审查实践,就是一种适用本国法或本地法的过程而罕见有详细的理论阐释或归纳,但是,一些学者却因存在《纽约公约》等条约规范而对国际或涉外仲裁协议形式争议的司法审查实践予以了较多的关注。鉴于《纽约公约》的广泛影响性及中国是《纽约公约》的缔约国之一,笔者在以下部分进一步阐述《纽约公约》相关缔约国法院对此种争议司法审查实践的类别。

(一)"最低标准"(minimum requirement)类司法审查实践

"最低标准"类司法审查实践的特征是受理争议案件的法院认为:《纽约公约》第2条第2款对仲裁协议书面形式的要求是一项国际性的统一规则,应当将之解释为各缔约方应当恪守的最高和最低标准,各缔约方不仅应当废弃其内部法律中更为严格的形式有效性要求,而且应当忽视内部法律中那些更为宽松的形式有效性规则,只承认和执行符合该条列举的书面形式的仲裁协议;《纽约公约》的缔约国只应承认以下两种形式的仲裁协议:(1)各方当事人共同签署的仲裁协议或含仲裁条款的文件;(2)交换仲裁协议或含仲裁条款的文件。

"最低标准"类司法审查实践的法院曾为数众多,它们通过对《纽约公约》第2条第2款的严格字面解释,使得至少是采用以下三种常见方式达成的仲裁协议因缺乏该款所列举的所有"当事人签署或者书信或电报交换"(signed by the parties or exchange of letters or telegrams)而归于无效或不能执行:(1)一方当事人口头接受或以行为默许接受另一方当事人签署的书面仲裁协议或含仲裁条款的要约;(2)只有一方当事人签名的书面合同;(3)将含有仲裁条款的书面合同转让给第三人。[1]

在2010年的Oleaginosa Moreno Hermanos Sociedad Anónima Comercial Industrial Financeira Inmobiliaria Y Agropecuaria诉Moinho Paulista Ltda案中,当事人之间口头达成了一项主合同,原告阿根廷Oleaginosa公司事后电传了包含发生争议时将请求英国谷物与饲料贸易协会(the Grain and Feed Trade Association/GAFTA)仲裁的书面文件,但是巴西被告Moinho Paulista公司没有使用书面文件或交换信函确认原告的书面文件。巴西最

---

[1] See James D. Fry, "The Federal Arbitration Act, UNCITRAL Model Law and New York", *International Arbitration Law Review*, Volume 8, Issue 1, 2005, p.8.

高法院判决指出,这种情况不符合《纽约公约》第 2 条第 2 款的规定,也违反了《巴西仲裁法》第 37 条第 2 款和第 39 条第 2 款的公共政策规则,由此判定当事人之间无仲裁协议存在而不能承认由 GAFTA 下的仲裁庭作出的仲裁裁决。①

支持"最低标准"说的更早著名判例还包括法国最高法院 1987 年对 Sté Confex 诉 Ets. Dahan 案及 Brithen 案的判决、意大利最高法院 1985 年对 Zimmer U.S.A. Europa S.A. 诉 Giuliana Cremascoli 案及 1992 年对 Marc Rich 公司诉 Italimpianti SpA 案的判决、意大利萨诺勒上诉法院 1990 年对 Concerie Est Partenio SpA - CEP 诉 James Garnar and Sons & Scotblair Pelts 有限公司案的判决、荷兰海牙上诉法院 1985 年对 James Allen 诉 Marea Production BV 案的判决、中国香港法院 1992 年对 Hissan Trading Co. 诉 Orkin Shipping Corp. 案的判决②、西班牙最高法院 2002 年对 Actival International SA 诉 Conservas El Pilar 案的判决及数起德国地方法院的判决等。③ 特别值得一提的是,在其中的某些案件中,当事人并没有对书面形式有效性问题发生争执,法院却根据《纽约公约》第 2 条第 2 款主动地进行审查。如上述意大利最高法院 1985 年的判决及萨诺勒上诉法院 1990 年的判决等。④

2000 年德国罗斯托克(Rostock)法院和 2005 年汉堡(Hamburg)法院所作出的两项司法审查判决也值得特别一提。前一项判决缘于一份在英国作成的裁决,其中的德国当事人在整个仲裁过程及随后在英国的承认程序中始终声称从来没有收到过唯一包含仲裁条款的确认书或传真,仲裁庭根据德国当事人在后来通讯中提及该确认书及民商事案件的高度盖然性原则,确定仲裁协议有效存在并对其他争议作出裁决,英国高等法院也驳回了德国当事人对仲裁裁决的异议,但是,在德国的执行程序中,罗斯托克法院认为仲裁庭裁决中关于德国当事人实际收到该确认书的高度盖然性推导部分不具有可信性,并且指出:在该确认书从来没有收到的情况下,后来提及该确认书的通讯不能满足形式有效性要求。⑤ 在后一项判决中,德国汉堡的

---

① See De Campos Melo, *Recognition and Enforcement of Foreign Arbitral Awards in Brazil: A Practitioner's Guide*, Kluwer Law International, 2015, pp.37-38.
② 邓杰:《商事仲裁理论与实务》,兰州,兰州大学出版社,2005 年,第 44 页。
③ See James D. Fry, "The Federal Arbitration Act, UNCITRAL Model Law and New York", *International Arbitration Law Review*, Volume 8, Issue 1, 2005, pp.8-9.
④ See Nina TEPES, "Assignment of the Arbitration Agreement", *Croatian Arbitration Yearbook*, 2003, p.121.
⑤ See Stefan M. Kroll, "Recognition and Enforcement of Foreign Arbitral Awards in Germany", *International Arbitration Law Review*, 2002, p.167.

联邦法官宣布：并非显示合同达成的任何书面文件都符合法定的形式要求，服务发票的仲裁记录不能满足法定的书面确认要求。① 此案表明，德国的一些法院不仅坚定地奉行"最低标准"说，而且还采用非常保守的证据规则。不过，有一些德国法院在适用"最低标准"说时却表现出相当程度的灵活性，如在 2000 年的某起案件中，一方当事人只将订单确认书的封面传真给另一方当事人签署，对包含仲裁条款的文件背面并没有发去传真，石勒苏益格(Schleswig)法院认为后者的签署及回传行为足以满足《纽约公约》第 2 条第 2 款的书面要求，因为后者早些时候收到了完整地包含仲裁条款的标准条件。②

（二）"最高标准"（maximum requirement）司法审查类实践

"最高标准"司法审查类实践的共同特征是：负责司法审查的法官们认为，《纽约公约》第 2 条所规定的书面形式标准应被理解为各缔约方对仲裁协议形式的最高限定要求，在其他法律中采取更苛刻形式要求的缔约方应当将其对仲裁协议的形式要求降低至公约的水平，承认更宽松形式仲裁协议的缔约国则不必按该条提高对仲裁协议的形式要求标准。

例如，在 S SpA 诉 T GmbH 案中，自 2004 年 3 月德国 T GmbH 就热交换器的销售向意大利 S SpA 公司提供咨询，2007 年双方开始商讨续新约问题，该年的第四季度双方举行了会议且有数次电传来往，其中 T GmbH 提供的含有将争议交奥地利商会仲裁的电传只被 S SpA 公司的代表签署。为了寻求一些文件的披露及咨询费余额，T GmbH 向奥地利商会提起了仲裁并于 2014 年 10 月 23 日获得有利的部分裁决，S SpA 公司却以仲裁协议不符合法定形式为由要求撤销该裁决，奥地利最高法院在驳回原告请求时指出：仲裁协议是程序协议，应主要适用程序法，只有在必要时补充适用合同法的一般原则；《纽约公约》第 2 条第 2 款认可的仲裁协议有共同签署和未签署而相互交换的两种，本案中当事人之间的仲裁协议属于后一种情况；奥地利 2006 年的新《民事程序法典》第 583 条关于仲裁形式的规则参考了联合国《示范法》第 7 条第 2 款和德国《民事程序法典》中相应规则，比《纽约公约》第 2 条第 2 款规定的书面形式更为宽松，根据该公约第 7 条的"更优权"原则，适用更低书面标准的奥地利新规则是适当的。③

---

① See Böckstiegel & Kröll, et al, *Arbitration in Germany: The Model Law in Practice*, Kluwer Law International, 2015, pp.112-113.
② Stefan M. Kroll, "Recognition and Enforcement of Foreign Arbitral Awards in Germany", *International Arbitration Law Review*, 2002, p.167.
③ See Albert Jan van den Berg (ed.), *Yearbook Commercial Arbitration*, Kluwer Law International, 2016, pp.1-30.

属于"最高标准"类司法审查实践的著名判决还包括瑞士最高法院 1996 年 1 月 16 日对 Compagnie de Navigation de Transports S.A.诉 MSC 地中海运输公司案的判决及美国第五巡回法院 1994 年对 Sphere Drak 保险公司诉 Marine Towing 公司案的判决等众多的英美法院判决。实际上在英美等普通法国家,对《纽约公约》缔约国当事人之间关于仲裁协议形式有效性规则的纠纷作出判决时,更多的法院不再提及《纽约公约》而根据比《纽约公约》第 2 条第 2 款列举的书面形式更宽的国内立法或司法判例径直作出判决。① 此外,20 世纪末以来德国的一些地方法院令人注目地一改其他兄弟法院一向的保守态度,转而否定"最低标准"说,如德国一地方法院 1999 年 1 月 13 日所作出的判决及另一地方法院 2010 年 9 月 30 日所作出的判决等。②

很多当代学者批评前一类的司法审查做法而赞同"最高标准"类的实践。赞同派的学者还效法以上"最低标准"说支持者的"字面解释法",反驳书面"签署的或者书信或电报交换"的形式为仲裁协议形式有效性最低标准的观念。这些学者选择《纽约公约》第 2 条第 2 款中的另一个词"包括"(include),指出该词表明该款列举的书面形式并不是穷尽的,缔约国可以将其他适当的形式添入其中。③

笔者同意后一部分学者的观点并支持后一类法院司法审查的实践,因为:《纽约公约》第 2 条并不是要求仲裁协议必须采取书面形式,而是规定各缔约方必须承认和强制执行符合该条第 2 款标准的仲裁协议;《纽约公约》全文中没有任何条款禁止缔约方承认和强制执行第 2 条第 2 款形式标准以外的包括口头形式在内的其他类型国际商事仲裁协议及其所产生的仲裁裁决,相反,以促进仲裁裁决的承认和执行为主旨的该公约在其第 7 条第 1 款中明确规定了一项"更优权利规则"(more favorable right provision),即"本公约……不剥夺任何利害关系人在被申请承认和执行地国的法律或条约许可的方式及范围内援用仲裁裁决的任何权利"。

三、中国所依据的规则及其完善

中国人民法院司法审查仲裁协议形式争议所依据的规则主要直接体现

---

① See James D. Fry, "The Federal Arbitration Act, UNCITRAL Model Law and New York", *International Arbitration Law Review*, Volume 8, Issue 1, 2005, p.9; See also Tibor Vardy (ed.), *International Commercial Arbitration*, West Group, 2003, pp.143-151.

② See Albert Jan van den Berg (ed.), *Yearbook Commercial Arbitration* (Volume 36), Kluwer Law International, 2011, pp.282-283.

③ See Gary B. Born, *International Commercial Arbitration*, Kluwer Law International, 2014, pp.670-672.

于《民事诉讼法》第 237 条第 2 款第 1 项、《仲裁法》第 16 条第 1 款、2006 年《司法解释》①第 1 条等,其基本内容为:在主合同中订有仲裁条款或事后达成书面仲裁协议的情况下,涉外经贸纠纷的当事人不得向人民法院起诉;仲裁协议包括主合同中的仲裁条款和在争议发生前或发生后以其他书面方式达成的提交仲裁的协议;以包括电报、电传、传真、电子数据交换和电子邮件在内的各种形式的数据电文和合同书、信件等形式达成的提交仲裁的协议符合法定的"其他书面形式"要求。中国的一些学者认为,从以上法律、法规中的规定可以推论:在中国,仲裁协议必须采取书面形式。②

笔者认为,从中国的以上两部基本法律的立法宗旨的角度予以考察,认为其要求仲裁协议必须采取书面形式的观点是具有说服性的。但是,单从立法背景和条文字面的意思来看,上述《仲裁法》第 16 条第 1 款的规定是难以使我们得出如此结论的。现行《民事诉讼法》第 237 条第 2 款在 2007 年修订之前被标为第 257 条第 1 款,该款在 1991 年制定时中国施行的《涉外经济合同法》要求所有的涉外经济合同都必须采取书面形式。然而,在 1994 年制定时,对国内经济合同适用的《经济合同法》规定:即时清洁的合同可以采取口头形式。自该法生效时起至其被 1999 年统一《合同法》替代时止的一段时间内,如果一项口头仲裁条款被包含于某口头的即时清洁合同之中,是否可以将之归入《仲裁法》第 16 条第 1 款中的"包括"范围的问题,没有任何其他法律规范提供解决的依据。根据现行的《合同法》,除法律或行政法规规定另有要求以外,其他国内、国际合同都可以采用口头等形式。③ 为此,对于包含于某国内或国际口头合同中的口头仲裁条款,是否可以被归入《仲裁法》中以上"包括"范围的问题,同样没有任何其他法律规范提供解决的依据。当然,笔者并不有违立法宗旨地主张中国《仲裁法》的第 16 条第 1 款"包括"一词含有承认书面形式以外的仲裁协议之意,而是意图借以说明:表述中国对仲裁协议及涉外仲裁协议形式要求的《民事诉讼法》第 237 条第 2 款、《仲裁法》的第 16 条第 1 款等在文字上很不妥帖。

中国《民事诉讼法》和《仲裁法》对"书面形式"的含义也没有具体的界定或列举。《仲裁法》第 1 条、第 21 条第 1 项明确规定:没有仲裁协议,一方申请仲裁的,仲裁机构应拒绝受理;申请仲裁时当事人之间必须已经有仲裁协

---

① 该《司法解释》的全名为《关于适用〈中华人民共和国仲裁法〉若干问题的解释》(法释〔2006〕7 号),由最高人民法院 2005 年 12 月 26 日通过并于 2006 年 8 月 23 日开始实施。
② 韩健:《商事仲裁律师基础实务》,北京,中国政法大学出版社,2014 年,第 30 页;马占军:《我国仲裁协议效力认定研究》,《环球法律评论》2008 年第 5 期。
③ 参见《中华人民共和国合同法》第 10 条。

议存在。这意味着,与前述要求仲裁协议为书面形式的境外仲裁制定法不同的是,对于一方当事人对另一方当事人提请仲裁不提出异议的同时还参加仲裁且被仲裁庭记录的形式,该法没有确认其同样属于有效的书面仲裁协议形式。2006年《司法解释》第1条完全照搬了《合同法》第11条的规定,从而弥补了前两部基本法律中关于"书面形式"认定规则没有进行列举的缺项。同时,前者的第11条第1款的规定"合同约定解决争议适用其他合同、文件中的有效仲裁条款的",对于所发生的合同争议,当事人应当按照该仲裁条款提交仲裁。该款的这一规定如同2006年版《示范法》第7条的备选案文一,属于"通过援引的方式可以达成书面仲裁协议"的规则①,但是,其文字表达不仅没有该《示范法》第7条明确,而且因属于司法解释性质的规范而没有基本制定法的权威性。此外,该2006年《司法解释》第13条第1款和第27条第1款仅简单地规定:在仲裁庭首次开庭前没有对仲裁协议的效力提出异议的情况下,当事人又依照仲裁法第20条第2款的规定提出的确认仲裁协议无效申请,人民法院应拒绝受理;在仲裁程序中未对仲裁协议的效力提出异议的情况下,在仲裁裁决作出后,当事人以仲裁协议无效为由提出撤销或不予执行仲裁裁决的主张,人民法院不应当予以支持。2015年《民事诉讼法司法解释》第216条第2款又从起诉的角度规定:在对仲裁协议的效力没有在仲裁庭首次开庭前提出异议的情况下,人民法院应当驳回当事人的起诉。以上不同年份发布的司法解释规则尽管在一定程度上认可了一项国际惯例,即仲裁庭记录为有效的书面仲裁协议形式,然而,它们却都未考虑到仲裁庭可能不开庭审理或开庭前当事人可能有很多磋商而未否定仲裁条款效力的情况,同时,由于居于上位法地位的《仲裁法》上述款项关于书面仲裁协议是仲裁委员会受案的基础和仲裁庭获得初步管辖权前提的限制规定,该2006年《司法解释》第13条第1款、第27条第1款的规定和2015年《民事诉讼法司法解释》第216条第2款等并没有彻底改变中国不承认单纯的仲裁庭记录为有效的书面仲裁协议形式的局面。② 另一方面,中国《民事诉讼法》第124条第2项关于达成仲裁协议后皆不得向人民法院起诉的规定也有诸多弊端,包括妨碍所有当事人事后共同意思自治地进行其他程序选择权的行使、人民法院很不一致的司法审查实践,并与中国《仲裁法》

---

① 于喜富:《论仲裁协议有效性的司法审查——评最高人民法院〈适用仲裁法的解释〉对仲裁协议司法审查制度的新规定》,《山东审判》2008年第1期。
② 杨月萍:《国际商事仲裁中默示仲裁协议的可接受性研究》,《华侨大学学报》(哲学社会科学版)2011年第1期。

及诸多国家或地区的理论与实践相冲突。①

此外,中国至今没有任何法律、法规明确承认要求采用书面形式的境外仲裁制定法所普遍列举的另一种书面仲裁协议形式:一方当事人在相互往来的索赔和抗辩声明文件中声称有仲裁协议而未被另一方当事人否认。事实上,2003年在深圳市中级人民法院审查的一起仲裁案件中,由于仲裁协议只是在谈判中的会议记录中提及而并非双方当事人直接交换文本就被认定不存在。显然,这至少表明现阶段,中国内地司法审查中对于仲裁书面形式的认定要比境外很多国家或地区保守很多。② 虽然《合同法》第11条和2006年《司法解释》第1条中的"等"字在理论上可以解释为包括这类书面形式③,毕竟要依赖于推理,且因未在作为基本制定法的《仲裁法》中列明而不易为承担司法审查任务的法官和其他仲裁使用者所关注。中国人民法院在若干司法审查的实例中对仲裁协议形式表现出较为宽松的立场,但它们并无普遍的约束力。④ 对于中国法律、法规中关于仲裁协议形式规范的上述缺陷无疑只能通过修订《仲裁法》的方式予以弥补。具体而言,修订的《仲裁法》不应当再用"包括"这样有"包括但不限于"之意的术语,而是要鉴于前述的特定形式要求的积极意义明白无误地宣布仲裁协议应当采取书面形式,同时,尽管2006年版《示范法》不少条款不尽如人意⑤,其第7条备选案文一下的第2~6款却总结了要求采取书面仲裁协议形式的很多国家或地区仲裁制定法中的有益规定⑥,连近几年制定或修订的澳大利亚、新加坡、中国香港等国家或地区的仲裁法仍规定得与之完全相同或实质一致,同时,国际上的立法和司法实践都更多地倾向于尽可能地认可当事人之间以合理的形式订立的仲裁协议⑦,因此,中国现行《仲裁法》第16条第2款中仲裁协议形式

---

① 林洋:《论仲裁协议的调查方式》,《重庆大学学报》(社会科学版)2019年第2期。
② 顾维遐:《香港与内地仲裁裁决司法审查制度的借鉴和融合》,《法学家》2009年第4期。
③ See Wang Sheng Chang & Lijun Cao, "Towards a Higher Degree of Party Autonomy and Transparency: The CIETAC Introduces Its 2005 New Rules", *International Arbitration Law Review*, Volume 8, Issue 4, 2005, p.118.
④ 朱科:《中国国际商事仲裁司法审查制度完善研究》,北京,法律出版社,2018年,第112~113页;宋建立:《涉外仲裁裁决司法审查原理与实践》,北京,法律出版社,2016年,第140~148页。
⑤ See Gary B. Born, *International Commercial Arbitration*, Kluwer Law International, 2009, pp.1979-1980; See also Hew R. Dundas, "The Arbitration (Scotland) Act 2010: Converting Vision into Reality", *Arbitration*, Volume 76, Issue 1, 2010, p.11.
⑥ See Pieter Sanders, "UNCITRAL's Model Law on International and Commercial Arbitration: Present Situation and Future", *Arbitration International*, No.4, 2005, p.447.
⑦ 王晓川、夏兴宇:《海峡两岸商事仲裁制度对比研究》,《河北法学》2013年第8期。

方面的规则在修订时可以完全同于《示范法》第 7 条备选案文一中的第 2~6 款①的规定,然后删除该法中与修订条文相矛盾的第 4 条和第 21 条第 1 项规则。当然,中国还应修改上述《民事诉讼法》第 124 条第 2 项及其司法解释中的不当规定,贯彻仲裁协议应为诉讼障碍的科学理念。②

第五节　仲裁协议合意争议的司法审查

自愿仲裁都是以当事人同意仲裁意思表示的合意为前提的,没有同意仲裁意思表示的合意就应视为没有仲裁协议。换句话说,只有出现仲裁合意时,当事人之间的仲裁协议才得以成立,并且在其他方面都合法的前提下,对于该仲裁协议涵盖的争议,当事人才有义务将其提交仲裁且有义务服从相应的仲裁裁决。③ 这种合意争议不同于形式争议,有时在仲裁协议书面等法定要求的形式方面,当事人并无任何质疑。然而,当事人却否定自己同意过该协议,即否定自己与对方当事人就争议提交仲裁的意图形成合意或意思表示一致。对于仲裁合意的存在,只要任一方当事人成功地提出了异议,仲裁庭就不再有合法的管辖权,按照该仲裁协议作出的仲裁裁决也不再能够获得效力。为此,仲裁合意争议也常引起司法审查。不同于仲裁协议形式争议的司法审查,在仲裁协议合意争议司法审查方面,一般并没有国际条约或专门的仲裁制定法条文可直接依照,发生争议时通常只能根据对其他合同也适用的普遍性合同法规范予以解决。④ 由于中国内地已有了关于这样合同法规范的丰富成果,这里仅进一步探讨系统研究较为缺乏的仲裁协议合意争议司法审查针对的情形。

---

① 其内容是:仲裁协议应为书面形式;仲裁协议的内容以任何形式记录下来的,即为书面形式,无论该仲裁协议或合同是以口头方式、行为方式还是其他方式订立的;电子通信所含信息可以调取以备日后查用的,即满足了仲裁协议的书面形式要求;"电子通信"是指当事人以数据电文方式发出的任何通信;"数据电文"是指经由电子手段、磁化手段、光学手段或类似手段生成、发送、接收或储存的信息,这些手段包括但不限于电子数据交换、电子邮件、电报、电传或传真;仲裁协议如载于相互往来的索赔声明和抗辩声明中,且一方当事人声称有协议而另一方当事人不予否认的,即为书面协议;在合同中提及载有仲裁条款的任何文件的,只要此种提及可使该仲裁条款成为该合同一部分,即构成书面形式的仲裁协议。
② 林洋:《论仲裁协议的调查方式》,《重庆大学学报》(社会科学版)2019 年第 2 期。
③ 郐恒娟、张圣翠:《仲裁合意争议司法审查研究》,《上海财经大学学报》2018 年第 2 期。
④ See Gary B. Born, *International Commercial Arbitration*, Kluwer Law International, 2014, p.740.

一、是否存在对仲裁要约接受的合意争议

与其他合同的合意一样,当事人之间的仲裁协议也是必须经过有效的仲裁要约和有效接受的合意步骤才能成立。① 为此,是否存在有效地接受了要约所形成的合意争议也可能成为一种司法审查对象。如在 Moss Security Limited et al 与 Dodwell and Co Pty Limited 纠纷案中就是如此,基于双方当事人只是将含有相同仲裁条款的不同合同草案相互交换而都没有接受对方草案的行为,根据要约与接受方面的合意规则,澳大利亚联邦法院只得宣布当事人之间不存在仲裁合意。②

再如,美国纽约南区法院 2011 年所受理的 Sealion 船运有限公司(以下简称"Sealion")与 Maritima De Ecologica SA de CV 纠纷案同样存在仲裁合意争议。被告 Sealion 与该案原告 Maritima 达成了在墨西哥湾使用船舶的合同,附列仲裁地为伦敦的一份信件。为了分包其在前一合同中的义务,被告与另一被告 Maresca 达成了另外的协议,该协议也包含仲裁地为伦敦的同样条款。这两被告在商讨新协议期间,英国 BP 石油公司在墨西哥湾发生漏油事件,原被告先前商定的那艘船舶又被雇用于清理油污。该种紧急的新作业与原被告间的合同无任何关联性,面对原告的起诉行为,被告试图依据其与另一被告间的仲裁条款抗辩诉讼管辖权。美国纽约南区法院的司法审查决定认为:对于新作业中的船舶争议,原被告之间不存在明示或暗示的仲裁合意。③ 美国得克萨斯南区联邦地区法院(休斯敦分院)于 2014 年 4 月 30 日宣告中国国际经济贸易仲裁委员会的一项裁决所针对的当事人之间无仲裁合意,理由是:所有当事人都懂的英文仲裁条款被划去,未划去的中文仲裁条款对方当事人并不理解。④ 对于美国法院的这类判决,数年至今中外学者都未给予批评而表明其有足够的说服力和对各国家或地区同行的借鉴意义,其余剩下应进行的就应是处理类似案件的当事人和仲裁员。

同样,鉴于当事人之间的来往信函未明确提及将争议提交仲裁的情况,

---

① See Albert Jan van den Berg (ed.), *Yearbook Commercial Arbitration* (Volume 35), Kluwer Law International, 2010, p.412.
② See Albert Jan van den Berg (ed.), *Yearbook Commercial Arbitration*, Kluwer Law International, 2011, pp.467-470; See also Kronke, Nacimiento, et al. (eds.), *Recognition and Enforcement of Foreign Arbitral Awards: A Global Commentary on the New York Convention*, Kluwer Law International, 2010, p.52.
③ See Bassiri & Draye (eds.), *Arbitration in Belgium*, Kluwer Law International, 2016, pp.81-84.
④ 杨育文:《中国仲裁裁决在美国法院的承认与执行:问题与对策》,《国际法研究》2018 年第 1 期。

分别根据最高人民法院的〔2001〕民四他字第 43 号复函、〔2014〕民四他字第 32 号复函,中国两地的人民法院通过司法审查认定当事人之间不存在仲裁合意。一些学者①认为,人民法院的这种司法审查做法,符合中国在《纽约公约》下的义务。不过,从 Qinghua Tongfang Inc. & Qinghua Tongfang Disc Inc 与 Yuguyoujia 纠纷案的情况来看,有人民法院对仲裁协议一方当事人与另一方当事人的继承人之间仲裁合意关系采取明确肯定的司法审查立场。②

此外,在集团仲裁③、未签字却参与谈判或有合同转让时也可能会产生集团成员、未签字的谈判方或受让方是否接受仲裁条款要约的合意纠纷。④第一种的集团仲裁在加拿大等数个国家或地区都曾发生,其中在美国次数较多且被美国法院多起最近的司法审查判决认定:在集团仲裁问题上当事人沉默时,就允许用集团程序解决纠纷问题,仲裁员不能推测当事人已经形成了合意。⑤ Dallah 与巴基斯坦政府的纠纷案等典型地体现了第二种未签字却参与谈判的仲裁合意纠纷。就该案而言,英国法院的立场为:在未签字的情况下单从文本中以及整个事件过程推断不出当事人同意成为仲裁当事人。⑥ 有学者在考察多国多个司法审查的判决后认为,英国法院对这种默示合意纠纷一般都采取比其他国外同行相反而又更坚决的否认仲裁合意存在的态度。⑦ 对于第三种合意纠纷,瑞典的法院和中国最高人民法院在司法审查实践中的态度是:除非原合同当事人另有约定或受让方受让主合同时

---

① 高晓力:《中国法院承认和执行外国仲裁裁决的积极实践》,《法律适用》2018 年第 5 期。
② See Bernard Hanotiau, Non-signatories, "Groups of Companies and Groups of Contracts in Selected Asian Countries: A Case Law Analysis", *Journal of International Arbitration*, Volume 32, Issue 6, 2015, pp.571-620.
③ 其详细情况可参见 S.I. Strong (ed.), *Class, Mass, and Collective Arbitration in National and International Law*, Oxford Scholarship Online, April 2015, pp.242-248。
④ 此外,还有代理签署的仲裁协议是否导致被代理人与第三人之间产生仲裁合意的问题等。该种问题司法审查的稍详细内容可参见 William D. Gilbride Jr. & Erin R. Cobane, "Extending Arbitration Agreements to Bind Non-signatories", *Michigan Bar Journal*, February, 2019, pp.21-22。
⑤ 严红:《美国集团仲裁的发展与挑战——以美国法院判例为视角》,《社会科学战线》2014 年第 3 期。
⑥ 王铜琴:《仲裁裁决承认与执行中未签字第三方"同意"问题研究》,《吕梁学院学报》2016 年第 3 期;See also Ashique Rahman, "An Insight into the Application of Arbitral Theory: Arising Judicial Practice", *Asian International Arbitration Journal*, Volume 7, Issue 2, 2011, pp.97-117。
⑦ Eduardo Silva Romero & Luis Miguel Velarde Saffer, "The Extension of the Arbitral Agreement to Non-signatories in Europe: A Uniform Approach?" *American University Business Law Review*, 2016, pp.372-381。

明确拒绝仲裁条款,否则,即视为受让方与原合同出让方以外的当事人之间存在仲裁合意。① 笔者认为,以上美英法院近期对前两种仲裁合意纠纷的司法立场与要求仲裁协议采取书面形式等规则的宗旨是一致的,即法院不应向当事人强加没有明示同意的合意,中国的人民法院在遇到类似纠纷时也应借鉴这种裁判经验。对于中国人民法院在第三种合意纠纷中的司法审查态度当然应予肯定,因为它既支持了仲裁,也符合合同出让方以外的当事人的合理期望,且有利于受让方谨慎地对待合同中的争议解决条款。

二、是否存在都同意仲裁协议必备内容的合意争议

在关于仲裁协议的论著中,学者们常指出,仲裁协议应当具备以下各项内容:要将争议提交仲裁的表示、提交仲裁的争议事项、表明选择临时仲裁还是机构仲裁、选定或指定仲裁规则、确定仲裁使用的语言、列明仲裁地、规定仲裁员的任命方法和数量、规定实体争议适用的规则及仲裁裁决的效力等。② 实际上,这类观点的目的是为了避免有关争议。当代很多境外的仲裁制定法对以上的多项内容也作出了任意性的规定,即在当事人没有约定的情况下适用这些规定;相反,在另有约定的情况下,除非该种约定违反了强制性法律规则,当事人的约定应得到适用。换言之,该种任意性规定仅起到填补当事人仲裁协议空白的作用,对该仲裁协议的效力并无影响。从有效性理论视角来看,那些决定仲裁协议效力的内容才是仲裁协议所应必备的内容,在不具备这类必备内容的情况下,当事人之间的仲裁协议便没有效力或不能执行。

从总体上来看,当今在境外只有很少的仲裁制定法明确规定仲裁协议必须包含哪些必备的内容。意大利 2006 年《民事程序法典》便在这少数者之列,该法典规定:仲裁协议必须任命仲裁员或规定其数量与选任方法。③ 与之类似的还有印度尼西亚、埃及、阿根廷等国的仲裁制定法。埃及《民事程序法典》第 502 条第 3 段规定:仲裁协议必须指定仲裁员且不得约定委托第三人指定仲裁员。阿根廷《民商法典》第 740 条第 2 款规定:不指明仲裁员的仲裁协议无效。不过,埃及法律中的上述规则仅为国内强行规则,只有在关于仲裁协议实质内容方面效力的准据法为本国法的情况下才予以适

---

① 蔡虹、刘加良、邓晓静:《仲裁法学》,北京,北京大学出版社,2011 年,第 101~104 页;乔欣:《仲裁权论》,北京,法律出版社,2009 年,第 141~142 页。
② See Gary B. Born, *International Commercial Arbitration*, Kluwer Law International, 2014, p.772.
③ 参见意大利 2006 年《民事程序法典》第 809 条第 2 款,该法典的英文版可下载于 http://www.camera-arbitrale.it/Documenti/dlgs_2feb2006_eng.pdf,最后浏览日期:2018 年 7 月 20 日。

用。如在 M. V. Lela 诉 Gulf Contractors 案中,针对原告以没有指定仲裁员违反埃及法而使仲裁协议无效的主张,埃及最高法院指出：在《民事程序法典》第 502 条第 3 段的强行规则并没有构成该国公共政策规则的情况下,必须根据仲裁地法决定仲裁协议的效力;本案的仲裁地为英国,争议中的协议根据英国法是有效的。①

目前,很多国家或地区制定法都已取消这种严格限定仲裁协议必备内容的规则。② 尽管如此,这种局面也不是意味着：在这些国家或地区,规定仲裁协议具备必要内容的规则已不再有踪迹。实际上,在所有以确定的方式对仲裁协议作出法定定义的国家或地区,都存在这样的规则,该规则的要旨即是仲裁协议必须具备该法定定义中所描述的内容,否则,不得视为仲裁协议或即使被视为仲裁协议也无效。

1985 年版联合国《示范法》第 7 条第 1 款即是以确定的方式对仲裁协议作出法定定义。该款规定："仲裁协议"是指各方当事人同意将他们之间确定的不论是契约性或非契约性的法律关系上可以发生的或已经发生一切或某些争议提交仲裁的协议。众多采用联合国《示范法》模式制定自己新仲裁法的国家和地区一般都根据该款的规定对仲裁协议以同样确定的方式作出法定定义。境外的一些现行仲裁制定法在采用《示范法》的该款规定时只字未改,如中国澳门 1998 年《涉外商事仲裁专门制度》第 7 条第 1 款、德国 1998 年《民事程序法典》第 1029 条第 1 款等。没有采用《示范法》的不少国家或地区仲裁制定法也对仲裁协议作出与以上《示范法》第 7 条第 1 款规定类似的法定定义,如英国 1996 年《仲裁法》第 6 条第 1 款等。联合国 2006 年《示范法》第 7 条备选案文一的第 1 款和备选案文二仍然包含以上的定义。

根据以上仲裁协议的法定定义规则,为使一份协议符合法律上的"仲裁协议"名称而有约束力或可执行性,当事人必须将两项必备内容包含于该协议之中：提交仲裁的意思表示;指明要提交仲裁的对象即哪些或何种争议。也有一些国家或地区的仲裁制定法不仅没有专门条文明确仲裁协议应当必备哪些内容,而且对仲裁协议也没有以确定的方式规定法定定义,仲裁业发达的瑞典就是这种典型。③ 然而,我们不可据此认为：仲裁地在瑞典的情况

---

① [意]莫鲁·鲁比诺-萨马塔诺：《国际仲裁法律与实践》,北京,中信出版社,2003 年,第 219~220 页。
② See Gary B. Born, *International Commercial Arbitration*, Kluwer Law International, 2014, p.766.
③ 瑞典 1999 年《仲裁法》第 1 条以允许包含内容的方式描述的仲裁协议不能视为本文中以"确定的方式"界定具有最低内容标准的仲裁协议。

下,仲裁协议无需必备内容。相反,根据仲裁当事人意思自治的原则,可以推定提交仲裁的意思表示和明确提交仲裁的争议在这样的国家或地区是默示的必备内容要求,因为当事人没有表示要提交仲裁的协议根本就不是仲裁协议;同样,在协议没有明确提交仲裁对象的情况下,仲裁既无任何目标而完全无需存在且也不应存在。据此可以得出结论:提交仲裁的意思表示和明确提交仲裁的对象实际上是众多国家或地区对仲裁协议必备内容的共同要求;绝大多数国家或地区对仲裁协议已无其他必备内容要求;必备内容以外事项的合意模糊、自相矛盾或不存在等缺陷均不影响仲裁协议的效力。

毫不意外,境外很多法院长期以来产生了很丰富的司法审查实践支持着以上结论,如 1987 年美国第七巡回法院对 Tree Top 公司与 Schulze & Burch Biscuit 公司纠纷案的判决、1993 年英国上诉法院对 Star Shipping A. S.诉中国对外贸易运输公司案的判决[①]、1996 年印度最高法院对 Sterlite Indus. (India) Ltd 与 MMTC 纠纷案的判决、1999 年中国香港高等法院对 Prime-quine 与 Chung Siu Hong 纠纷案的判决、2010 年巴西圣保罗上诉法院对 Unibanco União de Bancos Brasileiros SA 与 Back Serviços Especializados Ltda 纠纷案的判决、2010 年英国高等法院对 PG Foils 有限公司与 Chalbury Mccouat 国际有限公司纠纷案的判决等都是典型的证明。[②]

另外,尽管很多国家或地区的仲裁制定法或国际条约仅有"仲裁协议"的定义而未界定"仲裁",其法院在司法审查解决仲裁合意问题时却大多没有很大的困难,通常情况下,当事人之间只要存在有"仲裁"(arbitration)字样的协议,则在境外各国家或地区的法院司法审查中一般都认定产生了仲裁合意。然而,有少量的协议尽管有"仲裁"字样却被判定无仲裁合意。如美国联邦第七巡回法院对 Vanoil 公司与印度石油公司纠纷案的判决[③]和 Adagen Med.国际公司案与 Kochert 纠纷案的判决[④]等。这些判决的共同理由是:当事人对争议约定的是通过法院诉讼方法解决而不是交给现任法官以外的私人仲裁员处理。

[①] 邓杰:《商事仲裁理论与实务》,兰州,兰州大学出版社,2005 年,第 48 页。
[②] 顾维遐:《香港与内地仲裁裁决司法审查制度的借鉴和融合》,《法学家》2009 年第 4 期;See also Gary B. Born, *International Commercial Arbitration*, Kluwer Law International, 2014, pp.772-776。
[③] [1991] 2 Lloyd's Rep. 634.
[④] 491 F.3d 674, 679 (7th Cir. 2007).

相反，一些没有"仲裁"字样的协议却在司法审查中被认定为有仲裁合意，如 2013 年 1 月 23 日美国第二巡回法院对伦敦劳合社一些承销商与 Bakoss 纠纷案的判决、2011 年英国高等法院对 London & Surrey 投资公司与 Wilky 财产持股公司纠纷案的判决①、2010 年法国最高法院对 Société Champs de Mars 汽车公司与 Société Générale 汽车公司法国分公司纠纷案的判决以及澳大利亚、德国和瑞士的法院 21 世纪发布的一些判决等。这些判决中的共同案情是：当事人之间的协议并无"仲裁"的字样，但是，这些协议都明确要提交给法院以外的第三人作出有约束力决定的方式解决争议，且所通过的程序为各方有平等陈述机会的裁判程序。②

中国规范仲裁协议必备内容的法律规则主要体现于现行《仲裁法》、2006 年《司法解释》及最高人民法院 2016 年 12 月 30 日公布的一项司法意见（以下简称 34 号《意见》）③等。按照中国《仲裁法》的规定，在没有其他可适用的法律作出相反规定的情况下，仲裁协议应当具备请求仲裁的意思表示、仲裁的争议、选定的仲裁委员会三项内容，如果对仲裁争议或者仲裁委员没有约定或者约定不明确，在当事人不能补充约定的情况下仲裁协议无效。④ 2006 年《司法解释》第 3 条至第 7 条具体列举了几种涉及仲裁机构认定的标准。⑤《仲裁法》与该《司法解释》要求仲裁协议必须注明仲裁委员会或仲裁机构的规范实际上强行地表明：中国不允许临时仲裁的立场。⑥ 上述的司法意见使得中国现在仅允许为注册于各自贸试验区的企业之间及其与境外企业之间提供符合特别条件的临时仲裁。⑦

同时，由于没有仲裁地的确定规则以及缺乏境外普遍采纳的规定当事人无约定时仲裁协议争议依照仲裁地法的制度，中国的人民法院曾经根据

---

① [2011] EWHC 2226.该案较详细的情况也可参阅 http://www.mondaq.com/x/146860/Arbitration+Dispute+Resolution/An+Independent+Expert+Or+An+Arbitrator，最后浏览日期：2018 年 8 月 26 日。
② See Gary B. Born, *International Commercial Arbitration*, Kluwer Law International, 2014, pp.244-246 & pp.255-265.
③ 该司法意见的全名为《最高人民法院关于为自由贸易试验区建设提供司法保障的意见》(法发〔2016〕34 号)。
④ 参见中国《仲裁法》第 16 条第 2 款及第 18 条。
⑤ 郇恒娟、张圣翠：《仲裁合意争议司法审查研究》，《上海财经大学学报》2018 年第 2 期。
⑥ See Peng Xianwei, "Validity of the 'Beijing Arbitration' Clause", *Journal of International Arbitration*, Volume 28, Issue 1, 2011, pp.15-20.
⑦ 杜玉琼、帅馨：《"一带一路"背景下中国仲裁制度的完善》，《宜宾学院学报》2018 年第 3 期；朱华芳：《域外仲裁与临时仲裁两大突破——最高法院涉自贸区仲裁司法审查新规观察》(2017 年 3 月 14 日)，搜狐，http://mt.sohu.com/20170225/n481726135.shtml，最后浏览日期：2018 年 3 月 22 日。

法院地法对仲裁协议必备内容问题作出了令人十分意外的裁判。几年后开始的司法审查实践虽然改变了这种态度①,《涉外民事关系适用法》第18条却将仲裁机构所在地置于仲裁地法之前,尽管增加了仲裁协议被认定有效的可能性,却不够科学②,且与境外的一般规则有较大的差别。③

总之,与成熟的境外仲裁法制相比,中国的仲裁制定法与司法解释中关于仲裁协议内容的规定过于苛刻。这种情况已成为纯境内纠纷的当事人选择境外的机构仲裁或临时仲裁及以仲裁地为中国内地的涉外仲裁业务薄弱④的重要原因之一。⑤ 就其中的临时仲裁而言,有统计数字显示,贸易商中有45%有意愿选择临时仲裁。⑥ 中国的人民法院包括最高人民法院却不对等地承认境外的临时仲裁协议并执行由此作出的临时仲裁裁决。⑦ 同时,在现在的"一带一路"很有必要引进境外仲裁机构进入中国内地的情况下,如果禁止临时仲裁会造成这些境外机构在境内业务难以开展,但是只允许这些境外机构在境内承揽临时仲裁则又会产生与境内仲裁机构不公平竞争的难题。⑧ 为了避免上述不利的局面或解决新难题,中国应当尽快与规定仲裁协议必备内容的境外主流规则接轨,尤其是最好在全国境内允许临时仲裁,废除现行《仲裁法》和其他司法解释中要求仲裁协议必须包含仲裁机构的规则。⑨

然而,基于维护机构仲裁这种垄断的仲裁服务供应方式之目的,中国很多

---

① 寇丽:《现代国际商事仲裁法律适用问题研究》,北京,知识产权出版社,2013年,第134页;林一飞主编《最新商事仲裁与司法实践专题案例》(第十卷),北京,对外经贸大学出版社,2013年,第138~141页。
② 朱科:《中国国际商事仲裁司法审查制度完善研究》,北京,法律出版社,2018年,第129页。
③ 吕炳斌:《"仲裁机构所在地"、"仲裁地"和"开庭地点"的界定和区分》,《北京仲裁》2009年第2期。
④ 张珍星:《无涉外因素纠纷约定外国仲裁协议无效的司法惯例剖析》,《国际商务》(社会科学版)2018年第4期;See Lin Yifei, *Judicial Review of Arbitration: Law and Practice in China*, Kluwer Law International, 2018, pp.1-28。
⑤ 张建:《非涉外纠纷约定境外仲裁的条款效力问题探微》,《北京邮电大学学报》(社会科学版)2016年第1期。同时参见最后访问时间为2017年3月25日的张维的以下两篇报道:(1)《我国商事仲裁年受案量近8万件 涉外案件仍是短板仅有1 200件》(2011年5月30日),央视网,http://news.cntv.cn/20110530/101281.shtml;(2)《去年全国仲裁受案量超11万件》(2015年6月13日),新华网,http://news.xinhuanet.com/legal/2015-06/13/c_127911672.htm。
⑥ 晏玲菊:《国际商事仲裁制度的经济学分析》,上海,上海三联书店,2016年,第85~86页。
⑦ See Luxi Gan & Shudong Yang, "Issues in the Recognition and Enforcement of Foreign Arbitral Awards in China", *Asian International Arbitration Journal*, Volume 13, Issue 1, 2017, pp.90-91。
⑧ 初北平:《"一带一路"多元争端解决中心构建的当下与未来》,《中国法学》2017年第6期。
⑨ 关于中国对临时仲裁网开一面的必要性与好处的详细论述,可参见张心泉、张圣翠:《论我国临时仲裁制度的构建》,《华东政法大学学报》2010年第4期。

仲裁机构的负责人士一直采用各种借口反对中国引进临时仲裁制度。修订现行《仲裁法》的立法者为了避免延缓中国仲裁法制的其他改革进程,也可以采用次佳的办法,在全国非涉自贸区领域暂不引进临时仲裁制度。但是,中国大陆的仲裁机构的名称大多含"仲裁委员会"字样,但也有"仲裁中心"之类的其他名称,如"上海国际仲裁中心""武汉国际仲裁中心"[①]等。境外仲裁机构名称更是多样化,"仲裁院""仲裁协会"等不一而足,当事人约定的境外仲裁机构名称不含"仲裁委员会"字样而否定协议效力既不合立法本意也不合理,人民法院已承认境外仲裁机构所管理的仲裁地为中国内地的仲裁协议及相应的仲裁裁决。[②] 因此,立法者修订现行《仲裁法》时应将该法各条款中的"仲裁委员会"换成"仲裁机构"。同时,为了支持有仲裁意愿的当事人进行仲裁,现行《仲裁法》第18条内容还应当被修改为:在仲裁协议对仲裁机构没有约定或者约定不明确的情况下,如果当事人不能补充约定,则由被申请人所在地中级人民法院指定仲裁机构。为了指导司法审查实践,最高人民法院可以凭借司法解释合理地细化中级人民法院指定的仲裁机构的条件。

最后,现行《仲裁法》这样醒目地列举仲裁协议应当必备请求仲裁的意思表示和仲裁争议的两项内容,并没有产生很大的积极效益,反而导致各地人民法院法律适用上各异的做法。[③] 实际上,当事人之间即使对仲裁协议中仲裁争议及范围的问题有不同的看法,可以由人民法院负责处理该问题的法官或仲裁庭根据案情作出判断,作为基本法律的《仲裁法》实在没有必要单列为一项必备内容,在修改该法时完全可以予以删除。不过,与境外很多仲裁制定法一样,修订的《仲裁法》对仲裁协议非常有必要规定一个法定定义,可以参照境外流行规定,将"仲裁协议"界定为"当事人将已经发生或可能发生的争议交付仲裁的协议"。有了这种定义后,仲裁使用者和有关法官就能便利地准确地把握仲裁协议应有什么内容。

三、约定多种解决纠纷方式的仲裁合意争议

实践中,有些当事人之间的协议对争议并不是约定只有提交仲裁解

[①] 郝洪:《上海国际仲裁中心获得了"年度最受关注仲裁机构"》(2016年3月4日),人民网,http://sh.people.com.cn/n2/2016/0304/c138654-27866279.html,最后浏览日期:2020年7月10日;耿珊珊、廖军:《武汉市今年正式组建武汉国际仲裁中心》(2018年3月19日),中国城市金融网,http://www.csjrw.cn/2018/0319/81224.shtml,最后浏览日期:2018年6月28日。

[②] 赵秀文:《国际仲裁中的排除协议及其适用》,《法学》2009年第9期;雷亚兰:《"非内国裁决"对司法监督的挑战——从仲裁机构外设的趋势说开》,《仲裁研究》2010年第3期。

[③] 马占军:《1994年中国〈仲裁法〉修改及论证》,《仲裁研究》2006年第2期。

决的一种方式,而是规定对于仲裁裁决,一方或各方当事人可以向法院提出上诉,这种规定就属于不仅有一种的多种解决纠纷方式的约定。当然,还有更多种解决纠纷方式的约定,如当事人之间的协议规定:一方或各方可以选择协商、调解、仲裁或诉讼方式解决争议。在存在上述约定的情况下,这种协议的当事人之间有时也会发生是否形成了有效的仲裁合意争议。对于包含协商、调解的多种解决纠纷方式而言,各国家或地区法院目前的司法审查态度一般是:除非有时限排除仲裁的约定,任一方当事人可以在争议发生后随时请求仲裁,因为该当事人没有义务花时间去协商或调解。就包含上诉或诉讼的多种解决纠纷约定而言,根据我们的考察,在其他方面法律规定没有被违反的条件下,目前法国、英国[①]、美国和中国香港[②]等国家或地区的法院通常都将之认定为存在有效的仲裁合意,它们将其中选择诉讼或上诉的约定解释为当事人意图由法院正常地承担对仲裁活动的司法审查职能。[③] 在1991年德国某毛毯制造商与荷兰某经销商纠纷案中,双方当事人约定:争议先交付德国—荷兰商会仲裁庭仲裁;在不接受仲裁裁决的情况下,任一方当事人都可以向法院起诉。为了将争议提交仲裁,该荷兰方当事人作为被告根据该约定请求德国法院停止诉讼程序。该德国法院没有支持该请求,理由是:上述没有排除普通法院程序的约定属于一项试图在法院起诉前的和解协议,这种约定导致当事人之间未能产生和解以外的仲裁合意。[④] 但是,在后来的司法审查决定中,德国最高法院却转而采用以上法、英、美等国法院的立场。[⑤] 这又一次证明:只要当事人的协议中出现"仲裁"一词,根据"尽量作有效仲裁协议解释"的原则,有效的仲裁合意即很可能被众多拥有现代仲裁法制国家或地区的法院确定存在。

中国人民法院也遇到过当事人约定了多种解决争议的方式并请求司法审查仲裁合意是否存在的问题。例如,在1995年11月就某案发给广东省高级人民法院的复函中,最高人民法院认为该案的当事人之间没有产生仲裁协议合意,其给出理由是:仲裁协议的规定既可仲裁又可诉讼,这种不明确的规定违背了或审或裁、一裁终局的仲裁原则。[⑥] 2006年《司法解释》第

[①] 杨良宜、莫世杰、杨大明:《仲裁法》,北京,法律出版社,2006年,第64页。
[②] 邓杰:《商事仲裁理论与实务》,兰州,兰州大学出版社,2005年,第67页。
[③] 赵健:《国际商事仲裁的司法监督》,北京,法律出版社,2000年,第58页。
[④] 张圣翠主编《国际商法》,上海,上海财经大学出版社,2016年,第341~342页。
[⑤] 韩健:《现代国际商事仲裁法的理论与实践》,北京,法律出版社,2000年,第83页。
[⑥] 寇丽:《论中国国际商事仲裁的法律适用问题》,《北京仲裁》2006年第1期。

7条更是明确地统一规定这种仲裁合意无效。北京地区的一些人民法院却曾同于以上发达国家同行的立场而应认定该种仲裁合意存在或有效,然而,其他地区的人民法院后来大多仍然判定仲裁合意不存在或无效。学者们对此感到非常遗憾①,希望最高人民法院能出台新的司法解释和/或地方人民法院也能与时俱进,尽早采纳北京地区的人民法院及上述境外同行的立场。

四、并入或援引是否构成合意的争议

一方当事人常并入(Incorporation)或援引(Reference)某贸易协会规则、公司细则、自身标准合同或其他合同中的仲裁条款。对于这种援引或并入是否形成有效合意问题,《纽约公约》等国际条约并未提供明确统一的标准。② 联合国的《示范法》仅简单地规定:在援引足以使仲裁条款成为当事人之间合同一部分的情况下,仲裁合意成立。③ 除了数十个国家或地区采纳以上规定之外,一些非《示范法》模式的境外仲裁立法也简单明确地包含并入或援引是否可视为存在仲裁合意的规范。④ 但是,限于我们的考察,尚未发现有境外的仲裁制定法进一步地具体列举如何措辞的援引才能导致仲裁合意有效成立,从而在不同的法院之间产生很不相同的高弹性司法解释。不过,在司法审查实践中,各国家或地区法院有一点共同的解释:并入或援引措辞中明确提及仲裁条款而被对方当事人接受的,该仲裁条款原先涵盖的当事人与接受该援引的当事人之间将被视为形成有效的仲裁合意。

然而,如果并入或援引表示中未明确提及仲裁条款,境外法院的司法审查立场差别就会较大,甚至同一国家或地区法院的态度在领域、区域、时期不同的情况下都可能不相同。如在某纠纷案中,买方在与卖方代理人谈判时援引了3132号合同,卖方一边表示接受时一边却又援引包含仲裁条款的7297号合同。卖方接着通过其代理人表示同意7297号合同被3132号合同取代。然而,卖方随后给买方开具的收款发票再次提及依据的是7297号合同。在1992年判定当事人之间存在仲裁合意时,德国联邦最高法院给出的理由是:交易惯例可用于说明商人们声明的意图并解

---

① 顾维遐:《香港与内地仲裁裁决司法审查制度的借鉴和融合》,《法学家》2009年第4期。
② See Gary B. Born, *International Commercial Arbitration*, Kluwer Law International, 2014, p.819.
③ 参见1985年版《示范法》第7条第2款和2006年版《示范法》备选案文一第7条第2款。
④ 如1996年英国《仲裁法》的第7条等。

释其他行为或疏忽、填补空白合同或更新已有的义务；在皮革交易惯例中；成为争议约定的解决手段总是仲裁。① 2014年1月28日，比利时布鲁塞尔上诉法院所作的一项仲裁司法审查决定②、2003年美国联邦第三巡回法院对 Glassrobots Oy 与 Standard Bent 玻璃公司纠纷案的司法审查决定③等都采取类似的立场。

然而，即使同在美国，一些法院也会作出相反的司法审查判决，如华盛顿西区法院2000年对 Hitachi Zosen 与 Bothell 纠纷案的判决、南卡罗来纳上诉法院1991年对 Yeargin 公司与 Traynham 纠纷案的判决、纽约法院1954年对 Mercury 艺术家公司与 Weiner 纠纷案的判决等。上述美国法院在这些案件中认为以下的援引或并入都不能导致仲裁合意的成立：显然从来没有提供所援引的"一般购买条款与条件"；未特别提及所并入文件中的仲裁条款；一页合同所援引的手册达百页。④ 与此类似的是，在 Bristol Myers Squibb 与 Krauss Maffei Verfahrenstechnik GmbH 纠纷案中，意大利最高法院2000年也判决当事人之间的仲裁合意不存在，其依据是：被接受的卖方书面销售条款中并未特别指明仲裁条款。⑤

对于未特别提及仲裁的并入或援引条款，英国法院早先同样认为不能产生仲裁合意，著名的法官丹宁就曾判决过这样的一起案件。⑥ 后来，英国法院有条件地采用了不同的态度，即：在容易获得且在相应市场内有经历的交易商中较普遍知悉含仲裁条款的情况下，被援引文件能使得当事人之间的仲裁合意成立。例如，在2007年对 Hellenic 互助战争险有限合伙（百慕大）公司于 Trade Maritime 纠纷案的判决中，英国高等法院就采取此种态度。⑦

从总体上来看，不少国外学者赞同未特别提及仲裁的并入或援引条款

---

① See Albert Jan van den Berg (ed.), *Yearbook Commercial Arbitration*, Kluwer Law International, 1995, pp.666-670.
② See Bassiri & Draye (eds.), *Arbitration in Belgium*, Kluwer Law International, 2016, p.85.
③ See Albert Jan van den Berg (ed.), *Yearbook Commercial Arbitration*, Kluwer Law International, 2004, pp.978-989.
④ See Gary B. Born, *International Commercial Arbitration*, Kluwer Law International, 2014, p.824.
⑤ See Albert Jan van den Berg (ed.), *Yearbook Commercial Arbitration*, Kluwer Law International, 2001, pp.816-820.
⑥ 石小娟：《国际商事仲裁协议的司法审查——对并入提单中的仲裁条款的司法审查》，《天津市政法管理干部学院学报》2005年第4期。
⑦ [2007] 1 Lloyd's Rep. 280.

能产生仲裁合意的司法审查决定。①

在制定法方面,中国《海商法》第95条中的但书规则显然是针对提单中的并入或援引条款的。② 然而,对于没有特别提及仲裁的并入或援引条款是否导致无直接合同当事人之间形成仲裁合意关系问题,该条并无明确的规定。这种状况不仅令学者们提出了不同的主张,而且也给航次租船合同或提单中无直接合同关系当事人之间的仲裁合意争议司法审查实践造成困惑。③

2006年《司法解释》规定:在合同约定解决争议适用其他合同、文件中的有效仲裁条款的情况下,当事人应当按照该仲裁条款将所发生的合同争议提交仲裁。④ 显然,按该款援引的所有合同争议包括海商、海事合同争议的司法审查要适用该司法解释规定。然而,该司法解释并未能解决合同中的并入或援引条款没有提及被并入或援引文件里面仲裁条款的仲裁合意问题。在多起其后具体的司法审查案件中,中国人民法院对未明确提及并入文件中仲裁条款的情况一概认定不存在仲裁合意,甚至在兴鹏有限公司与韩国高丽海运株式会社纠纷案中宣示:仅以电放提单上面注明"包括但不限于仲裁"(INCLUDING BUT NOT LIMITED ARBITRATION⑤)的字样证明收货人兴鹏有限公司知晓提单中有约定韩国仲裁的条款依据不充分。⑥ 此外,最高人民法院在〔2009〕民四他字第11号回复函中称:以代为求偿的保险人明确同意的情况下仲裁条款才对该条款的原当事人与该保险人产生约束力。这种立场与美国、法国法院等代表的两大法系国家或地区的做法是截然不同的⑦,也不利于仲裁的发展。笔者认为,中国人民法院以后应借鉴世界发达地区同行经验,对交易习惯中当事人应知晓的仲裁并入条款应较宽松地推定仲裁合意的存在,并应支持确立仲裁条款的原当事人与代为求偿的保险人之间自动形成仲裁合意。

---

① See Paulsson, *The 1958 New York Convention in Action*, Kluwer Law International, 2016, pp.82-84.
② 该条的全文是:"对按照航次租船合同运输的货物签发的提单,提单持有人不是承租人的,承运人与该提单持有人之间的权利、义务关系适用提单的约定。但是,提单中载明适用航次租船合同条款的,适用该航次租船合同的条款。"
③ 成明珠:《论租约仲裁条款并入提单之司法审查》,《法律适用》2007年第4期。
④ 参见2006年《司法解释》第11条第1款。
⑤ 该段英文文字不仅用英文大写字体打印而且与其他打印部分有明显区分——笔者注。
⑥ 宋建立:《涉外仲裁裁决司法审查原理与实践》,北京,法律出版社,2016年,第32~41页。
⑦ 韩立新、袁绍春、尹伟民:《海事诉讼与仲裁》,大连,大连海事大学出版社,2016年,第255~259页。

第六节　司法审查仲裁协议机制中
　　　　其他值得注意的因素

除了仲裁协议司法审查机制的前述内容以外，是否存在仲裁协议争议的举证责任与证明标准、仲裁协议内容的合法性、有关法院对仲裁协议的司法审查友好态度等因素也很值得关注。

一、司法审查仲裁协议争议的举证责任与证据标准

(一) 举证责任

在作成仲裁裁决之前的阶段，在仲裁协议效力或是否存在争议而要求法院司法审查的情况下，就何方当事人承担举证责任的问题，《纽约公约》等各国际条约类型的统一法规范并无明确的直接规定。在已作成仲裁裁决的阶段，当事人对其主张的举证责任承担问题同样未被这样的统一法直接明确。境外有学者认为：在仲裁裁决作成之前阶段，《纽约公约》第2条第3款可以解释为由主张仲裁协议有效或存在的当事人承担举证责任；在执行仲裁裁决阶段，反过来应根据《纽约公约》第5条由主张仲裁协议无效或不存在的当事人承担举证责任。还有学者指出：对于仲裁协议是否有效或存在的争议举证责任问题，1925年的美国《联邦仲裁法》第3条作出了规定，不同于《纽约公约》第2条第3款推定的举证规则，即在作成仲裁裁决之前的阶段，如果仲裁地位于美国，则在理论上应理解为仲裁协议不存在或无效的举证责任由受理法院承担。类似于上述美国法规定的还有尼日利亚《仲裁与调解法令》第5条第2款和爱尔兰《仲裁法》第7条第1款等。然而，其他多数国家或地区的仲裁制定法都没有关于这一阶段由何方当事人承担仲裁协议是否存在或有效举证责任的明确规定。不过，对于仲裁裁决作成之后的承认与执行阶段的举证责任规定，不少国家或地区仲裁制定法条文同于或类似于《纽约公约》以上第5条的规定。[①]

由于制定法规则较为缺乏，在仲裁裁决作成之前阶段的举证责任问题的司法审查决定受到较多的关注。从境外相关法院的司法审查实践来看，在作成仲裁裁决之前采用谁主张谁举证的原则[②]较多，即：主张仲裁协议存

[①] See Gary B. Born, *International Commercial Arbitration*, Kluwer Law International, 2014, pp.744-749.

[②] See Daniel Girsberger & Nathalie Voser, *International Arbitration: Comparative and Swiss Perspectives*, Kluwer Law International, 2016, p.240.

在或有效的当事人应提供证据支持的主张,主张仲裁协议无效或不存在的当事人提供证据反驳对方的主张。1990 年百慕大上诉法院对 Coastal (Bermuda) Ltd 与 DuPont Scandinavia AB 纠纷案的判决①、2010 年美国第九巡回法院对 Fastbucks Franchise 公司与 Bridge Fund Capital 公司纠纷案的判决②、2012 年英国高等法院对 GATX 公司与 Lombard N. Cent 公司纠纷案的判决③等,都是这类实践的典型代表。

在中国《民事诉讼法》和《仲裁法》等国内立法中,对于仲裁协议争议司法审查程序中举证责任问题,没有直接明确的规则。但是,有学者认为,在仲裁裁决执行阶段,根据中国参加的《纽约公约》规定,按照承认地或执行地的程序规则,只要向有管辖权的人民法院提供了符合该公约第 4 条要求的文件材料,申请人即取得了请求司法承认或执行该仲裁裁决的初步证据,除非遭到了被申请人有效的举证抗辩,该人民法院就应该承认该仲裁裁决。基于此种法理,在本阶段,包括仲裁合意在内的仲裁协议效力瑕疵、其他裁决约束力瑕疵的举证责任由反对承认或执行的仲裁裁决被申请人承担,该被申请人必须提供证据证明其反驳主张。④ 我们十分同意以上的学术观点,同时在对同类问题在仲裁裁决作成之前阶段的关于仲裁协议争议司法审查实践中,建议中国人民法院应坚持实行谁主张谁举证的立场。

(二)证据标准

据一些学者的考证,对于仲裁协议争议司法审查的证明标准,不同国家或地区的法院有着不同的态度,大体上可以分为以下三类。

1. 采用同于一般合同的标准

该标准又称折中或中立的标准(neutral standard),它对仲裁协议的成立、明晰性或范围等争议采取同于其他大多数合同的证据证明标准。采用该标准的著名案例包括 2001 年美国第二巡回法院对中国广州振华(Zhen Hua)船运公司与美国 Titan 公司纠纷案的判决⑤及不同时期美国其他多家法院作出的判决与一些西欧国家法院的司法审查决定等。⑥

---

① See Albert Jan van den Berg (ed.), *Yearbook Commercial Arbitration*, Kluwer Law International, 1990, p.382.
② 622 F.3d 996, 1005 (9th Cir. 2010).
③ [2012] EWHC 1067.
④ 杜新丽:《论国际商事仲裁的司法审查与立法完善》,《现代法学》2005 年第 6 期。
⑤ 241 F.3d 135, 146 (2d Cir. 2001).
⑥ See Albert Jan van den Berg (ed.), *Yearbook Commercial Arbitration*, Kluwer Law International, 2005, p. 629; See also Gary B. Born, *International Commercial Arbitration*, Kluwer Law International, 2014, p.756.

2. 实行低于一般合同的证据标准

该种低于一般合同的证据标准(Reduced Standard of Proof)又名"促仲裁"(pro-arbitration)标准,它对仲裁协议的成立或范围采用比大多数合同较低清晰性或确定性的证明要求。

采纳该标准产生的典型司法审查判决包括：美国联邦第九巡回法院 Autoliv 公司与 Simula 公司纠纷案的判决①及瑞士联邦法院和奥地利法院近年来的一些司法审查决定等。②

3. 适用高于一般合同的证据标准

该种标准又称"反仲裁"(anti-arbitration)标准或"加强的标准"(Heightened Standard of Proof)。该标准要求比其他合同更高程度的确定性或清晰性的证据证明存在仲裁协议,包括要使用非常清晰、无可争辩且毫不含糊的证据等。

典型地体现反仲裁证据标准理念的司法审查判例包括美国第三巡回法院 1980 年对 Stockbridge Fabrics 公司与 Par-Knit Mills 公司纠纷案的判决③、西班牙最高法院 1998 年对某案的判决④、加拿大魁北克上诉法院 2004 年对 2961-8667 Québec 公司诉 Fafard 的判决⑤、意大利最高法院 2009 年对 Louis Dreyfus Commodities 诉 Cereal Mangimi srl 案的判决⑥及瑞士联邦法院 2013 年所做的数项判决等。⑦

除了主客体可仲裁性与形式要求必须按照制定法规范以外,由于仲裁协议同样是当事人意思自治的一种结果,我们支持对其他仲裁协议争议适用上述第 1 类标准,即采用的证明标准与其他合同相同。

二、仲裁协议内容合法性争议的司法审查

有时尽管当事人有订立仲裁协议的权利和行为能力、所达成的仲裁协

---

① 175 F.3d 716, 722 (9th Cir. 1999).
② See Albert Jan van den Berg (ed.), *Yearbook Commercial Arbitration*, Kluwer Law International, 2009, p.405; See also Gary B. Born, *International Commercial Arbitration*, Kluwer Law International, 2014, pp.754-755.
③ 636 F.2d 51, 54 (3d Cir. 1980).
④ See Albert Jan van den Berg (ed.), *Yearbook Commercial Arbitration*, Kluwer Law International, 2001, p.855.
⑤ [2004] Q.J. No. 4085.
⑥ See Albert Jan van den Berg (ed.), *Yearbook Commercial Arbitration*, Kluwer Law International, 2009, p.651.
⑦ See Gary B. Born, *International Commercial Arbitration*, Kluwer Law International, 2014, pp.752-753.

议针对的事项符合客体可仲裁性规范并采用了法定形式、形成仲裁协议时存在合意且也完全真实,然而,事后当事人对仲裁协议内容的合法性却存在争议,并引发相关的司法审查程序。出现这种局面的原因在于一些国家或地区的制定法规范对仲裁协议有不能违背禁止性条款的要求。以下便进一步地阐述这种规范与相关的司法审查实践及中国相应规范的完善问题。

从规范层面来看,一些国家或地区关于仲裁协议有必备条款和禁止条款是有专门的仲裁制定法条文依据。如荷兰的仲裁制定法规定:在仲裁协议给一方当事人任命仲裁员特殊地位的情况下,另一方当事人可以向法院申请命令背离该仲裁协议。① 德国1998年《民事程序法典》第1034条第2款也清晰地申明:如果仲裁协议在仲裁庭组建方面给一方当事人优势权利而对另一方当事人不利,该另一方当事人可以撇开指定或背离约定的程序请求法院任命仲裁员。该法第1042条第2款进一步地规定:不得排除律师充当授权代理人。英国1996年《仲裁法》中第60条规定:对于约定不论在何种情况下仲裁的费用都全部或部分地由某一方当事人承担的协议,这样的协议只有在争议发生后由双方达成方才有效。此规定与英国"败诉方承担律师费"(costs follow the event)传统规则一脉相承,当事人在订立合同时很难预见到未来可能发生的所有情况,故只能约定出现争议后的解决方式而不能直接约定争议解决结果。② 如果当事人之间的仲裁协议在内容或方式上违背此类强行规则,则肯定无效或不能执行。

没有专门制定法的国家或地区的一些法院也以司法审查判决的方式表明了要求仲裁协议必须具有内容上合法性的态度。如在1991年判决的一起案件中,土耳其上诉法院第十三分庭指出:两个仲裁地点任由买方选择的仲裁条款是通过其经济或社会优势地位破坏平等原则的,是不道德和无效的。③ 又如在Affoltern am Albis案中,一方当事人的代理律师起草了合同并在该合同中注明:该代理律师应当被任命为仲裁员,对该预定的仲裁员无论如何不得提出质疑,否则,应给予100万瑞士法郎违约赔偿金。瑞士法院1994年5月26日在对该案的判决中指出:仲裁员必须如法院法官那样公平,与一方当事人有特别关系而有成见的仲裁员不能提供公正的保证,

---

① 参见荷兰2015年《民事程序法典》第1028条。
② 致诚君:《"先予仲裁"效力实证分析》(2018年6月1日),微信公众号"法律资本研究院",https://mp.weixin.qq.com/s/LufUT2XE_PyI6R2GsDJbdQ,最后浏览日期:2018年6月2日。
③ See Esin & Yesilirmak (eds.), *Arbitration in Turkey*, Kluwer Law International, 2015, p.57.

为此,瑞士法律禁止一方当事人的代理律师担任仲裁员,这是瑞士的一项国际公共政策;起草合同并就合同内容向当事人提供咨询的人在随后作为仲裁员解释合同时会倾向于根据自己的理解及向当事人提供咨询时所作的说明解释合同;本案中一方当事人的代理律师所起草的合同对其提出异议及100万瑞士法郎违约赔偿金的规定显然违背了诚信,也违反了瑞士的国际公共政策,这种情形肯定是不能接受的。据此,瑞士法院判决拒绝执行根据该合同中的上述仲裁条款作成的裁决。①

笔者认为,西欧一些国家的上述制定法规范及司法审查实践是中国一些当事人选择以这些国家为仲裁地或仲裁裁决执行时所不能忽视的,这些规则本身具有中性性质,有些情况下可能会保护对方当事人的法定权益,另一些情况下则可以保护中方当事人的合法权益。至于中国的仲裁制定法倒不一定要借鉴这样的规则,因为从其他国家或地区的司法审查实践来看,其他涉及仲裁员独立性与公正性的规则及正当程序规则等可以用来保护当事人在仲裁中的平等权益。

三、司法审查仲裁协议的友好态度

如前所述,承担司法审查任务的众多国家或地区的法院历史上对仲裁协议很敌视,近代这种情况逐步发生了改变,越来越多的国家或地区在立法上支持此种变化。20世纪中期以后,《纽约公约》(第2条)所代表的国际条约统一规定:要对仲裁协议首先作出预设性有效的判断。在司法审查中引用相关的这类制定法或国际条约规则时,众多国家或地区的法院现今都倾向性地表现出对仲裁协议的这种友好判断态度,即尽可能地为支持仲裁庭的管辖权而承认仲裁协议的效力。② 如在Star船舶公司与中国对外贸易运输公司纠纷案中,针对一方当事人以"被索赔人选择仲裁地"的含义十分含糊、无法执行为由而称仲裁条款无效的主张,英国上诉法院给予驳回并认定该仲裁条款有效时指出:根据其给人的第一印象及上下文联系,该条款中所称的被索赔人应被确定为在仲裁程序和诉讼程序中第一次成为被索赔人的人。③

---

① See Hrvoje Sikiric, "Arbitration proceedings and Public Policy", *Croatian Arbitration Yearbook*, 2000, p.90 & pp.97-99.
② 王克玉:《涉外仲裁协议案件中的司法剩余权及法院地法的谦抑性》,《法律科学》2015年第6期。
③ 孙得胜:《国际商事仲裁协议的效力问题研究》,博士学位论文,大连海事大学,2012年,第61~63页。

又如在 Abacus 国际私人有限公司（以下简称"Abacus"）等与 Travel Automation 有限公司（以下简称"Travel Automation"）纠纷案中，1997 年原告 Travel Automation 从被告之一的 Abacus 作为某产品的卖方处获得初期为三年的排他销售权，后者根据约定有权无理由终止合同并可以将争议提交仲裁，仲裁地为新加坡，适用新加坡国际仲裁中心仲裁规则。巴基斯坦卡拉奇高等法院 2006 年 2 月 14 日判定以上当事人之间的仲裁协议有效，其依据是：在新加坡进行仲裁并不是如原告所称的那样很不方便；双方达成协议时能适用于仲裁程序的新加坡《国际仲裁法》已经生效。①

再如在 2012 年的 Lufthansa Systems 亚太有限公司等与 International 研究公司纠纷案中，原告 International 与两被告各订一份协议补充两被告之间主合同，针对主合同中规定的协商不成后应当提交仲裁的条款是否并入补充协议而对三方都具有约束力的问题，新加坡高等法庭一改以前多起司法审查中坚持的并入仲裁条款需要明确措辞的严格原则，判决认为，该种严格原则不能适用于本案，因为补充协议的内容客观上已意图使主合同的争议解决条款约束所有该协议的当事人。②

同样，在罗马尼亚某有限责任公司与希腊某有限责任公司的纠纷案中，1996 年 10 月 10 日被告罗马尼亚该有限责任公司与原告希腊该有限责任公司达成了排他分销前者生产的某品牌小汽车的合同，并约定争议交由在巴黎的国际商会仲裁，同时进一步规定合同的准据法为法国实体法。后来，原告以被告违约和错误地终止合同为由提起请求判赔损失的诉讼。2014 年 5 月 9 日，希腊最高法院的司法审查决定宣告：双方之间的仲裁协议有效并应广义地适用于实体合同中的违约索赔与侵权索赔。③

不过，在依合同法仲裁协议无效或完全不存在的情况下，境外有理性的法官们当然不会判决将所涉争议提交仲裁，这是因为有效的仲裁协议是当事人共同自愿仲裁的前提，法院并不是该前提的创造者而仅是强有力的维护者，只有当事人自己才有可能根据法律创造出有效的仲裁协议。然而，同于其他协议，有时有些当事人未能达成法律上有效或可执行的仲裁协议，因此，有管辖权的法院作出此种司法审查的认定应该受到理论上的肯定。例如，在前述的 Sealion 与 Maritima De Ecologica 的纠纷案中，鉴于被告与原

---

① Albert Jan van den Berg (ed.), *Yearbook Commercial Arbitration*, Kluwer Law International, 2007, pp.438-447.
② 杨安山：《新加坡法下仲裁协议的效力研究》，《中国海商法研究》2014 第 3 期。
③ Albert Jan van den Berg (ed.), *Yearbook Commercial Arbitration*, Kluwer Law International, 2015, pp.427-432.

告达成的船舶服务协议中没有仲裁条款的事实,2011年美国联邦纽约南区法院判定双方当事人之间连暗示的仲裁协议都没有。① 另外,总体上对仲裁较友好的以上国家或地区的一些法院即使在近年来可能也会出现某种对仲裁协议不友好的决定②,其中一些国家如美国等在包括政治人士在内的有影响力人物的游说下甚至通过国会立法不承认某些领域争议发生前达成的仲裁协议③,但这并未变成主流态势。

在仲裁界的不懈努力、境外先进经验的渗透等逐步影响④下,中国内地的一些人民法院在司法审查中也更多地显示了对仲裁协议的友好态度,如北京市第二中级人民法院在京通天泰房地产公司与振利高新技术公司案中就将"或裁或审协议"视为有效的仲裁协议。⑤ 最高人民法院对涉外仲裁协议往往持有更友好的态度,不仅在美国安泰国际贸易公司与齐鲁制药厂合资合同纠纷案⑥、甘肃省某第三产业公司与德国阿丝德有限公司及中国香港欣季实业有限公司纠纷案⑦、中国香港裕亿集团有限公司与加拿大太子发展有限公司及江苏物资集团轻纺公司的纠纷案⑧、来宝资源有限公司(新加坡)

---

① See Paulsson, *The 1958 New York Convention in Action*, Kluwer Law International, 2016, pp.83-84.
② See Marike R. P. Paulsson, "The 1958 New York Convention Article II: Fit for Modern International Trade?" *BCDR International Arbitration Review*, Volume 2, Issue 1, 2015, pp.117-134.
③ Stephen J. Ware, "The Politics of Arbitration Law and Centrist Proposals for Reform", *Harvard Journal on Legislation*, Summer, 2016, pp.722-723.
④ 章杰超:《论仲裁司法审查理念之变迁——以N市中级人民法院申请撤销国内仲裁裁决裁定为基础》,《当代法学》2015年第4期。
⑤ 侯登华:《仲裁协议法律制度研究》,北京,知识产权出版社,2012年,第109页。
⑥ 在该案中,双方当事人约定发生的争议将由瑞典斯德哥尔摩商会仲裁院或中国国际贸易促进委员会仲裁,最高人民法院认为该仲裁协议有效并指出当事人选择其中任一仲裁机构仲裁即可。参见法函〔1996〕176号,可见于:http://www.chinalawedu.com/falvfagui/fg23079/12942.shtml,最后浏览日期:2017年5月28日。
⑦ 在该案中,最高人民法院批复称:当事人约定提交奥地利维也纳商会的仲裁机构进行仲裁的合同争议应当是广义的理解,包括合同是否成立、合同内容的解释、合同的履行等等发生的争议,这些争议人民法院都无权管辖。参见孙得胜:《国际商事仲裁协议的效力问题研究》,博士学位论文,大连海事大学,2012年,第61~63页。
⑧ 在该案中,各方约定仲裁条款规定:凡因执行本合约所发生的或与本合约有关的一切争议,如果不能通过友好协商解决,应提交中国国际经济贸易仲裁委员会进行仲裁,仲裁裁决是终局的。最高人民法院经审查指出:本案争议的焦点在于仲裁机构是否有权对当事人之间的侵权纠纷作出裁决;从《仲裁法》第2~3条的规定看,合同纠纷与财产纠纷均属仲裁对象,侵权纠纷也不属法律禁止仲裁的对象,且本案指控的侵权行为是在履行合同的过程中产生的,加之双方又订有仲裁条款,因此,本案应通过仲裁解决、人民法院无管辖权。参见孙南申:《涉外仲裁司法审查的若干问题研究——以仲裁协议为视角》,《法商研究》2007年第6期。

与深圳市粮食集团纠纷案①、上海斯坦因·霍特迈克公司及斯坦因·霍特公司与华尔润玻璃公司纠纷案②、BP Agnati S. R. L 与龙利得公司纠纷案③等司法审查的批复当中表现明显,而且也体现在制定了否定仲裁协议效力的内部报告制度这一方面,即：对涉外和当事人住所地跨省级行政区的区域仲裁协议,人民法院认定无效、失效或内容不明确无法执行情况的,事先应上报至其所在地区高级人民法院审查,如果该高级人民法院予以同意,则应再上报至最高人民法院审查,收到后者答复的情况下再根据该答复意见作出裁定④;对其他境内仲裁协议,下级人民法院在同样情况下也要逐级申报到高级人民法院。⑤ 同时,中国最高人民法院发布的其他方面多项司法解释规则也体现了对仲裁协议的友好态度。⑥

此外,中国内地某些人民法院对仲裁协议作出不友好的司法审查决定也是有正当依据的,如在中国四川欧亚经贸总公司与韩国新湖商社之间信用证欺诈纠纷案中,鉴于各方当事人将所有争议交第三国商业仲裁委员会仲裁的约定中的"第三国"未明确、一方当事人拒绝商定"第三国"而进行起诉,四川省高级人民法院和最高人民法院都认定该仲裁条款不能执行。⑦

然而,与境外的法官相比,中国内地的不少人民法院包括最高人民法院

---

① 在该案中,双方约定："由合同履行引起的争议,任何一方可提交仲裁,如果被告是买方,争议提交香港国际仲裁中心;如果被告是卖方,争议提交给伦敦谷物与饲料贸易协会仲裁。由合同引起的争议均按照英国法解决。"最高人民法院认为仲裁协议虽然涉及两个仲裁机构,但从其具体表述看无论是买方还是卖方申请仲裁,其指向的仲裁机构均是明确的且只有一个,仲裁协议应认定有效。参见〔2010〕民四他字第22号。

② 在该案中,各方约定："本合同下或本合同相关的任何以及所有无法经友好协商解决的争议应通过仲裁解决。仲裁应根据中国国际经济贸易仲裁委员会调解和仲裁规则进行。仲裁应在北京进行。仲裁结果应为终局性的,对双方均有拘束力。"最高人民法院回复称：当事人虽然未约定仲裁机构,但其约定了适用的仲裁规则即《中国国际经济贸易仲裁委员会仲裁规则》,而根据该《仲裁规则》第4条第3项的规定,凡当事人约定按照该规则进行仲裁但未约定仲裁机构的,均视为同意将争议提交中国国际经济贸易仲裁委员会仲裁,因此根据该仲裁规则可以确定明确的仲裁委员会,由此应认定该仲裁条款有效。参见陈龙：《适用中国法律审查仲裁条款无效情形之一》(2013年11月16日),新浪博客,http://blog.sina.com.cn/s/blog_628ce8210101fsxm.html,最后浏览日期：2017年12月28日。

③ 参见〔2013〕民四他字第13号。See also Sun & Willems, *Arbitration in China*, Kluwer Law International, 2015, pp.70-75.

④ 詹婉秋：《论我国国际商事仲裁的内部报告制度》,《技术与市场》2011年第12期。

⑤ 参见最高人民法院2017年11月20日自2018年1月1日起施行的《关于仲裁司法审查案件报核问题的有关规定》(法释〔2017〕21号)第2条第2款和第7条。

⑥ 沈伟：《我国仲裁司法审查制度的规范分析——缘起、演进、机理和缺陷》,《法学论坛》2019年第1期。

⑦ 孙南申：《涉外仲裁司法审查的若干问题研究——以仲裁协议为视角》,《法商研究》2007年第6期。

更多地显示了对仲裁协议不友好的态度,否定会被其他国家或地区法院认定为有效的仲裁协议效力。如在 RENT 公司与中成宁波公司及东莞市建华公司纠纷案中,三方当事人约定:争议提请中国国际经济贸易仲裁委员会(CIETAC)仲裁;或者提请宁波仲裁委员会仲裁。在该案请示的复函中,最高人民法院却称:约定两个以上仲裁机构的,当事人可以协议选择其一申请仲裁;就仲裁机构选择,当事人不能达成一致的仲裁协议无效;在一方当事人已起诉的情况下,可视作无法就仲裁机构选择问题达成一致,该仲裁协议应被认定无效。[1] 其他同样体现这种不友好态度的司法审查案例还包括 2015 年的王某与张某纠纷案[2]、2011 年博鳌公司与盛美公司及新永安公司纠纷案、2011 年奥地利 Weingartiner 公司与优励聂夫公司纠纷案、2008 年(香港)安信公司与东莞威泓公司纠纷案、2007 年宝源公司与余建国等纠纷案、2006 年宁波剡界岭公司与奥地利阿尔皮内公司纠纷案、2006 年法国 DNT 公司与中山市凤凰公司及数位自然人纠纷案、2005 年阿克苏诺贝尔公司与香港诚信公司纠纷案、2005 年杭州泰利德公司与泓旸公司纠纷案、2004 年湖州市二耐耐火材料联营厂与 Minteq 国际公司及中国香港菱电公司纠纷案、2000 年中化国际石油(巴哈马)有限公司与海南昌盛公司纠纷案等。[3] 如前所述,现行《仲裁法》第 16 条和第 18 条中的严格规定是中国这种与国际惯例相左司法审查的实践的根源,因此,改变此种局面的根本措施在于废除这两条中关于仲裁协议必须含有明确的仲裁机构的规定,即在中国全境内允许存在合法的临时仲裁活动。当然,在中国《仲裁法》修改接纳了临时仲裁之后,在这方面仍然需要人民法院发挥友待仲裁的作用,即当事人在选择两个以上仲裁机构的情况下,人民法院可友好地解释称:在无约定条件限制时,任一方当事人先申请的仲裁机构具有争议受理权。

同时,尽管最高人民法院在以上的内部报告制度运行中大多显示了尽量倾向于肯定仲裁协议效力的友好立场,对中级人民法院滥用司法审查权问题在一定程度上起到有效防止的作用等[4],但是其弊端也是明显的,主要

---

[1] 〔2008〕民四他字第 4 号,可见于:http://shlx.pkulaw.cn/fulltext_form.aspx?Db=chl&EncodingName&Gid=485d147d691210f2bdfb&Search_Mode&keyword,最后浏览日期:2020 年 7 月 10 日。

[2] 836 N. Y. S. 2d 493 (N. Y. Surrogate's Ct. 2007).

[3] 陈龙:《适用中国法律审查仲裁条款无效情形之——没有约定明确的仲裁机构》(2013 年 11 月 16 日),新浪博客,http://blog.sina.com.cn/s/blog_628ce8210101fsxm.html,最后浏览日期:2017 年 12 月 28 日。

[4] 肖蓓:《〈纽约公约〉背景下我国对外国仲裁裁决承认及执行的实证研究》,《现代法学》2016 年第 3 期。

是：低效地未规定运作的具体期限，报告过程手续烦琐、常常时间冗长达一年或数年和造成拖延裁定，浪费了司法资源并给上级或最高人民法院增加了工作负担[1]；对非涉外或非特定的境内仲裁协议歧视性地实行有差异的制度[2]；违反了独立审判原则，因为该原则也意味着下级法院法官不能独立于上级法院法官进行决断[3]；缺乏程序制定法依据，当事人在无任何法定透明性的整个报告程序中没有评论权[4]；一些人民法院根据不当的解释不予报告。[5] 可见，中国应废除此项内部报告制度，用境外多数国家或地区已采纳的上诉规则替代，即通过修订的《仲裁法》规定：在对下级人民法院关于境内或涉外仲裁协议无效或不能执行的裁定不服的情况下，当事人可以在收到该裁定后10日内向上级人民法院提出上诉。前已指出，在仲裁前、仲裁开始后到仲裁裁决作出前、仲裁裁决作出后，就仲裁协议的有效性问题，一方或数方当事人都有可能提请司法审查，人民法院一旦作出了无效或不能执行的有效裁定，其他当事人就丧失了请求仲裁权或继续仲裁权或者最终的仲裁裁决被撤销或拒绝执行。为防止当事人请求仲裁权的落空或已进行的仲裁活动被浪费及下级人民法院在此重要问题上的错误裁定得到纠正[6]，显然有必要参照境外惯例[7]制定允许限时10日内上诉的法律规则。

同时，对于无涉外因素纠纷约定外国仲裁协议无效的司法审查惯例，中国人民法院也应予以反思。前述的34号《意见》的第9条规定：在自贸试验区内注册的外商独资企业相互之间可以约定商事争议提交域外仲裁，有管辖权的人民法院不应基于其争议不具有涉外因素就认定此种约定无效。这样该第9条规定实际上已成为反思的一小部分，尽管如此，中国距离应然的状态还是有很大的差距，因而它不仅违背了民商事私权"法无禁止即可为"

---

[1] 詹婉秋：《论我国国际商事仲裁的内部报告制度》，《技术与市场》2011年第12期；沈伟：《我国仲裁司法审查制度的规范分析——缘起、演进、机理和缺陷》，《法学论坛》2019年第1期。

[2] 张志军、张琪玮：《我国涉外仲裁司法审查制度探析》，《山东审判》2006年第3期。

[3] 王崇能：《论我国承认与执行外国仲裁裁决程序法的完善》，《福建警察学院学报》2008年第4期。

[4] 朱科：《中国国际商事仲裁司法审查制度完善研究》，北京，法律出版社，2018年，第287页。

[5] See Weidong Zhu, "The Recognition and Enforcement of the Foreign Arbitral Awards 'with No Foreign Element' in China", *Journal of International Arbitration*, Volume 32, Issue 3, 2015, pp.357-359.

[6] 叶知年、陈义冠：《国内仲裁裁决司法审查制度研究》，《福建农林大学学报》(哲学社会科学版)2004年第2期。

[7] 如德国1998年《民事程序法典》第1065条第2款、孟加拉国2001年《仲裁法》第48条第2款、美国佛罗里达州2008年《仲裁法》第20条第1款第3项等都体现了这种具有全球普遍性的国际惯例。

的科学理念,而且将"仲裁管辖权"错误地理解为"系法律授予"而非"当事人授予",其实质是保护竞争力较差的国内仲裁机构市场。诚然,允许无涉外因素争议约定境外仲裁,可能引起当事人恶意通过约定外国仲裁规避国内强制性规定的问题,并且这在实践中也有先例。然而,这种问题并非不可控,如前文提及的 20 多年前美国最高法院允许国际反垄断争议提交仲裁之理由,对于此种情况,中国法院可在承认或执行境外作出的仲裁裁决阶段,经过司法审查后合理适用《纽约公约》或有关区际协议等项下的公共政策与其他理由[①],通过拒绝承认或执行在境外仲裁作成裁决的方式,维护相关当事人合法利益和公共利益。

本章小结

本著作未特别指明之处都是指当事人的自愿仲裁,各国家和地区的法律或法规对这种仲裁的要求都是以存在有效仲裁协议为前提的。该种要求导致仲裁协议多个方面的争议受到司法审查,由于没有国际统一法的约束,其阶段却因国家或地区的不同而有所不同。大体而言,在仲裁裁决作成之前,就仲裁协议争议而言,法国、瑞士等国禁止或限制其法院进行司法审查。就仲裁协议争议提请司法审查的行为,其他国家或地区则对当事人在仲裁裁决作成之前的各阶段不予限制或禁止。在仲裁协议争议司法审查阶段方面,中国内地的相应制度规范存在诸多缺陷,包括将当事人对仲裁协议效力的异议不合理地推迟到仲裁庭或人民法院首次开庭前、未指明在人民法院司法审查期间可否推进仲裁程序、对于仲裁机构就仲裁协议争议在先作出的决定是否具有终局力的问题没有考虑作出规定等。对于这些缺陷,中国内地应当借鉴境外的良好规则,主要通过修订《仲裁法》的方式进行弥补。

在主体可仲裁性方面,当今的发达国家或地区一般都赋予有行为能力的自然人及合法的一般法人订立仲裁协议的资格,然而,它们对自然人订立消费交易仲裁协议的能力大多作出了条件限制,即一般只承认争议发生后自然人才有订立仲裁协议的资格。不过,很多学者等非常关心的是涉及国家、政府等所谓的公法法人缔结仲裁协议的能力问题。目前,包括美国等发达国家在内的部分国家或地区立法限制公法法人缔结仲裁协议的能力,中

---

① 张珍星:《无涉外因素纠纷约定外国仲裁协议无效的司法惯例剖析》,《国际商务》(社会科学版)2018 年第 4 期。

国当事人在与这些国家或地区签约时应认真核实此种情况。中国尚无国内制定法作出明确规定公法法人主体可仲裁性问题,对此应通过立法加以改变。

世界上很多国家或地区关于客体可仲裁性的规范变化的趋势为:赋予越来越广泛的争议具有可仲裁性,其中,不少国家或地区法院的司法审查判决对此作出了很大的开拓性贡献。不过,不具有可仲裁性的例外事项仍然普遍可见。比较而言,作为世界第二大经济体的中国,客体可仲裁性的范围明显较窄,特别是未能明确赋予反垄断等争议的可仲裁性,以至于一些人民法院作出了很不利于仲裁业拓展的司法审查决定。这种情况应通过修改《反垄断法》《仲裁法》或最高人民法院出台新司法解释等予以改变。

当今多数国家或地区的制定法要求仲裁协议必须采用书面形式,但一般都列举了较多的类型,并且有在更新的立法中增加更多类型的趋势。与其他事项不同的是,绝大多数国家的仲裁协议书面形式要求受到了《纽约公约》等国际统一法的约束。不过就该公约而言,缔约国的司法审查法院在实践中对其中的规则却做出了不同的解释,尽管更宽松的解释受到理论界的支持,具体交易特别是大额交易中的当事人还是应注意那些更严格的解释,以免遭受不利的司法审查结论。中国关于仲裁协议形式的直接制定法规范存在较大缺陷,尽管《合同法》等间接规范及最高人民法院的司法解释能在较大程度上进行弥补,中国仍适宜采用更权威且更便于使用者知晓的直接制定法集中规定的国际流行模式。

与其他合同一样,形成了合意才能成立仲裁协议,然而,不少当事人往往对是否产生了合意存在分歧并诉诸司法审查。归纳起来,当事人关于仲裁合意分歧的类型主要包括是否存在对仲裁要约的接受、是否存在都同意仲裁协议必备内容、在选择包括仲裁在内的多种解决纠纷方式的情况下是否构成对仲裁的有效选择、援引或并入是否构成合意等。中国当前在仲裁合意、仲裁司法审查中的最大问题是,人民法院所依据的制定法对仲裁协议必备内容规定过多而在根本上否定了临时仲裁,尽管最高人民法院发布了司法意见对自贸区的临时仲裁合意作出了有条件的倾向性肯定,其他大部分的临时仲裁合意却仍是非法,这显然不利于中国当事人更广泛地使用仲裁及利用临时仲裁在国际上创汇。另外,中国部分人民法院的法官在选择包括仲裁在内的多种解决纠纷、援引协议中仲裁合意的认定态度也有比较大的问题,向国内和国际对仲裁更友好的同行学习借鉴等仍十分必要。

此外,司法审查仲裁协议机制中还有其他一些因素很值得关注。如在仲裁协议是否存在举证责任方面,主流采用"谁主张谁举证"的通常司法举证原则,然而在证明标准方面却仍不时地出现促仲裁、反仲裁或平等对待仲裁的司法审查实践,尽管平等对待的立场应受理论支持,相关当事人或其代理律师应予留意。又如仲裁协议的内容在任何国家或地区都存在的合法性问题,相关当事人等也不能掉以轻心,否则,劳民伤财地进行仲裁获得的裁决很可能被撤销或拒绝予以承认与执行。不过,当今世界上大多数国家或地区的法官们在司法审查中总体上倾向于以促仲裁的立场来解决仲裁协议的有效性或可执行问题。中国人民法院的不少法官们近年来促仲裁的司法审查实践也不断地涌现,但囿于仲裁制定法的局限性及对仲裁特性认识的偏差等情况,不友好的司法审查行为也时有所闻。这些问题需要理论界、立法界、司法界等的共同努力才能解决。

第三章 涉及仲裁员争议的司法审查机制

仲裁员是仲裁争议案的裁判者,在仲裁过程中是不可或缺的重要主体之一,然而,实践中也不时地发生涉及仲裁员的争议并触发司法审查的机制。其触发阶段既可能是仲裁员选定阶段,也可能是仲裁程序进行阶段,还可能是仲裁裁决的撤销或执行阶段。[①] 当事人请求或参加这类争议司法审查的目的在于以下一项或数项:要求任命或撤换仲裁庭的成员[②];主张仲裁庭的组成合法或非法;声称仲裁员应承担某种法律责任或不享有豁免;要求撤销、确认、执行或拒绝执行仲裁裁决等。

从常见性视角来看,司法审查涉及的仲裁员争议主要针对仲裁员与当事人选任协议相符性与有效性、任命仲裁员过程中的平等权与正当程序、仲裁员独立性与公正性及其引申义务、仲裁员责任或责任豁免等方面的问题。除最后一种问题以外,前述的其他问题都可归入仲裁员选任争议的范畴。

第一节 仲裁员选任争议的司法审查

一、仲裁员选任争议司法审查的制定法依据

与法官不能被当事人选定而只能由法院安排的诉讼规则不同,自愿仲

---

① See Gary B. Born, *International Commercial Arbitration*, Kluwer Law International, 2014, p.1659.
② 如非洲的苏丹 2005 年《仲裁法》中没有规定当事人是否可经司法审查程序请求协助任命仲裁员,其上诉法院和最高法院在 Alamin 诉 Abualarki 中却都解释称:该国法院有此项权力。See Emilia Onyema (ed.), *Rethinking the Role of African National Courts in Arbitration*, Kluwer Law International, 2018, p.44.

裁的核心特征之一就是当事人可以依约定或法律规范选择仲裁员[1]、决定仲裁员数量或确定选择仲裁员的方法与程序,这也是仲裁对很多当事人具有吸引力的重要原因之一。[2] 当事人参与仲裁员的选任还可增强仲裁程序的可预见性、增强仲裁员的责任感以不辜负当事人的信任及促进当事人尊重裁决仲裁等。[3] 选任仲裁员的环节对仲裁也是十分重要的,因为只有选任了仲裁员仲裁才能开始。同时,选任仲裁员对当事人而言也是十分重要的,因为"仲裁的好坏视仲裁员而定"(arbitration is only as good as the arbitrators)或"仲裁的成败很大程度上依赖于仲裁员的质量"(the success or failure of an arbitration depends mostly upon the quality of the arbitrators)[4],并且,在普遍支持仲裁的全球大背景中,仲裁员绝大多数情况下还决定着仲裁的过程和结果,这与仲裁当事人的根本利益有着直接关联性。此外,理性的当事人一般都选择好的仲裁员,这对仲裁公信力的提高也大有好处。[5]

然而,并非任何当事人拥有了这项重要权利后就没有了纠纷,相反,一些当事人可能会指控或抗辩:因未获有效通知而未能参与仲裁员的选任或不能履职后的新仲裁员的再选任、对方出于私利故意不选任甚至有意拖延选任仲裁员;对方选任的仲裁员不符合约定或法定条件、选任的仲裁员数量不符合专门制定法中的强制性规定等。在某种情况下,当事人会将其中的一项或几项指控升级为请求司法审查或抗辩不利的司法审查后果。

司法审查以上关于仲裁员选任的某些争议是有专门制定法规范可依据的,这种专门制定法规范甚至可能表现为国际条约。《日内瓦议定书》第2条规定:"仲裁庭的构成应当遵循当事人的意愿。"《纽约公约》等国际条约中也有数项规定与仲裁员选任或仲裁庭组成问题具有直接的关联性。如《纽约公约》第2条关于承认包括选任仲裁员在内的有效仲裁协议并按当事人

---

[1] 当事人的这项权能在公元前5世纪就已出现并被记录。See Gomez-Acebo, *Party-Appointed Arbitrators in International Commercial Arbitration*, Kluwer Law International, 2016, p.5.
[2] 有些调查显示:这是受访律师不选诉讼而选仲裁的最重要原因。参见[英]维杰·K.巴蒂亚、[澳]克里斯托弗·N.坎德林、[意]毛里齐奥·戈蒂:《国际商事仲裁中的话语与实务:问题、挑战与展望》,林枚、潘苏悦译,北京,北京大学出版社,2016年,第240页。
[3] See Gary B. Born, *International Commercial Arbitration*, Kluwer Law International, 2014, pp.1640-1641.
[4] See Redfern & Hunter, et al., *Redfern and Hunter on International Arbitration*, Kluwer Law International, 2009, p.26; See also Esin & Yesilirmak (eds.), *Arbitration in Turkey*, Kluwer Law International, 2015, pp.49-50.
[5] 沈伟:《国际商事法庭的趋势、逻辑和功能——以仲裁、金融和司法为研究维度》,《国际法研究》2018年第5期。

协议提交仲裁的规定，以及其第5条第1款将仲裁员选任不符合当事人仲裁协议或没有被给予指定仲裁员适当通知的情形列为可拒绝承认仲裁裁决理由之一的规定，对该公约涵盖范围内的仲裁员选任争议无疑可为适用依据。

对于上述国际条约以外的旨在解决仲裁员某些选任争议的法律规范，有管辖权的法院首先应当考虑适用本国或本地的仲裁制定法规范。在当今社会中，众多国家或地区都有这样的制定法规范。如意大利2006年《民事程序法典》第812条、塞尔维亚2006年《仲裁法》第7条、苏格兰2010年《仲裁法》的规则4、法国2011年《民事程序法典》第1450条、葡萄牙2012年《自愿仲裁法》第9条、比利时2013年《司法法典》第1680条、荷兰2015年《民事程序法典》第1023条关于仲裁员的任职资格规则等。又如孟加拉国2001年《仲裁法》第11条、奥地利2006年《民事程序法典》第586条第1款、意大利2006年《民事程序法典》第809条、柬埔寨2006年《商事仲裁法》第18条、葡萄牙2012年《自愿仲裁法》第8条、法国2011年《民事程序法典》第1451条、比利时2013年《司法法典》第1681条、荷兰2015年《民事程序法典》第1026条关于仲裁员的数量规则等。再如奥地利2006年《民事程序法典》第587条第2款第1~4目、苏格兰2010年《仲裁法》规则7中的第8款、法国2011年《民事程序法典》第1453条关于仲裁员的指定规则等。此外，很多国家或地区专门制定法中所选任仲裁员应承担独立性和公正性义务及其引申义务的规则等也是相应选任争议司法审查依据的规则，只是鉴于这些规则适用的内涵较多，本章另列了两节予以探讨。

还应指出的是，仲裁员的选任争议可能多种多样，专门制定法不一定也无必要提供所有的详尽规则。实际上，其他非专门性的制定法对仲裁员选任争议的解决完全具有普适性。例如，同任何合同一样，当事人对选任仲裁员协议是否存在受到胁迫、欺诈之类的意思表示不真实行为影响的争议，有管辖权的法院对此类争议的司法审查在可适用的仲裁制定法有规定的情况下应适用该规定，在相关的仲裁制定法没有规定的情况下则只能适用一般的合同法规范。①

总体上来说，各国家或地区大多数情况下承认当事人拥有选任仲裁员的协议自由。然而，在当代国际社会中，当事人选任仲裁员的协议自由并非不受任何限制。实际上，《纽约公约》等国际条约和很多境外的仲裁制定法

---

① See Gary B. Born, *International Commercial Arbitration*, Kluwer Law International, 2014, p.1646.

都规定：当事人的以上协议不得违反应予适用的公共政策或强制性法律。如当事人选任仲裁员不得违背下文单列一节阐述的独立性与公正性规则，选任具有偏袒性的人担任仲裁员；所选择的仲裁员应当具备行为能力①；仲裁庭组成人数必须为奇数；在当今科技迅猛发展的情况下，人工智能仍不能成为仲裁员。②另外，个别国家或地区的当事人选任仲裁员的权利还受制于其他特别的规则，例如，波兰《民事诉讼法》第 1171 条规定：一方当事人连续两次任命的仲裁员均辞任或被法院撤销任命时，自知晓第二名仲裁员辞任或被撤销任命之日起一周内，另一方有权请求法院为对方当事人任命新的仲裁员。③又如，哈萨克斯坦的法律规定：政府公务员、国会代表、法官及军人等不能被选为仲裁员。④很明显，这些规定也属于法院审查当事人选任仲裁员或关于仲裁庭组成的协议是否属于合法争议的适用规则范畴。

另外，有些当事人之间没有明确规定如何选任仲裁员的协议，或者其中一方或几方当事人违反选任协议不选任或拖延选任仲裁员。很多仲裁制定法对这两种情况都规定了法院任命的任意法规则或救济性规范。如奥地利 2006 年《民事程序法典》第 587 条、苏格兰 2010 年《仲裁法》规则 7 中的第 8 款、法国 2011 年《民事程序法典》第 1453 条等。对于前述两种情况的争议，有关法院无疑应适用这些制定法规则或规范。

遗憾的是，中国现行的《仲裁法》不仅对仲裁员的资格作出"三八两高"这种非常不科学的限定规定⑤，而且没有为人民法院通过司法审查任命合适仲裁员提供任意法规则或救济性规范。境外学者的研究成果表明：除具有行为能力、平等待遇及独立性与公正性等要求外，不设其他限制地允许当事人单方选任仲裁员非常有助于推动当事人选择仲裁。⑥中国现行《仲裁法》

---

① See Franke & Magnusson, et al. (eds.), *International Arbitration in Sweden: A Practitioner's Guide*, Kluwer Law International, 2013, p.11.

② See Christine Sim, "Will Artificial Intelligence Take Over Arbitration?" *Asian International Arbitration Journal*, Volume 14, Issue 1, 2018, pp.1-14.

③ 参见中国国际经济贸易仲裁委员会：《"一带一路"沿线国家国际仲裁制度研究（二）》，第 19 页，http://www.cietac.org/Uploads/201612/5867bc7699b6d.pdf，最后浏览日期：2018 年 6 月 16 日。

④ 参见中国国际经济贸易仲裁委员会：《"一带一路"沿线国家国际仲裁制度研究（一）》，第 115 页，http://www.cietac.org/Uploads/201604/570fcdb8d2411.pdf，最后浏览日期：2018 年 6 月 16 日。

⑤ 关于这种不科学性的详细论述可参见马占军：《我国商事仲裁员任职资格制度的修改与完善》，《河北法学》2015 年第 7 期。

⑥ Gomez-Acebo, *Party-Appointed Arbitrators in International Commercial Arbitration*, Kluwer Law International, 2016, pp.40-41.

中的这种规定还非常歧视地只针对中国大陆人士,对包括港澳台在内的境外人员到中国大陆来做仲裁员却没有这种限制性要求。① 为此,我们赞同废除《仲裁法》中的"三八两高"要求,代之以只要求具有行为能力且无犯罪等不良记录者都有资格担任仲裁员资格的规定,同时尽早地填补人民法院通过司法审查任命合适仲裁员规范方面的空白,其好处是:对仲裁机构负责人的裙带关系有一定程度的防范作用②;能够提高仲裁裁决的权威性,极大地降低乃至消除针对仲裁裁决的起诉;更能契合仲裁员的角色使命;提高仲裁员的中立性③;使人民法院能从更大的范围选定合适的仲裁员。

二、司法审查实践

由于上述国际条约或国内法中将选任协议被违反的情况列为撤销或拒绝执行仲裁裁决的理由之一,当事人之间易发此种争议并导致不计其数的相关司法审查判决实践,除了下两节会进一步探讨的几种特殊的仲裁员选任争议以外,世界上其他方面的仲裁员选任争议的司法审查实践大体可归为以下几类。

(一)支持当事人选任协议的字面规定

这种判例很多,它们的典型特征是极端尊重当事人选任协议的字面规定,包括尊重当事人协议选择任命机构指定仲裁员及协议选择程序等。

例如,在 Jivraj 诉 Hashwani 案④中,双方当事人 1981 年签署的一份合营投资合同规定:争议由三名皆有伊斯兰信仰的仲裁员裁决;每一方当事人各指定一名仲裁员。1988 年双方当事人分割财产并终止该合同。2008年,Jivraj 的律师请求多分财产并仲裁。该方当事人以伊斯兰信仰的条件违反欧共体 2000 年 78 号指令和英国 2003 年相应的禁止雇用歧视法为由,提出要任命一名非伊斯兰信仰的仲裁员,Hashwani 则以违反协议为由主张前者要求无效。英国最高法院 2011 年判决支持 Hashwani 关于必须遵照原协议选任伊斯兰信仰者为仲裁员的主张,理由是:仲裁员并不是前述两法意义内具有附属性质的"雇员";仲裁员是拥有独立地位的服务提供者并承担

---

① See Weixia Gu, "Piercing the Veil of Arbitration Reform in China: Promises, Pitfalls, Patterns, Prognoses, and Prospects", *American Journal of Comparative Law*, Winter, 2017, p.813.
② 汪祖兴:《当事人共任仲裁员不能之救济实践及完善》,《中国法学》2012 年第 5 期。
③ 汪祖兴、郑夏:《自治与干预:国际商事仲裁当事人合意问题研究》,北京,法律出版社, 2016 年,第 202~203 页。
④ 该案详情可下载于 http://en.wikipedia.org/wiki/Jivraj_v_Hashwani,最后浏览日期:2014 年 5 月 21 日。

裁判职能；德国、苏格兰等国家或地区的司法审查判决也持同样立场。①

又如，瑞士最高法院在2013年的一项判决中认为，在当事人协议要任命三名仲裁员的情况下，实际仅任命一名仲裁员又遭当事人的及时异议且当事人未通过其行为接受这种任命，由此撤销仲裁裁决是正当的。②

再如，在上诉方ARGONAUT保险公司（以下简称"ARGONAUT"）和被上诉方CERTAIN UNDERWRITERS AT LLOYD'S LONDON（以下简称"UNDERWRITERS"）的纠纷案中③，双方当事人的协议规定：争议由三名仲裁员裁决；双方当事人各指定一名仲裁员，被申请人应在申请人任命其仲裁员后30天内指定另一名仲裁员，第三名仲裁员由如此选定的两名仲裁员共同任命；如果一方当事人在收到另一方当事人请求指定仲裁员的书面通知后30天内拒绝或疏于任命仲裁员，该请求方当事人可以任命两名仲裁员，这两名仲裁员应选定第三名仲裁员。针对争议，ARGONAUT 2004年8月4日提出仲裁并请求UNDERWRITERS在30天内任命仲裁员。后者在同月6日反要求前者根据事先协议指定仲裁员并遵循该协议时限，于同年9月3日任命了仲裁员。按照后者反要求时日推算，前者任命仲裁员的时限应为同年9月5日。该日却是周末，第二天（星期一）又是前者所在的美国法定假日劳动节，但在后者所在的英国仍是正常的营业日。鉴于在协议截止日未能收到ARGONAUT指定仲裁员的通知，UNDERWRITERS便在第二天向其发书面通知称要按协议自选第二名仲裁员。同年9月7日，ARGONAUT回应称在截止日为周末及紧接着为法定假日的情况下在32天内任命仲裁员仍是及时的，其不应受30天的严格时限约束。美国第七巡回法院2007年8月29日作出肯定下级法院支持UNDERWRITERS做法的判决，理由是：30天就是30天；即使30天的截止日为周六、周日或法定假日，当事人也有义务符合其协议的截止日规定。

有学者批评美国法院的以上做法，他们指出：任何国家都有假期且假

---

① 英国高等法院2017年对Tonicstar Ltd.诉Allianz Insurance案（[2017] EWHC 2753）也是判决被申请人任命的仲裁员违反了当事人之间的选任协议，理由是：约定的仲裁员应有不少于10年的保险与再保险经历，被申请人任命的仲裁员作为女王的法律顾问尽管有丰富的法律经验却不是商人。See Michael Kotrly & Barry Mansfield, "Recent Developments in International Arbitration in England and Ireland", *Journal of International Arbitration*, Volume 35, Issue 4, 2018, pp.485-487.

② See Daniel Girsberger & Nathalie Voser, *International Arbitration: Comparative and Swiss Perspectives*, Kluwer Law International, 2016, p.173.

③ 该案的判决书详情可下载于 http://caselaw.findlaw.com/us-7th-circuit/1300082.html，最后浏览日期：2017年9月19日。

期是非歧视的。① 笔者赞同此种批评,建议中国人民法院不应予以效法。值得关注的是,近年来在浙大网新案和英威达案中针对当事人的选任仲裁员协议纠纷,中国最高人民法院所产生的不一致的司法审查结论。在稍早发生的前一案件中,最高人民法院的定论是:在当事人约定由新加坡国际仲裁中心(下称"新仲")按国际商会仲裁规则仲裁的情况下,仲裁庭按"新仲"规则而不是国际商会仲裁规则组建不符合当事人的约定。在后一案件中,最高人民法院的立场是:在当事人约定由中国国际经济贸易仲裁中心(下称"贸仲")按联合国贸易法委员会的仲裁规则仲裁的情况下,仲裁庭按"贸仲"规则组建有效。② 有学者指出,前一案件中将仲裁庭组成不符合约定的仲裁规则作为不予承认与执行仲裁裁决的理由忽视了最重要的当事人自治。③ 我们部分地支持这种看法,但同时认为:在下文将进一步探讨的最根本性的关于仲裁庭组建的强行规则面前,当事人自治也不能优先,即仲裁庭组建要符合仲裁员独立性与公正性等强行规则的前提;在不违反根本性强行规则的情况下,仲裁庭的组建也要符合当事人的约定,只要有明确的仲裁意愿,当事人对仲裁庭的组建约定矛盾或模糊时,从支持仲裁的角度出发,司法机关应对仲裁庭的组建作出有效的解释。

(二) 通过规范或弃权解释等驳回违反选任协议的主张

其中规范解释的一般方法是:在当事人选任仲裁员的协议对某种僵局的情况没有特别约定时,承担司法审查任务的法院便解释称用有关的任意性规范填补当事人协议的空白。填补的结果即使表面上不符合当事人协议,该法院也作出实质上符合的认定而判决。

例如,在 S.A. Pando Compania Naviera 诉 S.a.S. Filmo 案中,巴拿马籍船运公司 S.A. Pando Compania Naviera 与意大利 S.a.S. Filmo 签订的航次租约中的仲裁条款规定:发生争议时提交在伦敦的三人仲裁庭仲裁;仲裁员必须是商人;每方当事人任命一名仲裁员,双方任命的两名仲裁员再共选第三名仲裁员。由于 S.a.S. Filmo 不按要求选择仲裁员,S.A. Pando Compania Naviera 根据英国 1950 年《仲裁法》的第 7 条指定其任命的仲裁

---

① See Gary B. Born, *International Commercial Arbitration*, Kluwer Law International, 2014, p.1648.
② 有学者考察后称深圳市中级人民法院 2012 年作出的一起司法审查决定与本案相同。参见池漫郊:《国际仲裁体制的若干问题及完善——基于中外仲裁规则的比较研究》,北京,法律出版社,2014 年,第 90 页。
③ 刘晓红主编《仲裁"一裁终局"制度之困境及本位回归》,北京,法律出版社,2016 年,第 118~122 页;《浙大网新:关于诉讼事项进展的公告》(2014 年 11 月 21 日),中财网,http://cfi.cn/p20141121002029.html,最后浏览日期:2018 年 6 月 28 日。

员为独任仲裁员并获得了有利的裁决。意大利威尼斯上诉法院1976年在驳回S.a.S. Filmo该裁决的执行抗辩时指出：该案中的仲裁员选择并没有违反当事人之间的协议，因为该协议并未规定一方当事人不任命仲裁员时该如何处置，在这种情况下，允许独任仲裁员作出有效裁决。①

与意大利威尼斯上诉法院以上判决一致的司法审查实例有很多，包括1982年西班牙最高法院对X诉Naviera YSA的判决及2007年美国第二巡回法院对Zeiler诉Deitsch的判决②、2014年澳大利亚联邦法院对Armada (Singapore) Pte Ltd (Under Judicial Management)诉Gujarat NRE Coke Limited的判决③等。

弃权解释很多时候以禁止反言原则为基础④，在司法审查的很多仲裁纠纷中，弃权解释都得到了引用。⑤ 就本小标题下的内容而言，其常用方法则是：当事人在仲裁过程中对背离选任仲裁员协议的行为沉默或不提出异议，承担司法审查任务的法院便解释称该当事人已放弃了对违约行为的异议权及由此产生的仲裁员具有合法的管理权。

比如在Brook诉Peak International, Ltd.案⑥中，被上诉方Brook曾通过与上诉方Peak International, Ltd.达成的一项雇佣合同成为后者的高管，该合同约定发生争议时交美国仲裁协会提供的七名仲裁员名单中共选的一名仲裁员仲裁。后来美国仲裁协会选择一法官做仲裁员时并未遵循此约定，被上诉方仅在开始选任该法官时表示了异议，但在仲裁开始后数月的文件交换与辩论过程中及八天的开庭期间都未再质疑。仲裁裁决作成后，被上诉方申请撤销裁决的理由之一便是仲裁员的选任程序不符合约定。2002年美国第五巡回法院即以弃权原则驳回被上诉方的这项理由。

又如在X AG诉Y AS案中，2010年10月4日瑞士最高法院作出的驳回上诉方XAG判决称：双方当事人原先选择的仲裁机构改名及其规则更改并不能得出仲裁庭本身的组建不符合当事人协议的结论；尽管双方当事

---

① See Pieter Sanders (ed.), *Yearbook Commercial Arbitration*, Kluwer Law International, 1978, p.277.
② See Gary B. Born, *International Commercial Arbitration*, Kluwer Law International, 2014, p.1649.
③ See Albert Jan van den Berg (ed.), *Yearbook Commercial Arbitration*, Kluwer Law International, Volume 39, 2014, pp.344-349.
④ 钟澄：《国际商事仲裁中的弃权规则研究》，北京，法律出版社，2012年，第232~233页。
⑤ 例如，鉴于仲裁协议的非签字方对仲裁庭的管辖权提出异议，比利时布鲁塞尔初审法院院长在2014年作出的判决中指出：该非签字方应被视为对仲裁协议的合意问题弃权。See Bassiri & Draye (eds.), *Arbitration in Belgium*, Kluwer Law International, 2016, p.518.
⑥ 294 F.3d 668 (5th Cir. 2002).

人约定仲裁庭由三人组成,然而没有证据证明上诉方在仲裁阶段对改名后的仲裁机构受理案件及该仲裁庭的管辖权问题由偶数的十人仲裁委员会决定的情况提出过异议。①

再如在 Armada (Singapore) Pte Ltd (Under Judicial Management) 诉 Gujarat NRE Coke Limited 案中,2014 年 6 月 17 日澳大利亚联邦法院判决指出:尽管当事人之间的协议规定仲裁员应是伦敦仲裁员协会成员的商人,本案中包括了原则上不符合商人定义的两名律师组成的仲裁庭也未违反此协议,因为仲裁裁决的被申请执行人同意任命其中之一的这样的仲裁员和参与其后一段时间的仲裁,这就构成了对此种缺陷指控的弃权。②

中国内地也有人民法院曾司法审查过当事人是否对违反约定选择仲裁员的质疑已弃权的问题。例如在广州经济技术开发区亚太铝业有限公司(以下简称"广州亚太")诉中外炉工业株式会社案中,深圳市中级人民法院认为,尽管当事人选择的仲裁规则规定被申请人为两个以上时应经协商选定仲裁员,广州亚太与香港亚太作为共同被申请人共同推选了一名仲裁员,首次开庭时该仲裁员所在的仲裁庭同意申请人撤回对香港亚太的仲裁请求且未通知广州亚太重新选择替代仲裁员,广州亚太对此并没有及时提出异议还继续参加了其后的仲裁程序,应视为弃权异议。③ 另一起如下的案情同样被最高人民法院认定为存在弃权行为:当事人协议从北京仲裁员名单中任命仲裁员,最后从深圳仲裁员名单中指定仲裁员却没有及时提出异议。④

(三) 以违法或不可执行否定选任协议

属于违法而被司法审查的法院否定选任协议的典型案例如 1994 年法国巴黎上诉法院对 Ministry of Public Works 诉 Société Bec Frères 案的判决等。在该案中,当事人协议约定以突尼斯为仲裁地并由两名仲裁员裁决。发生争议提交仲裁后,双方当事人选定的两名仲裁员根据仲裁地法的奇数要求任命了第三名仲裁员。巴黎上诉法院认为不符合当事人协议数量的这三名仲裁员作出的裁决是有效的,理由是:仲裁地法律要求仲裁员的人数为奇数,这两名仲裁员只做了遵循这种强行法律的事情;当事人在仲裁条款

---

① See Albert Jan van den Berg (ed.), *Yearbook Commercial Arbitration*, Kluwer Law International, Volume 35, 2011, pp.340-342.
② See Albert Jan van den Berg (ed.), *Yearbook Commercial Arbitration*, Kluwer Law International, Volume 39, 2014, pp.344-346.
③ 钟澄:《国际商事仲裁中的弃权规则研究》,北京,法律出版社,2012 年,第 257~258 页。
④ 汪祖兴、郑夏:《自治与干预:国际商事仲裁当事人合意问题研究》,北京,法律出版社,2016 年,第 230 页。

中将争议提交两名仲裁员的意愿不能使仲裁地的这种法律落空。①

属于不可执行而被司法审查的法院否定选任协议的典型案例则如美国纽约遗嘱检验法院对 re Ismailoff 案的判决等。在该案中,当事人在协议中约定争议将交由有正统犹太信仰的三名仲裁员仲裁。后来一方当事人寻求任命具有正统犹太信仰的三名仲裁员,2007 年 2 月 1 日纽约遗嘱检验法院拒绝执行该仲裁条款,转而指令当事人分成两组各选一名仲裁员和美国仲裁协会指定第三名仲裁员,其理由是:美国宪法禁止法院决定谁有正统的犹太信仰,当事人关于仲裁员必须具有这种信仰的约定是不能执行的;仲裁条款是可分的,并不会导致整个仲裁的规定无效。②

对于以上第一类判决,有境外学者担心地指出在为国际仲裁的情况下可能会导致有关裁决不会被《纽约公约》其他缔约国承认和执行,理由是:该公约并未禁止缔约国承认由偶数仲裁员作成的裁决;该公约第 5 条第 1 款(d)项允许缔约国拒绝承认和执行仲裁庭的组成与当事人协议不符的仲裁裁决。③ 笔者认为无需有此种担心,因为最近 20 年很少报道此种案例;即使再出现,大部分对仲裁友好的国家可采纳意大利威尼斯上诉法院在前述判决中采用的规范解释法驳回当事人的违反选任协议主张。

对于以上第二类涉及宗教事务仲裁问题的仲裁裁决,很多国家或地区的法院司法审查中还是较多地遵循当事人的意思自治原则,尽量承认和执行有关裁决。④ 这种做法非常值得中国借鉴。

(四) 以违反平等权为由否定当事人的选任行为

仲裁员是仲裁争议的裁判者,当事人在选任这样的裁判者过程中拥有平等权,对确保仲裁的公正性非常重要,为此一些国家或地区采用强行的制定法规范予以规范,如德国的立法规定:如果仲裁协议约定一方当事人在仲裁庭的组成上具有优势的权利,使得另一方当事人处于不利的境地,则该另一方当事人可以请求法院不执行此种约定。荷兰的立法也有类似的规定。⑤ 此种明

---

① See Albert Jan van den Berg (ed.), *Yearbook Commercial Arbitration*, Kluwer Law International, Volume 22, 1997, pp.682-690.
② 法律网,http://cases.laws.com/new-york-matter-of-esther-ismailoff.pdf,最后浏览日期:2017 年 12 月 7 日。
③ See Gary B. Born, *International Commercial Arbitration*, Kluwer Law International, 2014, pp.1651-1652.
④ See Gary B. Born, *International Commercial Arbitration*, Kluwer Law International, 2014, p.1756.
⑤ 参见 1998 年德国《民事程序法典》第 1034 条第 2 款及 1986 年和 2015 年荷兰的《民事程序法典》第 1028 条。

示的制定法规则在其他国家或地区虽然很难见到,但其丰富的司法审查实践形成的惯例表明了同样的立场。从可获得的案例资料来看,实践中关于当事人在选任仲裁员平等权方面争议的主要引发因素是:约定单方任命全部或多数仲裁员;选任仲裁员的自由度、没有收到任命仲裁员的通知、选任仲裁员程序不正常、多方当事人仲裁[①]等。

1. 约定单方任命全部或多数仲裁员

在这方面,频繁使用仲裁的瑞典报道了较多的司法审查实例。

例如,在 1982 年的 Christer J. et al. 诉 Svenska kommunalarbetareförbundet 中,当事人约定要任命五名仲裁员,然而,承担指定第五位仲裁员任务的任命机构却对当事人之间争议的核心问题作出评论(而丧失了中立性),瑞典最高法院认为,涉案的仲裁条款无效,任何一方当事人有权提起诉讼。在 1987 年 Rita Urhelyi 诉 Arbetsmarknadens Försäkringsaktiebolag 案中,针对当事人约定其中的一方有权任命大多数仲裁员的情况,瑞典最高法院同样认定该种约定无效,判决另一方当事人有权提起诉讼。不过,在 1992 年 Bostadsrättsföreningen Mossviolen 1 诉 Folkhem Försäljnings AB 案中,申请方当事人缔约同意除去其任命一名仲裁员的权利,由被申请方行使了这项权利,瑞典最高法院认为,尽管该仲裁协议本可被废止而不禁止申请方当事人提起诉讼,被申请方承诺使申请方当事人在任命仲裁员过程中拥有自由和无限制的任命权,这种情况下的仲裁协议得以保留效力。[②]

以上情况表明,瑞典这样的仲裁强国在司法审查中也是逐步改善立场,从而既保障了仲裁的中立性品质,也支持了仲裁的尽可能开展。

2. 选任仲裁员的自由度

在临时仲裁中,在符合应予适用的仲裁地或仲裁裁决执行地强行规则的前提下,当事人可以自由地选任仲裁员。在机构仲裁中,一些仲裁机构的仲裁规则却规定,当事人只能在该机构提供的名册上挑选仲裁员。全球或区域性有较大影响的仲裁机构一般在其名册上列了很多各种背景的仲裁员,当事人有很大的选择范围,对于当事人因可选仲裁员范围太窄所致的平等权受损、仲裁员本身中立性存在问题等而向法院提出的司法审查指控,这类机构仲裁很少能遭遇到。但是,另一些同样要求只能在指定名册中选择

[①] 张圣翠、张心泉:《我国仲裁员独立性和公正性及其保障制度的完善》,《法学》2009 年第 7 期。关于多方当事人仲裁的较详细情况,也可参见杜焕芳、陈娜:《论多方当事人合并仲裁的合意与技术》,《西北大学学报》(哲学社会科学版)2013 年第 6 期。

[②] Franke & Magnusson, et al. (eds.), *International Arbitration in Sweden: A Practitioner's Guide*, Kluwer Law International, 2013, p.129.

仲裁员的专业类仲裁机构所列举的仲裁员来源很单一,其中的某些专业类仲裁机构对指定的仲裁员甚至还采取匿名的办法,不满于此种做法的当事人在获得不利裁决时往往以没有选任仲裁员的自由为由指控仲裁庭的组建瑕疵,进而否定仲裁裁决的效力。

对于当事人的上述指控,各国法院的态度不一。例如,法国巴黎上诉法院在 Phillipp 兄弟公司案中没有支持当事人的这种主张。然而,德国和瑞士等国法院对同类问题持有截然不同的立场。如在 1985 年 12 月 10 日和 30 日德国汉堡上诉法院判决的某案中,当事人指定的荷兰咖啡贸易协会仲裁规则规定,仲裁庭中的全体或主要仲裁员必须选自该协会的成员。汉堡上诉法院在判决中指出,当事人在仲裁员任命方面的平等权和仲裁庭对双方当事人的中立性都是仲裁法中的基本原则,规定由协会仲裁庭解决协会成员与非协会成员纠纷的仲裁协议不仅违背了强行法,而且违反了公共政策。在该判决中,汉堡上诉法院还援引德国和瑞士最高法院的观点作为其判决依据。① 美国近年来某些雇用仲裁纠纷的判决表明,美国法院也倾向于反对通过限制选任仲裁员的自由否定当事人在组建仲裁庭过程中的平等待遇。②

值得欣慰的是,由于德国、瑞士及美国等国法院的伸张正义的判决和一些综合性或专业性仲裁机构的自身反省,近年来,一些机构或采取扩展名册和备选仲裁员来源多样化等措施,或通过允许当事人在名册之外选择仲裁员等形式,大大地加强了落实当事人在仲裁员任命权方面享有平等权的力度。

3. 没有收到任命仲裁员的通知

世界范围内的仲裁司法审查实践中,因没有收到任命仲裁员的通知而遭到有关法院否认选任行为并进而使仲裁裁决的承认和执行遭到拒绝的案件时有所闻。2002 年 12 月 26 日瑞士联邦法院所判决的一宗多方当事人仲裁案即为此类案件的一个典型。在该案中,索赔人与主债务人及其两名承担连带责任的担保人之间的仲裁协议规定:争议应提交独任仲裁员;如果没有提名仲裁员,另一方当事人提名的仲裁员被选任。索赔人与主债务人发生纠纷后,主债务人对索赔人关于任命独任仲裁员协商事宜的通知置若罔闻。随后索赔人任命的仲裁员作为独任仲裁员作成了裁决。瑞士联邦法院指出,对主债务人而言,该裁决没有违反当事人任命仲裁员方面的平等待遇权利,因为主债务人本来可以建议其他人选作为仲裁员,以阻止索赔人提

---

① [意]莫鲁·鲁比诺-萨马塔诺:《国际仲裁法律与实践》,北京,中信出版社,2003 年,第 335 页。
② 张圣翠:《国际商事仲裁强行规则研究》,北京,北京大学出版社,2007 年,第 100 页。

名的仲裁员任职。但是,瑞士联邦法院撤销了该裁决中索赔人对另外两名连带责任担保人的决定部分,理由是:索赔人仅将提名的仲裁员人选告知了主债务人而没有告知该两名连带责任的担保人的行为,违反了瑞士《国际私法法典》第190条第2款a项的规定,从而构成了仲裁庭的组成不当。①

一些国家的司法实践还表明,仲裁庭在组建过程中不仅应当使所有当事人收到任命仲裁员的通知,而且还必须在通知中披露仲裁员的姓名,否则,也构成对当事人平等待遇和其他强行法权利的违反。1976年6月10日德国科隆上诉法院对丹麦某买方诉德国某卖方案所作出的判决,即为此类司法实践中最为著名的代表之一。该判决缘起丹麦哥本哈根谷物和饲料贸易仲裁委员会仲裁规则(the Arbitration Rules of the Copenhagen Arbitration Committee for Grain and Feed Stuff Trade)下的一起仲裁纠纷。该仲裁规则规定:仲裁员名字向当事人保密,裁决只由仲裁庭主席签署。做出这种规定的原因是仲裁员名册上的人员均来自经常相互做生意的很狭小的谷物商界圈,一旦被选定的仲裁员向某一当事人披露了姓名,该当事人即可能向任职的仲裁员施加影响。该仲裁规则还规定当事人有权索要仲裁员名册并将不同意任职的人员删除,德国当事人没有索要仲裁员名册。德国法院认为:德国当事人的不行为既不能阻止德国当事人引用《纽约公约》第5条第1款b项和《欧洲国际商事仲裁公约》第9条第1款b项下的抗辩理由,也不能成为该仲裁规则不正常的借口;该仲裁规则不正常之处在于其有关规定使德国当事人除了仲裁庭主席外无从知悉其他对争议作出裁决者的名字,从而失去了请求某一仲裁员回避的机会,由此也失去了基本的平等权和仲裁程序中的公平审理权;这些权利的排除皆构成对德国公共政策的违反,裁决应当被拒绝执行。②

中国内地的人民法院有时也会遇到仲裁员任命通知的问题纠纷,如最高人民法院的〔2003〕民四他字第32号的回复就涉及送达不当导致一方当事人未收到指定仲裁员的通知问题,其最终结果就是导致仲裁裁决的被撤销。③ 中国最高人民法院在2006年6月2日签发的《关于香港东丰船务有限公司申请执行香港海事仲裁裁决请示的复函》(〔2006〕民四他字第12号)中还认为:对于仲裁员辞职后另行指定仲裁员的情况,一方当事人应将之

---

① See Matthias Scherer, "Equal Treatment of the Parties", *International Arbitration Law Review*, 2003, p.47.
② See Hrvoje Sikiric, "Arbitration proceedings and Public Policy", *Croatian Arbitration Yearbook*, 2000, pp.108-109.
③ 刘晓红主编《仲裁"一裁终局"制度之困境及本位回归》,北京,法律出版社,2016年,第116~117页。

通知另一方当事人。① 然而,在 2008 年宁波工艺品进出口有限公司与瑞士 DUFERCO S.A.(德高钢铁公司)纠纷案②中,尽管宁波市中级人民法院首次承认和执行国际商会在中国仲裁的裁决受到理论界和仲裁实务界广泛称道,却令人遗憾地没有明确解决被申请方宁波工艺品进出口有限公司所质疑的没有得到仲裁员的任命通知的问题。③

4. 选任仲裁员程序不正常

近年来选任仲裁员程序不正常的一个典型判例是由美国第十巡回法院 2016 年 7 月 19 日发布④的。该案涉及一家英文名为 CEEG(Shanghai)的中国太阳能科技有限公司,该公司作为卖方与作为买方的美国英文名为 LUMOS 有限责任公司在 2010 年 5 月 17 日达成的一项买卖太阳能电池元件的协议规定:中英文冲突时以英文为准,并如以前的合同仍然约定了 CIETAC 仲裁,只是未明确仲裁使用的语言。2010 年 10 月与 11 月,LUMOS 发现所收的电池元件有缺陷,该缺陷于 2011 年 5 月被 CEEG 派代表现场检验证实。卖方就该缺陷产品的货款及买方的担保问题交涉一年多时间未果,2013 年 3 月 22 日,CEEG 启动 CIETAC 的仲裁程序。LUMOS 于 2013 年 4 月 4 日收到除 CEEG 的代理律师名字显示为英文和阿拉伯数字显示的支付余额外全为中文的书面邮件。该邮件用英文显示 CIETAC 为投寄者,LUMOS 后来却声称其工作人员从未查看该标签。LUMOS 并未回应该邮件,还于 2013 年 5 月 7 日给 CEEG 的代理律师发去和解方案的电子邮件。同一天,CEEG 的代理律师回应称该纸质邮件是 CIETAC 的仲裁通知,在销售合同未规定仲裁语言的情况下使用 CIETAC 中文仲裁的任意性规则。LUMOS 便翻译该纸质邮件并寻求雇佣一名中国律师为代表,2013 年 6 月 20 日写信给 CIETAC 称其因雇佣中国律师的困难性而需要更多时间准备抗辩,CIETAC 同意推迟第一次开庭时间,却在没有 LUMOS 参与的情况下根据其 15 天的时限规则于 2013 年 5 月 27 日任命了三人仲

---

① 齐湘泉:《论国际商事仲裁中的适当通知》,《仲裁研究》2010 年第 1 期。
② 本案详情可参见赵秀文:《从宁波工艺品公司案看我国法院对涉外仲裁协议的监督》,《时代法学》2010 年第 5 期;同时可参见张建:《中国商事仲裁的国际化挑战——以最高人民法院的裁判观点为视角》,《上海政法学院学报》2016 年第 1 期。
③ 赵秀文:《中国仲裁市场对外开放研究》,《政法论坛》2009 年第 6 期;云法通:《法院拒执行互联网仲裁裁决书"先予仲裁"触动了哪根法律底线?》(2018 年 6 月 1 日),百家号,https://baijiahao.baidu.com/s?id=1602050632476399274&wfr=spider&for=pc,最后浏览日期:2020 年 7 月 10 日。
④ See Albert Jan van den Berg (ed.), *Yearbook Commercial Arbitration* (Volume 42), Kluwer Law International, 2017, pp.1-14.

裁庭，LUMOS 对该仲裁庭组成提出的异议遭到驳回。2013 年 6 月 13 日，CIETAC 的仲裁庭作出对 CEEG 有利的裁决。美国第十巡回法院在维持科罗拉多区法院拒绝承认与执行该仲裁裁决的判决时进一步指出：当事人之间的先前联系都采用英语、争议中的销售合同也以英语为准，在 CIETAC 使用英语并不困难的情况下采用不熟悉的中文通知却没考虑被申请执行人需要更多时间回应，这种不充足的通知导致 LUMOS 未能参与任命仲裁庭程序，造成其后的程序在《纽约公约》下无效，由此导致偏袒性。

笔者认为，中国的当事人和仲裁机构都应记取本案的教训，切实地做好正当的仲裁员任命程序工作。

5. 多方当事人仲裁

多方当事人仲裁是指申请人或被申请人是两个或两个以上当事人的仲裁。随着国际商事交易的复杂化，多方当事人之间进行一项交易的情况已很常见，由此引发越来越多的多方当事人仲裁。对于多方当事人同一交易争议进行多方当事人仲裁，既可以避免对同一问题作出不同的裁决结论，又可以在总体上降低争议解决的成本。但是，多方当事人仲裁有时不仅会出现如上述瑞士法院所遇到的多方当事人仲裁中有关仲裁员任命通知的问题，而且还会涉及各方当事人任命权本身的问题。每一处于多方申请人或被申请人之列的当事人，如果都有权直接任命一位仲裁员，则肯定会损害处于少数方之列的对方当事人利益。此外，有时多方申请人或被申请人在仲裁中的利益并不一致，其中的某些当事人可能因多方当事人仲裁的复杂性而比分开仲裁承担更多的成本，也会产生处于多方申请人或被申请人之列的当事人有无义务共同任命一名仲裁员的问题。①

法国最高法院在 1992 年 1 月 7 日对 BKMI 公司和西门子公司诉 Dutco 公司案的判决中即遇到此类问题。其中的 BKMI 公司和西门子公司都属于德国公司，而 Dutco 公司为营业地在阿联酋迪拜的一家公司。这三家公司于 1981 年 3 月 26 日达成一项在阿曼国建立水泥厂的联营协议，在该协议中，当事人约定所有争议根据国际商会仲裁规则由三人仲裁庭裁决，巴黎选为仲裁地。后来，Dutco 公司在同一份仲裁请求中提起了分别针对 BKMI 公司和西门子公司两项单独的索赔。BKMI 公司和西门子公司主张将两项索赔的仲裁程序分开，每个公司皆享有权利任命自己的仲裁员。国际商会

---

① 李晓玲：《多方当事人仲裁程序问题探讨》，《华东政法学院学报》2004 年第 4 期；See Böckstiegel & Kröll, et al. (eds.), *Arbitration in Germany*, Kluwer Law International, 2015, pp.174-176。

则决定由 Dutco 公司任命一名仲裁员、BKMI 公司和西门子公司联合任命一名仲裁员及国际商会主席任命的第三名仲裁员组成的单一仲裁庭进行仲裁。BKMI 公司和西门子公司联合任命了一名仲裁员,但保留了质疑权。巴黎上诉法院判决认为:国际商会仲裁规则没有排除多方当事人仲裁的可能性,当事人以创造紧密联营关系的方式使多方当事人仲裁成为可能;尽管国际商会 1988 年仲裁规则第 2 条第 4 款规定每一方当事人应当选择一名仲裁员,当事人选择"自己的"仲裁员的权利是基本而不是绝对的,当事人在本案中实施组建仲裁庭的权利没有明显的不平衡,当事人的平等待遇原则或公共政策并没有被违反,多方当事人仲裁的本性既非不方便也不影响当事人的平等待遇原则或国际与国内的公共政策。因此,巴黎上诉法院以当事人的权利没有受到损害为由拒绝撤销裁决。但是,法国最高法院却满足了 BKMI 公司和西门子公司的撤销裁决要求,该法院指出:指定仲裁员过程中当事人平等原则是一项涉及国际公共秩序或公共政策的问题,当事人只能在争议发生之后弃权,强迫两家公司联合指定一名仲裁员的行为违反了法国《新民事程序法典》第 1502 条第 2 款中仲裁庭必须有效组建和《民法典》第 6 条中的公共政策规定。①

震慑于法国最高法院的这一判决以及其他国家大多不支持强迫多方当事人仲裁的态度,国际商会、伦敦国际仲裁院和美国仲裁协会等随后的仲裁规则纷纷以任意规则的形式允许当事人自主选择是否进行多方当事人仲裁,并对多方当事人仲裁的仲裁员任命问题作出了明确的规定。② 如 2012 年的国际商会仲裁规则第 12 条第 6~8 款规定,在申请人或被申请人有数个且争议由三名仲裁员审理的多方当事人仲裁的情况下,该数个申请人或被申请人作为整体应共同选择一位仲裁员让仲裁院批准;申请加入方的当事人有权利而不是义务(按其利益远近选择)共同挑选一位仲裁员供仲裁院确认;各方当事人未能共同提名且就仲裁庭不能取得一致意见的,仲裁院可以任命每一位仲裁员。③ 该仲裁规则的 2017 年最新修改版的同条款依然包含同样的规定。④

---

① See Georgios Petrochilos, *Procedural Law In International Commercial Arbitration*, New York: Oxford University Press, 2004, p.143.
② See Tibor Vardy, et al. (eds.), *International Commercial Arbitration*, West Group, 2003, p.378; See also Bassiri & Draye (eds.), *Arbitration in Belgium*, Kluwer Law International, 2016, p.137.
③ See Jacob Grierson & Annet van Hooft, *Arbitrating under the 2012 ICC Rules*, Kluwer Law International, 2012, p.132.
④ 该最新的仲裁规则可下载于 https://iccwbo.org/dispute-resolution-services/arbitration/rules-of-arbitration,最后浏览日期:2018 年 10 月 16 日。

从目前相关国家的司法实践来看,在协议中明示或默示地选择多方当事人仲裁,按照有关仲裁规则,由多方申请人或被申请人共同任命一位"自己的"仲裁员做法并不违反当事人指定仲裁员方面的平等权原则,因为该原则并不意味着每一当事人必然有权任命一位"自己的"仲裁员,而是指在任命仲裁员的程序中每一当事人都有自愿平等的权利。① 但是,德国法兰克福一家法院 2010 年所作的一项判决及其他几家法院的先前判决表明:一旦多方申请人或被申请人中任何一方不能就其选择的仲裁员达成共识时,另一方关于某仲裁员的共同选择即归于无效,法定的仲裁员任命机构有权任命所有仲裁员。②

结合境外一些法院声称没有权力合并仲裁的司法审查实例,中国有学者提出:同一独任或首席仲裁员可被仲裁机构指定参加关联的仲裁程序,从而能实现较大程度的程序合并效应以提高仲裁效率。③ 我们认为,在未形成下文将进一步论述的被多次任命的所谓反复玩家(repeat players)或反复任命(repeat appointments)局面以致影响到独任或首席仲裁员独立性与公正性的情况下,该种建议很值得提倡。

第二节 仲裁员独立性与公正性争议的司法审查

一、学理和司法实践中仲裁员独立性与公正性的含义

有些学者认为,在仲裁员必须具备独立性和公正性的机制中,公正和独立常被作为同义语考虑,对之进行区分是不必要的。④ 更多的学者则主张,独立性和公正性之间存在着交叉却不吻合的关系,即在某些场合下二者可能会重合,而在另一些场合下却互不隶属。⑤

---

① See Andrea Carlevaris, "The 1998 ICC Rules and Some Recent Trends in International Commercial Arbitration", *Croatian Arbitration Yearbook*, 2002, p.33.
② See Böckstiegel & Kröll, et al. (eds.), *Arbitration in Germany*, Kluwer Law International, 2015, pp.175-177.
③ 汪祖兴、郑夏:《自治与干预:国际商事仲裁当事人合意问题研究》,北京,法律出版社,2016 年,第 238 页。
④ See Christopher Koch, "Standards and Procedures for Disqualifying Arbitrators", *Journal of International Arbitration*, Volume 20, Issue 4, 2003, p.332.
⑤ See Esin & Yesilirmak (eds.), *Arbitration in Turkey*, Kluwer Law International, 2015, pp.61-62.

提出区分独立性与公正性的学者们认为：独立性在字面上意味着仲裁员没有保持或不存在法律上或事实上的外部依赖关系；作为一个范围广泛的表述，该种外部依赖关系意味着来自一方当事人、该方当事人的雇员或咨询人、该方当事人的代理律师或雇员顾问、未卷入案件但与一方当事人有联系等的外部人存在组织上[1]、经济上、专业上或个人等方面的密切关系而对仲裁员所产生的影响。在习惯上，这种"外部"联系或影响一般被称为"利益冲突"，仲裁员则因"利益冲突"关系的存在而可能对当事人之间的争议不能公正地处理。当然，少数与一方当事人有持续重要联系的特殊仲裁员也可能偶尔有保持公正思想状态的能力。然而，通常来说，不独立的人不可能是公正的。因此，在某仲裁员不独立于对方当事人的情况下，不应要求每一方当事人相信该仲裁员能公正地进行仲裁而会忘记其不独立的身份。由于这种不公正可以通过客观的外部关系加以证实，因此，一些学者将独立性称为"客观公正性"（objective impartiality）。[2]

　　另一方面，公正性是指仲裁员能对每一方当事人没有任何偏袒或对案件没有偏见，并能公平地进行仲裁程序且只根据相关事实和法律作出裁决的思想状态。公正性涉及仲裁员的精神元素，因而属于主观范畴。[3] 正是基于学术界的这种描述，法国法院司法审查常用"独立的思想"（an independent mind）指称公正性。[4] 如前所述，公正性是很多国家或地区的制定法对仲裁员基本素质的强行要求。然而，仲裁员的个人喜恶、偏袒言行在实践中很少暴露出来，而难以通过直接证据证明。因此，有些学者认为实践中对仲裁员需要集中于更客观并且比较容易证明的独立性标准，这从原则上也能确保仲裁员裁决的自由。那些在立法中仅有独立性要求的国家（如瑞士等）据说正是出于这种考虑而有意如此规定。[5] 但是，另一些学者认为，对仲裁员应同时坚持公正性和独立性两项强行法要求，因为尽管独立的仲裁员在多数情况下是公正的，却并不总是必然地公正对待各方当事人，也就是说，独立

---

[1] 如在1995年所作的一起判决中，针对所涉仲裁条款规定仲裁员应为一专业机构会员而仅有一方当事人也是其会员的情况，比利时Mons上诉法院宣告该仲裁条款无效。See Bassiri & Draye (eds.), *Arbitration in Belgium*, Kluwer Law International, 2016, p.270.

[2] [意] 莫鲁·鲁比诺-萨马塔诺：《国际仲裁法律与实践》，北京，中信出版社，2003年，第330页。

[3] See Henry Gabriel & Anjanette H. Raymond, "Ethics for Commercial Arbitrators", *Wyoming Law Review*, 2005, p.457.

[4] [法] 菲利普·福盖德、[法] 伊曼纽尔·盖拉德、[法] 贝托尔德·戈德曼：《国际商事仲裁》，北京，中信出版社，2004年，第562页。

[5] See Geogios Petrchilos, *Procedural Law In International Commercial Arbitration*, New York: Oxford University Press, 2004, p.133.

的仲裁员也可能是不公正的。① 对仲裁员同时具备公正性要求就可以为当事人对那些客观上虽然具有独立性但主观上有明显偏袒的仲裁员提供质疑救济的法律依据。如在英国法院审理的 Catalina 案中,仲裁员竟然在仲裁期间公开表态:根据个人经验只有挪威人是诚实的,意大利人与葡萄牙人都一样是骗子。对遇到有如此露骨偏见仲裁员的当事人而言,如果仅有独立性而没有公正性的规则予以救济,则肯定不符合自然正义的原则。②

实际上,瑞士法院也经常准予当事人以不公正为由对仲裁员提出质疑。而在明确规则层面上,由六家瑞士商会 2003 年共同采纳并于 2004 年 1 月 1 日生效的《瑞士国际仲裁规则》(the Swiss Rules of International Arbitration)第 9 条第 1 款除了保留瑞士仲裁制定法中传统的"独立性"要求外,已开始明确增添了"公正性"的要求。③

从司法审查实践的角度来看,当事人对仲裁员的主观公正性提出质疑的情况主要有以下几种:(1)仲裁员先前公开的法律或专业观点有偏颇性;(2)仲裁员在以前的案件中出现过程序或实体错误;(3)仲裁员在先前的仲裁中已熟悉了争议或关联争议;(4)仲裁员被同一当事人反复任命以致成为上文所称的反复玩家;(5)仲裁员与一方当事人代理律师发生非常激烈的争执以致仇视该方当事人而失去偏袒性。对于第(1)种情况,各国法院一般都驳回当事人的指控。然而,仲裁员若在先前其他仲裁案件中反复地显示了对指控当事人不利的意见,则可能会导致不同的司法审查结论。如在 2006 年 12 月 14 日判决的某案中,比利时布鲁塞尔原审法院就宣布至少在六次先前类似仲裁中有这种立场的仲裁员不具有公正性。④ 对于第(2)种情况,瑞士最高法院通过 1992 年 5 月 11 日对 D 诉 A 案作出的判决宣布:除非仲裁员发生的错误很严重或经常发生错误,当事人不得以偶然微小的错误指控仲裁员的公正性。⑤ 在第(3)种情况下,当事人往往声称由于仲裁员通过先前的仲裁熟悉了争议或关联争议而对案情产生定论性的成见,从而不再可能具有一个接手新案件的新裁判者的客观性,并且还可能将虚假

---

① [意]莫鲁·鲁比诺-萨马塔诺:《国际仲裁法律与实践》,北京,中信出版社,2003年,第331页。
② 当事人在该案中成功地以不公正为由撤换了该仲裁员。参见杨良宜:《国际商务仲裁》,北京,中国政法大学出版社,1997年,第84~85页。
③ See Matthias Scherer, "New Rules on International Arbitration in Switzerland", *International Arbitration Law Review*, Volume 7, Issue 4, 2004, p.121.
④ See Bassiri & Draye (eds.), *Arbitration in Belgium*, Kluwer Law International, 2016, pp.160-161.
⑤ [法]菲利普·福盖德、[法]伊曼纽尔·盖拉德、[法]贝托尔德·戈德曼:《国际商事仲裁》,北京,中信出版社,2004年,第569页。

信息传给后一个仲裁庭,影响其决定。总的来说,经常受理此类争议的法国法院在司法审查中原则上不禁止某人在相同或关联争议的两个先后仲裁程序甚或平行仲裁程序担任仲裁员,但是在这类任命几十次或虽然只有几次却使指控当事人面临先入为主的不利裁决的情况下则不适用此原则。受法国等国家或地区法院的这种司法审查态度的影响,国际商会等仲裁机构在决定是否批准当事人任命的仲裁员时已考虑到这类任命的次数问题。① 对于第(4)种情况,瑞典也有数起著名判决,如在 Korsnäs AB 诉 AB Fortum Värme samägt med Stockholms stad 案中,瑞典最高法院认为,首席仲裁员在过去十年内得到一方当事人律师事务所的任命数次仅占其总任命数的10%而不会导致其缺乏公正性。不过,在 2006 年瑞典 Svea 上诉法院指出:被重复任命的仲裁员应向当事人披露,本案未披露情况不太严重才未导致仲裁裁决的撤销。② 对于第(5)种情况,澳大利亚联邦或州法院在数起判决中支持当事人对仲裁员的质疑。1953 年澳大利亚新南威尔士州法院对 R. 诉 Butler 案判决、1960 年西澳大利亚州法院对 Tousek 诉 Bernat 案的判决、1983 年澳大利亚最高法院对 Liversey 诉新南威尔士律师协会案的判决等,都是这类司法审查判决的典范。③

此外,在机构仲裁的情况下,机构所承担的类似于仲裁员公正性与独立性义务的司法审查实践也是值得关注的。前述的瑞典 Christer J. et al.诉 Svenska kommunalarbetareförbundet 案的司法审查结论就很好地证明了这一点。其他国家或地区也有同样的佐证。例如,在 2012 年的一起涉及体育联盟规则中包含的仲裁条款案件中就因该联盟与仲裁机构有联系,比利时 Tournai 原审法院院长以简易程序宣告该仲裁条款无效。④ 由此可见,当事人应选择中立的仲裁机构,否则,很可能导致仲裁协议被进行司法审查的法院裁定无效。

二、制定法规范依据与学理依据

司法审查仲裁员独立性与公正性争议的制定法规范依据在境内外非常普遍,它们可以被分成三类。第一类直接地规定仲裁员必须同时具备独立

---

① See Gomez-Acebo, *Party-Appointed Arbitrators in International Commercial Arbitration*, Kluwer Law International, 2016, pp.113-123.
② See Franke & Magnusson, et al. (eds.), *International Arbitration in Sweden: A Practitioner's Guide*, Kluwer Law International, 2013, p.253.
③ [意] 莫鲁·鲁比诺-萨马塔诺:《国际仲裁法律与实践》,北京,中信出版社,2003 年,第 338 页。
④ See Bassiri & Draye (eds.), *Arbitration in Belgium*, Kluwer Law International, 2016, p.270.

性与公正性,如德国 1998 年《民事程序法典》第 1034 条第 2 款、日本 2003 年《仲裁法》第 18 条、奥地利 2006 年《民事程序法典》第 588 条、爱尔兰 2010 年《仲裁法》表 1 中第 12 条、中国香港 2010 年《仲裁条例》第 25 条、荷兰 2015 年《民事程序法典》第 1033~1034 条等以 1985 年版或 2006 年版《示范法》第 12 条为范本的条文。第二类仅直接地规定仲裁员符合独立性与公正性中的一项即可,采用这一模式的国家有英国、瑞士和原先的瑞典等。如英国 1996 年《仲裁法》只在第 24 条第 1 款(a)项直接确定了仲裁员公正性,对仲裁员的独立性要求却只字未提。又如瑞士只在《国际私法法典》第 181 条第 1 款(c)项对仲裁员作出独立性的要求。瑞典 1999 年制定生效的《仲裁法》也仅在第 8 条明确提及仲裁员公正性规则,其 2019 年 3 月 1 日最新修订生效的该法同条第 1 款却同时包含独立性要求。前已指出,以上独立性与公正性两项术语之间存在着密切的交叉重叠甚至是可替换的关系,因此,英国与瑞士等制定法中仍然只规定一项要求的法律规则的司法审查实践与第一类国家或地区并无实质性的差别。中国现行《仲裁法》第 34 条则属于第三类模式,该条通过规定应回避的情形间接地作出对仲裁员独立性与公正性的要求。我们认为该条存在着严重的缺陷,除了没有直接作出仲裁员独立性与公正性义务要求而在中国这样的人情传统的社会中更容易不重视该义务外,还没有规定由该义务引申出的仲裁员披露义务和采用穷尽列举方式产生的漏洞。无疑中国以后修订的《仲裁法》应借鉴大多数国家或地区的制定法中直接规定的相应规范,特别是应借鉴瑞典(2019 年 3 月 1 日最新修订生效的《仲裁法》第 8 条第 1 款)等少数国家仲裁制定法中才有的给人以印象深刻的正面规定。①

从以上阐述中可以看出,司法审查仲裁员独立性与公正性争议所依据制定法的规范在境内外具有广泛的普遍性。只有少数学者和欧洲人权法院受理 Osmo Suovaniemi 诉芬兰案的审判庭认为并非为不可背离的强制性规定,指出:只要当事人满足了(在未受胁迫或欺诈的情况下)意识到关于仲裁员独立性与公正性的权利被放弃与所涉及的风险时仍然明白无误地放弃这种权利,该种弃权就是有效的。② 其他多数学者、承担司法审查的法官及《纽约公约》第 5 条等都将仲裁员独立性与公正性义务视为不可背离的强制性的公共政策下的义务,其适用地位比当事人选择仲裁员自

---

① 张圣翠、张心泉:《我国仲裁员独立性和公正性及其保障制度的完善》,《法学》2009 年第 7 期。
② See Thomas Schultz, "Human Rights: A Speed Bump for Arbitral Procedures? An Exploration of Safeguards in the Acceleration of Justice", *International Arbitration Law Review*, 2006, p.18.

由原则优先。① 该义务如此普遍且被置于如此重要位置的指导理论主要有以下几种。

(一) 自然正义论

原为英国学者和法官们所倡导的自然正义论(natural justice),现已在全球较为盛行。不过,该种理论在英国本国或接受该种理论的其他国家或地区不同学者的著作或法官的仲裁司法审查决定中往往有不同的称谓,如"程序公共政策"(procedural public policy)、"正义"(justice)或"程序公正"(procedural justice)、"正当程序"(due process)等。②

支持该论的学者认为,仲裁的性质决定了仲裁员必须具有独立性和公正性。不同于对结果自行随意决定的协商或和解手段,当事人选择仲裁的目的是:要通过正式的裁判程序由所任命中立的仲裁员确立相关的事实,并合理地适用既定的规则解决争议。③

自然正义论长期以来在境外很多国家或地区法院的仲裁司法审查中经常得到当事人或法官的引用,近年来的著名案件包括 2014 年印度最高法院受理的 ONGC 诉 Western GECO International 案④、2015 年新西兰上诉法院受理的 Bidois & Ors 诉 Leef & Ors 案⑤和 2017 年英国高等法院受理的 P 诉 Q 案⑥等。从这些实践情况来看,自然正义论实际上就是前述的公正价值取向论在仲裁员独立性与公正性争议司法审查机制中的别称。

(二) 宪法依据说

除了对国家的权力分配、经济制度作出基本规定以外,对于私人的基本

---

① 反映此种观点的文献包括:Christian Koller & Natascha Tunkel, "An Outline of the New Austrian Arbitration Act Based on the Uncitral Model Law", *Vindobona Journal of International Commercial Law & Arbitration*, 2006, p.33; Gary B. Born, *International Commercial Arbitration*, Kluwer Law International, 2014, pp. 1762-1763; Esin & Yesilirmak (eds.), *Arbitration in Turkey*, Kluwer Law International, 2015, p.62。
② See Lew & Bor, et al. (eds.), *Arbitration in England, with chapters on Scotland and Ireland*, Kluwer Law International, 2013, p.125 & pp.344-345。
③ See González-Bueno (ed.), *The Spanish Arbitration Act: A Commentary*, Kluwer Law International, 2016, p.161。
④ See Kashish Sinha & Manisha Gupta, "Arbitrability of Consumer Disputes: Excavating The Hinterland", *Indian Journal of Arbitration Law*, Volume VII, Issue 1, 2018, p.132。
⑤ See Stephen Hunter, *Bidois & Ors v. Leef & Ors* [2015] NZCA 176, Court of Appeal of New Zealand, CA 441-2013, 18 May 2015, A contribution by the ITA Board of Reporters, Kluwer Law International。
⑥ See Michael Kotrly & Barry Mansfield, "Recent Developments in International Arbitration in England and Ireland", *Journal of International Arbitration*, Volume 35, Issue 4, 2018, pp.486-488。

权利及解决这些权利争议的法律程序,作为一国根本大法的现代宪法一般也会作出具有最高约束力的原则规定。各国宪法对法律程序相关规定的核心内容就是公平审理程序。本学说的支持者们主张,仲裁地或执行地宪法中的公平审理程序要求,应当得到仲裁程序各参与主体的尊重。①

为了论证其观点,这一理论的支持者们采用了不同的方法。有些方法非常直截了当,即:作为当事人一项宪法权利的公平审理权,仲裁员必须予以尊重。对此,瑞士联邦最高法院等法院在司法审查实践中也曾支持此种表述。② 还有一些学者运用历史分析法指出:某些宪法曾明确地将仲裁庭规定为司法制度的组成部分,使之遵循宪法中的公平审理程序义务;这些宪法后来的修改尽管删除了该种规定,但是,仲裁员的性质并没有改变,对于宪法保护的商事自由或财产等对象,仲裁员能作出具有约束力的类似于法院判决的处分裁决,因此,仲裁员所适用的仲裁程序仍然必须符合宪法中的公平审理要求。③ 德国有些学者至今都认为:同于任何国家或地区的司法程序,仲裁应产生独立和公平的结果,德国宪法应保障其仲裁员的独立性与公正性。④ 发展中国家如巴西等国的学者也有类似的观点。⑤ 在仲裁业非常发达的美国,很多学者认为应区别考察不同的仲裁类型,美国宪法第5和第14修正案中的正当程序原则应得到法院所主导的强制仲裁的遵循,对其他类型仲裁则不应适用。⑥ 然而,也有一些美国学者认为,宪法中正当程序规则对仲裁员应当一概不予以直接适用,因为该宪法规则只适用于符合其界定范围的联邦及州的立法机构、政府机关及法院等官方组织。⑦

也有不少学者反对将宪法中的公平审理程序规则直接适用于私人自愿

---

① 张圣翠、张心泉:《我国仲裁员独立性和公正性及其保障制度的完善》,《法学》2009年第7期。
② See Manuel Arroyo Arbitration in Switzerland, *The Practitioner's Guide*, Kluwer Law International, 2018, pp.33-49.
③ See Miljenko Giunio, "Right to a Fair Trial and Efficiency of Arbitration Proceedings", *Croatian Arbitration Yearbook*, 2000, pp.36-38.
④ See Böckstiegel & Kröll, et al. (eds.), *Arbitration in Germany: The Model Law in Practice*, Kluwer Law International, 2015, p.180.
⑤ See Neil Andrews, *Arbitration and Contract Law*, Springer International Publishing AG Switzerland, 2016, p.113.
⑥ 宪法依据说和下文"自然正义论"中的"正当程序"是在广义上使用的,它不仅包括本著作其他部分实际上是在狭义上使用的"正当程序"要求,而且包括"独立无偏袒的裁判者"、平等待遇及一事不再理等原则。See Homayoon Arfazadeh, "In the Shadow of the Unruly Horse: International Arbitration and the Public Policy Exception", *The American Review of International Arbitration*, 2002, p.49.
⑦ 不过,美国的一些法院的司法审查立场显然受到"宪法依据说"的影响。See Gary B. Born, *International Commercial Arbitration*, Kluwer Law International, 2014, pp.2168-2169 & pp.1792-1793.

仲裁,与国际人权法学说反对者的观点类似的是,他们认为,宪法规则中所要求的司法机构或其他官方机构并不具有民间私人仲裁庭性质,不能单凭仲裁裁决具有已决效力(res judicata)或可执行性而将之等同于可直接适用宪法规则的司法程序,实际上在有仲裁协议的情况下,仲裁制定法中关于国家法院对争议不能管辖的规范就表明了仲裁员不属于国家司法系统。①

(三)国际人权法说

1950年11月4日,欧洲多国率先制定了《欧洲保护人权与基本自由公约》(the European Convention for Protection of Human Rights and Fundamental Freedoms)②,其第6条第1款规定:在决定其民事权利和义务或刑事指控中,任何人有权得到法庭在合理时间内进行的公开和公平的审理,该法庭应由法律建立并有能力、公正和独立,判决应当公开宣布。③ 在联合国1966年12月16日主持下通过的《关于公民和政治权利国际公约》(the International Covenant on Civil and Political Rights)也规定:在针对其任何刑事指控、法律诉讼下权利和义务的决定中,任何人有权得到法庭公平和公开的审理,该法庭应由法律建立并有能力、公正和独立;在法院和法庭面前,所有人都是平等的。后来的《美洲人权公约》等区域性人权公约同样出现了类似的规定。

援引上述全球性或区域性人权公约中的规则,人权法说学者主张,作为人权公约缔约方的义务,有关国家或地区应要求仲裁员必须具有公正性和独立性,具体包括两项:(1)准许求助法院的权利。缔约国必须使其司法制度处于就绪状态,使其境内的任何人无论是哪个国家的国籍都可以寻求法院保护。(2)赋予一定质量司法保护权。法院程序必须符合某些要求,即独立、公正、公平和公开审理及合理时间内结案。这两项义务都要求取得特定结果——公平审理。公平审理要求审理的裁判员具有独立性和公正性。各国在选择取得这种结果的手段方面有很大的自主权,包括必要时对准许求助法院权利的适当限制,如根据国际法对作为被告的国家给予豁免。私人当事人选择仲裁是对人权法中寻求司法救助权的放弃,私人当事人选择仲裁行为本身对国家也不构成任何国际责任。但是,私人当事人不能缺乏公

---

① See Sarah Rudolph Cole, "Arbitration and State Action", *Brigham Young University Law Review*, 2005, pp.4-5.
② 目前共有欧洲49个国家签署了该公约。See Piotr Wojtowicz, "You Will Be Heard: The European Court of Human Rights Clarifies the Arbitration Right to a Public Hearing", *Alternatives to the High Cost of Litigation*, February, 2019, pp.27-28.
③ See Tadas Varapnickas, "Issues of Arbitrator's Liability as Regards the Right to Fair Trial: What Way to Choose for Policy-Maker", *Vindobona Journal of International Commercial Law & Arbitration*, 2016, pp.95-96.

平审理权,对于仲裁程序,为确保实施国际人权法中的公平审理要求,国家有义务提供足够与适当的救济措施和实体法规则,并有义务对违反人权公约的仲裁程序不认可,且对该违反程序所产生的仲裁裁决不应承认或执行,否则,根据由权威国际公法学家组成的联合国国际法委员会2001年起草的《国际不当行为的国家责任》第11条,国家应当对其不当地认可违反国际人权法公平审理要求的仲裁程序及其所产生的裁决承担国际责任。国际人权法说学者还据此推导出另一个结论:仲裁员原则上必须与人权公约中的公平审理要求相符。①

一些国家的法院在实践中也支持国际人权法说。如在1986年开始的几内亚共和国诉巴黎商会(the Paris Chamber of Commerce)仲裁纠纷案的司法审查中,巴黎一审和上诉法院均引用《欧洲保护人权和基本自由公约》第6条和《关于公民和政治权利的纽约国际公约》第14条中的公平审理权要求。在作出中止仲裁程序的临时判决中,巴黎一审法院指出,该案存在不能根据法国国内及其参加的国际公约②给予几内亚共和国公平审理的严重风险。巴黎一审法院在最终判决中终止了几内亚共和国与巴黎仲裁院的合同,理由是:尽管所有仲裁员的公正、中立和客观性是毋庸置疑的,巴黎仲裁院的客观环境不可能确保原告参与在各个方面符合《欧洲保护人权和基本自由公约》第6条要求的仲裁程序。巴黎上诉法院虽然以仲裁员已被任命、仲裁程序可以遵循正常标准为由推翻了巴黎一审法院所作出的临时判决和最终判决,但同时认定仲裁员本人应当负责适当地满足《欧洲保护人权和基本自由公约》第6条和《关于公民和政治权利的国际公约》第14条中的公平的审理条件。此案表明法国法院认为,即使当事人有相反的约定,国际人权公约对仲裁的适用性是毋庸置疑的,缔约国法院有义务在仲裁程序所有阶段确保当事人的公平审理权。③

在2018年判决的一起案件中,欧洲人权法院尽管认为该公约中的公开审理权可由当事人以选择仲裁放弃,但从其对涉案仲裁员的独立性和公正

---

① See Miljenko Giunio, "Arbitration and the Right to a Fair Trial: Right to a Fair Trial and Efficiency of Arbitration Proceedings", *Croatian Arbitration Yearbook*, 2000, pp.31-34; See also Tadas Varapnickas, "Issues of Arbitrator's Liability as Regards the Right to Fair Trial: What Way to Choose for Policy-Maker", *Vindobona Journal of International Commercial Law & Arbitration*, 2016, p.107.

② 指《欧洲保护人权和基本自由公约》第6条和《关于公民和政治权利的国际公约》第14条。

③ [法]菲利普·福盖德、[法]伊曼纽尔·盖拉德、[法]贝托尔德·戈德曼:《国际商事仲裁》,北京,中信出版社,2004年,第467页。

性的评判来看,该法院不支持后一种权利可因仲裁而被放弃。① 还有一些国家或地区的法院也曾明确表示支持国际人权法说,如瑞士最高联邦法院认为,仲裁庭作出的裁决在约束力和执行力方面都等同于法院判决,因此,仲裁员必须提供独立性法律宣告同样的担保。② 表达类似观点的还有荷兰、英国等国法院。③

然而,连很多欧洲学者也反对在仲裁中直接适用以上人权公约中的公平审理原则,其依据是:各国法律尽管允许仲裁员存在而可以认为仲裁庭是根据法律(according to law)组建的,但是,仲裁庭不是人权公约中规定"由法律"(by law)建立的法庭而是完全由私人建立与排他控制的;不是仲裁裁决的(法律上的有效性)可执行性而是仲裁庭的非国家行为性质关键地决定了仲裁不应适用人权公约;公证等某些其他行为在法律上也有可执行性,但这类行为并不能比成法院的司法判决;法院程序和结果被人权公约要求公开,仲裁一般却不要求采用公开程序。反对国际人权说的学者们认为,基于《欧洲保护人权和基本自由公约》建立的欧洲法院对 1987 年瑞士与 R. 纠纷案、1986 年英国与 Lithgow et al. 纠纷案、1983 年瑞典与 Bramelid & Mamstrom 纠纷案、1962 年 X 诉西德案等数起司法审查决定显示:对私人自愿仲裁并不直接适用人权公约。④ 不过,对于以上人权公约中的公平审理原则,这些反对者往往认为:仲裁员同样应当尊重;对仲裁员违背该原则的行为,缔约国法院不予过问的,该缔约国应当承担违反人权公约的国家责任。可见,国际人权法说的正反两方立场实质上并没有区别,他们均主张缔约国应当确保人权公约中的公平审理原则被仲裁程序所遵循。⑤

大体而言,欧洲学者中一度热烈地讨论了国际人权法说,并且也只有欧洲一些国家的法院支持过该种理论。其他地区的理论界和实务界由于对该

---

① See Piotr Wojtowicz, "You Will Be Heard: The European Court of Human Rights Clarifies the Arbitration Right to a Public Hearing", *Alternatives to the High Cost of Litigation*, February 2019, pp.27-32.
② See Georgios Petrochilos, *Procedural Law In International Commercial Arbitration*, New York: Oxford University Press, 2004, p.152; See also Gary B. Born, *International Commercial Arbitration*, Kluwer Law International, 2014, pp.2166-2168.
③ See Otto L O de Witt Wijnen, Nathalie Voser & Neomi Rao, "Background Information on the IBA Guidelines on Conflicts of Interest in International Arbitration", *International Business Lawyer*, September, 2004, Part2.4.
④ See Georgios Petrochilos, *Procedural Law In International Commercial Arbitration*, New York: Oxford University Press, 2004, p.153.
⑤ See Miljenko Giunio, "Right to a Fair Trial and Efficiency of Arbitration Proceedings", *Croatian Arbitration Yearbook*, 2000, pp.36-38.

理论不甚熟悉,前述的国际律师协会2004年制定的《IBA指南》断然地与之脱钩。① 该《IBA指南》2014年的最新更新对此也没有改变。② 我们认为,最早通过国际人权公约的地区就在欧洲,十几年或几十年后才影响产生了其他全球性或区域性国际人权公约,因此,该种理论在其他区域或全球的盛行仍需假以时日。

(四) 综合依据说

持该说的学者们认为,自然正义论中公共政策或公共秩序的理念、宪法中的正当程序规则和国际人权法中的公平审理要求等,都是仲裁员必须具备独立性和公正性义务要求的指导理论。③ 显然是为了使判决更有说服力,在实践中一些国家的法官有时也综合地引用以上各种指导理论。④

我们认为,很多国家的现代宪法都将公平审理权吸收为一项宪法权利,具有高于其他国内一般法律权利的效力。有些国家也曾有宪法法院受理过仲裁公平审理方面的纠纷。⑤ 同时,已生效的全球性或区域性人权公约同样将公平审理权确立为一项基本人权,西方一些发达国家常将特定国家立法和实践中对这一项人权的保护程度作为评估其是否融入了国际社会或符合所谓的国际标准化的一项重要标准。然而,很多国家的宪法或人权公约对其中的公平审理规则都清楚地规定了适用主体,即制定国或缔约国的法院或其他官方机构而非私人仲裁庭。因此,对仲裁直接适用人权公约或宪法中的公平审理规则是没有直接法律依据的。比较起来,自然正义论更有说服力。除了为不当利益有意地欺骗对方的少数当事人外,在民商事争议中,正常有理智的诚实当事人之所以选择了仲裁而不是无视正义或公正结果的协商或调解等,当然是意图获得由中立的仲裁员作出公正的裁决。由此可见,自然正义论不仅切实地反映了商事交易当事人的合理期望,而且也准确

---

① See Otto L O de Witt Wijnen, Nathalie Voser & Neomi Rao, "Background Information on the IBA Guidelines on Conflicts of Interest in International Arbitration", *International Business Lawyer*, September, 2004, Part2.4.

② See Bassiri & Draye (eds.), *Arbitration in Belgium*, Kluwer Law International, 2016, pp.150-164.

③ See David D. Caron, Stephan W. Schill, Abby Cohen Smutny & Epaminontas E. Triantafilou (eds.), *Practising Virtue: Inside International Arbitration*, New York: Oxford University Press, 2015, pp.112-116 & pp.222-224.

④ See Daniel Girsberger & Nathalie Voser, *International Arbitration: Comparative and Swiss Perspectives*, Kluwer Law International, 2016, pp.168-169.

⑤ See Christa Roodt, "Conflicts of Procedure Between Courts and Arbitral Tribunals in Africa: An Argument for Harmonization", *Tulane European and Civil Law Forum*, 2010, pp.85-87.

地表明了仲裁的特别性质。不过,我们也应当看到,随着国际和国内民商事争议的当事人越来越普遍地选择仲裁手段,社会大众及当局也会更加关注仲裁员必须具有独立性和公正性的问题,新制定或修订的人权公约及有关国家的宪法在此背景下对之进行直接规范的可能性也会增加。

三、仲裁员独立性和公正性争议司法审查的其他实践

除了上文中已有的论述以外,司法审查仲裁员独立性和公正性争议的其他实践主要涉及以下问题。

(一)任职前情况对任职时或任职后的独立性和公正性影响

仲裁员只限于在具体案件中任职,因此,仲裁员独立性和公正性义务适用的时限原则上应为自其承担仲裁员职能时起到对争议中最后一个事项作出裁决时为止。这一原则不言而喻地包含在任职开始时至整个仲裁程序期间仲裁员不得发生不独立或不公正的情况。在此期间,仲裁员不独立或不公正行为肯定会被有关国家或地区的法院所否定。2007年11月19日瑞典最高法院对 Anders Jilkén 诉 Ericsson AB 案的判决就是这种立场的代表,该案中仲裁裁决被撤销的原因就在于:首席仲裁员在仲裁期间不公正地向仲裁当事人多年里是其主要客户之一的某律师事务所提供顾问服务。①

然而,鉴于任职前的不独立或不公正情况,一些当事人对仲裁员任职后的独立性和公正性表示怀疑并进而提出指控。从司法审查实践来看,有关国家或地区的法院主要根据个案情况加以决定。此外,一些国家或地区的法院的司法审查判决表明:仲裁员在案件裁决后的一段时间内也应当避免与一方当事人发生某种关系或联系,否则,即可能被推定为任职期间或任职前存在不独立或不公正情况的嫌疑。

如在 Raoul Duval 诉 Merkuria Sucden 案中,仲裁员作成仲裁裁决的第二天即成了一方当事人的雇员。1992年7月2日法国巴黎上诉法院在对该案作出的判决中指出,这种情况证明仲裁员与该方当事人在仲裁裁决作成之前即有私自协商行为。②

不过,从1981年7月23日法国兰斯(Reims)上诉法院对 Denis Coakley 有限公司诉 Ste Michel Reverdy 案的判决来看,英国等国对仲裁员在仲裁裁决作成之后与当事人建立某种关系持比较宽容的态度。该案源起

---

① See Franke & Magnusson, et al. (eds.), *International Arbitration in Sweden: A Practitioner's Guide*, Kluwer Law International, 2013, p.116.
② [法]菲利普·福盖德、[法]伊曼纽尔·盖拉德、[法]贝托尔德·戈德曼:《国际商事仲裁》,北京,中信出版社,2004年,第579~580页。

谷物与饲料贸易协会(GAFTA)下的一项仲裁。根据 GAFTA 仲裁规则,仲裁裁决可以上诉。面对第一审不利的仲裁裁决,Ste Michel Reverdy 启动了仲裁上诉审程序。但是,在仲裁上诉审程序中,一致作出裁决的仲裁初审程序中的三名仲裁员之一史密斯(Smith)却作为对方当事人的代理人并出庭陈述。上诉审仲裁裁决作成之后,在 Ste Michel Reverdy 的异议下,法国一审法院的主审法官拒发了执行令,理由是史密斯在仲裁初审程序中作为仲裁员而在仲裁上诉审程序中作为代理律师的行为违反了法国的公共政策。二审上诉法院却允许执行初审和上诉审仲裁裁决。兰斯上诉法院支持初审仲裁裁决的理由是:史密斯在初审仲裁程序中并没有成为一方当事人的代理律师,初审仲裁裁决并没有违反国际公共政策;并且该仲裁裁决是一致作出的。对上诉审仲裁裁决,兰斯上诉法院主要根据 GAFTA 秘书处的书面陈述及史密斯关于自己不是仲裁上诉审程序的仲裁员的声明作出了判决:史密斯在作为仲裁上诉审程序中一方当事人的代理律师时,初审仲裁庭已不再有审裁权,并且这种行为符合英国法,据此承认上诉审仲裁裁决不违反法国公共政策或正当程序。①

中国也已有司法审查判决认定仲裁员任职前情况会对任职时或任职后的独立性和公正性产生影响。如在泰华公司、胜达公司与赖某的纠纷案中,鉴于胜达公司与赖某所选的仲裁员都进入了三人仲裁庭、泰华公司所选的仲裁员无一人进入仲裁庭、胜达公司和泰华公司在仲裁案件中各自委托的代理人与成功被选入仲裁该案的三位仲裁员均系第五届江西省新余仲裁委仲裁员的情况,江西省新余市中级人民法院在判决撤销新余仲裁委 2014 年 4 月 28 日作出的余仲裁字〔2014〕9 号仲裁裁决书时指出:律师既是仲裁代理人,又是该仲裁机构的仲裁员,此种矛盾的双重身份对案件的公正裁决可能会产生影响,导致当事人对仲裁裁决的权威性、公正性产生合理怀疑;这种做法既违背了《中华人民共和国仲裁法》第 34 条第 1 款第 3 项规定,也违反了《中华人民共和国律师法》第 47 条第 1 款第 3 项规定。② 笔者认为,新余市中级人民法院的以上判决是很值得称道的,对促进中国仲裁从业人员和当事人关于仲裁员应承担公正性与独立性义务的意识具有良好的示范作用。

(二)是否所有仲裁员承担相同的独立性和公正性义务

在通常情况下,仲裁庭的成员超过一名时,各方当事人都能单独任命其

---

① See Hrvoje Sikiric, "Arbitration proceedings and Public Policy", *Croatian Arbitration Yearbook*, 2000, pp.96-97.
② 汪群惠:《泰华公司与胜达公司申请撤销仲裁裁决一案》(2015 年 3 月 19 日),新余法院网,http://xyzy.chinacourt.org/article/detail/2015/03/id/1570169.shtml,最后浏览日期:2018 年 3 月 12 日。

意选的仲裁员,据一些学者的调查,当事人选择仲裁的重要动因之一是可以自行选择仲裁员。① 除了独任仲裁员组成的仲裁庭以外,对于其他仲裁庭中包括各方当事人自行任命仲裁员在内的所有仲裁员是否承担相同的公正性和独立性义务问题,不同国家或地区的法院在司法审查实践中曾有不同的立场。法国、英国等一些西欧发达国家及不少发展中国家或地区的法官司法审查态度一般是:对于公正性或独立性义务,所有仲裁员(包括当事人直接任命的仲裁员)都必须承担。

很多美国法官在司法审查决定中曾认为:首席仲裁员或独任仲裁员才有义务保持绝对的公正性和独立性;在没有当事人各方约定特别要求的情况下,当事人任命的仲裁员可以对该当事人具有偏袒性,并且不必披露任何可能影响其公正性的情况,也不承担回避义务。面对这种严重背离国际惯例的做法,导致了以美国为仲裁地的一些仲裁裁决遭到国外法院的拒绝承认或执行。为此,在较长的一段时间内,一些其他国家或地区的人士及美国学者一直敦促美国的法官们作出改变。在相应的时期,美国一些法官的回应也较为积极。如在 Metropolitian Property & Casualty 保险公司诉 Penney Casualty 保险公司案中,针对一方当事人任命的仲裁员没有披露在任命前与该方当事人的执行官员单方会谈、讨论争议实体、接受对方款待和实质性文件等问题,1991 年 12 月 4 日美国辛辛拉提联邦区法院所作出的判决既承认不能期望美国一方当事人任命的仲裁员具有中立性,又宣布不能免除这些仲裁员以公平和诚信方式进行仲裁的义务,并判决当事人所任命的仲裁员在该案中不披露以上的事实违反了其特定义务。在 1993 年 Sunkist Growers 公司诉 The Del Monte 公司案,美国第十一巡回上诉法院对类似的问题作出了同样的判决。② 对这些判决更好的理解可能是美国有些法院实际上将独立、公正标准适用于所有仲裁员。2002 年和 2003 年加利福尼亚州带头颁布了两项制定法,对所有仲裁员正式规定了公正性和独立性义务。在国际和国内双重因素的推动下,2004 年美国仲裁协会与美国律师协会改变其 1977 年的《道德法典》中的规则,并在共同制定的新《道德法典》规定:除非有相反的当事人约定,所有的仲裁员都必须具有中立性。美国很多仲裁机构都已明确接受和实施这一新《道德法典》。从这一新《道德法典》上述规定的内容来看,对于当事人任命的仲裁员,美国的仲裁机构

---

① See Jose ROSELL, "The Challenge of Arbitrators", *Croatian Arbitration Yearbook*, 2003, p.151.
② [意]莫鲁·鲁比诺-萨马塔诺:《国际仲裁法律与实践》,北京,中信出版社,2003 年,第 333、348 页。

仍然没有实行强行的公正性和独立性制度。由于排除各自任命仲裁员公正性和独立性的内容在多数理性当事人的通常协议中不会被约定包含，因此可以说，实际上，美国主流仲裁机构的现行规则已使当事人任命的仲裁员同样承担了公正性和独立性的义务。当然，不少学者和实务界期盼美国采取统一的立法或联邦最高法院司法判决形式将公正性和独立性的要求强行地适用于所有仲裁员，以确保仲裁程序的公正性。①

除美国外，对于首席仲裁员，发达国家中的瑞士和德国法官曾判决比其他同案仲裁员适用更高或更严格的公正性和独立性标准。这种规定的理由可能是：仲裁中的当事人对另一方当事人指定的仲裁员公正性很难有不怀疑，在这种现实社会中，如果对所有仲裁员适用同样的公正性和独立性标准，则很容易导致当事人质疑对方当事人选择的仲裁员，从而给恶意拖延仲裁进程的当事人以可乘之机。② 不过，在瑞士或德国法院多年前进行的司法审查中，当事人单方所选择的仲裁员也不能充当当事人的代理人，也绝对不可为所任命的当事人辩护③，他们仍然要承担公正性和独立性的义务，只是该义务的强度稍低于首席或独任仲裁员。近年来，为了增强仲裁的公信力，瑞士和德国法院的司法审查中则完全去除了上述差别规则的适用。④

对于中国而言，参照历史上的美国、瑞士或德国等对仲裁员区分类别并采用差别的公正性和独立性义务或标准是完全不可取的，因为很多当事人单方选定的仲裁员将会由此被引诱偏袒一方当事人。为了确保中国境内仲裁员公正性和独立性的水平，我们认为，在司法审查该种争议时，中国法院只能适用相同的标准。

（三）是否与法官承担同标准的独立性和公正性义务

作为法律争议的裁判者，仲裁员与法院的法官角色最为接近。是否要求仲裁员遵循法官独立性和公正性标准的问题，很多境外的法院态度不一。

按照国际律师协会理事会一项研究成果，在瑞典等国的法院司法审

---

① See Steven P. Finizio, "The Partial Arbitrator: US Developments Relating to Arbitrator Bias", *International Arbitration Law Review*, 2004, p.88.
② See Miljenko Giunio, "Right to a Fair Trial and Efficiency of Arbitration Proceedings", *Croatian Arbitration Yearbook*, 2000, pp.39-40.
③ See Gomez-Acebo, *Party-Appointed Arbitrators in International Commercial Arbitration*, Kluwer Law International, 2016, p.55.
④ 尹雪萍：《国际体育仲裁中指定仲裁员的独立性与公正性——以 Alejandro Valverde 兴奋剂案为视角》，《天津体育学院学报》2011年第3期。

查中,仲裁员的公正性和独立性标准要求稍稍高于法官,其理由是:对仲裁实体问题进行上诉一般不被允许。德国等国的法院却低于法官标准对仲裁员的公正性和独立性作出要求,当事人自行选定了仲裁员是该种立场的依据。但是,在司法审查中,对于仲裁员和法官的独立性和公正性标准,法国、美国、土耳其等很多国家的法院有同样的要求,其依据是:仲裁员拥有类似于法官的职权,在原则上不审查仲裁裁决实体问题的情况下,要求其遵循同于法官的标准有利于提高当事人对其中立性的信任。①

不过,适用同样标准的理论与实践遭到一些学者的批评,他们指出:很少有专职的仲裁员,因此,对一般仲裁员而言,根本不可能像法官那样不与外界联系也可以通过专门审案获得生存和经验,某些非正在持续且非重大或非密切的关系、联系兼具有可容忍和自然性;严格适用法官的标准将使当事人很难选到优秀仲裁员;在司法实践中,根据仲裁特性,声称适用同样标准的各国法院大多采用灵活变通的办法解决具体细节问题。② 如自1852年英国最高法院对 Grand Junction Canal 与 Dimes 纠纷案作出司法审查以来,对法官适用自动失格标准的传统就此在一些英美法系国家或地区出现,即一旦与案件的当事人或诉讼标的具有直接的经济或财产利益,某法官在该案中就自动失去任职资格。在其家庭成员或家庭成员的合伙人的类似利益与某法官具有无法区分的紧密关系的情况下,则该法官也自动失去任职资格。然而,如果仲裁员在一方当事人公司或关联公司中仅单纯拥有微小的利益,则英美法院都不对其适用自动失格规则。③ 又如在英国,仲裁员同于法官而必须原则上独立于当事人及其代理律师,但是,在司法审查实践中,对仲裁员适用这一原则的严格性低于法官。④

在司法审查实践中,中国已有人民法院遇到过仲裁员公正性与独立性的纠纷问题,如在某案中,一方当事人的律师被当事人选定为仲裁员,某人

---

① 马占军:《商事仲裁员独立性制定标准的分析与认定》,《河南社会科学》2015 年第 4 期;See also Esin & Yesilirmak (eds.), *Arbitration in Turkey*, Kluwer Law International, 2015, pp.60-63。

② 张圣翠、张心泉:《我国仲裁员独立性和公正性及其保障制度的完善》,《法学》2009 年第 7 期。

③ 刘晓红、李超、范铭超:《国际商事与贸易仲裁员(公断人)责任制度比较——兼评中国商事贸易仲裁员责任制度》,《世界贸易组织动态与研究》2012 年第 3 期;See Henry Gabriel & Anjanette H. Raymond, "Ethics for Commercial Arbitrators: Basic Principles and Emerging Standards", *Wyoming Law Review*, 2005, p.453。

④ See Matthew Gearing, "A Judge in His Own Cause? — Actual or Unconscious Bias of Arbitrators", *International Arbitration Law Review*, 2000, pp.46-48。

民法院就以"违反根本公平原则的某个私人的行为"为由拒绝执行该仲裁员作出的仲裁裁决。有学者评论称：国内实践及国际上的仲裁规范都禁止出现同时兼律师与仲裁员两种身份为一方当事人服务的情况，仲裁员必须具有独立性，为了避免代理律师为其当事人谋求利益而影响裁判结果，必须禁止其担任审理自己代理案件的仲裁员。[①] 我们完全同意该种评论。不过，关于仲裁员独立性与公正性标准是否比照法官的司法审查决定，限于我们的考察，在中国尚未出现报道。但是，我们认为，在今后的司法实践中很可能会出现这类标准争议的问题。考虑到所处的外在环境与法官确实有很大的不同，正是在各种关系中很多仲裁员才练就成专才等情况，对仲裁员公正性和独立性标准要求应稍低于法官。

第三节　仲裁员独立性和公正性引申
义务争议的司法审查

该种引申义务主要包括仲裁员的披露义务、仲裁员或当事人的调查义务等。

一、仲裁员披露义务争议的司法审查

（一）披露义务争议司法审查的制定法依据

一般而言，仲裁员比当事人处于更好的地位、知悉自己的情况，要求仲裁员披露相关情况会便于当事人评估仲裁员有无不公正或不独立的问题，并确定是否据此要求仲裁员回避。可见，从确保当事人信任仲裁审理公平性的角度来看，制定适当的仲裁员披露义务规则是至关重要的，理论界和实务界都认为，在仲裁员独立性和公正性的数项引申义务中，该义务居于首要的地位[②]，因此，很多现代的仲裁制定法都普遍地对披露义务作出明确规定，并且披露义务要求的本身在很多国家和地区也是强行的。如德国1998年《民事程序法典》第1036条、日本2003年《仲裁法》第18条、奥地利2006年《民事程序法典》第588条、塞尔维亚2006年《仲裁法》第21条、爱尔兰2010年《仲裁法》表1中第12条、中国香港2010年《仲裁条例》第25条及该条例

[①] 岑莉媛：《商事仲裁中仲裁员身份冲突的现状及其规制》，《江苏科技大学学报》（社会科学版）2017年第1期。

[②] See Böckstiegel & Kröll, et al. (eds.), *Arbitration in Germany: The Model Law in Practice*, Kluwer Law International, 2015, p.182.

2019年修订时添加的第98U条①、法国2011年《民事程序法典》第1456条、荷兰2015年《民事程序法典》第1034条、瑞典2019年3月1日最新修订生效的《仲裁法》第9~10条等。

上述制定法规范与联合国1985年版或2006年版《示范法》的披露要求完全相同或非常相似，即：在问询其被任命为仲裁员的可能性时，对其独立性或公正性引起正当怀疑的任何情况，该人应当予以披露；除非当事人已被告知，自其被任命时开始及整个仲裁程序期间，仲裁员对任何这类情况应当毫不延迟地作出披露。不过，有些国家或地区在采纳《示范法》的相关条文时对以上规定作了一些改动，如德国1998年《民事程序法典》第1036条第1款第1项规定：在被寻求可能任命为仲裁员时，对其公正性和独立性产生怀疑的任何情况，该人应当予以披露。可见，以上《示范法》中"怀疑"前面"正当的"（justifiable）没有出现在德国该规定之中。

诚然，如法国一位学者约20年前就已指出的那样，仲裁员的披露义务是构成仲裁一般原则的一项义务，这是完全无争议的。② 中国现行《仲裁法》没有规定仲裁员的披露义务，这不能不说是该法的一大缺陷。对此，中国已有学者建议该法修订时应予以弥补，并认为仲裁员的披露义务创新规则应定性为任意性规则。这种观点的立论依据是：强行规则是国家公共政策的一种保留，仲裁员披露义务仅对当事人之间的仲裁案件适用，该规则的不适

---

① 该条直接规定了当事人对第三者资助仲裁向其他当事人披露的规则，因其可能间接地导致仲裁员必须披露与该第三者关系的义务而一同列明。该条的英文版可下载于 https://www.elegislation.gov.hk/hk/cap609!en@2019-02-01T00:00:00?keyword.PIT_DATE=&keyword.WITHIN_ALL=&keyword.LEG_TYPE=3&keyword.LEG_TYPE=1&keyword.LEG_TYPE=2&keyword.NEAR_PHRASE=&keyword.PART_NO=&keyword.NEAR_IN_ORDER=&keyword.WITHIN_TEXT=Y&keyword.SEARCH_KEYWORD=Third%20Party%20Funding%20of%20Arbitration&keyword.NEAR_DIST=&keyword.ANY_WORDS=&ADVANCED_SEARCH_FLAG=&keyword.ENABLE_WORD_STEMMING=&keyword.SCHEDULE_APPENDIX_ANNEX_NO=&SEARCH_OPTION=K&keyword.EXACT_PHRASE=&keyword.SUBDIVISION_NO=&keyword.SEARCH_MODE=P&keyword.WITHIN_TAGS=&keyword.NO_WORDS=&keyword.SEARCH_FIELD=E&keyword.ALL_WORDS=&keyword.PIT_TIME=&keyword.CASE_SENSITIVE=&keyword.ADVANCED_SEARCH=&keyword.CHAPTER_TITLE=&keyword.SECTION_RULE_NO=&REFINED_SEARCH=&keyword.CHAPTER_NO=&keyword.DIVISION_NO=&crossReference.EX_CHAPTER_NO=&keyword.PIT_TYPE=C&keyword.BILINGUAL=，最后浏览日期：2019年3月2日。此外，新加坡2017年的《法律职业（职业行为）规则》第49A条关于法律从业者披露第三方资助仲裁的义务的规定所具的同样功效可参见谈晨逸：《第三方资助仲裁对仲裁员独立性的挑战与防范》，《国际商务研究》2019年第1期。

② [法]菲利普·福盖德、[法]伊曼纽尔·盖拉德、[法]贝托尔德·戈德曼：《国际商事仲裁》，北京，中信出版社，2004年，第578页。

用并不会损害国家公共利益;对于未适用仲裁员披露义务而引起的法律后果,当事人完全可以自行承担。① 我们并不十分认同此种观点及论据,境外的国家与地区仲裁员的披露义务规则一般都为强行规则,原因是要确保仲裁中立性和公信力这一根本的公共秩序而不允许当事人协议背离。当然,立法增加任意性的仲裁员披露义务规则也可谓是一种小小的进步,因为绝大多数理性的当事人不会冒着仲裁员很不公正的风险而自愿协议排除其披露不中立的情况。然而,为防止包括标准合同起草方当事人滥用优势地位、一方乘另一方未仔细阅读而签署排除仲裁员披露义务等情形的出现,中国这方面的创新规定显然应一步到位地与国际惯例接轨,即采纳强行规则模式。

(二) 披露义务争议的司法审查实践

从世界范围的情况来看,披露义务争议的司法审查实践主要涉及以下两方面的问题。

1. 仲裁员披露义务的范围

在这方面,相关国家或地区法官们的司法审查视角标准不尽一致。多数法官主要采用范围不过大以至于挑剔的当事人难以钻空子的客观检测(the objective test)方法来确定仲裁员披露义务的范围,即仲裁员应当从合理的第三人视角对其公正性和独立性产生正当怀疑(justifiable doubts)或合理怀疑(reasonable doubts)程度的那些情况进行披露。② 体现该种视角标准的典型判例包括德国 Naumburg 地区高等法院 2001 年的一项判决、美国第六巡回法院 2007 年对 Uhl 诉 Komatsu Forklift 公司案③的判决和第三巡回法院 2010 年对 Bapu 诉 Choice Hotels 国际公司案④的判决及第二巡回法院 2012 年对 Scandinavian 再保险有限公司诉 St. Paul 火灾与海事保险公司案⑤的判决等。

在德国瑙姆堡(Naumburg)地区高等法院 2001 年所判决的上述案件中,当事人之间建筑合同争议发生后的仲裁审理第二次开庭前夕,索赔方当事人对按照约定仲裁条款选任的仲裁员公正性提出质疑,其依据是:被索赔当事方的执行董事创立的公司积极地从事建筑生意,1977 年该董事向该

---

① 马占军:《国际商事仲裁员披露义务规则研究》,《法学论坛》2011 年第 4 期。
② See Anne K. Hoffmann, "Duty of Disclosure and Challenge of Arbitrators: The Standard Applicable under the New IBA Guidelines on Conflicts of Interest and the German Approach", *Arbitration International*, No. 3, 2005, p.429.
③ 512 F.3d 294, 306 (6th Cir. 2007).
④ 371 F.Appx. 306, 310 (3rd Cir. 2010).
⑤ See Lindsay Melworm, "Biased? Prove It: Addressing Arbitrator Bias and the Merits of Implementing Broad Disclosure Standards", *Cardozo Journal of International and Comparative Law*, Winter, 2014, pp.444-445.

仲裁员在内的几个人出售价值50 000德国马克的认购资本,后者由此变成该公司的一位有限合伙人;该董事与该仲裁员都是同一家具有研究院董事会的成员;这两人被共同任命为数起仲裁程序中的专家和仲裁员;仲裁员违反了披露其与被索赔方当事人执行董事之间的业务关系的义务。以上的德国法院认为索赔方当事人要求回避的依据不充分,理由是:仲裁员在披露义务方面不必陈述所有可能的情况,他或她应从当事人的立场出发尽可能客观地评估相关情况,在是否披露有疑问时应决定作出披露,然而,他或她只需要从合理性角度披露可能会对其公正性和独立性引起怀疑的那些情况;与仲裁员作出披露的情况要求相比,仲裁员回避的范围应较窄一些,后者只有在仲裁员不符合当事人约定条件或对仲裁员的独立性和公正性产生正当怀疑的情况下才能提出要求。① 总体来说,客观的视角标准使仲裁员的披露义务不至于被挑剔的当事人无限放大。

另一些法官却认为仲裁员披露义务的范围应当更广。例如,在著名的AT&T公司诉沙特电缆公司案②中,首席仲裁员是一位著名的国际律师和仲裁员,两项裁决作出之后,AT&T才知道首席仲裁员是与其竞争的公司的非执行董事。该竞争公司在引发仲裁的合同竞标中落败。由于秘书的错误,在首席仲裁员任命时,其传向AT&T公司简历的副本没有表明其与竞争公司的关系,AT&T公司便以未向其披露非独立性情况为由向国际商会仲裁院提出质疑。国际商会仲裁院否定了这一质疑。在此情况下,该仲裁庭签发第3项部分裁决。由于伦敦为仲裁地,AT&T公司便要求英国法院依法撤换该仲裁庭主席的任命并撤销所有已作成的裁决。尽管AT&T公司的请求经数审最终被驳回,终审中的May大法官却指出:在[一方]当事人心目中(in the eyes of the parties)③,认为仲裁庭主席的非执行董事身份具有可怀疑性质的看法是合理的且令人信服的。

---

① See Anne K. Hoffmann, "Duty of Disclosure and Challenge of Arbitrators: The Standard Applicable under the New IBA Guidelines on Conflicts of Interest and the German Approach", *Arbitration International*, No. 3, 2005, pp.432-433.

② 2 LLOYD'S REP. 127 (2000).

③ 本案中,当事人选择了国际商会1998年的仲裁规则,该规则第7条第2款对仲裁员的披露义务采用了主观标准,即仲裁员必须披露在当事人眼中可能对独立性产生怀疑的那些情况。国际商会2012年版仲裁规则第11条第2款及2017年最新版同条款中的仲裁员披露义务规定依然实行着比一般制定法或仲裁规则更广的主观标准,以促进当事人对仲裁员中立性的信心。See Jacob Grierson & Annet van Hooft, *Arbitrating under the 2012 ICC Rules*, Kluwer Law International, 2012, p.19; See also ICC: Article 11 of Arbitration Rules, accessed October 16, 2018, https://iccwbo.org/dispute-resolution-services/arbitration/rules-of-arbitration/#article_11.

2. 仲裁员未尽披露义务的后果

仲裁员未尽披露义务的一种较常见的后果是仲裁裁决被撤销或被拒绝执行。在1968年Continental Casualty公司与Commonwealth Coatings纠纷案中,美国联邦最高法院确立仲裁地在该国的仲裁员必须承担披露义务的司法审查判决的同时就宣告了前一种后果。① 法国巴黎上诉法院在2009年的一项判决中也以首席仲裁员未披露其事务所的一海外机构为一方当事人所拥有为由撤销了仲裁裁决。美国联邦法院1999年在HSMV公司诉ADI有限公司案中通过司法审查宣布未履行披露义务的仲裁员导致该外国裁决被拒绝执行。②

从前述的2000年英国最高法院对AT&T公司诉沙特电缆公司案的判决、2012年美国第二巡回法院对Scandinavian Reins.公司诉St. Paul Fire & Marine Ins.公司案的判决③等司法审查实践情况来看,境外一些法院在决定是否撤销或拒绝执行仲裁裁决时并非单纯只看仲裁员未履行披露义务的本身,而是兼考虑未披露行为对仲裁裁决的结果是否有真正的关联性或实质性影响等因素。笔者很赞同此类法院的实践。

从比利时2007年对Republique de Pologne诉Eureko BV案所作出的判决及德国法院的一些司法审查实践来看,仲裁员未尽披露义务的后果还可能是仲裁员被撤换或追究法律责任等。其中,满足仲裁员被撤换后果的前提条件之一是,必须在仲裁裁决作出之前发现仲裁员不独立或不公正之事由并及时予以提出,否则,仲裁裁决作出之后就因仲裁员任职结束而只能寻求其他司法救济。然而,与是否撤销裁决的后果一样,有关法院可能会结合其他因素一并考量决定是否准许当事人的此种关于仲裁员应被撤换或追究法律责任的救济请求④,是否有真正的偏袒危险、仲裁员是否明明自知等比单纯披露要求更严格的情况都可能在考量之列。⑤ 同时,就撤换仲裁员的司法审查救济而言,提出请求的当事人都有义务承担所质疑的仲裁员存在不独立或不公正的举证责任,并且在不同的阶段举证责任轻重并非完全相同。

---

① 参见张斌生主编《仲裁法新论》,厦门,厦门大学出版社,2010年,第337页。
② See Kronke, Nacimiento, et al. (eds.), *Recognition and Enforcement of Foreign Arbitral Awards: A Global Commentary on the New York Convention*, Kluwer Law International, 2010, pp.293-372.
③ 668 F.3d 60, 76-77 (2nd Cir. 2012).
④ See Gary B. Born, *International Commercial Arbitration*, Kluwer Law International, 2014, p.1892; See also Böckstiegel & Kröll, et al. (eds.), *Arbitration in Germany: The Model Law in Practice*, Kluwer Law International, 2015, p.185.
⑤ See Henry Gabriel & Anjanette H. Raymond, "Ethics For Commercial Arbitrator", *Wyoming Law Review*, 2005, pp.457-458.

总的来说,在仲裁程序有实质性进展之前的举证责任相对较轻,原因是仲裁在该阶段任务的重点即是选出当事人最信任的仲裁员组建仲裁庭。然而,仲裁庭完成组建并进入实质性程序之后,仲裁工作的重点即转向了尽力保护仲裁程序免受扰乱,因此,仲裁程序越接近尾声,当事人质疑的举证责任越重。①

二、仲裁员或当事人调查义务争议的司法审查

(一) 司法审查的规范依据

按常理来说,仲裁员应不知道存在潜在的利益冲突、不会有偏袒行为。但是,在很多情况下,对于是否存在知道影响公正性和独立性的潜在利益冲突问题,只有仲裁员或一方当事人心里清楚。然而,一旦发生争议,对于该种潜在的利益冲突问题,该仲裁员或该当事人一般不会主动地承认。对于仲裁员或一方当事人实际知道潜在利益冲突并有偏袒行为的情况,另一方当事人也很难进行举证。为了解决此种难题,有学者提议:对于其是否存在潜在利益冲突情况,仲裁员应当承担调查义务。② 此外,从以上的论述中我们可以看出,根据境外很多的仲裁制定法和仲裁规则,仲裁员有较重的披露义务,这尽管促进了仲裁正义性,却也容易招致当事人的质疑和回避请求,从而造成拖延仲裁时间和增加仲裁成本等不良后果。同时,也可能存在一方当事人明知仲裁员与对方当事人存在潜在的利益冲突和偏袒行为,却故意不及时提出,而是拖延到裁决快要作出或作出之后才提出,以达到突然拖延仲裁或否定仲裁裁决的目的,从而造成很大的资源浪费。为了减少该副作用,便有一些学者主张,对当事人也应当施加调查义务。③

美国仲裁协会(AAA)、美国律师协会(ABA)及国际律师协会等著名的组织较早地响应了学者们的上述主张,在所制定的仲裁员道德或披露规则中仲裁员的调查义务得到明示或暗示的确定。④ 如国际律师协会制定的

---

① See Christopher Koch, "Standards and Procedures for Disqualifying Arbitrators", *Journal of International Arbitration*, Volume 20, Issue 4, 2003, p.336.

② See Carrie Menkel-Meadow, "Ethics Issues in Arbitration and Related Dispute Resolution Processes: What's Happening and What's Not", *University of Miami Law Review*, July, 2002, p.961.

③ See Catherine A. Rogers, "Regulating International Arbitrators: A Functional Approach to Developing Standards of Conduct", *Stanford Journal of International Law*, Winter, 2005, pp.80-81.

④ See Steven P. Finizio, "The Partial Arbitrators: US Developments Relating to Arbitrator Bias", *International Arbitration Law Review*, 2004; See also Emilia Onyema., "Selection of Arbitrators in International Commercial Arbitration", *International Arbitration Law Review*, 2005, p.52.

2014 年《国际仲裁中利益冲突指南》的第 7 段就规定：为了确认可能对其独立性或公正性产生合理怀疑的任何利益冲突、事实以及情形，仲裁员应当进行合理的调查。① 不过，这些民间组织或仲裁机构的规则缺乏强制约束力，当事人和法官都可以考虑不予适用。

在制定法层面上，2000 年修订并已被美国很多州采纳的《统一仲裁法》第 12 条规定：对于潜在的利益冲突，仲裁员有合理调查的义务。英国 1996 年《仲裁法》第 73 条第 1 款最后一段则确实包含了当事人应当承担采取合理谨慎的措施调查仲裁员不公正等非法情况义务的规定，并同时规定没有履行义务的当事人不得在后来就这些非法情况向仲裁庭或法院提出异议。不过，明确规定仲裁员和当事人承担调查义务的制定法还很不普遍，司法审查实践仅在一些国家或地区较为丰富。

（二）仲裁员调查义务的司法审查实践

就仲裁员调查义务而言，美国司法审查的判例出现较早且已很多。如在 Motorists 互保公司与 Close 争议案中，鉴于一方当事人的代理人是仲裁员所在的律师事务所，1985 年美国俄亥俄州上诉法院撤销涉案仲裁裁决时指出：仲裁员应当发现利益冲突情况和予以披露；本案仲裁员对该种利益冲突尽管实际不知，但是，该仲裁员知道其事务所常代表保险公司、手头有客户名单，且每周能收到"新客户"通知，对于这些情况，如果事先有所问询，该利益冲突本来即会被该仲裁员注意到。② 又如在 1994 年 Schmitz 诉 Zilveti 案③中，任职解决证券纠纷的仲裁员没有披露其律师事务所在过去的数十年里曾在众多事务中代表了仲裁一方当事人的母公司，并且该仲裁员实际看到过标明该当事人与母公司联系的文件，然而，该仲裁员仅仅根据该当事人的名字作了利益冲突考察，对当事人的母公司却未作任何利益冲突调查。美国第九巡回法院在对该案判决指出：即使没有证据证明知道利益冲突的存在，以及不知情可能不会产生实际偏袒，但这并不总能阻止合理的不公正印象的产生，因此，仲裁员不仅有义务作出某些披露，而且还必须合理地努力知晓必须披露的任何冲突；要求仲裁员调查某些情况会促进仲裁员坦然地面对当事人；仲裁员没有作出合理的调查并披露相关的利益冲突使当事人有正当理由要求撤销裁决。

然而，以上的司法审查判例规则在美国并非没有反复，实际上自第九巡

---

① 覃华平：《国际仲裁中的第三方资助：问题与规制》，《中国政法大学学报》2018 年第 1 期。
② 486 N.E.2d 1275 (Ohio Ct. App. 1985).
③ 20 F.3d 1043 (9th Cir. 1994).

回法院上述判决之后,美国其他一些联邦法院在数起案件①中判决仲裁员没有调查是否存在潜在利益冲突情况的义务。如在 1996 年 Al-Harbi 诉 Citibank, N. A.案②中,哥伦比亚区上诉巡回法院指出,该案与前述的 Schmitz 案不同,因为后者涉及证券仲裁规则下的证券纠纷,这些证券仲裁规则要求仲裁员调查可能的冲突,本案中的冲突涉及仲裁员先前所在的律师事务所在数起无关的事务中代表过争议一方当事人;仲裁员调查的范围没有覆盖到这种边缘可披露的情况不足以构成撤销裁决的"明显不公正"(evident partiality)理由。在 1995 年 Lifecare 国际公司诉 CD 医疗公司案中,仲裁员没有调查到其现在所在律师事务所在其加入之前的两年多时间内就本纠纷有关的事务为一方当事人作了有限的工作,第十一巡回法院也判决不能撤销裁决,因为没有证据证明仲裁员已经知道这种联系;法院也不能判定仲裁员没有披露其律师事务所与 CD 医疗公司之间先前的两项合同构成合理的偏袒或不公正印象。第十一巡回法院在 1998 年 Gianelli Money Purchase Plan and Trust 诉 ADM 投资者服务公司案中,再次作出仲裁员没有调查义务的判决。③

直到 1999 年后,美国才有不少的联邦或州法院报道了几起再次确认仲裁员有调查义务的案件,如特拉华州法院 1999 年对 Beebe 医疗中心诉 InSight 健康服务公司案④的判决及美国加利福尼亚中心区联邦法院 1999 年对 HSMV 公司诉 ADI 有限公司案的判决⑤等。特别值得一提的是,在后一判决中,美国法院认定联合国《国际商事仲裁示范法》中的披露要求包含了仲裁员独立调查利益冲突的义务。不过,该法院同时指出:仲裁员仅有义务作出合理的努力调查利益冲突情况。⑥ 在前述的美国 2000 年修订的《统

---

① See Alan Scott Rau, "The Culture of American Arbitration and The Lessons of ADR", *Texas International Law Journal*, Spring, 2005, pp.135–139; See also Catherine A. Rogers, "Regulating International Arbitrators: A Functional Approach to Developing Standards of Conduct", *Stanford Journal of International Law*, Winter, 2005.
② See R. Travis Jacobs, "Arbitrator or Private Investigator: Should the Arbitrator's Duty to Disclose Include a Duty to Investigate?" *Journal of Dispute Resolution*, 1997, pp.133–134 & pp.138–139.
③ See Steven P. Finizio, "The Partial Arbitrators: US Developments Relating to Arbitrator Bias", *International Arbitration Law Review*, 2004, p.93.
④ 751 A.2d 426 (Del. Ch. 1999).
⑤ 该案中一方当事人为澳大利亚政府。See 72 F. Supp. 2d 1122, 1127–1130 (C.D. Cal. 1999).
⑥ 该案原告为一家美国公司,被告为一家澳大利亚联邦政府的独资公司,仲裁员所在的律师事务所在被告的私有化过程中担任被告的代理律师,而仲裁员对此毫不知情。See Stewart R. Shackleton, "Annual Review of English Judicial Decisions on Arbitration-2000", *International Arbitration Law Review*, Volume 4, Issue 6, 2001.

一仲裁法》第 12 条规定之后,对于仲裁员在被采纳的各州应承担调查义务当然不再有疑问。① 在 2004 年判决的 Fidelity 联邦银行诉 Durga Ma 公司案中,美国第九巡回法院的法官更是指出②：承担调查义务的仲裁员是否实际知道利益冲突情况的存在是无关的。不过,在 2007 年 Applied Indus. Materials 公司诉 Ovalar Makine Ticaret Ve Sanayai AS 案中③,美国第二巡回法院的法官认为：单纯的没有调查本身不足以撤销仲裁裁决,但是,知悉潜在冲突时没有调查或不披露无调查意图的行为都属于明显的偏袒行为。④

除美国以外,在我们考证的范围内,仅能发现英国⑤和瑞士⑥各有一起司法审查决定宣示仲裁员具有有限或部分的调查义务。

(三) 当事人调查义务的司法审查实践

就当事人的调查义务而言,在上述 1985 年 Motorists Mutual 保险公司与 Close 纠纷案中,受理的美国法官还判定仲裁当事人也有调查义务。然而,其他数次案件中的美国法官都判决当事人不存在调查义务。⑦ 法国最高法院在 2010 年作出的一项判决中也表示：当事人对仲裁员本应披露的事项没有调查和发现义务。⑧

如前所述,英国 1996 年《仲裁法》第 73 条第 1 款最后一段明确规定了当事人的调查义务,可能正是由于这种规定促进了当事人的调查行为或司法审查中不再有疑问,有关论著中提到英国这方面的司法审查实践非常罕见。相反,却有不少文献提及瑞士法院在多起案件中宣示当事人对仲裁员不独立或不公正的可能情况承担调查和及时提出质疑的义务。如在瑞士联

---

① See Lee Korland, "What an Arbitrator Should Investigate and Disclose: Proposing a New Test for Evident Partiality Under the Federal Arbitration Act", *Case Western Reserve Law Review*, Spring, 2003, p.829.

② See Kronke, Nacimiento, et al. (eds.), *Recognition and Enforcement of Foreign Arbitral Awards: A Global Commentary on the New York Convention*, Kluwer Law International, 2010, p.372.

③ 492 F.3d 132, 138 (2nd Cir. 2007).

④ See Gary B. Born, *International Commercial Arbitration*, Kluwer Law International, 2014, p.1912.

⑤ See Luttrell, *Bias Challenges in International Commercial Arbitration: The Need for a "Real Danger" Test*, Kluwer Law International, 2009, p.44.

⑥ See Lindsay Melworm, "Biased? Prove It: Addressing Arbitrator Bias and the Merits of Implementing Broad Disclosure Standards", *Cardozo Journal of International and Comparative Law*, Winter, 2014, p.456.

⑦ See Gary B. Born, *International Arbitration: Cases and Materials*, Kluwer Law International, 2015, p.771.

⑧ See Gary B. Born, *International Commercial Arbitration*, Kluwer Law International, 2014, p.1943.

邦最高法院 2001 年 10 月 15 日所作的一项判决中,所涉的当事人分别为一家巴拿马公司和一家古巴国营企业。双方当事人因某项纠纷而引发了在日内瓦进行的国际商会仲裁。裁决作成后,该巴拿马公司声称经研究发现对方当事人任命的仲裁员曾为古巴国家担负过各种贸易交易和分配的领导任务,并据此请求瑞士联邦最高法院撤销该仲裁裁决。瑞士联邦最高法院驳回了该巴拿马公司的请求。该法院除了考虑到被指控的仲裁员担负的分配任务是过去的事情而不影响其公正性外,还以另两项判决理由确立了当事人调查义务的规则,即:当事人具有尽可能调查对方当事人所任命的仲裁员或仲裁机构的一般义务;当事人不仅仅在收到裁决后而且还应在了解对方当事人任命的仲裁员后被合理地期望立即审查该仲裁员。① 瑞士最高法院在 2007 年的一起判决中再次表明了同样的立场。②

一般来说,勤勉、理性的当事人至少在收到对方当事人选定仲裁员的通知时,会进行一些合理调查,以确保自己的公平审理权,当事人在调查中如果发现仲裁员的利益冲突情况,则应当根据诚信原则尽早地通知该仲裁员、仲裁庭其他仲裁员和对方当事人,否则,当事人即可能依法丧失对该仲裁员或随后裁决的质疑权。但是,在当事人没有调查义务的情况下,仲裁前接洽某预选仲裁员时或仲裁开始时未作调查却在后来偶然或有意发现了仲裁员的利益冲突情况,很多国家或地区现有的判例一般都承认当事人有权质疑仲裁员或随后的裁决。在有调查义务的情况下违背了该义务,当事人对仲裁员或随后裁决的质疑权是否受到影响或受到何种影响,国际社会未能提供较一致的答案。因此,除了英国和瑞士等少数国家已有定论外,这一问题的解决只能依靠未来其他相关国家或地区的立法或司法判例。

转回中国而言,现行《仲裁法》第 35 条和第 36 条是涉及仲裁员独立性与公正性瑕疵而应自行回避或被撤换的程序规则,这两条却存在着严重的缺陷。首先,第 35 条的规定根本没有考虑到仲裁过程可能不开庭的情况,同时,也没有顾及仲裁程序较长的一些复杂案件中的当事人利用该条下的"可以在最后一次开庭终结前提出"的文字将提出撤换仲裁员的请求最大限度地拖延的问题。其次,第 36 条关于仲裁员是否回避争议的决定主体规则不仅与国际主流规定不符,而且既有损于当事人意思自治原则和仲裁的效率,也限制了仲裁机构在其规则中作出更灵活规定的权力。境外的仲裁制

---

① See Matthias Scherer, "New Rules on International Arbitration in Switzerland", *International Arbitration Law Review*, Volume 7, Issue 4, 2004, p.829.
② See Gary B. Born, *International Commercial Arbitration*, Kluwer Law International, 2014, p.1942.

定法一般承认当事人可以自由地约定仲裁员撤换程序,在当事人无约定的情况下由仲裁庭首先解决撤换问题,如 1985 年和 2006 年版《示范法》第 13 条、德国 1998 年《民事程序法典》第 1073 条、日本 2003 年《仲裁法》第 19 条、奥地利 2006 年《民事程序法典》第 589 条、中国香港 2010 年《仲裁条例》第 26 条等都采取这种态度。同时,该法第 36 条没有赋予当事人就仲裁员撤换争议及时请求司法审查的权利可能也影响到仲裁的效率。不公正或不独立的仲裁员被法官以外的人员决定不回避后作出的裁决确实可以在事后通过撤销规则等请求司法救济,但是,这种延后的救济显然浪费了很多人力与物力。正是出于这种考虑,以上的境外仲裁制定法一般都在同条中给予及时请求司法审查的权利。这种主流的规定对促进仲裁员的独立性和公正性进而促进仲裁的繁荣是十分有效的,中国无疑应在以后修改的《仲裁法》中予以借鉴。①

另外,由于境外仲裁业发达国家或地区司法审查所依据的制定法一般都未规定仲裁员的调查义务,该种规定可能给潜在的仲裁员过重的负担,以至于其中的不少优秀者不愿意担任此职,因此,我们建议中国修改的《仲裁法》中不必有此项规定。但是,我们提倡承担仲裁司法审查任务的法院可以学习上述美英等国的同行,在极少数案件中结合很便利调查的案情等判定仲裁员有此项义务。对于当事人的调查义务问题,我们建议采用同样方法予以解决。

第四节 仲裁员责任或豁免争议的司法审查

尽管各国家或地区的仲裁制定法大多没有详尽的规定,仲裁员被认为拥有获取报酬在内的各种法律权利及相应的法律义务。然而,并非所有的仲裁员都能很好地或被认为很好地履行一切法律义务。相反,一些仲裁员违背法律义务的行为时有所闻,进而会出现仲裁员是否要承担法律责任或豁免的争议并被提请司法审查。

一、境外所依据的制定法规范

从理论上说,仲裁员的法律责任或豁免可以被分成刑事责任、民事责任或豁免及不得再担任仲裁员的行业责任或豁免等。其中,不得再担任仲裁

---

① 薛源、程雁群:《论我国仲裁地法院制度的完善》,《法学论坛》2018 年第 5 期。

员的行业责任或豁免的制定法规范在一些国家或地区没有明确的规定,另一些国家或地区的制定法虽有规定却很简单,即严重违反义务的仲裁员以后在其他案件也失去任此职的资格①,在司法审查中对这种规定的适用也不复杂,这里仅进一步阐述境外前两种责任或豁免争议司法审查的制定法依据。

(一) 刑事责任或豁免

就仲裁员的刑事责任或豁免争议的司法审查而言,一些国家或地区有明确的制定法依据。如法国《刑法典》第 439 条规定:仲裁员……无权直接或间接索要、认可奉送或其他任何好处;(上述人员违反以上规则)完成或放弃完成其职务范围之行为的,处 10 年监禁并科 15 万欧元罚金。又如德国《刑法典》第 337 条和第 339 条规定:背着一方当事人,仲裁员向另一方索要、让其允诺或收受利益……为犯罪;在领导或裁判案件时……仲裁员枉法地有利于或不利于一方当事人,处 1~5 年自由刑。② 此外,巴西、日本等少数国家还在仲裁制定法中明确地宣布仲裁员刑事责任的规则。③ 总的来说,立法层面上直接明确规定仲裁员的刑事责任或豁免的国家或地区并不是很多。

没有明确的制定法依据的国家或地区仲裁员并非没有可能承担刑事责任,它们可能以其他刑法条文惩治极其严重地违反法律义务的仲裁员。但是,这并不意味着仲裁员及其任命者不承担刑事责任。实际上,如果仲裁员及其任命者在仲裁或任命过程中与一方当事人勾结欺诈另一方当事人或单独盗窃等,可以依照这些国家相关的刑法条文判诈骗或盗窃罪等而承担刑事责任。④ 追究在仲裁活动中有严重不当行为仲裁员刑事责任的司法审查活动也时有所闻,如 2013 年 6 月 25 日居住在马来西亚的英国籍 73 岁仲裁员 Yusof Holmes Abdullah 即因仲裁中的受贿问题被控,随后马来西亚槟城法院(Penang Malaysian Sessions Court)对其判处六个月刑期的处罚,该仲裁员于 2017 年 1 月 5 日入狱服刑。⑤

(二) 民事责任或豁免

据一些学者考证,为了避免当事人的司法投诉骚扰仲裁员,没有法律制

---

① 如中国《仲裁法》第 38 条、中国台湾 2002 年所谓"仲裁法"第 7 条、意大利 2006 年《民事程序法典》第 812 条、塞尔维亚 2006 年《仲裁法》第 7 条第 4 款的规定等。
② 赵维加:《商事仲裁员刑事责任研究》,《上海财经大学学报》2010 年第 3 期。
③ 如日本 2003 年《仲裁法》第 50~55 条等。
④ 金鑫:《论法国刑事规范对国际商事仲裁的影响》,《青海社会科学》2018 年第 5 期。
⑤ 建纬(北京)律师事务所:《关于跨国企业国际反商业贿赂法律规制》(2017 年 4 月 18 日),知乎,https://zhuanlan.zhihu.com/p/26419101,最后浏览日期:2018 年 9 月 15 日。

度规定仲裁员对其裁决所造成的任何错误完全负责①,这意味着目前国际社会中不存在要求仲裁员全面承担各种责任的制定法规范,因此,从具体内容上可以将司法审查仲裁员民事责任或豁免所依据的制定法规范划分为"有限责任"(limited liability)、"绝对豁免"(absolute immunity)与"有条件豁免"(qualified immunity)三种模式。

1. "有限责任"的规范

不少大陆法系国家或地区制定了此种模式的规范。与免除或限制仲裁员某些责任"有条件豁免"的规范不同的是,本模式下的规范明确规定了仲裁员在什么条件下应当承担责任。如西班牙《仲裁法》曾规定:当事人有权对仲裁员的虚假陈述或过错行为提起诉讼。② 2003 年制定并于 2011 年再次修订生效③的西班牙《仲裁法》对仲裁员和仲裁机构的某些行为都规定了民事损害责任。④ 意大利 2006 年《民事程序法典》第 813 条同样属于本模式,其施加责任的条件是仲裁员欺诈或重大疏忽地行为或不行为。奥地利的仲裁立法规定:在仲裁员无正当理由违法或延迟时,当事人有权要求其承担责任。⑤ 罗马尼亚《民事程序法典》第 74 条第 1 款及阿根廷《民事程序法典》第 745 条等包含同样模式的规范。一些阿拉伯国家的仲裁法也含有与以上大陆法系国家相似的制定法规范。如黎巴嫩在 1983 年《民事程序法典》第 769 条第 3 款中宣布:一旦接受任职,如果没有重大理由,则仲裁员不得辞职;否则,对因此遭受损失的当事人,仲裁员应当给予赔偿。⑥

值得注意的是,爱尔兰 2010 年《仲裁法》第 22 条也明确给予仲裁员及其指定者不附条件的豁免。

---

① [法]菲利普·福盖德、[法]伊曼纽尔·盖拉德、[法]贝托尔德·戈德曼:《国际商事仲裁》,北京,中信出版社,2004 年,第 194 页。

② 参见 1988 年 12 月 5 日通过的西班牙《仲裁法》第 16 条第 1 款。See also David J. A. Cairns & Alejandro Lopez Ortiz, "Spain's New Arbitration Act", *International Arbitration Law Review*, 2004, p.43.

③ See David J. A. Cairns & Alejandro López Ortiz, "Spain's Consolidated Arbitration Law", *Spain Arbitration Review*, Issue 13, 2012, p.73.

④ 参见西班牙现行《仲裁法》第 21 条第 1 款。该款的具体内容是:对仲裁指定的接受使仲裁员有诚信履行职责的义务;对于恶意、鲁莽行为或欺诈导致的损失,仲裁员与仲裁机构应当承担责任。该现行法的英译文本可参见 David J. A. Cairns & Alejandro López Ortiz, "Spain's Consolidated Arbitration Law", *Spain Arbitration Review*, Issue 13, 2012, pp.49-73.

⑤ 参见 2006 年奥地利《民事程序法典》第 584 条第 4 款。该法典仲裁法部分的英文版可下载于 http://www.docin.com/p-94955287.html,最后浏览日期:2018 年 6 月 16 日。

⑥ See Peter B. Rutledge, "Toward a Contratual Approach for Arbitral Immunity", *Georgia Law Review*, Fall, 2004, pp.202-207.

2. "绝对豁免"的规范

在字面上,对仲裁员豁免所有类型民事责任的规范才能称为"绝对豁免"模式的规范。严格地说,世界上没有任何国家或地区有这种模式的规范。然而,已有数州采纳的美国 2000 年的《修订统一仲裁法》第 14 条中的相应豁免规范因其规定的豁免范围非常广泛而被视为此种模式的代表。其实,美国 1925 年的《联邦仲裁法》中没有明确体现免除或限制仲裁员责任的规范,以上的第 14 条才填补了美国制定法形式免除或限制仲裁员责任规范的空白,其内容是:(a) 在行使其职能时,仲裁员获得的民事责任豁免程度同于本州行使司法职能的法官;(b) 其他法律项下的任何豁免是本条豁免的补充;(c) 没有根据第 12 条进行披露的仲裁员并不丧失本条下的任何豁免。为了防止当事人传唤仲裁员出庭,该条(d)项进一步规定,如同本州法官一样,仲裁员没有作证义务,也不得被要求提供有关仲裁程序期间发生的任何陈述、行为、决定或裁定记录。此外,为阻止大胆鲁莽的当事人向仲裁员追诉,该条(e)项明确规定了前者向后者承担以下情况发生的诉讼成本:如某人就提供服务所产生的争议向仲裁机构的代表或仲裁员提起民事诉讼,或者违反(d)项规定寻求仲裁机构的代表或仲裁员作证或提供记录,法院在决定仲裁员、仲裁机构或其代表无义务提供记录或作证或者免于民事责任的情况下,应当判决前者向后者支付合理的律师费用和其他诉讼成本。不过,该条也为(d)项规定了两种例外,即仲裁员对当事人提出付费等索赔要求或对当事人根据仲裁贪污、欺诈或明显不公正之理由提起的诉讼撤销裁决进行答复。①

3. "有条件豁免"的规范

采用英美法系的国家或地区常有此类规范。如新加坡 2002 年《仲裁法》第 20 条规定,除了恶意和重大过失外,仲裁员或其雇员或代理人免除下列两种情形所发生的责任:(1) 执行职能过程的过失行为或不行为;(2) 仲裁程序或做成裁决中任何法律、事实或程序错误。该节同时规定,除了存在恶意外,任命仲裁员的个人或当局与仲裁机构对其履行或意图履行使命中的行为或不行为不承担责任。英格兰与威尔士的仲裁立法也规定:对于试图履行或履行其职权过程中的任何不作为或作为,除非该作为或不作为表明其违反了诚信责任,仲裁员不承担责任。该法同时还将这一有条件豁免责任的强行规则扩大适用于仲裁员的代理人或雇员。② 类似于英格兰与威

---

① 张圣翠:《仲裁民事责任制度探析》,《上海财经大学学报》2009 年第 1 期。
② 参见 1996 年英国《仲裁法》第 29 条第 1 款与第 2 款。

尔士仲裁立法的上述规定的还有澳大利亚2010年《国际仲裁法》第28条、苏格兰2010年《仲裁法》规则73～74、中国香港2010年《仲裁条例》第104～105条等。另外,加纳《诉讼外争议解决法》第23条第1款等也属于此种模式。①

应予指出的是,一国或地区的仲裁制定法可能同时包含有条件豁免和有限责任两种模式的规范,分别将仲裁员或仲裁机构的不同行为纳入其规范之下,甚至可以在同一条文也可以包容这两种模式的规范。如英国1996年《仲裁法》第29条第1款的前半部分为有条件豁免模式的规则,后半部分则可以认定为有限责任模式的规则。

二、境外仲裁员民事责任或豁免争议司法审查的主流理论

从以上的制定法规范情况来看,"有条件豁免"与"有限责任"属于主流模式。同样,主张仲裁员有限民事责任或有条件豁免观点也进入主流的理论之列②,其具体内容又可归为以下几种类别。

(一)契约论

仲裁员民事责任或豁免方面的契约论来源于前述仲裁性质探讨中的同名理论,其基本内容为:仲裁员直接或间接地被当事人聘用审理其争议,同时为该审理服务收取费用,仲裁员在接受这种聘用时便与当事人形成一种契约关系,这种契约性关系使得仲裁地对仲裁员不宜提供范围过广的豁免保护,尤其是对仲裁员及其雇员的故意违法或欺诈等行为不应给予豁免,否则,将会导致契约不同方之间的法律权利与义务严重失衡,并且对仲裁质量的提高也无益,进而危害仲裁的最终生存。③

同时,契约论的支持者还指出,仲裁员的仲裁行为尽管是自成特殊一类专业服务,但是仍然在一定程度上相似于其他类专业服务,即提供者皆是凭借自己的经验和专业知识提供服务。其他类专业服务者如建筑师、医生、律师等在从事其专业时要小心履行其职责,很多国家的专业服务法已相继对其故意或疏忽造成的当事人损失施加了民事责任。广泛性同于这些专业服务者的过错民事责任可能会使仲裁员过于谨慎,甚至因害怕担责而不愿意

---

① See Bosman (ed.), *Arbitration in Africa: A Practitioner's Guide*, Kluwer Law International, 2013, p.107.
② See Gary B. Born, *International Commercial Arbitration*, Kluwer Law International, 2014, pp.2037-2039.
③ See Tadas Varapnickas, "Issues of Arbitrator's Liability as Regards the Right to Fair Trial: What Way to Choose for Policy-Maker", *Vindobona Journal of International Commercial Law & Arbitration*, 2016, pp.103-104.

任职,由此便会引发仲裁员的质与数双降而对仲裁的繁荣发展十分不利。此外,从确保司法程序和仲裁程序的完整性角度考虑,仲裁员也必须得到一定程度的豁免保护。但是,对于少数不法的有意或重大过失行为,仲裁员应担民事之责的规定不仅不会损害仲裁服务业,反而对其健康发展有促进作用。①

(二) 功能可比说

这种理论的基本内容是:仲裁员与法官具有相似功能;与法官一样,对于当事人之间法律权利与义务纠纷,仲裁员也担负着解决争议和作出有约束力裁决的职能;为了使法官无须担心不满的当事人投诉骚扰,从而静心地进行司法审判活动,国家或地区的法律机制给予其广泛的豁免保护,同理,为了使仲裁员专注于仲裁审理,在仲裁程序期间和之后,国家或地区的法律机制也必须给予类似于法官的豁免;因不是与其审理和裁决争议有关的第三方当事人,在依照选任协议履职时,仲裁员的角色同于法官,从而在承担相同义务的同时应享有同于法官的权利;在其不是当事人的程序中,让职能同于法官的仲裁员易受追诉是不可行的,但是,民事责任绝对豁免的制度不能适用于仲裁员,因为在越权等少数的情况下,连美国等国的法官也必须承担民事责任。②

(三) 公共政策说

在英美法系国家或地区的国际私法、仲裁法领域的学者和实务人士中,"公共政策"(public policy)一语很常用,而在大陆法系国家或地区的相应同行中多称之为"公共秩序"。

公共政策说支持采用中间模式的豁免规范的主要主张是:在履职时,仲裁员在功能上同于法官,为了使其仲裁审理与裁决免受民事责任压力,就应对其同样适用支撑司法豁免公共政策;不给予中间模式的豁免将使仲裁员受到大量投诉之累,他或她将被迫应诉或为仲裁程序中的行为出庭作证,仲裁程序的完整性会受到破坏,法院也将不堪于诉讼量的大增,进而使人们特别是其中的优秀人士不愿意担任仲裁员,为了防止这种局面的出现,就必须实行给予仲裁员一定程度豁免的公共政策。同时,过广的民事责任机制也会导致仲裁机构不愿管理仲裁,所以给予仲裁机构一定范围豁免的公共

---

① See Bassiri & Draye (eds.), *Arbitration in Belgium*, Kluwer Law International, 2016, pp.131-132; See also Redfern & Hunter, et al., *Redfern and Hunter on International Arbitration*, Kluwer Law International, 2009, pp.328-330.

② See Matthew Bricker, "The Arbitral Judgment Rule: Using the Business Judgment Rule to Redefine Arbitral Immunity", *Texas Law Review*, November, 2013, pp.198-203.

政策也必须得到采用,以此避免当事人不对仲裁裁决瑕疵寻求诉讼救济而醉心于对仲裁机构的诉讼指控。①

另外,很多受过大陆法系教育的学者认为,在各类合同履行中,免除故意或重大过失损害民事责任的协议被公共秩序所禁止,对于仲裁服务合同,该原则同样适用。据此,这些学者还质疑一些仲裁机构规则中的绝对豁免模式规定。他们认为,在效力上,该种规定不符合有关仲裁地关于仲裁员民事责任有限豁免的强行法律制度,因而对该地而言没有效力。这些学者还举例称,在针对某国际著名仲裁机构的一起诉讼中,法国法院就曾对该种公共政策论作出了支持的暗示。②

(四)确保仲裁价值论

实际上,此论是上文阐述过的仲裁司法审查价值取向的理论在仲裁员民事责任制度方面的具体适用。该论的主要内容是:当今的争议解决方法趋于多样化,调解或诉讼方面涌现了越来越具有效率性的创新制度,当事人也更为成熟;仲裁服务由此面临非常激烈的行业内外竞争,绝对豁免模式的规则很不利于仲裁员或仲裁机构服务竞争力的提高;对于仲裁员或仲裁机构的非诚信、不公正或者无效率等违法或违约行为,单靠撤销、不予执行仲裁裁决之类的救济方法并不能促进仲裁的吸引力;只有对仲裁员或仲裁机构规定了中间模式的民事责任才能令仲裁员或仲裁机构加强自我约束,以此提高服务品质和吸引更多的临时仲裁或机构仲裁客户;美国仲裁协会等仲裁机构主动地在其仲裁规则中放弃绝对豁免规定即是一个有力的例证。另外,赞同该论的学者认为,对于仲裁员和仲裁机构,各国家或地区也应当实行友好的制度,就获得不利裁决的当事人而言,应禁止其重新轻易地提起针对仲裁员或仲裁机构的民事追诉,因为中间模式的民事责任制度的目的并不是要保护仲裁员或仲裁机构的单方私利,而是为了确保仲裁的独立性、公平性和有效性。③

我们认为,确保仲裁价值论较符合现实且能指导现实,在很多类型的

---

① See Matthew Rasmussen, "Overextending Immunity: Arbitral Institutional Liability in the United States, England, And France", *Fordham International Law Journal*, June, 2003, pp.1841-1870; See also Jane Ryland & Jane Ryland, "A Comparison of the Liability of Arbitrators, Adjudicators, Experts and Advocates", *Construction Law Journal*, 2005, p.14.

② See Susan D. Franck, "The Liability of International Arbitrators: A Comparative Analysis and Proposal for Qualified Immunity", *New York Law School Journal of International and Comparative Law*, 2000, p.44;[法]菲利普·福盖德、[法]伊曼纽尔·盖拉德、[法]贝托尔德·戈德曼:《国际商事仲裁》,北京,中信出版社,2004年,第594~596页、第623页。

③ See Susan D. Franck, "The Role of International Arbitrators", *ILSA Journal of International and Comparative Law*, Spring, 2006, p.517.

争议解决者积极竞争的背景下,在仲裁员或仲裁机构显然应对一些不能容忍的不公正行为有所担当的情况下,其服务才能令消费的当事人放心和因此形成公平、公正等好口碑。同时,为了同法官一样能胜任和高效顺利地完成裁判服务工作,仲裁员或仲裁机构确实需要一种不必太顾虑容易遭诉讼骚扰指控的环境。此外,正常有理智的当事人意思自治地选择仲裁时,也是期望采用中间模式豁免规范满足他们对公正和效率这两种价值的追求。否则,他们可能就会选择偏重于其中一种价值的调解或诉讼。

三、境外司法审查的实践

(一) 美国的实践

美国法院关于仲裁员民事责任或豁免争议司法审查的实践历史悠久而又丰富。在首次确立仲裁员豁免规则的 1880 年 Jones 诉 Brown 案判决中,美国法院即对仲裁员在过程中的恶意偏袒、拒绝提供正当程序和违反合议要求等的行为给予豁免。① 其后,美国联邦或州法院通过 1956 年 Babylon 奶制品公司诉 Horvit 案、1977 年 Tamari 诉 Conrad 案、1978 年 Raitport 诉 Provident Nat'l Ban 案、2003 年 Blue Cross Blue Shield of Tex. 诉 Juneau 案等作出的诸多著名判决,确立了仲裁员以下各种行为受到豁免保护:作成的裁决存在显然的事实错误或明显的法律错误;仲裁过程中发生的恶意、违背诚信或其他有意行为;没有披露丧失资格的利益冲突;行使管辖权的行为超出当事人仲裁协议的范围等。②

可见,将美国司法审查仲裁员责任豁免争议的实践归为"绝对豁免"模式并不过分。不过,也不能对该"绝对豁免"模式作出极端的理解。只是与其他国家相比,美国的"绝对豁免"模式中豁免事项更多一些而已。实际上,美国对仲裁员或仲裁机构的"绝对豁免"并非没有任何例外。如1962 年第九巡回法院在 Lundgren 诉 Freeman 案中即判决仲裁员应当对有意的不法行为承担民事责任。加利福尼亚州上诉法院在 1983 年的 Baar 诉 Tigerman 案中也拒绝向没有及时作成裁决的仲裁员提供豁免。

---

① See Matthew Bricker, "The Arbitral Judgment Rule: Using the Business Judgment Rule to Redefine Arbitral Immunity", *Texas Law Review*, November, 2013, p.200.

② 参见叶青主编《中国仲裁法制度研究》,上海,上海社会科学院出版社,2009 年,第 133 页; See also Matthew M. Bodah, "What Labor Arbitrators Should Know About Arbitral Immunity an Overview of the Law on Arbitrator Immunity and Its Application to Labor Arbitrators", *Dispute Resolution Journal*, November, 2008-January, 2009, pp.28-34.

同时,马里兰州和加利福尼亚州等近年来也制定了法律限制仲裁员和/或仲裁机构的豁免范围。[1] 同时,少数美国法院还确定仲裁员在以下两种情况下并不享有豁免:(1) 仲裁员被认为是一方当事人的代理人;(2) 仲裁管辖权之外的行为。[2]

(二) 其他国家与地区的实践

其他国家与地区有时也会出现关于仲裁员民事责任与豁免争议司法审查实践的报道。

如在1974年Sutcliffe诉Thackrah案判决中,英国上议院里德(Reid)大法官即指出,对于仲裁员,同样应适用司法豁免公共政策的基础,避免其审裁受到民事责任的威胁。[3] 又如,英国上议院1976年在Arenson案及加拿大最高法院1988年在Sport Maska公司诉Zittrer案中都面临仲裁员责任与豁免争议。负责这两起案件司法审查的法官的共识是:此种争议的解决应以功能可比性理论为指导,使仲裁员与法官享有类似的豁免权;不承担司法职能的专家如建筑师、会计师和评估者等不能被视为仲裁员给予豁免。[4] 再如,奥地利2005年也有这样一起案例,在该案的司法审查决定中,奥地利最高法院认为必须存在成功撤销仲裁裁决的前提条件,否则,仲裁员的民事责任不能被追究。[5]

除了上述诸国外,法国、德国、瑞士、比利时、瑞典等没有关于仲裁员民事责任与豁免问题明示制定法的国家或地区的司法审查实践更应予以关注,实际上,这些国家或地区的相应规则就是通过司法审查实践确立的。[6] 例如,德国最高法院在司法审查中指出:仲裁员与当事人之间的服务合同含有一项赋予前者同于法官的豁免特权的约定。不过,在德国仲裁员并不享有绝对的豁免保护,汉堡上诉法院曾在司法审查决定中宣称:如果仲

---

[1] See Peter B. Rutledge, "Toward a Cotractual Approach for Arbitral Immunity", *Georgia Law Review*, Fall, 2004, p.106.
[2] See Maureen A. Weston, "Reexamining Arbitral Immunity in an Age of Mandatory and Professional Arbitration", *Minnesota Law Review*, February, 2004, pp.493-494.
[3] See Jane Ryland, "A Comparison of the Liability of Arbitrators, Adjudicators, Experts and Advocates", *Construction Law Journal*, 2005, p.14.
[4] See Matthew Rasmussen, "Overextending Immunity: Arbitral Institutional Liability in the United States, England, and France", *Fordham International Law Journal*, June, 2003, pp.1853-1854 & pp.1861-1862.
[5] See Stefan Riegler, "Is Austria any Different? The New Austrian Arbitration Law in Comparison With the Uncitral Model Law and the German Arbitration Law", *International Arbitration Law Review*, 2006, pp.72-73.
[6] See Bassiri & Draye (eds.), *Arbitration in Belgium*, Kluwer Law International, 2016, pp.130-131.

员违约拒签裁决,则可判其负民事责任。同时,德国的公共秩序也令包括仲裁员在内的排除所产生民事责任的故意行为的所有合同无效。① 再如,比利时布鲁塞尔荷兰语原审法庭 2014 年 11 月 13 日所作出的一项未公开的司法审查决定称:仲裁员必须能独立和自由地解决所提交的争议;仲裁员只能在特别例外的情况下承担个人责任;仲裁裁决被(部分)撤销的单纯事实不足以令仲裁员承担责任,对每项争议而言,在法律上都有合理且不同的可接受解决方案的可能性,撤销一项仲裁裁决并不以该裁决不正确或错误为必要条件。②

可能是世界重要仲裁中心之一的缘故,法国所报道出来的司法审查案例数尤为突出,有的甚至涉及国际商会这么著名的仲裁机构的民事责任纠纷。③ 在涉及仲裁员民事责任的案件方面,其中典型者包括法国巴黎上诉法院 1992 年分别对 Consorts Rounny 诉 S. A. Holding 及 Annahold BV 诉 L'Oreal 两案的判决、法国最高法院 1997 年对 Van Lujik 诉 Raoul Duval 案的判决等。④ 以法国最高法院审理的上述案件为例,Raoul Duval 公司在获得巴黎上诉法院撤销仲裁裁决的判决之后,即对作成该裁决的仲裁员 Van Lujik 提起了索赔诉讼。巴黎一审法院判决指出:该仲裁员本应就其与一方当事人的联系告知所有当事人,并且根据《新民事程序法典》第 1452 条,该仲裁员本应在当事人约定的范围内履行其职责;该仲裁员无疑应为没有向 Raoul Duval 公司披露该情况的不法行为承担责任。该法院拒绝适用该仲裁员所依据的《新民事程序法典》第 505 条,认为仲裁员没有承担公共职能,与该条所适用的非职业司法人员没有相似性,当事人与仲裁员之间的关系在性质上是合同关系,根据《民法典》第 1142 条规定的通常法律条件评估其责任是正当的。仲裁员因此被判令偿付原告向仲裁机构支付的 22 500 法郎的仲裁费用损失。至于其他索赔,该法院认为原告未能在其程序或程序的结果中失去成功的机会。法国最高法院最后确认了巴黎一审法院的判决,认为仲裁员有积极的义务披露利益冲突情况,否则,违反正当程序而发

---

① See Stefan Riegler, "Is Austria any Different? The New Austrian Arbitration Law in Comparison With the Uncitral Model Law and the German Arbitration Law", *International Arbitration Law Review*, 2006, p.73.
② See Bassiri & Draye (eds.), *Arbitration in Belgium*, Kluwer Law International, 2016, pp.131-132.
③ See V. V. Veeder, "Arbitrators and Arbitral Institutions: Legal Risks for Product Liability?" *American University Business Law Review*, 2016, pp.339-341.
④ See Gary B. Born, *International Commercial Arbitration*, Kluwer Law International, 2014, pp.2033-2034.

生的个人不法行为会产生其个人责任。①

相比之下,芬兰最高法院2005年在一起案件中判决的仲裁员民事赔偿责任的依据定得要宽一些。在该案中,首席仲裁员未履行法定的影响其公正性与独立性情况的义务,由此不仅导致仲裁裁决被撤销,而且经司法审查认定该首席仲裁员存在疏忽,并据此判定其应根据契约对仲裁中浪费的成本负赔偿责任。随后的程序评估该成本共计约80 000欧元。②

四、中国仲裁员责任或豁免制度的完善

直接明示施加于仲裁员法律责任的规范除了现行《仲裁法》第38条以外,中国还有2006年通过的《刑法修正案(六)》中的第399条(对仲裁员规定了一项"枉法仲裁"的罪名)、《2018年若干问题的规定》第18条等。这些条文的规定都引发了广泛的争议。③ 其中,反对仲裁员施加法律责任学派在论述的数量上占多数,这些论述的作者常常将美国等少数国家或地区才有的实际上仅限于民事赔偿方面④的责任豁免制度视为国际惯例,并据此主张免除仲裁员的民事或刑事法律责任。⑤ 从前述的有关国家或地区仲裁立法规定来看,这种论据显然是不正确的。还有些学者尽管在一定程度上肯定了《2018年若干问题的规定》中限制性规定了仲裁员承担"枉法裁决"类法律责任的行为范围,却同时担心该种规定可能导致一些当事人恶意投诉等弊端。⑥ 我们对此也深感关切,同时鉴于刑事责任争议司法审查方面的理论已十分丰富,下文中仅重点探讨完善中国仲裁员民事责任制度之策。

---

① 韩平:《论仲裁员的民事责任》,《武汉大学学报》(哲学社会科学版)2011年第3期。
② See Franke & Magnusson, et al. (eds.), *International Arbitration in Sweden: A Practitioner's Guide*, Kluwer Law International, 2013, pp.133-134.
③ See Duan Xiaosong, "Criminal Responsibility for Arbitrators in Chinese Law: Perversion of Law in Commercial Arbitration", *Pace International Law Review*, Spring, 2015, pp.9-59; See also Deng Ruiping & Duan Xiaosong, "Promoting Impartiality of International Commercial Arbitrators Through Chinese Criminal Law: Arbitration by 'Perversion of Law'", *Brigham Young University International Law & Management Review*, Summer, 2014, pp.115-121.
④ 美国在禁令等民事责任及其他刑事责任方面对仲裁员并没有实行中国一些学者所称的"绝对豁免"制度。See Michael D. Moberly, "Immunizing Arbitrators from Claims for Equitable Relief", *Pepperdine Dispute Resolution Law Journal*, 2005, p.330; See also Maureen A. Weston, "Reexamining Arbitral Immunity in an Age of Mandatory and Professional Arbitration", *Minnesota Law Review*, February, 2004, pp.493-494.
⑤ 可参见高菲:《中国海事仲裁的理论与实践》,北京,中国人民大学出版社,1998年,第178页;徐前权:《仲裁员法律责任之检讨——兼评"枉法仲裁罪"》(上),《仲裁研究》2006年第3期等。
⑥ 宋连斌:《仲裁司法监督制度的新进展及其意义》,《人民法治》2018年第3期。

(一) 民事责任制度方面的不同理论

在仲裁员民事责任制度方面，中国的现状是：所有立法中没有直接明确的规范。现行《仲裁法》第 38 条[①]在列举仲裁员的一些违法行为的同时规定其"依法应当承担法律责任"。但是，对民事责任是否包含于该条"法律责任"中的问题，学术界在理论上存在分歧。一些学者肯定性地认为该条对仲裁员没有意图施加民事责任，另一些学者却否定该种观点。[②]

对于现行《仲裁法》第 38 条，除了有实然理解方面的上述分歧观点之外，中国学者就应然方面是否要规定仲裁员民事责任问题也存在大不相同的主张。

一部分学者认为，在任何情况下，仲裁员都不应当承担民事责任，其主要理由是：仲裁由当事人自行选择，也体现了其自行管理权；在争议发生前后，各方当事人达成协议，就他们之间的争议，自愿提交其共选的仲裁机构，通过仲裁员居中调解、裁判，即使仲裁员和/或仲裁机构的仲裁服务行为有错，甚至是严重错误地损害了当事人的利益，也是当事人自愿选择的结果而不应进行任何指控，公权力当然要尽可能地超然地对其实行民事责任的完全豁免；对于不称职的仲裁员和/或仲裁机构，通过司法审查程序撤销或者不予执行仲裁裁决才是当事人进行补救的正确方式，该仲裁员最多只应被除名；仲裁业在中国尚处于初期发展阶段，仲裁员和/或仲裁机构需要民事责任完全豁免的鼓励而非施加民事责任的限制。[③]

另一部分学者则主张中国应实行非完全豁免和非完全责任的仲裁员民事责任机制，这种机制的内容可以同于上述境外的有限责任或有限豁免模式（以下统称为"中间模式"）。这些学者认为：在现代经济的发展中，仲裁所面临的形势越来越复杂，当事人的需求也日益多样化，若不在一定范围内承担民事责任，仲裁员和/或仲裁机构必将被商事争议当事人冷落甚至遭到淘汰；中间模式的仲裁民事责任机制避免了绝对豁免和完全责任机制中的绝对化规范运作所产生的弊端；部分国家或地区已接受中间模式的仲裁员民事责任机制，兼备可操作性和现实性的良好效果得到了证明，这种模式既是仲裁员和/或仲裁机构尽到审慎注意义务的重要保证，又能维护其独立性，从而能积极地保障仲裁当事人的合法权益，对仲裁职权滥用可能性的降

[①] 该条大致内容是：有以下情形时，仲裁员依法应当承担法律责任：在仲裁案件时徇私舞弊、索贿受贿及枉法裁判行为；私自会见当事人或其代理人，接受当事人或其代理人的请客送礼。

[②] 高菲：《中国海事仲裁的理论与实践》，北京，中国人民大学出版社，1998 年，第 178 页。

[③] 徐前权：《仲裁员法律责任之检讨——兼评"枉法仲裁罪"》(上)，《仲裁研究》2006 年第 3 期。

低、良性发展仲裁目标的时限等有着深远的意义。①

(二)完善中国仲裁员民事责任争议司法审查机制的措施

我们认为,中国实施中间模式的仲裁员民事责任机制,并认为应主要从两个方面完善该机制。

1. 对现行《仲裁法》第 38 条的规定作出修改

该条没有明确其中"法律责任"短语是否包含民事责任无疑为一大缺陷。在我们参加的一些学术研讨会上,一些仲裁机构的负责人或代表透露,中国已发生数起针对仲裁员或仲裁机构的民事诉讼案件。但是,至今中国没有公开的资料披露起诉的当事人、被起诉的仲裁员和/或仲裁机构,关于某法院是否受理或给予怎样司法审查决定更不能公开可得。可见,该条中笼统含混"法律责任"用语不仅令以上一些学者产生了对仲裁员和/或仲裁机构无施加民事责任意图的观点,而且也使得一些人民法院不敢受理或司法审查涉及仲裁员和/或仲裁机构民事责任的纠纷案件。

我们认为,现行《仲裁法》第 38 条的更大缺陷是:该"法律责任"制度本身很不周全。稍微懂得一些法律规范原理的人都清楚,每一项完备的法律规范对具体权利与义务的内容及其适用条件不仅有适当规定,而且还包括违反该规范时是否承担和/或应当承担何种法律责任的规则。该法在很多条文中明确宣示了仲裁员的多项法律义务,却仅有该条规定:存在所列举的第 34 条中最后一项不独立性且情节严重的情形及第 58 条第 6 项的情形时,仲裁员应承担法律责任。在《仲裁法》其他条文中义务被违反的情况下,对于在境内提供服务的仲裁员或仲裁机构,就追究其任何法律责任而言,中国却根本没有提供任何法律依据。

考虑到现行《仲裁法》第 38 条涵盖仲裁员行为的不周延性②及其对法律责任未具体界定导致的中国学者或实务人士的歧义③、追究仲裁员责任的主体不予明确所可能产生的同样后果、"枉法仲裁"罪责条文的合适性尚无定论④、境外专门仲裁制定法中关于仲裁员或其任命者刑事责任明确规范的少见性、过失或重大过失为责任依据可能遭到理论界与实务界反对的激烈性、

---

① 韩永红:《关于枉法仲裁之思考:基于现实的视角》,《海南大学学报》(人文社会科学版)2008 年第 2 期;刘晓红、李超、范铭超:《国际商事与贸易仲裁员(公断人)责任制度比较——兼评中国商事贸易仲裁员责任制度》,《世界贸易组织动态与研究》2012 年第 3 期。
② 张圣翠:《仲裁民事责任制度探析》,《上海财经大学学报》2009 年第 1 期。
③ 此种歧义情况可参见马永才:《仲裁员的责任要论》,《兰州商学院学报》2000 年第 1 期。
④ 赵维加:《仲裁民事责任制度探析》,《上海财经大学学报》2010 年第 3 期。

民事赔偿责任完全豁免对仲裁业的严重危害性[①]等问题,我们建议将该条的内容修改如下:对于履行仲裁职责中的非故意行为或不行为造成的损害,仲裁员不对当事人承担赔偿责任;对于履行任命仲裁员或管理仲裁职责的任何其他个人或机构,除非损害由其故意行为或不行为所导致,当事人不得追究赔偿责任。如此修改之后,仲裁员或仲裁机构等的故意损害行为就不在豁免之列,因此,该种豁免规则属于较为合理的中间模式。

2. 采取积极的司法审查措施

在修订现行《仲裁法》之前与之后,在完善中国的仲裁民事责任机制方面,中国内地的人民法院实际上都可以采取一些积极的司法审查措施。

对于人民法院受理仲裁员和/或仲裁机构民事责任的司法审查请求,中国现行《仲裁法》《民事诉讼法》等基本法律和其他法规都没有明示的规则予以禁止。在追究仲裁员和仲裁机构哪一种民事责任方面,更没有任何规定对人民法院作出限制。为此,在目前的法律框架下,仲裁员民事责任争议的案件仍然可以纳入司法审查的范围,人民法院有权予以受理并有权决定对涉案仲裁员是否适用某种形式的民事责任。鼓励各地人民法院如此尝试的好处是:便于推动最高人民法院出台统一司法解释,对《仲裁法》的适当修订会产生积极影响。

然而,在目前的情况下,为了支持仲裁自身的繁荣和分解诉讼巨量案源等,各地人民法院不应滥用涉及仲裁员民事责任争议的司法审查权,仲裁员、仲裁机构及其职员更不应当被轻易地判决承担民事责任。只有在出现了极少数情节特别恶劣的故意违反仲裁法律义务行为或不行为的情况下,对于当事的仲裁员、仲裁机构及其职员,各地人民法院才应当判决承担适当类型和适当程度的民事责任。

适当修订了《仲裁法》之后,在完善中国的仲裁民事责任争议司法审查机制方面,人民法院也会且应会继续发挥积极的作用,因为即使是在新加坡、英国、西班牙、中国香港等仲裁立法非常先进完备的国家或地区,仲裁员民事责任方面的立法规则仍较抽象,对该种责任的类型和程度等都无进一步的规定;基于多样性案情、在不影响效率情况下立法本身应尽可能简明等当代流行的立法理念,关于仲裁员民事责任内容的规则,中国修订的《仲裁法》至多会明确到上述程度。因此,在《仲裁法》只能如此简明地适当修订的

---

① 这些情况可参见石现明:《仲裁员民事责任绝对豁免批判》,《仲裁研究》2008年第3期;韩平:《论仲裁员的民事责任》,《武汉大学学报》(哲学社会科学版)2011年第3期;范铭超:《仲裁员责任法律制度研究:兼及我国仲裁员责任法律制度的反思与构建》,博士学位论文,华东政法大学,2012年,第78~80页等。

情况下，在具体案件中无疑仍需要中国人民法院采取一些更具体的创新办法。如在民事赔偿责任方面，人民法院就应当根据《仲裁法》修订者的立法意图，结合民法方面的合同法和/或侵权法当行制度原理，思考出具体赔偿幅度的决定。对此，我们的建议是，中国的人民法院在司法审查的实践中可以借鉴法国、加拿大、南非等国法院已采取的办法：若未造成当事人的其他实际损失，仲裁员不能免责行为所承担的民事责任最多应为退还案件的服务费或仲裁酬金；在诉讼程序中撤销仲裁裁决发生的成本、重新参加仲裁发生的成本、因撤销仲裁裁决而报废的先前仲裁程序中发生的成本，通常是受害当事人可索取的最大的损害赔偿额，但是，受害当事人获有利裁决机会成本应被排除在外，因为在受害当事人重新参加仲裁情况下该机会仍然存在；如果其行为造成一方当事人的偿付延期，则仲裁员所承担的赔偿额应加上所涉款的合理利息；只有故意的不法行为给当事人造成其他直接经济损失的情况下，仲裁员和/或仲裁机构才需另行赔偿这些损失。

本 章 小 结

任何仲裁都离不开仲裁员，否则，就不是仲裁。很多国家或地区的仲裁制定法中都有关于仲裁员的规范，这些规范是否得到遵守常常是相关法院唯一的司法审查内容或内容之一。

首先，仲裁的一大特点是当事人能够协议选择作为裁判者的仲裁员，《纽约公约》等国际条约及众多国家或地区的制定法不仅明确地承认仲裁员应当符合当事人选任协议的要求，相关的法院在司法审查中也表示应执行此项规则。然而，不同的法院往往根据不同的案情决定是否结合关于仲裁员的其他规则等而作出支持或反驳请求的一方当事人，据此可见，拥有关于仲裁员的全部或部分规则及其运作知识，对涉案者而言是非常重要的。中国的制定法也支持仲裁员必须符合当事人选任协议的原则，然而，中国立法对当事人可选仲裁员的资格进行了较多的限制，同时在当事人无协议的情况下提供填补的任意性仲裁员选定规则规定得很不合理。这些缺陷都需要修改中国现行的《仲裁法》等才能消除。

仲裁员必须具备独立性与公正性也是当代绝大多数国家或地区制定法中的普遍性规则，这些规则及其司法审查中运用的理论依据可能是国际人权法说、宪法依据说、自然正义论或综合依据说等。在目前的世界中，自然正义论比较有说服力和符合自愿仲裁当事人的合理期望。仲裁员独立性和公正性争议的其他司法审查实践还包括仲裁员考量任职前情况对任职时或任职后的公正性和独立性影响、所有仲裁员是否承担相同的独立性和公正性义务、仲裁员是否与法官承担同标准的独立性和公正性义务等。一般而言,境内外较多的实践都表明,仲裁员任职前比较近的情况对仲裁员任职时或任职后的独立性和公正性纠纷的司法判断很有影响。在是否按照法官的标准要求仲裁员独立性和公正性的程度方面,各国家或地区的做法不一,基于绝大多数仲裁员的职业非专职性等情况,我们支持采用稍低于法官的标准要求仲裁员,但是不提倡在不同类别的仲裁员之间采用不同的独立性和公正性标准。

从独立性与公正性义务中还可引申出仲裁员是否必须披露利害关系情况、仲裁员或当事人是否有义务调查仲裁员利益冲突情况等问题。其中的披露义务在当今绝大多数国家或地区的仲裁制定法中都可以找到依据,并且这种规则的依据具有强行性质,当事人不能事先通过协议加以排除。但是,事后当事人弃权一般不存在问题。仲裁员的调查影响其独立性与公正性情况的义务在英美少数国家的仲裁法中有所体现,但是,大陆法系国家中的瑞士等国的法院司法审查决定也宣示仲裁员有此项义务。英国和瑞士还分别通过立法与司法实践,要求当事人应对仲裁员独立性与公正性情况作出必要调查的立场。我们认为,除了避免潜在的仲裁员过重的负担而不宜用制定法规则宣示仲裁员的调查义务之外,以上几个国家为促进仲裁公正性与公信力的其他实践很值得中国的立法与司法部门效法。

能在自愿仲裁工作中获取报酬的仲裁员也存在着对其不法行为是否应承担法律责任、可追究何种法律责任、能否获得豁免及获得何种豁免等问题。在境外,仲裁员因严重危害社会而免除刑事责任的行为闻所未闻,然而,除少数国家或地区的制定法中直接针对仲裁员仲裁中的某些行为定罪与量刑的规定以外,其他国家或地区的直接规范很难加以考证,其原因可能是绝大多数仲裁员知法而行为不十分出格以至于不应予以定罪。不过,境外近期有案件表明:极少数仲裁员的严重不当行为会定罪获刑。在仲裁员民事责任制度方面,境外的国家或地区被学者们归成"绝对豁免""有条件豁免"与"有限责任"三种模式,其理论依据包括功能可比说、契约论、公共政策说和确保仲裁价值论等。中国现行《仲裁法》关于仲裁民事责任制度的内容既不明确,也很不周全,中国学者对此问题的看法存在着分歧。我们认为,从公共政策和确保仲裁价值的角度,中国应实行中间模式的仲裁员民事责任制度,建议通过修订现行《仲裁法》第38条及推动人民法院采取积极的措施完善该制度。

第四章　仲裁保全措施争议的司法审查机制

仲裁保全措施在中外学者的论著中有"保全措施"(conservatory measures)、"中间措施"(interim measures)、"临时保护措施"(interim measures of protection)和"临时救济措施"(provisional relief)等多种称谓,是指在对某争议作出最终仲裁裁决前的任何时候要求一方当事人临时性地实施某种不行为或行为的措施。① 顺便说明的是,本著作以下一直使用"保全措施"这一概念的原因是为了与中国《海事特别程序法》《民事诉讼法》中的用语相同。

对申请方当事人而言,仲裁保全措施的发布且得到实施,具有防止对方当事人毁灭证据、恶意转移财产或避免对方当事人其他不行为或行为使仲裁裁决最终无法执行的积极意义。② 然而,某个时段非合适的主体发布的仲裁保全措施得不到执行,就不会有这样的效果。反过来看,所发布的非必要或未附加合理条件的仲裁保全措施会严重损害被申请方当事人的利益。为此,不同当事人为仲裁保全措施而发生争议的问题是常见的,寻求法院进行司法审查和救济更是难免的。

本部分前两节分别阐述境外司法审查仲裁保全措施争议依据的制定法规范的演变、现行内容及相应实践,最后一节在前两节的基础上结合国情探讨中国司法审查仲裁保全措施实践及其依据的制定法发展变革问题。

---

① 杜玉琼、林福辰:《"一带一路"背景下我国国际商事仲裁临时措施制度的立法及完善》,《西南民族大学学报》(人文社科版)2018年第10期;张圣翠:《论我国仲裁保全措施制度的重构》,《上海财经大学学报》2016年第2期;石现明:《东盟国家国际商事仲裁法律制度研究》,昆明,云南大学出版社,2013年,第100页;See also Manuel Arroyo, *Arbitration in Switzerland: The Practitioner's Guide*, Kluwer Law International, 2018, pp.1486-1505.

② See Peter J. W. Sherwin & Douglas C. Rennie, "Interim Relief under International Arbitration Rules and Guidelines: A Comparative Analysis", *American Review of International Arbitration*, 2009, p.229; See also Dana Renée Bucy, "The Future of Interim Relief in International Commercial Arbitration under the Amended UNCITRAL Model Law", *American University International Law Review*, 2010, pp.582-584.

第一节 境外制定法规范的演变与现行内容

一、境外制定法规范的演变

境外司法审查仲裁保全措施争议依据的制定法规范的演变过程，大体上可以分为法院为发布仲裁保全措施唯一主体时代和法院与仲裁庭共为发布仲裁保全措施主体时代的两个阶段。

（一）法院为发布仲裁保全措施唯一主体时代

对于任何保全措施，境外历史上确实有很多仲裁立法明确规定仲裁庭无权予以发布，由此无论是在仲裁前还是在仲裁过程中，在与仲裁协议标的有关的保全措施方面，当时的有关法院都成了唯一能发布的主体，如直到2011年才被取代的瑞士1969年《仲裁协约》第26条、奥地利1983年《民事程序法典》第588~589条、意大利1994年《民事程序法典》第818条、德国1998年之前的《民事程序法典》第1036条、希腊1999年之前的《民事程序法典》第685条等。①

据中外一些学者考证，那时这些立法所在地如此规范的依据是：具有民间性的仲裁庭对其发布的保全措施命令没有强制执行权力，就当时的公共政策而言，保全措施的决定权由具有公权力的法院专门行使也能避免其执行仲裁庭命令方面的难题②；当事人意思自治地达成的仲裁协议仅能授权仲裁庭处理相互间的争议，对于第三人的权利或义务却不能授权仲裁庭处理，然而，如强制令之类的保全措施往往为第三人设定义务而不能被仲裁庭发布，如果不能通过法院决定是否发布，则不能给受影响的当事人或第三人提供适当保护。③

（二）法院与仲裁庭共为发布仲裁保全措施主体时代

众多国家或地区目前都已进入这一时代，其典型特征是：法院仍然具有发布仲裁保全措施的权力，但是，在现行的仲裁立法中同时规定仲裁庭也有权力发布保全措施。如比利时2013年《司法法典》第1696条、法国2011

---

① See Gary B. Born, *International Commercial Arbitration*, Kluwer Law International, 2009, pp.1949-1950.
② See Dana Renée Bucy, "The Future of Interim Relief in International Commercial Arbitration under the Amended UNCITRAL Model Law", *American University International Law Review*, 2010, p.588.
③ 王艳阳：《国际商事仲裁中的临时保护措施制度——兼议我国相关制度的不足》，《西南政法大学学报》2004年第4期。

年《民事程序法典》第 1468 条、爱尔兰 2010 年《仲裁法》第 19 条和表 1 中第 17 条、中国香港 2010 年《仲裁条例》第 35 条、苏格兰 2002 年及 2010 年《仲裁法》规则 35、澳大利亚 2010 年《国际仲裁法》表 2 中第 17 条、美国佛罗里达州 2010 年《国际仲裁法》第 18 条、新加坡《仲裁法》第 28 条和 2009 年《国际仲裁法》第 12 条、加拿大 2009 年《仲裁法》第 18 条、文莱 2009 年《仲裁法令》第 28 条及《国际仲裁法令》第 15 条、毛里求斯 2008 年《国际仲裁法》第 17 条、卢旺达 2008 年《商事仲裁与调解法》第 19 条、迪拜 2008 年《仲裁法》第 24 条第 1 款、塞尔维亚 2006 年《仲裁法》第 31 条、奥地利 2006 年《民事程序法典》第 593 条第 1 款、柬埔寨 2006 年《商事仲裁法》第 25 条、亚美尼亚 2006 年《商事仲裁法》第 17 条、阿富汗 2005 年《商事仲裁法》第 29 条、丹麦 2005 年《仲裁法》第 17 条、波兰 2005 年《民事诉讼法》第 1181 条[①]、挪威 2004 年《仲裁法》第 19 条、日本 2003 年《仲裁法》第 24 条第 1 款、美国 2000 年修订的《统一仲裁法》第 8 条 b 项、克罗地亚 2001 年《仲裁法》第 16 条、韩国 1999 年《仲裁法》第 18 条、俄罗斯 1993 年《国际仲裁法》第 17 条、德国 1998 年《民事程序法典》第 1041 条第 1 款、英国 1996 年《仲裁法》第 38 条第 3～4 款和第 39 条第 1 款、瑞士 1987 年《国际私法法典》第 183 条等。

在英国与中国香港等国家或地区的制定法中,根据仲裁庭与法院同有发布保全措施权力的规则,仲裁庭具有发布保全措施的优先权力,只有在保全措施不能有效地被仲裁庭发布的情况下,法院才可以受理当事人发布保全措施的请求。[②] 此外,巴西最高法院在 Itarumã 诉 PCBIOS 判决称:仲裁庭有发布保全措施的权力;当事人不执行该保全措施指令时,法院可协助执行;一旦仲裁庭成立,法院即无发布保全措施的权力;对于法院已发布的保全措施,仲裁庭有权维持、修改或撤销。巴西 2015 年新修订的仲裁制定法已明确地予以采纳。[③] 连学术界曾常引用为境外典型地禁止仲裁庭发布保全措施的意大利,也在其现行的专门的仲裁制定法中使用了"除非法律另有规定"的表达,使得该国可通过其他法律授权仲裁庭发布保全措施。[④] 可见,

---

[①] 中国国际经济贸易仲裁委员会:《"一带一路"沿线国家国际仲裁制度研究(二)》,第 5 页,http://www.cietac.org/Uploads/201612/5867bc7699b6d.pdf,最后浏览日期:2018 年 6 月 16 日。

[②] 任明艳:《国际商事仲裁中临时性保全措施研究》,上海,上海交通大学出版社,2010 年,第 58 页。

[③] See Arnoldo Wald & Ana Gerdau de Borja, "The New Brazilian Arbitration Law", *University of Miami Inter-American Law Review*, Winter 2015-2016, pp.46-48.

[④] 参见 2006 年修订的《民事程序法典》第 818 条。该法典仲裁法部分的英译文本由 Piero Bernardini 教授翻译,可下载于 http://www.camera-arbitrale.it/Documenti/dlgs_2feb2006_eng.pdf,最后浏览日期:2017 年 12 月 5 日。

当今已非常难以找到境外的仲裁立法不允许仲裁庭发布保全措施。

二、境外制定法规范的现行内容

从现行内容来看，除新加坡、中国香港、荷兰、新西兰及玻利维亚近几年的新仲裁制定法同时包含紧急仲裁员发布保全措施的规范[1]，境外司法审查保全措施争议依据的制定法规范主要可被分为涉及仲裁庭发布保全措施及法院与仲裁保全措施关系两个方面。

（一）仲裁庭发布保全措施

1. 仲裁庭发布保全措施的类型

根据所针对的被申请当事人是否能得到通知和听取其意见的标准，可以将仲裁庭发布的保全措施分成单边与非单边两个类型。

在未通知所针对的被申请当事人和听取其意见的情况下，仲裁庭所决定发布的保全措施即为单边保全措施，该类保全措施在2006年版《示范法》中被称为"初步命令"。根据该版《示范法》第17B～17G条的规定，除非当事人有相反约定，该类保全措施可由仲裁庭根据规定的条件发布，但是，该类保全措施无强制执行力。在某些情况下，该类保全措施对防止一些当事人恶意转移财产、毁灭证据等非法的行为较为有效。[2] 然而，境外一些学者认为，仲裁庭被授权发布单边保全措施会产生很多弊端，包括：由于仲裁庭没有执行权力，通常其发布的单边保全措施是无效和没有实际意义的；通知和给予当事人陈述机会是仲裁程序核心的强行原则，在很多国家或地区构成强行的程序公共政策，《纽约公约》等国际条约都予以承认，单边保全措施却没有遵循这种公共政策而无论依据国际法还是国内法等都不具有可执行性；该种措施还同仲裁庭的中立裁判者不相符，因为它构成了与一方当事人的单独接触。[3] 从影响情况来看，只有爱尔兰2010年《仲裁法》（第19条和

---

[1] See Daniel Kalderimis & Kate Yesberg, "Recent Amendments to New Zealand's Arbitration Act", accessed November 22, 2018, http://arbitrationblog.kluwerarbitration.com/2016/11/28/recent-amendments-to-new-zealands-arbitration-act；See also Philippe Cavalieros & Janet Kim, "Emergency Arbitrators Versus the Courts: From Concurrent Jurisdiction to Practical Considerations", *Journal of International Arbitration*, June, 2018, pp.275-306.

[2] See Peter J. W. Sherwin & Douglas C. Rennie, "Interim Relief under International Arbitration Rules and Guidelines: A Comparative Analysis", *American Review of International Arbitration*, 2009, pp.329-330.

[3] See Charles Falconer & Amal Bouchenaki, "Protective Measures in International Arbitration", *Business Law International*, September, 2010, p.190；See also Jeff Waincymer, "The New UNCITRAL Arbitration Rules: An Introduction and Evaluation", *Vindobona Journal of International Commercial Law & Arbitration*, 2010, pp.242-243.

表1中第17C～17G条)、中国香港2010年《仲裁条例》(第37～42条)、新西兰2007年修订的《仲裁法》(表1中第17C～17J条)等少数境外仲裁制定法采纳了该版《示范法》中关于仲裁庭发布单边保全措施的规则。① 吸收了该版《示范法》中其他全部或大部分保全措施规则的毛里求斯2008年《国际仲裁法》、迪拜2008年《仲裁法》、卢旺达2008年《商事仲裁与调解法》等对该种单边保全措施规则完全不予接受。② 澳大利亚2010年《国际仲裁法》及该国南威尔士州2010年《商事仲裁法》同样属于2006年版《示范法》模式,但是,该种单边保全措施规则分别遭到前者的第18B条和后者的第17B～17G条的"没有效力"的明确宣布。在此情况下,连2010年联合国国际贸易法委员会的《仲裁规则》也没有规定仲裁庭可发布该种单边保全措施。③

不同于单边保全措施,在决定发布非单边保全措施之前,被申请人获得了仲裁庭通知和提供意见的机会。在无特别说明的情况下,下文中的"保全措施"都是指这种保全措施。对于这种保全措施的类型或范围,境外的仲裁制定法的规定并不相同,大体上可归成四种模式。

第一种模式仅笼统规定仲裁庭有权发布保全措施,对其可发布的保全措施类型或范围没有进一步的界定。颁行于2006年前的很多境外仲裁制定法,如柬埔寨2006年《商事仲裁法》(第25条)、亚美尼亚2006年《商事仲裁法》(第17条)和塞尔维亚2006年《仲裁法》(第31条)等都属于此种模式。

第二种模式不仅宣示仲裁庭拥有发布保全措施的权力,而且明确规定其可发布的保全措施范围与法院相应的范围相同。④ 采纳了美国2000年修订的《统一仲裁法》第8条第2款第1项的各州仲裁制定法都可归入此种模式。

第三种模式肯定仲裁庭有发布保全措施权力的同时,又将仲裁庭不得发布的保全措施类型采用否定排除的方法进行了列举。比利时与法国的仲

---

① 从这些条文的内容来看,仲裁庭发布的"初步命令"不具有强制执行力。
② See Tómas Kennedy-Grant, "Interim Measures Under the UNCITRAL Model Law on International Commercial Arbitration: The Impact of the 2006 Amendments", *Asian International Arbitration Journal*, Volume 10, Issue 1, 2014, pp.17-46.
③ 张圣翠:《论我国仲裁保全措施制度的重构》,《上海财经大学学报》2016年第2期;刘俊霞:《2010年〈联合国国际贸易法委员会仲裁规则〉评析》,《时代法学》2010年第6期。
④ 该目原文是: the arbitrator may issue such orders for provisional remedies, including interim awards, as the arbitrator finds necessary to protect the effectiveness of the arbitration proceeding and to promote the fair and expeditious resolution of the controversy, to the same extent and under the same conditions as if the controversy were the subject of a civil action.

裁制定法采用了该模式。如前者规定：仲裁庭不得发布临时扣押命令。①法国2011年《民事程序法典》第1468条第1款除了不允许发布临时扣押命令之外，还禁止仲裁庭发布司法性保障措施（judicial security）②的命令，不过，在决定发布其他其认为合适的保全措施命令时，该款明确规定仲裁庭可在必要的情况下附上违反该命令的惩罚办法。

第四种模式则采用肯定列举的方法对仲裁庭可采取的保全措施类型作出宣示。加拿大1991年《仲裁法》是较早采用该模式的立法，该法第18条列举的仲裁庭可采取的保全措施类型是：对引起仲裁纠纷的财产或文件或仲裁标的的扣押、检查或保全。该种列举在该法的2009年修订中也没有改变。英格兰与威尔士1996年的《仲裁法》同属此模式，并且所宣示的保全措施类型较多。③其后几年内仅少数国家或地区如新加坡、马来西亚等采用此模式。其中，除了增加一项"文件的发现和质询"以外，新加坡2002年《仲裁法》第28条第2款其他列举的事项实质上同于英国的上述范围。新加坡2009年《国际仲裁法》第12条第2款在将2002年上述《仲裁法》中所有措施全部列入的基础上，增加了仲裁庭拥有发布任何临时禁令、确保当事人分散财产的行为不导致仲裁裁决无效或其他保全措施的权力。④

历史上，很多仲裁庭因仲裁地没有清晰的规定而不愿意发布保全措施，为了改变这种状况⑤，明确列举的第四种模式受到2006年版《示范法》的采纳。在文字上，该《示范法》第17条第2款称所列举的四项内容是仲裁庭采用保全措施的目的，但是其第17A条明确规定该列举就是仲裁庭可采用的保全措施类型，即：（1）裁定争议之前维持现状或恢复原状；（2）目前或即将可能对仲裁程序发生的危害或损害，采取行动或不行动予以防止；（3）为执行后继裁决提供一种保全资产；（4）对解决争议可能具有相关性和重要

---

① 参见比利时2013年《司法法典》第1691条第2款。该法典仲裁法部分的英译文本可参见Bassiri & Draye (eds.), *Arbitration in Belgium*, Kluwer Law International, 2016, pp.547-572。
② 据境外一些学者的研究，该款中的"司法性保障措施"是指司法惩罚措施。See Alexis Mourre & Valentine Chessa, "The New French Arbitration Law: Innovation & Consolidation", *Dispute Resolution Journal*, May-July, 2011, p.84.
③ 该法第38条第3~6款和第39条第1~2款规定，仲裁庭能发布保全措施的类型包括：命令申请人提供担保仲裁费用；就一方当事人引起仲裁纠纷的财产或拥有或占有的属于仲裁程序标的发出指令，对该财产要求由仲裁庭、专家或一方当事人进行拍照、检验、扣押或保管，或从财产中提取样品并进行观察、实验；对一方当事人或证人指令宣示作证或非宣示作证；对一方当事人所控制或保管下的证据，指令其进行保全；命令当事人之间作出支付或财产处理。
④ 可参见新加坡2009年《国际仲裁法》第12条第2款h和i项。
⑤ See Gary B. Born, *International Commercial Arbitration*, Kluwer Law International, 2009, p.1975.

性的证据进行保全。以 2006 年版《示范法》为蓝本而于 2007 年修订的新西兰《仲裁法》更清楚地指出：该法的表 1 中第 17 条采用定义的方式所列举的以上事项就是四种保全措施的类型，并添加了另一种称作"费用担保"的类型。毛里求斯 2008 年《国际仲裁法》第 17 条第 1 款和爱尔兰 2010 年《仲裁法》第 19 条及表 1 中第 17 条效法了 2006 年版《示范法》的以上文字表述，但列举的种类与新西兰相同。文莱 2009 年《仲裁法令》第 28 条列举的类型实际上与新加坡 2002 年《仲裁法》第 28 条第 2 款规定一致，但是，其《国际仲裁法令》第 15 条第 1 款和第 8 款却分别与新加坡 2009 年《国际仲裁法》第 12 条第 2 款及 2006 年版《示范法》的以上文字表述如出一辙。与 2006 年版《示范法》文字表述和范围实质一致的还有澳大利亚 2010 年《国际仲裁法》表 2 中第 17 条、中国香港 2010 年《仲裁条例》第 35 条和卢旺达 2008 年《商事仲裁与调解法》第 19 条等。

迪拜 2008 年《仲裁法》第 24 条第 1 款第 2 项和阿富汗 2005 年《商事仲裁法》第 29 条第 1 款[①]很值得关注。前者在同于 2006 年版《示范法》列举的前部加了表明非穷尽性的"包括"一词。后者在吸收了《示范法》1985 年版第 17 条概括规定的同时，也对几项列举使用"包括"这种有"包括但不限于"的非穷尽性之意的用语。对于仲裁庭可采取的保全措施，联合国国际贸易法委员会 2010 年《仲裁规则》第 26 条第 2 款所列的类型尽管同于 2006 年版《示范法》第 17 条，却在这些措施前也添加了同于以上"非穷尽性列举"含义的"例如且不限于"[②]的短语。显然，2006 年版《示范法》中无限定或扩展前置词或后置语的列举会引发是否为具有穷尽性列举的问题，为了避免该问题引发司法审查意义的争执，中国香港特别行政区 2010 年《仲裁条例》第 61 条第 2 款规定：对于该法列举以外的仲裁庭发布的保全措施，法院不予承认和执行。我们认为，从司法审查角度而言，这种清晰的规范是应予以提倡的，因为它可以避免扯皮所产生的当事人、仲裁员和法院的人力和物力浪费等。

同样值得关注的还有澳大利亚南威尔士 2010 年《商事仲裁法》以"仲裁

[①] 该款的英译文为：Unless otherwise agreed by the parties, the Arbitral Tribunal may, at the request of a party, take measures and issue any interim orders it deems necessary during the proceedings to protect the subject matter of the Arbitration, including any measures for protecting the goods and commodities involved in the dispute, such as entrusting such items to third parties or selling perishable goods.（从"to protect"的后面用语来看，仅限于保护"仲裁标的"，因此，尽管有"包括"，有关保全措施的类型可能非常有限。——笔者注）

[②] 其英文表述为"for example and without limitation"。See Laurence Shore, Tai-Heng Cheng, et al.(eds.), *International Arbitration in the United States*, Kluwer Law International, 2017, pp.239-274.

庭命令保全措施的权力"为标题的第 17 条,其在第 2 款作出与 2006 年版《示范法》相同的列举之后,紧接的第 3 款规定:在对该条第 2 款无限制的前提下,仲裁庭不仅可以作出新加坡 2002 年《仲裁法》第 28 条第 2 款列举的所有措施,还可以就当事人之间的庭审时间分配的分段、记录和严格执行(dividing, recording and strictly enforcing the time allocated for a hearing between the parties)作出命令。

根据境内外学者们另一个角度的考察,除单边保全措施以外,仲裁庭可发布的其他保全措施主要可以归为两类:第一类是便于仲裁裁决执行的指令阻止财产转移或扣押财产等措施;第二类是如同法院禁令具有维持争议最终解决前现状功能的避免、减少损失或不利局面的措施,其内容可以是确保仲裁程序期间披露的信息保密、销售易腐货物、命令保全与争议标的有关的证据或要求一方当事人继续履行或不得为某些行为。① 有学者认为,第一类措施包括对解决纠纷费用的成本要求当事人提供担保的措施。然而,另一些学者指出,该种担保措施采用者很少,只有被仲裁地在新西兰、新加坡、英国等普通法国家或地区的一些仲裁庭发布并得到该地的立法和/或司法支持。其他国家或地区的法院已通过司法审查决定指出:被法院地法采纳的《示范法》第 17 条对仲裁庭发布担保费用成本指令并无授权;出于不宜过度干预仲裁的考虑,该法院本身也不适合发布该种保全措施。仲裁地在这些国家或地区的仲裁庭多半表示:该种保全措施将不适当地妨碍当事人陈述案情的机会这一核心的正当程序原则下的权益。②

2. 仲裁庭发布保全措施的条件

境外仲裁制定法尽管一般都允许仲裁庭发布保全措施,但这种允许都是有条件的,一个得到普遍共同规定的条件是:对于仲裁庭发布保全措施,当事人之间没有禁止的约定。其中,瑞典 2019 年 3 月 1 日最新修订生效的《仲裁法》第 2 条第 1 款和瑞士 1987 年《国际私法法典》第 183 条就仅规定此一项条件。③ 不过,法国 2011 年《民事程序法典》第 1468 条在授权仲

---

① 宋秋婵:《论商事仲裁临时措施裁定权归属中法院与仲裁庭的"伙伴关系"》,《仲裁研究》2010 年第 4 期;See also Dana Renée Bucy, "The Future of Interim Relief in International Commercial Arbitration under the Amended UNCITRAL Model Law", *American University International Law Review*, 2010, pp.586-587.

② See Gary B. Born, *International Commercial Arbitration*, Kluwer Law International, 2009, pp.2004-2006.同时,该学者在该论著中指出《示范法》第四种措施不是临时的。

③ 马来西亚 2005 年《仲裁法》第 17 条第 1 款对财产保全、临时保管或出售以外的其他所列举的临时措施也仅规定了这一项条件。同时,英国 1996 年《仲裁法》第 38 条第 5~6 款对宣誓或非宣誓作证及证据保全也只规定了这一项条件。

庭发布保全措施时并未附加"除非当事人另有约定""除非当事人有相反约定""当事人不存在相反约定""在当事人之间没有约定禁止的情况下"之类同于其他境外制定法中的上述条件。这类可谓是"……除外"的条件表达在该法典的很多条文中都存在，如其第1464条第1款与第4款及第1486条第2款等。关于该条未附加前述条件规定的问题，限于法文的语言障碍等，就法国是否就此不允许当事人协议排除仲裁庭发布保全措施权力而言，我们未能找到相关的学术观点或判例。此外，对于同条其后几款列举的仲裁庭发布保全措施，英格兰与威尔士1996年《仲裁法》第38条第2款尽管作出文字表述同上的"……除外"条件规定，其同条第1款紧接着的下一条即第39条第1款①的规定却显示：只有在当事人有明示约定的条件得到满足的情况下，其他类型保全措施才可由仲裁庭发布。② 由此可见，依照英国法，对于某些类型的保全措施，尽管当事人之间没有约定禁止，但由于当事人也没有明示约定允许，仲裁庭则仍无权发布这些类型的保全措施。

此外，有学者认为，1985年版《示范法》第17条③规定还包含必须具有"必要性"（necessary）和针对"争议标的"（in respect of the subject-matter of the dispute）两项条件。柬埔寨2006年《商事仲裁法》第25条、亚美尼亚2006年《商事仲裁法》第17条第1款、塞尔维亚2006年《仲裁法》第31条、波兰2005年《民事程序法典》第1181条第1款、丹麦2005年《仲裁法》第17条、阿富汗2005年《商事仲裁法》第29条第1款、挪威2004年《仲裁法》第19条第1款、日本2003年《仲裁法》第24条第1款、克罗地亚2001年《仲裁法》第16条、德国1998年《民事程序法典》第1041条第1款、中国澳门特别行政区1998年《涉外商事仲裁法规》第17条等都含有此版《示范法》该条中的这两项条件。不过，除了含有该两项条件外，奥地利2006年《民事程序法典》第593条第1款还附加了以下的条件规定："不发布保全措施将发生不可修复的损失或者会导致索赔的执行落空或大受阻碍。"然而，美国2000年修订的《统一仲裁法》仅规定了"必要性"这一项条件。④ 澳大利亚南威尔士

---

① 该款原文是：The parties are free to agree that the tribunal shall have power to order on a provisional basis any relief which it would have power to grant in a final award.
② 张圣翠：《论我国仲裁保全措施制度的重构》，《上海财经大学学报》2016年第2期；See also Gary B. Born, *International Commercial Arbitration*, Kluwer Law International, 2009, p.1957.
③ 该条第一句的中文原文是：除非当事人另有约定，仲裁庭经当事一方请求，可以命令当事任何一方争议标的采取仲裁庭认为有必要的任何临时性保全措施。
④ 参见该法第8条第2款第1项。

2010年《商事仲裁法》第17条第3款第4～6项①、文莱2009年《仲裁法》第28条第1款第6～7项和《国际仲裁法令》第15条第1款第4～5项、新加坡2002年《仲裁法》第28条第2款第5～6项及2009年《国际仲裁法》第12条第1款第4～5项等则仅将针对"争议标的"的条件适用于部分类型的保全措施。

1985年版第17条中关于针对"争议标的"和具有"必要性"的上述两项条件在2006年版《示范法》同条中被删除，但是，对上文中提及的后一条款下列举的前三种保全措施，其添加的第17A条第1款却规定申请当事人应当向仲裁庭提供证据证明满足下列两个条件：不采取这种保全可能造成无法通过判给损害赔偿金充分补偿的损害，且该种损害实质性地大于准予采取这种措施对其所针对的当事人造成的损害；根据索赔的实体方面，请求方当事人获赢的合理可能性。② 对于后一条款中提及的最后一类保全，其同条第2款规定这两项条件仅在仲裁庭认为适当时才适用。目前，爱尔兰2010年《仲裁法》表1中第17A条、中国香港2010年《仲裁条例》第36条、澳大利亚2010年《国际仲裁法》表2中第17A条、文莱2009年《国际仲裁法令》第16条、毛里求斯2008年《国际仲裁法》第17条第2～3款、卢旺达2008年《商事仲裁与调解法》第20条、新西兰2007年修订的《仲裁法》表1中第17B条等对所列举的相同类型的保全措施规定的条件同于2006年版《示范法》第17条。但是，对其第18条列举的与2006年版《示范法》第17条相同类型的保全措施，美国佛罗里达州2010年《国际仲裁法》第19条规定统一适用后者第17A条第2款的条件。

3. 规定仲裁庭发布保全措施的其他规则

首先，很多境外仲裁制定法与联合国《示范法》1985年版第17条、2006年版第17E条第1款都规定：就其发布的保全措施，仲裁庭有权要求申请的当事人提供担保。如澳大利亚2010年《国际仲裁法》表2中第17E条、中国香港2010年《仲裁条例》第40条、美国佛罗里达州2010年《国际仲裁法》第23条、澳大利亚南威尔士2010年《商事仲裁法》第17E条、文莱2009年《国际仲裁法》第20条、柬埔寨2006年《商事仲裁法》第25条、亚美尼亚

---

① 这几项的义务原文是：(d) the inspection of any property which is or forms part of the subject-matter of the dispute, (e) the taking of photographs of any property which is or forms part of the subject-matter of the dispute, (f) samples to be taken from, or any observation to be made of or experiment conducted on, any property which is or forms part of the subject-matter of the dispute, (g)……

② 不过，该条第1款b项同时规定：对这种可能性的判定不影响仲裁庭此后作出任何裁定的自由裁量权。

2006年《商事仲裁法》第17条第1款、奥地利2006年《民事程序法典》第593条第1款、丹麦2005年《仲裁法》第17条、阿富汗2005年《商事仲裁法》第29条第2款、挪威2004年《仲裁法》第19条第1款、日本2003年《仲裁法》第24条第2款、德国1998年《民事程序法典》第1041条第1款等。

其次,费用与损害赔偿规则也极为常见地存在于境外仲裁制定法之中,其内容是:根据情形本应当不准采取保全时,就该措施对其所针对的当事人产生的任何损害和费用,仲裁庭之后可裁定请求保全措施的一方当事人应当承担赔偿责任。如澳大利亚2010年《国际仲裁法》表2中第17G条、中国香港2010年《仲裁条例》第42条、美国佛罗里达2010年《国际仲裁法》第25条、澳大利亚南威尔士2010年《商事仲裁法》第17G条、文莱2009年《国际仲裁法》第20条、迪拜2008年《仲裁法》第24条第1款第5项、新西兰2007年《仲裁法》表1中第17K条、2006年版《示范法》第17G条、波兰2005年《民事程序法典》第1182条、挪威2004年《仲裁法》第19条第3款、德国1998年《民事程序法典》第1041条第4款等都含有这种规定。

再次,在已基本上采纳2006年版《示范法》第17D条内容的多个境外国家或地区的仲裁制定法中,还有一项共同规定:经任一方当事人提出申请,已准许采取的保全措施可以被仲裁庭修改、中止或终结;在出现了非常情况并事先通知各方当事人的情况下,对其已准予采取的保全措施,仲裁庭也可自行地予以修改、中止或终结。如中国香港2010年《仲裁条例》第39条、澳大利亚2010年《国际仲裁法》表2中第17D条、美国佛罗里达2010年《国际仲裁法》第22条、澳大利亚南威尔士2010年《商事仲裁法》第17D条、阿拉伯联合酋长国2008年《仲裁法》第24条第1款第6项、新西兰2007年《仲裁法》表1中第17H条等。不过,法国2011年《民事程序法典》第1468条第2款、波兰2005年《民事程序法典》第1182条第2款和挪威2004年《仲裁法》第19条第2款等仅简单地规定保全措施可以被仲裁庭更改、中止或终结。

最后,2006年版《示范法》第17F条第1款中的规则已被几个境外国家或地区的仲裁制定法所采纳,即:对于在请求或者准予采取保全措施时而依据的情形所发生的任何重大变化,仲裁庭可以要求任何当事人迅速作出披露。如中国香港2010年《仲裁条例》第41条第1款、澳大利亚2010年《国际仲裁法》表2中第17F条、美国佛罗里达州2010年《国际仲裁法》第24条、澳大利亚南威尔士2010年《商事仲裁法》第17F条、文莱2009年《国际仲裁法》第20条第1款、新西兰2007年《仲裁法》表1中第17J条等。

(二) 仲裁保全措施与法院的关系

就境外仲裁保全措施争议司法审查所依据的很多制定法规则来看,规定仲裁保全措施与法院关系的规范涉及以下两项内容:法院对仲裁庭发布保全措施的强制执行;应当事人的申请并基于协助仲裁之目的,法院自行发布保全措施。

1. 法院对仲裁庭发布保全措施的强制执行

在通常情况下,对其决定的保全措施,仲裁庭缺乏强制执行的权力,当事人不自愿履行该种决定的情况也时有出现①,对此,除非仲裁庭以仲裁裁决的形式发布保全措施而获得《纽约公约》等中的执行便利②,否则,在没有法院承认和强制执行该种保全措施规则的情况下,仲裁庭仅仅被赋予发布保全措施的权力显然毫无意义。

尽管如此,1985 年版《示范法》及不少现行的境外仲裁制定法对该问题仍无规定。如法国 2011 年《民事程序法典》、塞尔维亚 2006 年《仲裁法》、柬埔寨 2006 年《商事仲裁法》、丹麦 2005 年《仲裁法》、挪威 2004 年《仲裁法》、日本 2003 年《仲裁法》、美国 2000 年修订的《统一仲裁法》、中国澳门 1998 年《涉外商事仲裁法规》、美国 1925 年《联邦仲裁法》等。

但是,自 20 世纪 80 年代中期起,在最终裁决执行规范之外,逐步有国家或地区的仲裁法对此问题单独作出规定,如瑞士联邦 1987 年《国际私法法典》第 183 条第 2 款、英国 1996 年《仲裁法》第 42 条第 1 款、德国 1998 年《民事程序法典》第 1041 条第 2 款、克罗地亚 2001 年《仲裁法》第 16 条第 2 款、新加坡 2002 年《仲裁法》第 28 条第 4 款、奥地利 2006 年《民事程序法典》第 593 条第 3 款、亚美尼亚 2006 年《商事仲裁法》第 17 条第 3 款、新西兰 2007 年修订的《仲裁法》表 1 中第 17L~17M 条、阿拉伯联合酋长国 2008 年《仲裁法》第 24 条第 2 款、毛里求斯 2008 年《国际仲裁法》第 18 条、卢旺达 2008 年《商事仲裁与调解法》第 21~22 条、加拿大 2009 年《仲裁法》第 18 条第 2 款、文莱 2009 年《仲裁法令》第 28 条第 4 款、澳大利亚 2010 年《国际仲裁法》表 2 中第 17H~17I 条、中国香港 2010 年《仲裁条例》第 43~44 条及第 61 条、美国佛罗里达 2010 年《国际仲裁法》第 26~27 条及 2006 年版《示范法》第 17H~17I 条等都规定了另外的执行仲裁保全措施制度。

大体而言,上述仲裁制定法中 2005 年之前颁布的,其对执行仲裁庭发

---

① 鲍冠艺、黄伟:《论仲裁庭下达临时措施的执行——兼析〈示范法〉临时措施执行规则》,《仲裁研究》2008 年第 4 期。

② See Daniel Girsberger & Nathalie Voser, *International Arbitration: Comparative and Swiss Perspectives*, Kluwer Law International, 2016, pp.271-272.

布保全措施的规定都比较笼统，如瑞士 1987 年《国际私法法典》第 183 条规定：除非有相反的协议，应一方当事人的申请，仲裁庭可采取保全措施；如果有关的当事人不自愿服从这些措施，仲裁庭可以向有管辖权的法官请求协助。再如德国 1998 年《民事程序法典》第 1041 条第 2～3 款规定：对于相应的保全措施，除非也已向法院申请，法院可以经一方当事人请求准许执行；认为确有执行此措施之必要时，法院可以作出不同于请求的裁定；经请求，该裁定可以被法院撤销或修改。不过，内容较详细的规定出现于奥地利 2006 年《民事程序法典》第 593 条第 3～4 款。① 其后更是由于《示范法》的 2006 年版获得通过，在境外仲裁制定法中，选择更详细规定者迅速增多。

上述新版《示范法》的第 17H 条和第 17I 条体现了司法审查关于仲裁庭发布的保全措施的执行规则，分请求执行与准许请求和不得出现拒绝执行条件的两个类别。前一种规则的具体内容为：应当确认仲裁庭发出的保全措施为具有约束力，并且在遵从不存在拒绝承认与执行的法定理由及仲裁庭无他规定的条件下，根据向有管辖权法院的申请，该措施应当得到执行；如果当事人正寻求或已获承认或执行某保全措施，对于该措施的任何修改、中止或终结，则应迅速通知法院；如果仲裁庭就担保尚未作出决定，在认为适当或者对于保护第三方的权利具有必要性的情况下，执行地法院可命令申请人提供适当担保。该版《示范法》中后一种规则的具体内容则是仲裁庭发布保全措施被拒绝执行的理由：存在着该法第 36 条第(1)款(a)项所规定

---

① 2006 年奥地利《民事程序法典》第 593 条第 3 款的英文内容是：Upon the application of a party, the district court where the opponent of the endangered party has its seat, domicile or habitual place of residence in Austria at the time of the first filing of the plea — or otherwise the district court in whose area the measure of enforcement for the preliminary injunction shall take place — shall enforce such measure. Where the measure provides for a measure of protection unknown to Austrian law, the court can, upon application and hearing of the opposing party, execute the measure of protection of Austrian law that comes closest to the measure of the arbitral tribunal. In this case, the court, upon request, can also modify the measure of the arbitral tribunal in order to safeguard the realization of its purpose. 该条第 4 款列举的四条拒绝执行理由的英文表述是：the seat of the arbitral tribunal is in Austria and the measure suffers from a defect which would constitute a reason for setting aside an Austrian award under articles 611, paragraph 2, 617, paragraphs 6 and 7, or 618 of this law; the seat of the arbitral tribunal is not in Austria and the measure suffers from a defect which would constitute cause for refusal of recognition or enforcement in the case of a foreign award; the enforcement of the measure would be incompatible with an Austrian court measure which was either applied for or made earlier, or with a foreign court measure which was made earlier and which is to be recognised; the measure provides for a measure of protection unknown in Austrian law and no appropriate measure of protection as provided by Austrian law was applied for.

的前四项理由之一；存在着同款(b)项所规定的两项理由之一；没有执行仲裁庭的保全担保决定；仲裁庭已中止或终结该保全措施；有管辖权的仲裁地法院或依据本地法准予保全的法院终结或中止该保全措施；保全措施不符合法院的法定权力，除非为执行该措施之目的法院决定对该保全措施作必要的非实质内容修改以适应自己的权力和程序。①

迄今，澳大利亚2010年《国际仲裁法》(表2中第17H～17I条)、美国佛罗里达州2010年《国际仲裁法》(第26条)、澳大利亚南威尔士2010年《商事仲裁法》(第17H～17I条)、毛里求斯2008年《国际仲裁法》(第18条)、新西兰2007年《仲裁法》(表1中第17L～17M条)等境外的制定法采纳了2006年版《示范法》以上执行规则中的全部或大部分。

2. 仲裁保全措施由法院发布的规范

有境外学者认为，一些国家或地区的仲裁制定法中没有关于法院发布仲裁保全措施的规则直接导致了其法院以存在仲裁协议为由拒绝发布保全措施的局面。② 本部分的前述论述也证明了此种观点的正确性。

根据已有的文献考证，第三人可能掌管了仲裁纠纷中的证据、财产等。然而，针对这种第三人，由于仲裁本身封闭的合意性，仲裁庭不能发布保全措施。同时，往往需要数日甚至数月时间组建仲裁庭，在此之前可能就出现了紧急情况需要发布保全措施，因此，在仲裁庭的成立和开始仲裁程序之前，法院必须有权发布此种措施。另一方面，在仲裁庭的组建和仲裁程序开始之后，法院也至少有权针对第三人发布此种措施，否则，就可能难以推进仲裁的某些程序或仲裁裁决最终的有效执行就无保障。③

在境外国家或地区的仲裁制定法中，加利福尼亚2011年1月15日修订的《民事程序法典》第1297节第93条(Section 1297.93)、中国香港2010年《仲裁条例》第45条第2款、新西兰2007年《仲裁法》表1中第9条第1款等明确规定：在仲裁裁决尚未作出的仲裁庭组建之前和仲裁期间，当事人都有直接向法院提出发布保全的请求权。不过，中国香港特别行政区2010年《仲裁条例》第45条规定，只要认为由仲裁庭处理更为适当且所寻求的保全属于仲裁程序标的时，(为便于建议当事人请求仲裁庭决定)香港法院在

---

① 张圣翠：《论我国仲裁保全措施制度的重构》，《上海财经大学学报》2016年第2期。
② See Daniel E Vielleville, "The Venezuela Court's Denial of Interim Relief in Aid of Arbitration Out of (Misplaced) Deference to the Arbitration Tribunal", *IBA Arbitration News*, September, 2010, pp.65-66.
③ See Dana Renée Bucy, "The Future of Interim Relief in International Commercial Arbitration under the Amended UNCITRAL Model Law", *American University International Law Review*, 2010, p.599.

仲裁庭组建之后就可以裁定驳回该保全措施的申请。

值得注意的是,对于在仲裁庭组建之前和组建之后其法院都有发布保全措施的权力问题,澳大利亚2010年《国际仲裁法》表2中第17J条、澳大利亚南威尔士2010年《商事仲裁法》第17J条及2006年版的《示范法》第17J条等并没有明确地宣示。但是,在涉及有关法院发布保全措施的规定中,这些境外的仲裁制定法和2006年版的《示范法》也没有必须在仲裁程序期间作出暗示或明示的限制。在仲裁前和仲裁程序期间,根据这些仲裁制定法,有关法院无疑有权发布保全措施。

第二节 境外仲裁保全措施争议司法审查的实践

在境外仲裁保全措施争议的司法审查实践中,有关法院的司法审查会涉及承认与执行仲裁庭发布保全措施及是否根据当事人协助仲裁的请求亲自发布保全措施两项问题。

一、承认与执行仲裁庭发布保全措施的司法审查

仲裁庭通常情况下没有强制执行其发布保全措施的权力[1],为此,在被采取措施的当事人不配合的情况下,有关法院就可能面临请求审查该保全措施是否予以承认与执行的问题。英国一学术机构在2015年所做的一项调查表明,有很高比例的当事人在决定选择法院还是仲裁庭特别是紧急仲裁庭发布保全措施时,都将这种执行问题作为最重要的考虑因素。[2]

从总体上来看,在没有制定法规定的情况下,仲裁庭发布保全措施的权力是否受到司法承认及仲裁庭发布保全措施是否能被司法执行是很不确定的。[3] 就具体的实践而言,主要可分以下几种。

---

[1] 不过有学者建议,偶尔仲裁庭可用契约性质的罚金逼迫当事人采取与保全措施相符的行为。此外,有数个国家的法律还授权仲裁员对与保全措施不符的当事人发布禁令。See Gary B. Born, *International Commercial Arbitration*, Kluwer Law International, 2014, pp.2447-2448; See also Tushar Kumar Biswas, *Introduction to Arbitration in India: The Role of the Judiciary*, Kluwer Law International, 2013, pp.33-34.

[2] See Katia Fach Gomez & Ana M. Lopez-Rodriguez (eds.), *60 Years of the New York Convention: Key Issues and Future Challenges*, Kluwer Law International, 2019, pp.67-84.

[3] See Gary B. Born, *International Commercial Arbitration*, Kluwer Law International, 2009, p.2019.

(一) 承认仲裁庭拥有发布保全措施的暗示权力

在法院无专属权力的国家或地区,没有当事人相反协议时不少仲裁庭被其法院通过司法审查承认具有发布保全措施的暗示权力。毫不意外的是,报道出来的美国联邦法院作出的这样的司法审查判例较多,如第一巡回法院 2010 年对 Next Step Med. 公司诉 Datapath 公司的判决①、第九巡回法院 2010 年对 Toyo Tire Holdings of Ams. 公司诉 Johnson & Johnson Int'l 案的判决②、第四巡回法院 2006 年对 Arrowhead Global Solutions 公司诉 Datapath 公司的判决③、第二巡回法院 2003 年对 Banco de Seguros del Estado 诉 Mut. Marine Office 公司案的判决④、第六巡回法院 1984 年对 Island Creek Coal Sales 公司诉 City of Gainesville 公司案的判决⑤、第二巡回法院 1982 年对 Sperry Int'l Trade 公司诉 Israel 政府案的判决⑥等都属于这种类型。

值得注意的是,美国一些法院还判决指出,在那些保留了法院专属发布保全措施的国家或地区(如泰国、阿根廷和中国内地)的国际仲裁庭也有权发布保全措施。⑦ 同时,近年来美国还有多名法官在数起司法审查的决定中认为:紧急仲裁员发布的相当于临时仲裁裁决的指令也可以通过法院的司法审查予以确认或撤销。⑧

(二) 对仲裁庭发布保全措施的决定拒绝给予"裁决"待遇

在对仲裁庭发布保全措施的决定给予"裁决"待遇的情况下,该决定就会被承担司法审查任务的法院承认可适用有关的撤销裁决规则或执行裁决的规则。相反,将仲裁庭发布保全措施的决定拒绝给予"裁决"待遇时,该决定就不能适用这样的规则。

对仲裁庭发布保全措施的决定拒绝给予"裁决"待遇的境外司法审查判例也较多。例如,美国加利福尼亚南区法院 2011 年对 Chinmax Med. Sys. 公司诉 Alere San Diego 公司案中就紧急仲裁员发布的保全措施纠纷所作的判决、瑞士联邦法院 2010 年所作的一项判决、突尼斯上诉法院 2001 年所

---

① See 619 F.3d 67, 70 (1st Cir. 2010).
② See 609 F.3d 975 (9th Cir. 2010).
③ See 166 F.Appx. 39, 44 (4th Cir. 2006).
④ See 344 F.3d 255 (2nd Cir. 2003).
⑤ See 729 F.2d 1046, 1049 (6th Cir. 1984).
⑥ See 689 F.2d 301, 306 (2nd Cir. 1982).
⑦ See Gary B. Born, *International Commercial Arbitration*, Kluwer Law International, 2014, pp.2457-2459.
⑧ See Carlos Gonzalez-Bueno Catalán de Ocón(ed.), *40 under 40 International Arbitration*, Dykinson, S.L., 2018, pp.352-356.

作的一项判决、法国最高法院2001年保全措施所作的一项判决都认定：争议中仲裁庭发布的保全措施决定不是裁决，当事人不得对之提请撤销。又如，俄罗斯最高仲裁法院2010年所作的一项判决[1]、印度最高法院1999年所作的一项判决[2]、美国第二巡回法院1980年对Michaels诉Mariforum Shipping SA判决[3]等都以具有"临时性"和未最终解决争议问题为由认定不是裁决而拒绝执行仲裁庭发布的保全措施。

此外，有学者称，在瑞典由于原先无明确的制定法规定，其法院不可能通过司法审查执行仲裁庭发布的保全措施。[4] 不过，根据该国2019年3月1日最新修订生效的《仲裁法》第27条，以该国为仲裁地的仲裁庭其后发布的裁决或其他形式的保全措施决定应具有司法可执行性。

(三) 承认或执行仲裁庭发布的保全措施

限于我们所掌握的资料，境外承认或执行仲裁庭发布保全措施的司法审查判例采纳下列一项或几项的理由：以仲裁庭发布保全措施的决定最终解决了该措施的请求而应视为裁决；司法承认和执行该措施对仲裁程序是重要的；司法不承认或不执行会导致仲裁庭认为紧急事项的决定落空等。此外，由于不是仲裁庭所作的最终裁决，不少法院在司法审查决定承认和执行时实际上比最终裁决掌握的标准更宽松一些。[5]

美国在过去几十年中陆续出现了很多这样的判例，其中，美国纽约南区法院2013年对雅虎(Yahoo)诉微软公司案中就紧急仲裁员发布保全措施争议所作的判决[6]、第七巡回法院2000年对Publicis Commc'ns诉True N. Commc'ns公司案所作的判决[7]、第二巡回法院1986年对Metallgesellschaft AG诉M/V Capitan Constante案所作的判决[8]等都很著名。

近20年来，美国以外的其他国家或地区相继出现了此种司法审查的实例。如法国巴黎上诉法院2004年的一项判决就承认仲裁庭发布保全措施

---

[1] See Gary B. Born, *International Commercial Arbitration*, Kluwer Law International, 2014, p.2521 & pp.2512-2515.
[2] See Tushar Kumar Biswas, *Introduction to Arbitration in India: The Role of the Judiciary*, Kluwer Law International, 2013, p.15.
[3] See 624 F.2d 411, 413-414 (2nd Cir. 1980).
[4] See Franke & Magnusson, et al. (eds.), *International Arbitration in Sweden: A Practitioner's Guide*, Kluwer Law International, 2013, pp.107-108.
[5] See Gary B. Born, *International Commercial Arbitration*, Kluwer Law International, 2014, p.2520.
[6] See 2013 WL 5708604 (S.D.N.Y.).
[7] See 206 F.3d 725, 729 (7th Cir. 2000).
[8] See 790 F.2d 280 (2nd Cir. 1986).

的决定是一种裁决,可对其作出撤销。[1] 瑞士最高法院在 2014 年的一项司法审查决定中也允许对仲裁庭发布保全措施的决定进行质疑,不过,该法院同时认为这种质疑只能直接适用于仲裁庭的组成或管辖权。[2] 此外,在 1999 年的一项判决中,对于仲裁庭以"临时裁决"形式发布的保全措施决定,巴林最高法院视之为一种裁决而认为应当予以执行等。[3]

二、法院对协助仲裁发布保全措施请求的司法审查

由于在仲裁庭组建之前无法请求其发布保全措施、仲裁庭成立之后对第三人又无权发布保全措施等,当事人只得向有关法院提出协助发布仲裁保全措施的请求。

境外法院在司法审查此类请求时,出现了拒绝或协助的两种不同实践。

(一) 拒绝协助发布仲裁保全措施的实践

拒绝协助发布仲裁保全措施的司法审查实践在 20 世纪 70~80 年代的美国非常突出,并且主要是针对仲裁地为外国的案件,理由大多是《纽约公约》第 2 条第 3 款禁止法院为协助仲裁而发布保全措施。第三巡回法院 1974 年对 McCreary Tire & Rubber 公司诉 CEAT SpA 案所作的判决[4]、第四巡回法院 1981 年对 I.T.A.D. Assocs. 公司诉 Podar Bros. 案所作的判决[5]、纽约法院 1988 年对 Drexel Burnham Lambert 公司诉 Ruebsamen 案所作的判决[6]等都典型地体现了此种司法审查态度。不过,第二巡回法院 1990 年在对 Borden 公司诉 Meiji Milk Prods 案判决拒绝协助仲裁发布保全措施时给出的理由却是:管辖不方便。[7] 对于仲裁地在本国的案件,美国少数法院也一度判决拒绝协助仲裁发布保全措施的实践,如第八巡回法院 1984 年对 Merrill Lynch, Pierce, Fenner & Smith 公司诉 Hovey 案所作的判决[8]、第二巡回法院 2000 年对

---

[1] See Gary B. Born, *International Commercial Arbitration*, Kluwer Law International, 2014, p.2514.
[2] See Daniel Girsberger & Nathalie Voser, *International Arbitration: Comparative and Swiss Perspectives*, Kluwer Law International, 2016, p.402.
[3] See Hamid El Ahdab & Jalal El Ahdab, *Arbitration with the Arab Countries*, Kluwer Law International, 2011, p.141.
[4] See 501 F.2d 1032 (3rd Cir. 1974).
[5] See 636 F.2d 75 (4th Cir. 1981).
[6] See 531 N.Y.S.2d 547 (N.Y. App. Div. 1988).
[7] See 919 F.2d 822 (2nd Cir. 1990).
[8] 该案的法官给出的理由是:缺乏当事人授权法院发布保全措施的协议。See 726 F.2d 1286, 1292 (8th Cir. 1984).

Compare Conti Chem LPG 诉 Parsons Shipping 公司案所作的判决①等。

德国 Nürnberg 法院 2005 年所作的一项判决也拒绝协助仲裁地在瑞士日内瓦的仲裁发布保全措施,其理由是仲裁协议本身及当事人约定外国法为准据法行为都排除了德国法院发布保全措施的管辖权。不过,德国学者在评价这一判决时已指出其错误性:德国 1998 年《民事程序法典》第 1025 条第 2 款关于仲裁地在国外时、该法第 1033 条关于仲裁协议有效的情况下德国法院发布保全措施的规定不与仲裁协议相冲突的规则仍然适用。②

2007 年在 Swift-Fortune 有限公司诉 Magnifica Marine SA 案中,新加坡高等法院同样拒绝协助国外为仲裁地的当事人发布仲裁保全措施的请求,其理由是该国制定法没有授权及未能满足以下两项条件:对被告具有管辖权;请求的保全措施属于高等法院最终判决可执行的"法律或衡平利益"(legal or equitable interest)。新加坡法院的这种拒绝态度直到该国 2010 年修订的《国际仲裁法》被实施后才得到改变。③

作为世界重要仲裁强国的英国有时也有法院司法审查判决拒绝协助仲裁发布保全措施。如英国高等法院 2010 年对 Goel 诉 Amega 有限公司案所作的判决就是近年来的一个典型,该法院给予拒绝的理由是:1996 年《仲裁法》背后的政策是法院尽可能少地干预仲裁。④ 同样,在 2016 年 9 月作出的 Gerald Metals S.A.诉 Timis 判决中,鉴于一方当事人请求伦敦国际仲裁院任命紧急仲裁员发布紧急冻结令被拒绝后寻求同样的司法救济,该法院作出拒绝的理由为:1996 年《仲裁法》第 44 条下的司法保全救济仅在仲裁庭、其他授权机构或个人无权或不能及时有效行动时才会考虑给予;伦敦国际仲裁院紧急仲裁员规则的目的就是减少紧急时寻求法院协助的必要性。⑤

(二) 协助仲裁发布保全措施的实践

应当事人请求协助仲裁发布保全措施的司法审查实践也有较长的历史。就美国而言,这样的实践几乎与上述相反的实践同时出现,如瑞典卡罗

---

① 该案的法官给出的理由是:原告没有获得针对被告的判决。See 229 F.3d 426,430 (2nd Cir. 2000).
② See Böckstiegel & Kröll, et al. (eds.), *Arbitration in Germany: The Model Law in Practice*, Kluwer Law International, 2015, p.64.
③ See Klausegger & Klein, et al. (eds.), *Austrian Yearbook on International Arbitration*, Kluwer Law International, 2011, pp.199-201.
④ See [2010] EWHC 2454.
⑤ See Philippe Cavalieros & Janet Kim, "Emergency Arbitrators Versus the Courts: From Concurrent Jurisdiction to Practical Considerations", *Journal of International Arbitration*, June, 2018, pp.275-306.

林拉北区联邦法院 1977 年对 Carolina Power & Light 公司诉 Uranex 案所作的判决①及英属处女岛区法院 1982 年对 Rhone Mediterranee 诉 Lauro 案所作的判决②等。进入 21 世纪后特别是近年来，美国法院的本类司法审查实践则更为频繁，其推动力量除了学者们的广泛批评外还更得力于一些州制定法的改变。还应指出的是，美国法院对仲裁地在本国的仲裁大多是愿意协助发布保全措施的，个别法院甚至判决宣布当事人排除其协助发布仲裁保全措施的约定没有约束力。③ 同时，美国法院为协助仲裁而自行发布保全措施的类型也很丰富，包括发布反诉讼禁令、促仲裁命令（pro-arbitration orders）、对违反这些保全措施的当事人宣告蔑视法庭罪等。④

除美国外，对仲裁通常较为友好的法国在 2011 年新《民事程序法典》之前其各级法院多次判决自己可协助仲裁发布保全措施。⑤ 法国巴黎上诉法院在 2001 年的一项司法审查判决中还宣称：协商、调解等仲裁前置程序条款不适用于法院协助仲裁发布的保全措施。不过法国 2011 年新《民事程序法典》第 1449 条第 1 款明确规定：法院只有在仲裁庭未成立的情况下才可协助发布仲裁保全措施。这与英国 1996 年《仲裁法》中的一些限制异曲同工。⑥ 不过，印度等其他国家或地区已有尚未被推翻的司法审查判决：即使在仲裁庭已成立的情况下，法院依然可协助仲裁发布保全措施。⑦

第三节　中国司法审查实践及其依据制定法的变革

一、中国司法审查的实践

由于中国制定法规定仲裁保全措施的发布主体只能为人民法院，中国

---

① See 451 F.Supp. 1044 (N.D. Cal. 1977).
② See 555 F.Supp. 481 (D.V.I. 1982).
③ See Gary B. Born, *International Commercial Arbitration*, Kluwer Law International, 2014, p.2533 & p.2548.
④ See Professor Julian D M Lew QC, "Does National Court Involvement Undermine the International Arbitration Process?" *American University International Law Review*, 2009, pp.517-528.
⑤ See Delvolvé & Pointon, et al., *French Arbitration Law and Practice*, Kluwer Law International, 2013, pp.39-49.
⑥ See Gary B. Born, *International Commercial Arbitration*, Kluwer Law International, 2014, pp.2456-2543.
⑦ See Tushar Kumar Biswas, *Introduction to Arbitration in India: The Role of the Judiciary*, Kluwer Law International, 2013, pp.39-49.

司法审查仲裁保全措施争议只有准许当事人请求和拒绝当事人请求两种实践。

（一）准许协助仲裁发布保全措施的请求

典型的案件如大连市中级人民法院对所受理的洪胜有限公司与辉影媒体销售有限公司纠纷案所作出的〔2003〕大民特字第49号司法审查裁定。在该案中，双方当事人均为香港法人，辉影媒体销售有限公司将双方间的合资经营合同纠纷提请大连仲裁委员会仲裁。2003年5月29日，大连仲裁委员会裁定向该人民法院提交了该公司的财产保全申请，该法院依法组成合议庭进行审查后支持了该申请。

该案还有值得关注的几种情况是：2004年2月20日，大连仲裁委员会作出〔2003〕大仲字第083号仲裁裁决，洪胜有限公司2004年2月25日向大连市中级人民法院申请解除财产保全；辉影媒体销售有限公司2004年3月1日向大连市中级人民法院提出撤销前述仲裁裁决的申请，该申请被受理获得案号为"〔2004〕大民特字第21号"；该法院审判委员会经讨论拟裁定撤销仲裁裁决，并按照一项司法通知①的规定逐级上报到最高人民法院；最高人民法院民四庭在编号为"〔2004〕民四他字第25号"的答复中表示，对于大连市中级人民法院根据当事人在仲裁程序中申请作出的财产保全裁定的效力，可以参照另一项司法意见的规定②确定，即该裁定的效力应维持到生效的仲裁裁决执行时止；在作出撤销仲裁裁决裁定的同时，大连市中级人民法院也应令财产保全解除。

（二）拒绝协助仲裁地在境外的案件发布保全措施

典型的案件如中国租船有限公司与青山控股集团有限公司纠纷案的判决。在该案中，中国租船有限公司于2010年6月10日和中国香港青山海运有限公司在北京签订航次租船合同，约定前者为后者提供货轮承担从印度尼西亚运输货物的任务。目的港为中国福州。作为后者的履约担保人，青山控股集团有限公司签发了保函，对后者充分履约给予保证并对因后者违约而给前者造成的一切损失承诺无条件进行赔偿。该保函规定争议在中国香港仲裁和适用英国法。由于导致轮船装货时间延误，产生滞期费21万多美元。2010年11月8日，针对青山控股集团，中国租船有限公司向宁波海事法院提出冻结银行存款200万元的财产保全申请，理由为：租船人多次拒绝申请人的支付滞期费要求；作为租船人的担保履约人，被申请人应承

---

① 最高人民法院〔1998〕40号《关于人民法院撤销涉外仲裁裁决有关事项的通知》。
② 最高人民法院《关于适用〈中华人民共和国民事诉讼法〉若干问题的意见》第109条。

担保证责任;申请人将于近期申请在中国香港仲裁,需要确保今后仲裁裁决的执行并要考虑到中国香港高昂的仲裁费用。经司法审查后,宁波海事法院不予准许诉前财产保全,依据是:根据保函,对于保函引起或与保函相关的任何争议,应提交中国香港仲裁;申请人冻结被申请人银行存款200万元诉前财产保全的申请要求于法无据。①

二、中国司法审查依据制定法的发展演变

中华人民共和国成立后的很长一段时间,中国仅有两家仲裁机构或其主席可发布仲裁保全措施②,对该种保全措施争议能否提请司法审查则无任何制定法规范提供依据。直到1982年《民事诉讼法》的颁行,这种情况才被改变。该法第194条规定:根据当事人的保全措施申请,中华人民共和国的涉外仲裁机构认为有需要采取的,应当向该仲裁机构所在地或者被申请人财产所在地的人民法院提请裁定。从此,人民法院成了发布涉外仲裁保全措施的唯一主体,这一规则在1991年的《民事诉讼法》第258条中再次被确认,不过,该条不仅删除了以上的"……仲裁机构认为有需要采取保全措施"表述,而且将其中的"仲裁机构所在地"换成"被申请人住所地"。③涉外仲裁机构自该法第258条施行后对当事人的申请就不再有作出有无必要的判断权力。

中国1995年生效的《仲裁法》涉及仲裁保全措施的规范体现于其第28条、第46条和第48条,主要内容是:因另一方当事人的行为或者其他原因,仲裁裁决可能不能执行或者难以执行的,依照民事诉讼法的有关规定,一方当事人可以申请财产保全,该申请应当经仲裁机构提交人民法院;对于被申请人因财产保全所遭受的损失,申请有错误的当事人应当进行赔偿;出现证据以后可能灭失或者难以取得的情况时,当事人可提请证据保全,应经仲裁机构由证据所在地的基层人民法院受理该请求;申请证据保全的涉外仲裁当事人,应当通过仲裁机构向证据所在地的中级人民法院提交该申请。据此可见,对于财产类保全,对于申请条件,中国《仲裁法》尽管有规定却未与仲裁标的挂钩,从而形成支持仲裁的作用。同时,针对该种措施的错误申请行为,赔偿责任的规范会有助于当事人慎重考量是否提出有关申请,有益于

---

① 吴胜顺:《论境外仲裁非海事请求保全之限制》,《中国海商法研究》2015年第3期。
② 其依据是1956年《中国对外贸易仲裁委员会的仲裁程序暂行规则》第15条和1958年《关于在中国国际贸易促进委员会内设立海事仲裁委员会的决定》第15条。
③ 该法第258条内容为:当事人申请采取财产保全的,中华人民共和国的涉外仲裁机构应当将当事人的申请,提交被申请人住所地或者财产所在地的中级人民法院裁定。

避免社会资源的浪费。然而,很多学者指出①,以下两大缺陷存在于该法的仲裁保全措施之中:在提请仲裁前,就仲裁保全措施的救济,当事人无明确的规定依据有权寻求人民法院协助②;没有规定仲裁庭有权发布保全措施。③ 其中的前一缺陷导致各地人民法院实践中自行决定是否受理仲裁前的保全申请。④

学者们的上述看法十分正确,实际上,上文中提及的中国人民法院拒绝仲裁地在境外的仲裁前保全措施的司法审查决定也缘于《仲裁法》的缺漏。我们认为,在仲裁保全措施方面,该法还有另外的缺陷,包括:保全措施的条文被分散地安置在仲裁程序章下,这对仲裁使用者快速查阅和掌握该措施规范的全貌有较大的妨碍;申请仲裁后当事人无权直接请求人民法院发布保全措施;对法院自行发布保全措施的类型规定得较少;在没有规定仲裁庭有权发布保全措施的情况下,更没有人民法院执行或拒绝执行仲裁庭关于保全措施决定的规范;对寻求保全措施申请人没有规定提供担保的义务;向人民法院寻求保全措施与仲裁协议不冲突的前述原则未予明确宣布;前述的"涉外仲裁委员会"之类的过时用语被采用等。

在1995年《仲裁法》颁行后出台的中国《海事诉讼特别程序法》中,也有与海事仲裁保全措施有关的规定,其主要内容是:就海事争议的诉讼管辖协议或者仲裁协议而言,不受向人民法院提出海事保全救济请求的影响;对于请求海事保全的申请,有管辖权的海事法院可要求请求人提供担保,在请求人不提供担保的情况下,不给予保全救济;在法定的期间内,请求人未根据仲裁协议申请仲裁的,担保或保全应被海事法院及时返还或解除;有关海事纠纷在执行海事请求保全后未进入仲裁程序或诉讼的,就该海事请求,除存在仲裁协议或者诉讼管辖协议以外,当事人可以向采取该保全的海事法

---

① 赵秀文:《〈国际商事仲裁示范法〉对临时性保全措施条款的修订》,《时代法学》2009年第3期;汪祖兴:《效率本位与本位回归——论我国仲裁法的效率之维》,《中国法学》2005年第4期等。

② 《仲裁法》中这三个条文内容并没有限定是否应在仲裁前后通过仲裁机构向人民法院寻求临时救济。但是,从该法第28条和第46条被置于"第四章仲裁程序"之下的这一情况来看,至少对于内地仲裁,立法的本意应当被解释为:只能在仲裁程序期间通过仲裁机构向人民法院寻求财产证据保全。

③ 在当时具有行政法规性质的1956年《中国对外贸易仲裁委员会的仲裁程序暂行规则》第15条规定,仲裁委员会可依一方当事人申请,对同当事人有关的物资、产权等可以规定临时办法,以保全当事人的权利。但是,自1982年《民事诉讼法(试行)》颁行以后,根据第194条规定,中国的仲裁机构就不再有以上的采取类似保全措施的决定权。参见王显荣:《司法权的中国特色限制——以我国商事仲裁中临时措施决定权与执行权的归属为视角》,《仲裁研究》2008年第4期。

④ 王小莉:《英国仲裁制度研究》(下),《仲裁研究》2008年第1期。

院或者其他有管辖权的海事法院提起诉讼。① 此外,该法整个第三章的规定表明,海事仲裁保全措施的类别包括船舶或货物扣押与拍卖、金钱担保、强制被请求人不作为或者作为、其他财产与证据保全等。可见,与《仲裁法》相比,在仲裁保全措施方面,该法至少有三项的发展:当事人在仲裁前被授权可向海事法院请求保全,且明确承认海事保全与仲裁协议不冲突的原则;规定了更多种类的保全;规定了申请人提供担保的义务。但是,该法的局限性也很明显:它仅适用于海事争议;同样未赋予仲裁庭发布保全措施的决定权;对海事仲裁的使用者而言,该法中的一些条文也有不恰当的内容,如仅规定起诉前海事保全申请的受理法院,却没有明确仲裁前申请的受理法院。②

经过仲裁业界的不懈努力,在仲裁保全措施规范方面,2012 年第 2 次修正的中国《民事诉讼法》有了全局性的实质改进③,有关改进的主要内容包括:因紧急事由出现致使证据以后可能灭失或者难以取得时,利害关系人在仲裁前可以向被申请人住所地、证据所在地或者其他对案件有管辖权的人民法院申请证据保全;在紧急和不立即保全将会难以弥补地损害其合法权益的情况下,当事人可以凭提供担保申请司法保全,受理的人民法院属于被申请人住所地、被保全财产所在地或者其他对案件有权管辖地;在情况紧急时,受理的人民法院必须在 48 小时内裁定,如果准许保全申请,则应立即开始执行;在采取保全后 30 日内,在申请人不依法申请仲裁的情况下,人民法院应解除保全;财产保全采取扣押、查封、冻结或其他法定方法;保全应限于请求的范围或者与本案有关的财物;在财产争议案中,如果被申请人提供担保,人民法院应裁定解除保全;对于因错误申请导致被申请人的损失,申请人应予以赔偿;为涉外仲裁寻求财产保全的当事人,应经"涉外仲裁机构"向被申请人住所地或者财产所在地的中级人民法院提交申请裁定。④ 以上有的规定明确其适用范围为"仲裁前",另一些也未附加"在诉讼或仲裁中"等条件,据此可以理解为:根据这些规定在仲裁前和仲裁程序进行过程中,当事人都可向人民法院申请证据保全以外的作出一定行为、禁止其作出一

---

① 参见 2000 年施行的中国《海事诉讼特别程序法》第 14 条、第 16 条、第 18 条第 2 款和第 19 条。
② 参见 2000 年施行的中国《海事诉讼特别程序法》第 13 条。
③ See Ana Coimbra Trigo, "Recent Developments in Arbitration in China — Interim Measures, How to Achieve Proper Relief", *Vindobona Journal of International Commercial Law & Arbitration*, 2016, pp.84-88.
④ 参见该次修订的《民事诉讼法》第 81 条第 2 款、第 100~105 条及第 272 条。

定行为或者财产保全等三种保全措施。①

现行《民事诉讼法》在 2017 年第 3 次修正时对以上内容都未作任何改变。据此应该说，《仲裁法》保全措施规范前述两大缺陷中的后一缺陷被 2012 年与 2017 年分别修正的现行《民事诉讼法》所消除，并且后者对保全措施的类别还增加了新的规定等。然而，该修正的规范及 2015 年《民事诉讼法司法解释》第 542 条依然存在下列缺陷：仲裁地为中国内地的仲裁庭仍无权发布保全措施，更没有其发布这种措施的条件规定；对于仲裁开始后的当事人可否直接向人民法院申请保全的问题，仍然无明确的解决规定，某些人民法院可能据此仍根据现行的《仲裁法》要求当事人必须通过仲裁机构向其申请保全；未考虑到其他情况变化（如当事人和解等）引发的应解除或终止保全措施问题；对（当事人在法定时间内申请仲裁的情况下）保全应持续的时间未作规定；仍然使用"涉外仲裁机构"这一在中国早已过时用语。

2018 年 7 月 1 日施行的《最高人民法院关于设立国际商事法庭若干问题的规定》②、2018 年 12 月 5 日实施的《最高人民法院国际商事法庭程序规则（试行）》③中也包含涉及仲裁保全措施的规定。前者的第 11 条和第 14 条第 1 款的相关规定为：最高人民法院选定符合条件的国际商事仲裁机构与国际商事法庭共同构建仲裁、诉讼有机衔接的纠纷解决平台，成为"一站式"国际商事纠纷解决机制的一部分；在有协议选择前述国际商事仲裁机构仲裁的情况下，在申请仲裁前或者仲裁程序开始后，当事人可以向国际商事法庭申请财产、行为或者证据保全措施。后者［以下简称 2018 年《规则（试行）》］第 34 条规定：在有协议选择前述国际商事仲裁机构仲裁的情况下，当事人对于标的额人民币三亿元以上或其他有重大影响的国际商事案件申请保全的，依照民事诉讼法、仲裁法等法律规定，应当通过国际商事仲裁机构将该申请提交国际商事法庭；国际商事法庭应当对该申请立案审查并依法作出裁定。根据 2018 年 12 月 5 日最高人民法院办公厅发布的《关于确定首批纳入"一站式"国际商事纠纷多元化解决机制的国际商事仲裁及调解

---

① 张圣翠：《论我国仲裁保全措施制度的重构》，《上海财经大学学报》2016 年第 2 期。
② 法释〔2018〕11 号。该规定由最高人民法院审判委员会 2018 年 6 月 25 日第 1743 次会议审议通过，http://sa.sogou.com/sgsearch/sgs_tc_news.php?req=tLQAZx2AFURFC6HGY7V0kzC9wb0bf9SNFhKfuspWPZKfTZL9qPeymwrmMhLq3dfI&_user_type=1，最后浏览日期：2018 年 11 月 26 日。
③ 法办发〔2018〕13 号。该规则由最高人民法院审判委员会 2018 年 10 月 29 日第 1751 次会议审议通过，http://cicc.court.gov.cn/html/1/218/149/192/1126.html，最后浏览日期：2018 年 11 月 26 日。

机构的通知》①(以下简称2018年《通知》),首批前述类型的仲裁机构是:中国海事仲裁委员会、北京仲裁委员会、中国国际经济与贸易仲裁委员会、深圳国际仲裁院、上海国际经济贸易仲裁委员会五家国际商事仲裁机构。②我们认为,最高人民法院发布这些文件表明了其对中国有较大影响力的仲裁机构的较大仲裁案件的支持措施,但并未解决以上指出的基本制定法中存在的问题。

在中国的仲裁机构规则方面,大体上分成两类。一类是几个一线或二线城市仲裁机构及一些自由贸易试验区的仲裁机构仲裁规则规定,经该机构授权,仲裁庭可以决定采取其认为必要或适当的保全措施。另一类仲裁机构仲裁规则则没有这种规定,而是在面临保全措施申请时,仍依照《民事诉讼法》等由仲裁机构转送人民法院进行司法审查。对于前一类中的自由贸易试验区的仲裁机构仲裁规则,有关仲裁庭发布临时措施的合法性、司法审查中的可执行性风险由于有先行先试的原则的保障应无多大疑问。然而,由于《民事诉讼法》规定了措施发布权专属于人民法院,所以按前一类中的非自由贸易试验区的仲裁机构仲裁规则组建的仲裁庭发布的临时措施在人民法院就得不到执行。这种仍然采用的单轨制发布保全措施的做法可能会在实践中导致不必要的延误,并且接受申请时由于并不了解案情,人民法院在作出裁定时需对申请人的申请再行审查,这是对司法资源的很大浪费,并可能会导致司法对仲裁程序的不当干预。此外,仅允许人民法院成为作出是否采取保全措施决定的主体,无疑限制了中国仲裁业的发展,并增加了仲裁对人民法院的依赖。③

三、中国制定法规范的改革建议

(一) 改革方式

有学者建议,中国法律、法规中保全措施规范的上述缺陷应采用修改《仲裁法》和《民事诉讼法》方式予以完善。④ 我们认为,为了更好地使仲裁保全措施的规范合理完善化,中国应采取主要通过《仲裁法》专列一章集中规

---

① 法办〔2018〕212号,最高人民法院国际商事法庭,http://cicc.court.gov.cn/html/1/218/149/192/1124.html.,最后浏览日期:2018年12月16日。
② 姜佩杉、邓江源:《最高人民法院发布"一带一路"国际商事争端解决机制配套文件》(2018年12月5日),深圳国际仲裁院,http://www.sccietac.org/web/news/detail/1830.html,最后浏览日期:2018年12月16日。
③ 李晶:《国际商事仲裁中临时措施在中国的新发展——以民诉法修改和仲裁规则修订为视角》,《西北大学学报》(哲学社会科学版)2014年第6期。
④ 王小莉:《英国仲裁制度研究》(下),《仲裁研究》2008年第1期。

定的修订方式。

从境外的仲裁制定法情况来看,对于主要的仲裁问题,即使有国家或地区仍保留在《民事程序法典》[①]《司法法典》[②]或其他法律文件之中[③]作出规定,对于其中的仲裁保全措施问题,一般都集中在专门的仲裁篇章下进行规范。包括属于大陆法系的日本、丹麦、西班牙、葡萄牙、挪威、中国澳门特别行政区、中国台湾等在内的境外更多国家或地区都已采用专门的仲裁制定法,并全部或最主要地在该专门的仲裁制定法中对仲裁保全措施进行规范和其后的更新完善。就中国目前的情况而言,因刚刚修正而短期内不可能再对《民事诉讼法》作出多大改动。同时,包括仲裁庭发布的保全措施及其条件、人民法院为协助仲裁执行仲裁庭发布的保全措施等都属于仲裁法律制度的重要组成部分,需要数个法律条文才能作出应然的清晰表达,在未来若将之与人民法院作为仲裁保全措施发布主体等问题一并主要放在《民事诉讼法》中规定,这不仅同国际流行模式相背离,而且存在如下的缺陷:既增加了立法技巧上的难度,又淡化两种发布主体及条件等的区别;将其他主要的仲裁法律制度与仲裁保全措施制度分散在不同法律文件之中,很不便于当事人、仲裁庭、研习者等熟悉仲裁法制的主要框架,对该法制的适当遵守也很为不利。因此,更好的措施应是:效法境外通行做法,主要采用修订《仲裁法》的办法。

就可选择参考境外的范式而言,在现行的制定于2006年之前很多国家或地区的仲裁立法中,如同1985年版的《示范法》,对于仲裁保全措施问题,通常只有一两个条文较少的文字作出规定,且一般与仲裁庭的管辖权规则合并构成独立的一章或一部分。但是,2006年版《示范法》是在总结不少国家和地区新制定法和判例法基础上进一步发展而成的,其关于仲裁保全措施的规则就单独地列为一章(第4A章),总共用了11个条文。其后效法了这种多条文专章或专门部分详细规定的方式而颁布仲裁制定法的国家或地区已有数个。例如,中国香港2010年《仲裁条例》、葡萄牙2012年《自愿仲裁法》由10个条文构成的第4章、澳大利亚2010年《国际仲裁法》中由11个条文构成的表2中第4A章、澳大利亚南威尔士2010年《商事仲裁法》由11个条文构成的第4A章;爱尔兰2010年《仲裁法》中由11个条文构成的表1中第4A章;新西兰2007年《仲裁法》中由14个条文构成的表1中第4A章等。这些仲裁保全措施规则中的大部分内容在国内外仲裁法学界不

[①] 如荷兰、奥地利与德国等。
[②] 如比利时等。
[③] 如瑞士的《国际私法法典》等。

仅没有受到诟病,反而得到了一致肯定,因而完全可以为中国所借鉴且宜表述为7~8个条款,这样数量的条款在中国修订《仲裁法》时足以单列为独立的一章,下文将予以进一步的论证。

(二) 仲裁庭发布保全措施规范的合理构建

1. 规定仲裁庭有权发布保全措施

前已指出,仲裁庭未被授予发布保全措施的权力是中国目前仲裁司法审查机制中的一项严重缺陷,这既不符合仲裁的自身特性,也与体现了国际惯例的境外普遍性规定相背离。中国现行机制不仅规定了人民法院专属享有仲裁保全措施的发布权,而且还禁止当事人在仲裁进行过程中就保全措施直接向人民法院提交申请,若当事人需要或意图申请则只能经过仲裁机构向人民法院转交。一方面,这种机制不必要地加入仲裁机构这一中介和在某些情况下可能导致人民法院延误采取保全措施,也因仲裁机构或仲裁庭未被赋予审查控制权而可能导致人民法院司法审查负担的加重和仲裁对人民法院的过度依赖;另一方面,在仲裁具有国际性的情况下,人民法院发布的保全措施在境外的执行障碍很可能大得多。[①]

根据一些境外学者考证,由于仲裁庭对争议实体的当然审理权使其更容易评估各方当事人实体上成功的可能性,从而有更正确的角度考察保全措施对当事人和仲裁程序的影响,因此,一般情况下一经组建,仲裁庭通常就处于更好的位置决定发布保全措施。另外,当事人何时滥用了保全措施的请求或带有策略上恶意的目的同样能够更好地被仲裁庭识别。同时,在多半情况下,直接向仲裁庭提出保全措施的请求还可以避免通过法院所产生的非必要的成本与拖延,并且,这也是对当事人选择仲裁解决争议自由权的尊重,从而提高了仲裁的吸引力。[②]

境外一些著名学者还指出:《纽约公约》在其第2条中暗示着承认准许仲裁庭发布保全措施的国际仲裁协议是缔约国的一项义务,这种观点至少已被一些美国法院默示地接受。[③] 因此,在仲裁庭有权力发布保全措施被当事人的仲裁协议明示或暗示赋予的情况下,如中国目前这种仲裁庭发布保

---

① 汪祖兴:《效率本位与本位回归——论我国仲裁法的效率之维》,《中国法学》2005年第4期;王艳阳:《国际商事仲裁中的临时保护措施制度——兼议我国相关制度的不足》,《西南政法大学学报》2004年第4期。

② See Dana Renée Bucy, "The Future of Interim Relief in International Commercial Arbitration under the Amended UNCITRAL Model Law", *American University International Law Review*, 2010, pp.587-589.

③ See Gary B. Born, *International Commercial Arbitration*, Kluwer Law International, 2014, pp.2430-2431.

全措施一概不被允许的机制,可能已涉嫌违反了该公约上述第 2 条下的义务。

中国学者研究后有的赞同上述观点①,有的另有新的发现:法院主导型的财产保全制度不利于仲裁制度高效便捷地解决当事人之间的民商事纠纷;对仲裁财产安全性保障最重要的并不在于财产保全一定应当由法院作出,而在于申请财产保全是否提供了足额的担保以保证错误的财产保全对被申请人的救济。② 可见,无论是根据中外学者已论证的法理,还是基于所参加的国际条约下义务,中国修订的《仲裁法》都应当规定仲裁庭有权发布保全措施。

2. 对仲裁庭可发布保全措施的类型作出适当列举

鉴于仲裁理论界对单边保全措施莫衷一是,不少境外国家或地区的仲裁立法都没有效法 2006 年版《示范法》对其作出的规定,因此,下一次修订中国《仲裁法》时不应含有仲裁庭发布该种保全的规则。

根据境内外学者的另一种视角,仲裁庭发布的单边以外的其他保全措施可分成两大类。其一为要求一方当事人继续履行或不得为某些行为、对与争议标的有关的证据命令保全、确保仲裁程序期间披露信息的保密性或销售易腐货物等,在功能上,这类保全措施具有在争议最终解决前服务于维持现状的作用,通常类似于法院的禁令,目的在于避免不利局面、防止或减少损失等。其二是为指令的阻止或扣押财产转移等措施,目的在于便于仲裁裁决执行等。③ 有学者认为,第二类措施还应包括指令当事人对纠纷解决费用的成本提供担保。然而,另有学者反驳称:就费用成本而言,命令提供担保的措施并不普遍,仅新加坡、英国、新西兰等一些普通法国家或地区为仲裁地的一些仲裁庭可能会发布并得到该地仲裁立法的承认。另一些国家或地区法院的判决已宣示:在担保费用成本措施方面,其所在地采纳的《示范法》第 17 条对仲裁庭并未给予授权,并以不宜过度干预仲裁为由拒绝当事人提出此种保全申请。仲裁地为这些国家或地区的仲裁庭也不时地指出:此种保全指令会不当地损害当事人陈述案情的机会。④ 可见,对于有较

---

① 郭树理、王蓉:《奥运会体育仲裁中的临时措施探讨》,《华东政法大学学报》2008 年第 3 期。
② 汪祖兴:《中国仲裁制度的境遇及改革要略》,北京,法律出版社,2010 年,第 20~21 页。
③ 宋秋婵:《论商事仲裁临时措施裁定权归属中法院与仲裁庭的"伙伴关系"》,《仲裁研究》2010 年第 4 期;See also Kronke, Nacimiento, et al. (eds.), *Recognition and Enforcement of Foreign Arbitral Awards: A Global Commentary on the New York Convention*, Kluwer Law International, 2010, p.101。
④ See Gary B. Born, *International Commercial Arbitration*, Kluwer Law International, 2009, pp.2004-2006.同时予以指出的是,该学者在该论著中指出《示范法》第四种措施不是临时的。

深大陆法系基础的中国内地而言,上文中阐述的 2006 年版《示范法》第 17 条的四种保全措施可谓足够合适和全面,在修订中国内地《仲裁法》时应当考虑采纳。不过,为了避免实践分歧,在措辞方面,中国内地应借鉴中国香港等仲裁制定法并结合执行规则表明其为穷尽性的列举。

综上,境内外学者的研究成果及境外立法与司法审查实践都表明,由世界顶级专家们制定的 2006 年版《示范法》第 17 条列举的四类保全覆盖范围很广,经检验都适合由仲裁庭和法院发布。中国内地近年内如能完成修订《仲裁法》且只列举这四种就可谓在仲裁保全规范方面进入了国际先进之列。中国最新修订的《民事诉讼法》实际上已承认这四种保全[①],只是对于证据保全和财产保全以外的两种保全措施,该法采用了"禁止其作出一定行为""作出一定行为"的不同文字指称。然而,就含义而言,它们完全能够等同于《示范法》中上述的"维持现状或恢复原状""采取""或不采取""行动"之类文字所要表述的保全措施类型。因此,对仲裁庭可发布保全措施类型的文字表述,中国内地修订的《仲裁法》应当同于现行的《民事诉讼法》。

3. 合理规范仲裁庭发布保全措施的条件

在确定仲裁庭发布保全措施条件时,中国修订的《仲裁法》当然不能缺少上述境外很多制定法普遍要求的"当事人没有约定禁止"之类的限制,这也是实施仲裁意思自治价值取向理论的体现。对于其他条件,首先应作出进一步的分析。有学者认为,考虑到可执行性问题,就证据保全以外的保全措施而言,以境外为仲裁地的仲裁庭的通常实践是要求同时满足以下条件:"具有表面管辖权""紧急性""获得有利裁决的较大可能性""不采取保全措施将造成不可修复性损害""对所针对当事人造成较小的损害"和"通知所针对的当事人和给予其陈述意见的机会"。[②] 为此,2006 年版《示范法》第 17A 条被个别学者指出的缺点是:对与非金钱救济不同的经济损害的不可修复性给予了过度强调,将单一的标准适用于不同的救济规定,在效果上对适应具体案件需求国际标准的未来发展具有妨碍性的破坏作用。[③] 我们却认为,另一些学者的观点应受到赞同,即:就仲裁庭考虑是否作出发布保全措施

---

① 参见《民事诉讼法》第 80 条和第 100 条。
② See Alan Tsang, "Transnational Rules on Interim Measures in International Courts and Arbitrations", *International Arbitration Law Review*, 2011, p.41; See also Alan Scott Rau, "Provisional Relief in Arbitration: How Things Stand in the United States", *Journal of International Arbitration*, Volume 22, Issue 1, 2005, pp.30-35.
③ See Gary B. Born, *International Commercial Arbitration*, Kluwer Law International, 2014, p.2466.

的决定而言,明确列举条件给出了有效的指南。① 同时,"紧急性"这一条件确实明显地暗含于 2006 年版《示范法》第 17A 条第 1 款第 1 项"……裁决——不能适当补偿的损害"的文字表述之中,但是,对今后可能由参差不齐的成员组成的以中国为仲裁地的仲裁庭来说,此项条件还是被挑明了为好。由此可见,对于以上前三种保全措施的条件,中国修订的《仲裁法》规定应当是:为明确表明应当具备该条件和与"……损害"必不可少的因果关系,在吸收 2006 版《示范法》第 17A 条第 1 款第 1 项的基础上添加"情况紧急"和"以至于"这样的用语。此外,对于前述的 2006 年版《示范法》第 17A 条第 1 款第 2 项规定的请求方"有相当的可能性胜诉"条件,境内外学者都没有异议且已被以上数个国家或地区仲裁法吸收,中国《仲裁法》修订时当然也应加以采纳。

列举于 2006 年版《示范法》中的第 4 种保全措施实属证据保全范畴,有权威学者指出:只要认为合适,仲裁庭就有权发布这种保全措施而无需遵循任何其他条件。② 该版《示范法》第 17A 条第 2 款及与其一致的境外制定法规定也没有附加其他条件,中国修订的《仲裁法》较大程度地参照或完全吸收这种规范内容无疑是合适的。

对于"具有表面管辖权"和下一章将充分论证其必要性的"通知所针对的当事人和给予其陈述意见的机会"等条件,中国内地同样可以借鉴 2006 年版《示范法》(第 17L~17I 条)的表达方式来修订自己的《仲裁法》,具体可通过下文论及的承认与执行仲裁庭发布保全措施的规则予以确定。

4. 妥善规定仲裁庭发布保全措施的其他规则

首先,就其发布的保全措施,仲裁庭具有要求申请的当事人提供担保的权力在中国修订的《仲裁法》中应当得到清晰的体现。前已指出,为了防止保全措施请求权遭到仲裁纠纷的当事人滥用和保护该措施所针对的当事人正当利益,非常有必要颁布这种规定。据一些学者的研究,除了前述的非常多国家或地区已有明示规定以外,除非当事人之间另有约定,在境外其他一些并未包含这种明确规定的国家或地区仲裁制定法中,仲裁庭也被默认为拥有此项权力。③ 笔者认为,鉴于该种规定明示或暗示地出现在如此多的境

---

① James E. Castello, "Unveiling the 2010 UNCITRAL Arbitration Rules", *Dispute Resolution Journal*, May-October, 2010, p.149.

② Gary B. Born, *International Commercial Arbitration*, Kluwer Law International, 2009, p. 1985 & pp.2006-2008.

③ See Gary B. Born, *International Commercial Arbitration*, Kluwer Law International, 2014, pp.2432-2457.

外仲裁立法之中,中国《仲裁法》修订时应明示地包含该种规则,因为这能提高所有仲裁庭行使此种权力的意识,并使一些当事人有所顾忌而谨慎地提出保全措施的申请。

其次,损害赔偿与费用规则同样应当包含于中国修订的《仲裁法》之中,其内容应当是:仲裁庭之后根据情形裁定保全措施本不应准予时,就该措施对其所针对的当事人造成的损害和任何费用,请求保全措施的一方当事人应当承担赔偿责任。该种规定在境外不仅具有上文已提及的常见性,而且与提供担保规则具有相似的防止保全措施请求权被滥用的功能。① 另一方面,就通过仲裁机构向法院提出财产保全的当事人而言,中国现行《仲裁法》第28条第3款已对其规定了申请错误的损害赔偿责任,该法修订时,在将仲裁期间更多类的保全的发布权并存地授予仲裁庭的同时,对于因错误申请受到损害的这些保全所针对的当事人,理应同样要提供能抵消该损害的赔偿保护。

再次,关于仲裁庭发布保全措施的决定更改、中止或终结的规则,中国修订的《仲裁法》也应包含。有人士曾担心仲裁庭适用其中的更改规则后会导致重复的法院执行而加重后者的负担,但是,有著名学者指出,实际上很少会发生这种情况,仲裁庭保全决定司法强制执行制度的存在,对当事人自愿执行仲裁庭的该决定比例也有提升作用,由此会取得大大降低法院的受案量和仲裁程序效率提高的良好效果。② 我们认为后一类学者的以上观点很有说服性。另一方面,在有关案件继续深度审理的过程中,由于原先发布的保全措施决定难免被仲裁庭基于新获知的情况而发现不适当,因此,该仲裁庭显然还应被授予中止、更改或终结的权力。不过,很值得进一步思考的是,中国《仲裁法》修订时该如何取舍有关内容的问题。根据仲裁庭保全措施决定被法院强制执行的前述条件要求,按照2006年版《示范法》第17D条的"非常情况下"仅"先通知各方当事人"就可以对当事人陈述无须听取而"自行更改、中止或终结"的规定,由此作出的仲裁庭决定不能得到法院的强制执行问题在实践中显然会产生。可见,2006年版《示范法》第17D条规则在中国《仲裁法》修订时是不宜采纳的,挪威等国家或地区的制定法规则倒是比较适合借鉴,即仅简单地规定保全措施可以被仲裁庭更改、中止或终结。

---

① 汪祖兴:《效率本位与本位回归——论我国仲裁法的效率之维》,《中国法学》2005年第4期。
② See Gary B. Born, *International Commercial Arbitration*, Kluwer Law International, 2009, p.2023.

最后,上述 2006 年版《示范法》第 17F 条第 1 款中的规则也可以在中国《仲裁法》修订时被借鉴。该规则不仅便于仲裁庭考虑决定是否中止、更改或终结上述的保全措施,而且没有任何学者批评其有何种弊端。

(三) 中国规范人民法院与仲裁保全措施关系制度的重构

1. 人民法院强制执行仲裁庭发布保全措施规范的构建

在所参考的数十篇中英文论文及十多本中英文著作中,对于法院承认或执行仲裁庭发布保全措施的 2006 年版《示范法》中的上述规则,我们都未能发现任何异议之见。反倒是一些学者在英文论著中对该种规则表示了肯定。他们认为,对于仲裁庭发布的保全决定的可执行性问题,上述内容的规则带来很大的确定性。[①] 同时,从多个国家或地区已吸收该种规则的以上情况来看,中国也可以在《仲裁法》修订时毫不犹豫地进行采纳。另外,考虑到仲裁司法审查机制中效率的价值取向,中国内地还可借鉴中国香港特别行政区 2010 年《仲裁条例》第 61 条规则,在修订的《仲裁法》中规定:对人民法院根据该种规则作出的裁定,任何当事人不得提起上诉。

2. 人民法院发布仲裁保全制度的完善

就该制度的完善方法而言,首先可以通过在修订的《仲裁法》中规定:仲裁协议与人民法院发布保全措施不相冲突。前已指出,一些学者考证后发现:基于存在仲裁协议,一些国家或地区的法院拒绝发布保全措施,这实际上直接缘于其仲裁制定法中没有此项宣示规则。[②] 可见,这样的宣示规则在中国修订的《仲裁法》里应当得到添补,这样在这些境外区域曾出现的上述司法审查不合理的决定就可以为中国人民法院所避免。

同时,中国还应当在《仲裁法》修订时明确规定:在仲裁庭组建之前和之后,人民法院都有权发布保全措施。如前所述,中国现行《仲裁法》第 28 条、第 46 条和第 68 条尽管规定人民法院拥有作出保全措施决定的权力,但是,这些条款却都宣示:当事人应通过仲裁机构向人民法院提交保全措施申请。很明显,人民法院仲裁前是否有权发布保全措施的问题无法从这种表述中找到明确的答案。在司法审查实践中,各地人民法院据此对仲裁前的保全措施申请自行决定是否受理,结果导致了仲裁司法审查机制在中国内地全境内的不统一、在当事人之间造成了人为的"挑选法院"或者"不公

[①] See Gary B. Born, *International Commercial Arbitration*, Kluwer Law International, 2014, pp.2511-2519.

[②] See Daniel E Vielleville, "The Venezuela Court's Denial of Interim Relief in Aid of Arbitration Out of (Misplaced) Deference to the Arbitration Tribunal", *IBA Arbitration News*, September, 2010, pp.65-66.

平"的局面。① 近几年两次新修正的《民事诉讼法》虽然使人民法院获得了仲裁前发布保全措施的权力,但是,为获得此种保全,至今中国仍无明确的立法规范规定仲裁后的当事人可以直接向人民法院提出请求的问题。笔者认为,基于内地一些实践者或理论者机械地理解法律字面意思的习惯、人民法院在仲裁前后都拥有发布保全措施权力的必要性和合理性,中国《仲裁法》修订时应在删除通过仲裁机构这一不必要地浪费物力和时间环节的基础上,效法加利福尼亚 2011 年修订的《民事程序法典》第 1297 节第 93 条(Section 1297.93)、中国香港特别行政区 2010 年《仲裁条例》第 45 条第 2款、新西兰 2007 年《仲裁法》表 1 中第 9 条第 1 款等,明确规定:在仲裁庭组建之前和截止于作出最终裁决之时的整个仲裁期间,当事人都有权直接向人民法院提出发布保全措施的申请。

最后,如前所述,在决定是否应发布保全措施的方面,经组建后的仲裁庭处于更好的地位。据此,中国内地修订《仲裁法》时还应当参照中国香港特别行政区的立法规范,即:在认为保全措施属于仲裁程序标的且更适合由仲裁庭决定的情况下,(为了便于建议当事人请求仲裁庭决定)人民法院在仲裁庭组建之后可以裁定驳回该保全措施的申请。②

本 章 小 结

在很多案件的最终仲裁裁决作出之前,保全措施的发布且得到实施对申请方当事人避免产生仲裁过程白费的情况非常关键,但不合适的保全措施对被申请方当事人而言就是不公平的灾难,因此,什么样的主体有权决定是否发布仲裁保全措施、决定依据、决定的执行等既是立法应予规范的对象,又是一些法院不时面对的是否审查问题。

从发展历程来看,一些境外国家或地区早期的仲裁立法规定发布仲裁保全措施的唯一主体是法院。然而,到了当今这种情况几乎发生了完全的改变,现在差不多所有的境外制定法都规定仲裁庭和法院都有权发布保全措施。从近十多年境外颁布的仲裁庭发布保全措施的制定法规范内容来看,包括可发布保全措施的种类、条件、更改或终止的权力、申请方当事人错误申请的赔偿义务等。就法院发布保全措施的制定法规范内容而言,境外

---

① 王小莉:《英国仲裁制度研究》(下),《仲裁研究》2008 年第 1 期。
② 参见中国香港特别行政区 2010 年《仲裁条例》的第 45 条。

的制定法主要是规定了发布的条件等。同时,境外很多国家或地区的现行制定法还规定了法院执行仲裁庭发布保全措施争议的司法审查规则。

在制定法中无明确规定的情况下,境外一些法院创造性审查决定宣示:仲裁庭拥有发布保全措施的暗示权力。这些法院如此助力支持的立场可令人感慨地推知:差法在好的法院不如无法。不过,在无法的情况下,一些境外的法院以种种理由拒绝执行仲裁庭发布的保全措施。当然,如前一种法院友待仲裁般地承认与执行仲裁庭发布保全措施的司法审查决定也能不时地见诸报刊。另外,境外法院协助或拒绝协助仲裁发布保全措施的司法审查实践也在不同的时空下轮番发生。

中国内地仲裁保全措施争议司法审查的现行机制中存在的弊端包括:未授予仲裁庭发布保全措施的权力、对仲裁庭发布保全措施人民法院是否应当或如何执行无明确规范、仲裁开始后当事人没被赋予向人民法院直接申请保全措施救济权等。去除该弊端的最好方法应是基于方便使用者知悉和采用之原则,主要通过修订《仲裁法》的手段。就单边与非单边保全措施的区分类型而言,修订的《仲裁法》应当只允许仲裁庭发布非单边类型的保全措施。并且,对于保全措施具体内容的分类来说,除了证据保全以外,紧急性等条件都要适用于中国将来许可的其他类别的保全。此外,中国还应当构建人民法院对仲裁庭发布保全措施执行争议进行司法审查的规范。同时,根据一方当事人请求,人民法院自身直接发布仲裁保全措施的司法审查规范也应加以完善。

第五章　仲裁程序争议的司法审查机制

首先应予说明的是,本章中的"仲裁程序"除另予标明之外是指"仲裁审理程序",这一限定概念与很多国家或地区仲裁制定法中"仲裁程序"章目下的同名概念相同或相近。

仲裁程序争议从内容上看主要可分为是否违反约定程序争议、是否违反程序强行法争议两大类别。① 本章采用两节分别对两类争议的司法审查机制作出论述,进而探讨完善中国司法审查仲裁程序争议所依据的立法制度的措施。

第一节　是否违反约定仲裁程序争议的司法审查

一、所依据的制定法规范

除了前述的诸多优点之外,仲裁被当事人选择的另一主要原因是可以对仲裁程序进行约定,因为这种约定通常令当事各方的相应利益及情况需求获得平衡。② 前述的"契约论"对当事人能约定仲裁程序的权利显然具有直接的指导作用。

约在百年前,就有国际条约承认当事人约定仲裁程序的权利。如1923年的《日内瓦议定书》第2条规定:"仲裁程序……应依据当事人的意志和仲裁举行地国的法律。"③当事人的这种权利随后更是普遍地载入每

---

① 张圣翠:《仲裁程序争议司法审查制度比较与借鉴》,《上海财经大学学报》2017年第2期。
② See Gary B. Born, *International Commercial Arbitration*, Kluwer Law International, 2014, p.1525.
③ 该条的英文原文是:"The arbitral procedure, including the constitution of the arbitral tribunal, shall be governed by the will of the parties and by the law of the country in whose territory the arbitration takes place."

一类的国际仲裁条约之中,如世界上绝大多数国家都已参加的全球性的《纽约公约》第 5 条第 1 款(d)项、区域性的《美洲国家国际商事仲裁公约》(有时又称《巴拿马公约》)第 3 条及第 5 条第 1 款(d)项与《欧洲国际商事仲裁公约》第 9 条第 1 款(d)项①等。无疑,在其涵盖的范围内,这些公约中的规范是有关缔约方法院司法审查是否违反约定仲裁程序争议的最高依据。

对于司法审查非为国际条约涵盖的违反约定仲裁程序争议问题,境外很多国家的国内或地区的本地立法提供了较完整的规范依据,其主要内容一般都是:在所规定的强制性规则没有被违反的情况下,对仲裁庭进行仲裁时所应当遵循的程序,当事人有约定的自由,如瑞典 2019 年 3 月 1 日最新修订生效的《仲裁法》第 21 条、荷兰 2015 年《民事程序法典》第 1036 条、葡萄牙 2012 年《自愿仲裁法》第 30 条、法国 2011 年《民事程序法典》第 1464 条、中国香港 2010 年《仲裁条例》第 47 条和第 81 条第 1 款第 2 项第 1 目、奥地利 2006 年《民事程序法典》第 594 条和 611 条第 2 款第 1 项、丹麦 2005 年《仲裁法》第 19 条和第 37 条第 2 款第 1 项、挪威 2004 年《仲裁法》第 43 条第 1 款第 1 项、日本 2003 年《仲裁法》第 44 条第 1 款第 1~2 项、韩国 1999 年《仲裁法》第 20 条、英国 1996 年《仲裁法》第 34 条、瑞士 1987 年《国际私法法典》第 182 条、1985 年及 2006 年版《示范法》第 19 条和第 34 条第 2 款第 1 项第 1 目等。关于当事人可较大自由或自治地约定程序的上述规定又被一些学者称为"仲裁程序的大宪章"。②

二、司法审查实践

在是否违反约定仲裁程序争议中作出否定和肯定的司法审查认定结论的实践皆不鲜见。英国法院对中国综合发展公司(China Agribusiness Development Corporation)诉巴林贸易公司(Balli Trading)案的判决就是一起著名的认定没有违反约定仲裁程序的司法审查实践。在该案中③,双方当

---

① 《纽约公约》的该项很示范地将"违反约定仲裁程序"优先地列为缔约国法院可拒绝承认和执行有关仲裁裁决的理由之一。该项的英文原文是:"The composition of the arbitral authority or the arbitral procedure was not in accordance with the agreement of the parties, or, failing such agreement, was not in accordance with the law of the country where the arbitration took place."
② 张志:《仲裁立法的自由化、国际化和本土化》,北京,中国社会科学出版社,2016 年,第 27 页。
③ See Lin Yifei, *Judicial Review of Arbitration: Law and Practice in China*, Kluwer Law International, 2018, pp.63-84.

事人约定争议提交中国对外经济贸易仲裁委员会(FETAC)仲裁,后来该仲裁机构改名为中国国际经济贸易仲裁委员会(CIETAC),CIETAC下的仲裁庭便用其现行规则而不是双方当事人约定时的 FETAC 规则进行了审理和裁决。针对一方当事人关于仲裁庭违反约定仲裁程序的指控,英国法院在给出否定的结论时指出:该机构更名前的旧规则已废止;当事人的约定不应被解释成去做不可能的事,而是应认为当事人同意按照仲裁时有效的仲裁规则进行仲裁。

然而,更值得注意的是,包括中国①在内的不少国家或地区的法院中都出现过这样的司法审查实践,因为它们对当事人、仲裁庭及相关的法律代表等都有重要的警示作用。

例如,在 2007 年 5 月 21 日德国最高法院所作的一项判决中,白俄罗斯买方与美国的卖方当事人在合同中约定:若发生争议机构仲裁解决,仲裁机构为白俄罗斯明斯克工商会国际仲裁院。后来确实产生了争议,双方当事人交由按该机构规则成立的三人仲裁庭仲裁。在最后的仲裁裁决上,仲裁庭主席与卖方当事人所选的仲裁员作出了签名,但是没有买方指定的仲裁员签名。卖方当事人持该仲裁裁决到以上的白俄罗斯买方分支机构所在的德国申请执行,德国最高法院通过司法审查拒绝了该申请,其依据是:对于仲裁裁决的决策程序,白俄罗斯买方任命的仲裁员被证据证明没有参加;出现此情况时,应按当事人选定的机构规则程序再选一名仲裁员替换;本案中,这种规则却没有得到剩余的仲裁员执行。②

又如,在 RAE Sys.公司与 Polimaster 有限公司纠纷案中,对于被上诉方 RAE Sys.公司反索赔请求,仲裁庭在仲裁程序期间也作出了处理,上诉方 Polimaster Ltd 有限公司便认为该仲裁裁决应被拒绝执行。在给予上诉方胜诉的判决时,美国联邦第九巡回法院的法官指出:由于在不同仲裁程序中分开解决反索赔请求很不经济,通常情况下,同一仲裁程序中可以一并加以解决,但是,仲裁地为"被索赔人所在地"(at the defendant's site)在当事人的仲裁协议中有明确的规定,在此案情下,该仲裁庭合并两种请求仲

---

① 中国近年来属于此类的司法审查实践的典型案例如:2017 年上海市第一中级人民法院作出的拒绝承认与执行一项新加坡国际仲裁中心管理下仲裁裁决的裁定。该裁定的详细情况可参见杜焕芳、李贤森:《国际商事仲裁当事人程序自治边界冲突与平衡》,《法学评论》2020 年第 2 期。

② See Albert Jan van den Berg (ed.), *Yearbook Commercial Arbitration*, Kluwer Law International, 2009, pp.504-509.

程序的做法违反了当事人之间的约定程序。①

再如,在 Türkiye Electrik Kurumu Genel Müdürlügü General Directorate 与 Osuuskunta METEX Andelslag V.S.纠纷案中,鉴于当事人约定仲裁庭应依据"合同本身和土耳其现行法律"且仲裁地为瑞士的苏黎世,1996年土耳其上诉法院司法审查决定拒绝执行该案中仲裁裁决时认为,当事人的意图是土耳其法既是合同实体争议的准据法,又是仲裁程序法,土耳其《国际仲裁法》第10(a)条要求仲裁庭在仲裁开始后一年内必须作出仲裁裁决,该时间限制规则却没有被本案仲裁庭所遵循,这种情况违反了《纽约公约》第5条第1款(d)项中关于必须遵循约定的仲裁程序规则。②

早先在境外其他国家或地区也有一些法院采用土耳其上述法院的立场,即不适用仲裁地的仲裁程序法而适用主合同准据法国家的仲裁程序法拒绝执行仲裁裁决③,中外一些学者用前述的"非国内化/非本地化"(delocalization)或"非本地仲裁"(delocalized arbitration)④指称这种现象并予以辩护:《纽约公约》应成为"非国内化/非本地化"裁决司法审查执行的法律依据;承认外国的撤销"非国内化"裁决的司法审查决定与《纽约公约》目标相悖,且不公平和无正当性;"非国内化"理论体现了对当事人意思自治的尊重⑤;除了当事人的合意,仲裁裁决仅在需要强制执行时受到执行地法律的约束。⑥ 然而,另一些境外学者批评这种"非国内化"做法,他们认为这样的司法审查决定违背了《纽约公约》的初衷,并增加了仲裁裁决的不确定性。不少国家或地区的仲裁制定法、瑞士最高法院⑦、印度最高法院和美国

---

① See Albert Jan van den Berg (ed.), *Yearbook Commercial Arbitration*, Kluwer Law International, 2011, pp.381-383; See also Hossein Abedian, "Judicial Review of Arbitral Awards in International Arbitration — A Case for an Efficient System of Judicial Review", *Journal of International Arbitration*, Volume 28, Issue 6, 2011, pp.553-590.

② See Albert Jan van den Berg (ed.), *Yearbook Commercial Arbitration*, Kluwer Law International, 1997, pp.807-811.

③ 寇丽:《现代国际商事仲裁法律适用问题研究》,北京,知识产权出版社,2013年,第109页;陈燕红:《"非内国化"理论及其对国际商事仲裁一体化的影响》,北京,中国政法大学出版社,2015年,第84~95页。

④ 王瀚:《国际商事仲裁的非当地化理论之探析》,《法律科学》1998年第1期;See also Yeshnah D. Rampall & Ronán Feehily, "The Sanctity of Party Autonomy and the Powers of Arbitrators to Determine the Applicable Law: The Quest for an Arbitral Equilibrium", *Harvard Negotiation Law Review*, Spring, 2018, pp.401-402.

⑤ 张美红:《国际商事仲裁程序"非国内化"研究》,上海,上海人民出版社,2014年,第4、92~108页。

⑥ 谢新胜:《国际商事仲裁程序法的适用》,北京,中国检察出版社,2009年,第35页。

⑦ 樊堃:《仲裁在中国:法律与文化分析》,北京,法律出版社,2017年,第26页。

一些法院等已普遍接受了境外学者们的这种批评,而不再适用仲裁地以外的程序法解决仲裁程序纠纷。① 中国有学者也曾指出:尽管按《纽约公约》有关规定,对于在外国依据该国法律作出的仲裁裁决,该国法院有权撤销,但在实践中这种情况极易造成法律上的冲突而并不多见且很不利于争议的解决。② 笔者认为,境外后一类学者按照前述的"司法权论"中属地审查原则而提出的批评值得赞同,当事人选择其他地方作为仲裁开庭地点等可能完全是为了便利,但他们选择某地为仲裁地通常就是共同地较信任该地仲裁程序法而要使其得到适用,由此可见,适用"仲裁地法"才真正符合当事人的真实意图。从司法审查实践来看,连肯尼亚等一些发展中国家的法院都拒绝对非该国为仲裁地的仲裁裁决纠纷予以受理。③ 同时,当今世界上大凡好的仲裁程序法制定者的目的就是要使其所适用的地域成为热门的仲裁地,并通过该法特别是其中强行规则的适用确保该仲裁地的仲裁品质而维持或提高声誉。

第二节 是否违反仲裁程序强行法争议的司法审查

一、所依据的制定法规范及其法理依据

就内容而言,仲裁程序强行法规范主要包括:在仲裁程序中,所有当事人获得仲裁庭给予的平等待遇及陈述机会等。其核心目的在于:在仲裁庭组建之后确保仲裁程序符合当代正义的仲裁正当程序要求。④

显然,本著作开始讨论的"公正"的价值取向对上述规范中的正当程序要求具有直接的指导作用,这种要求的规范具有公共政策的强行效力,当事

---

① See Gary B. Born, *International Commercial Arbitration*, Kluwer Law International, 2014, pp.1526-1531; See also Kronke, Nacimiento, et al. (eds.), *Recognition and Enforcement of Foreign Arbitral Awards: A Global Commentary on the New York Convention*, Kluwer Law International, 2010, p.377;同时参见赵秀文:《国际商事仲裁现代化研究》,北京,法律出版社,2010年,第156页。
② 李广辉:《仲裁裁决撤销制度之比较研究——兼谈我国仲裁裁决撤销制度之完善》,《河南大学学报》(社会科学版)2012年第4期。
③ See Stephan W. Schill (ed.), *Yearbook Commercial Arbitration*, Kluwer Law International, 2019, pp.1-14.
④ See Manuel Arroyo, *Arbitration in Switzerland: The Practitioner's Guide*, Kluwer Law International, 2018, pp.3-29.

人不能通过事先的约定排除其适用，与这种强制性规范不符的行为会导致司法上拒绝执行仲裁裁决等不利的后果，全球性的《纽约公约》第 5 条第 1 款 (b) 项和第 2 款对此给予了确认。在同时规定了上述强制性要求的基础上，对于违反行为所产生的仲裁裁决，就其法院在司法审查方面的视角而言，境外众多国家或地区的仲裁制定法不仅规定可以不予执行，而且在仲裁地位于该国家或地区的情况下也可以予以撤销。如荷兰 2015 年《民事程序法典》第 1038 条和第 1065 条、葡萄牙 2012 年《自愿仲裁法》第 30 条、澳大利亚 2010 年《国际仲裁法》第 29 条、中国香港 2010 年《仲裁条例》第 46 条和第 81 条、美国佛罗里达州 2008 年《仲裁法》第 20 条、奥地利 2006 年《民事程序法典》第 594 条和第 611 条、柬埔寨 2006 年《商事仲裁法》第 26 条、丹麦 2005 年《仲裁法》第 18 条、挪威 2004 年《仲裁法》第 43 条、日本 2003 年《仲裁法》第 44 条、孟加拉国 2001 年《仲裁法》第 23 条和第 48 条、美国 2000 年修订的《统一仲裁法》第 16 条、韩国 1999 年《仲裁法》第 19 条、尼泊尔 1999 年《仲裁法》第 21 条第 2 款、德国 1998 年《民事程序法典》第 1042 条和第 1059 条及第 1065 条、英国 1996 年《仲裁法》第 33 条和第 36 条、1985 年版和 2006 年版《示范法》第 18 条和第 34 条第 2 款第 1 项第 1～2 目等。

司法审查是否违反仲裁程序强行法争议的法理依据则与前述的仲裁员独立性与公正性理论相同。[①]

二、司法审查实践

是否违反仲裁程序强行法争议的司法审查实践历史悠久，主要涉及对各种程序作出适当通知、当事人及其代表不得与仲裁员单方联系、给予当事人陈述案情和提供证据的充分机会、符合仲裁员合审合议规范等问题。

(一) 向当事人发出各种仲裁程序的适当通知

在境外很多国家或地区，就司法审查实践而言，其法院主要强调发出通知的适当性和实际应当能收到通知的事实。

在发出通知的适当性方面，相关法院的司法审查立场是：在足够的时间之前，仲裁员应当自行或通过其秘书或仲裁机构等向所有当事人各方发出通知，该通知应清晰地列明何种仲裁程序事项等，并应给予所有当事人各

---

① See Georgios Petrochilos, *Procedural Law In International Commercial Arbitration*, New York: Oxford University Press, 2004, p.152.

方提出异议的合理机会；在有足够证据显示根本不会参加该程序的情况下，每一方当事人也有权获得这样的通知。法律机制中对通知有"在足够的时间之前"发出的规范要求的主要目的在于：使当事人能对仲裁程序作出充分的准备。按照境外一些国家或地区的立法和司法实践及两版联合国《示范法》第24条第2款，应当发出适当通知的仲裁程序包括：提交诉状和各种证据的程序、审理证据程序、开庭审理或听证的任何程序及举行检查货物、其他财产或文件的会议等。① 对此类每一种仲裁程序，如果根本没有向当事人发出通知或发出的通知不适当，则经该当事人的申请并被核实后，基于违反了强行的正当程序规则之理由，有关国家或地区的法院就会撤销或不予承认和执行该案所涉的仲裁裁决。2010年4月16日瑞典最高法院对Arne Larsson Partner Leasing AB与Lenmorniiproekt OAO纠纷案的判决、2013年1月15日法国巴黎上诉法院对Yukos Capital与Otkrytoye Aktsionernoye Obshestvo "Tomskneft" Vostochnoi Neftyanoi公司纠纷案所作出判决、2016年中国香港一审法院对孙天罡（Sun Tiangang）诉香港中华煤气（吉林）有限公司［Hong Kong & China Gas (Jilin) Limited］案所做的判决等都是这类典型的实例。在上述第一起案件中，仲裁地在俄罗斯的一个仲裁庭根据主合同将仲裁通知发向被申请人指定的地址，然而，被申请人在仲裁前改变了其地址并搬移了办公室且在瑞典公司登记署（the Swedish Companies Registration Office）进行了官方登记，却因未收到通知而未参与仲裁的任何阶段，瑞典最高法院判定拒绝承认和执行该仲裁庭作出的裁决。对此，境外有学者认为：即使与通知规则相符，申请人至少应查询一下官方记录以核实该规定中地址的准确性。②在上述第二起案件中，对于国际商会仲裁院管辖的仲裁庭在美国作出的一项裁决，巴黎上诉法院拒绝予以执行，其理由是：没有证据显示被申请执行人获得了仲裁日程修改的通知、仲裁开庭审理通知、终止仲裁庭程序决定的通知等；在法国没有被申请执行人的财产与该裁决不予执行没有关系。③ 上述第三起案件针对的是中国香港国际仲裁中心所作的一项裁决，鉴于当事人之一的孙天罡在仲裁通知发布前三

---

① See Fernando Mantilla-Serrano, "Towards a Transnational Procedural Public Policy", *Arbitration International*, Volume 20, Number 4, 2004, p.342.
② See Franke & Magnusson, et al. (eds.), *International Arbitration in Sweden: A Practitioner's Guide*, Kluwer Law International, 2013, p.162; See also Hans Dahlberg & Marie Öhrström, "Proper Notification: A Crucial Element of Arbitral Proceedings", *Journal of International Arbitration*, Volume 27, Issue 5, 2010, pp.539-543.
③ See Albert Jan van den Berg (ed.), *Yearbook Commercial Arbitration*, Kluwer Law International, 2013, pp.373-375.

个月受到内地安全局官员的逮捕、因处于监禁状态下对仲裁程序不知情及仲裁程序进行过程中不能依法陈述等,中国香港高等法院2016年9月21日以仲裁程序通知不当、违反自然正义和公共政策等为由判决撤销该裁决。①

在实践中,很多获得不利裁决的当事人正是基于"没有收到仲裁程序的通知"可以请求有管辖权法院撤销或拒绝执行该裁决的规则,以通知方式不当为由声称没有收到通知而企图轻易地不受该裁决的约束。对此,不少境外国家或地区法院的司法审查立场都是:只要能证明存在对方当事人应能实际收到的事实,采用何种技术手段发送通知就是不能挑剔的。换句话说,在既不现实也不经济的情况下,仲裁员或仲裁案件的其他行政管理人员完全无需向当事人直接面对面提交有关通知。不过,为了日后能成功地证明实际存在对方当事人应能收到的事实,仲裁员、其他管理仲裁案件的行政人员或可能获得有利裁决的当事人确实应充分考虑到通知手段或方法的足够可靠性程度。意大利某法院1981年10月13日对Franco Vacchelli与Bruder Grossing纠纷案的司法审查决定显示,通过法警送达或使用含回执挂号邮寄等具有此种程度的足够可靠性。西班牙最高法院1982年3月24日对Soquiber公司与Cominco法国公司纠纷案的司法审查决定则表明,通过权威机构寄送以获得通知被拒收的强有力证明也是很好的办法之一。在该案中,对于仲裁程序开始和在瑞士日内瓦进行口头听证程序的通知,仲裁庭同时以信件和电报两种方式发向被申请方的当事人。该最高法院指出:西班牙邮局给出的"拒收"回执证明了被申请的当事人能有效地收到通知,日内瓦听证程序的缺席情况缘于该当事人的不行为。② 在21世纪发生的Bernuth Lines诉High Seas Shipping Led[(2005) EWHC 3020 (Comm.)]案中,仲裁中的申请方(High Seas)对被申请方(Bernuth)的仲裁通知是通过从2005年"劳氏海事通讯录"(Lloyd's Maritime Directory)记载中查到的电子邮件地址送达的,英国克拉克(Clarke)大法官以该电子邮件一点儿不像是垃圾电子邮件且内容十分严肃而不应该被漠视为由,认定该通知有效。③ 瑞士最高法院也在2014年的一起判决中认为,虽然仲裁程序的通知

---

① 法律参考资料系统,http://legalref.judiciary.hk/lrs/common/search/search_result_detail_frame.jsp?DIS=106121&QS=％2B&TP=JU,最后浏览日期:2018年3月18日。
② See Hrvoje Sikiric, "Arbitration proceedings and Public Policy", *Croatian Arbitration Yearbook*, 2000, p.106.
③ 卢云华、沈四宝、Naill Lawless:《在线仲裁研究》,北京,法律出版社,2008年,第51页;齐湘泉:《论国际商事仲裁中的适当通知》,《仲裁研究》2010年第1期。

属于当事人陈述权利中的一部分而应满足一定的最低要求,适当的通知包含适当的联系方式,根据可适用的仲裁规则而可采用邮寄、传真或电传的方式。①

另外,俄罗斯莫斯科商法法院2004年6月22日对the consortium Codest Engineering案的判决表明,以能实际收到的方式通知某当事人代理律师的,在该当事人授权书涵盖的范围内,应视为同样效果的通知发向了该当事人。②

在中国的司法审查实践中,涉及仲裁程序通知的纠纷也不时地出现过。例如,在天津海事法院2003年9月22日所受理的中美当事人之间的一起仲裁纠纷案件中,一方当事人就在主合同发生纠纷后在黑龙江省工商行政管理局两次变更了住所而未能收到仲裁机构的委托人寄送的所有仲裁文件,该纠纷产生的仲裁裁决最终遭到撤销。③ 又如,在北京仲裁委员会管理的某案中,被申请人工商登记的住所地为武汉市江岸区惠济二路6号(金三九大酒店×室),同时申请人与被申请人签订的合同上也载明被执行人的地址为汉口惠济二路6号。北京仲裁委员会却将各种仲裁通知全部寄往武汉市江岸区江大路统建大江园北苑房屋的一处私宅,由此产生的仲裁裁决结果于2008年遭到湖北省L区人民法院的拒绝执行。对此,有学者认为"投递企图"是国际仲裁界的原则及相应的通行做法。④ 我们认为,在以上的分析中可以发现瑞典、法国、中国香港等仲裁强国或强区并没有认可这种原则,当事人、仲裁机构和/或仲裁庭在没有获得被申请人以某地址和/或某手段能获得通知的确切信息之前,应尽可能地对多个可能的地址进行核实,特别是要核实是否为约定的地址和最新的官方地址。

(二) 当事人或其代表与仲裁员不得单方联系

前已指出,在多人仲裁庭中,当事人单方通常可选一名仲裁员。在问询可否被选为这种仲裁员的过程中,确切而言这种被称为预选仲裁员的人通常无法不与当事人或其代表有限地进行单方联系。为了避免正式任职后遭到不中

---

① See Daniel Girsberger & Nathalie Voser, *International Arbitration: Comparative and Swiss Perspectives*, Kluwer Law International, 2016, p.388.
② See Diana TAPOLA, "Recent Case Law on the Recognition and Enforcement of Foreign Arbitral Awards in Russia", *Journal of International Arbitration*, Volume 22, Issue 4, 2005, pp.334-335.
③ 金彭年、董玉鹏:《海事诉讼特别程序与海事仲裁规则》,北京,法律出版社,2015年,第216~217页;郭玉军主编《仲裁法实训教程》,武汉,武汉大学出版社,2010年,第214~216页。
④ 王亚新、陈福勇:《〈民事诉讼法〉修改与不予执行仲裁裁决——以北京仲裁委员会为对象的实证分析》,《法学杂志》2012年第5期。

立的质疑,除了提供是否有时间任职、任职报酬、简历并沟通是否存在利益冲突等相关信息外,问询的当事人与预选的仲裁员单方不应进行私自的其他联系。不过,有研究者称,对预选的仲裁员而言,在作出面谈记录并于正式任职后向同案仲裁员和对方当事人披露的情况下,更详细地询问案情也是可以的。① 应该说,预选的仲裁员进一步地询问案情受到过度非议是很不适当的,因为稍多地询问案情对预选的仲裁员评估自己是否胜任该案的仲裁审理是非常有益的。限于我们的研究,对于仲裁员事先有这些单方必要联系,尚未发现有境内外的司法审查决定对当事人这方面的质疑表示支持。

当事人单方指定正式接受之后,对于尚未确定的首席仲裁员问题,该当事人或其代理人与该仲裁员仍然可以进行私下商讨。但是,自最后一名仲裁员接受正式任命而组成完整的仲裁庭之时起,任一仲裁员都不得与当事人或其代理人单独联系而应当保持完全独立和中立。② 否则,该仲裁员违反了其前述的独立性、公正性与披露义务等,而且也违背了在仲裁程序中给予当事人平等待遇等强行正当程序规则,由此会造成随后的仲裁裁决易被当事人成功地申请撤销或不予执行。③ 在司法审查实践中,仲裁员不得与当事人及其代表单方或私下联系的强行法规范主要内容如下。

1. 仲裁员与当事人或其代理人不应私下直接接触

此种"私下直接接触"是指有意的异常接触行为。如某国法院1990年2月14日所作的一项判决中,一方当事人的女律师与男首席仲裁员同住一旅馆房间即被视为此种不当行为,该法院据此果断地撤销了对该方当事人有利的仲裁裁决。④ 然而,在仲裁开庭审理期间或与仲裁案件无关的研讨会期间,如果当事人或其代理人与仲裁员住同一宾馆的不同房间,偶然相遇同乘电梯且未谈及案情等非有意的接触等,都不构成对仲裁强制性正当程序义务的违反。

不过,在2006年的U.S. Steel Mining Co., L.L.C.诉 Wilson Downhole Serv.案的司法审查决定中,美国某法院对该案中的仲裁员根据尝试调解过

---

① See Emilia Onyema, "Selection of Arbitrator in International Commercial Arbitration", *International Arbitration Law Review*, Volume 8, Issue 2, 2005, p.52.
② See González-Bueno (ed.), *The Spanish Arbitration Act: A Commentary*, Kluwer Law International, 2016, p.106.
③ 有学者对瑞士的司法审查统计情况就很好地说明了这一点。See Daniel Girsberger & Nathalie Voser, *International Arbitration: Comparative and Swiss Perspectives*, Kluwer Law International, 2016, p.421.
④ [意]莫鲁·鲁比诺-萨马塔诺:《国际仲裁法律与实践》,北京,中信出版社,2003年,第335页。

程中单方秘密接触一方当事人获得的信息作出裁决的行为并没有谴责,也没有撤销该裁决,原因是:当事人之间修改的仲裁协议允许仲裁员依赖其认为相关的单方或非单方联系获得的信息。①

此外,在采用在线仲裁的情况下,有时一方的链接可能受到干扰等而中断,从而不得不进行意外的单方面联系。②

2. 仲裁员不应收取当事人或其代理人的不当馈赠

对于提供的仲裁服务,仲裁员可以根据法定或约定的标准获得报酬,然而,对于当事人或其代理人中的任何一方或数方在此之外的金钱或物质馈赠,仲裁员绝对不能收取,否则,即属于违法行为。在 Pacific & Arctican 案中,澳大利亚法院明确地将这类行为视为功能上的欺诈行为。该案中的一方当事人指定的仲裁员与首席仲裁员是关系密切的朋友,该当事人在仲裁审理期间为这两名仲裁员的一同用餐支付费用,对于另一方当事人就此事的评论,首席仲裁员完全无视而遭到录音。结果,澳大利亚法院愤然撤销了仲裁庭最后作出的对用餐买单当事人有利的裁决。在同样情况下,同样的立场体现于其他国家或地区的很多法院的司法审查实践之中。③

3. 一方当事人提供的信息或文件不应被仲裁员私自保有

根据应当遵循仲裁正当程序和给予当事人平等待遇的法律规则,对于一方或几方当事人私自提交的文件、信息或陈述,仲裁员应毫无保留地向其他所有当事人披露。按照很多国家或地区的立法和联合国《示范法》(第24条第2款),仲裁庭可能据之作成裁决的所有证据性文件或专家报告等,都属于该项义务的涵盖范围。被仲裁员若违背了上述义务,则一些国家或地区的法院可能仅因为该违背行为的本身而撤销或拒绝承认和执行该仲裁员所作出的仲裁裁决。如在 Evindon Pty 有限公司与 St Kilda 城市之间的纠纷案中,基于在仲裁中仲裁员从一方当事人处收到的信息没有向另一方当事人传达这一情况,澳大利亚维多利亚州最高法院1989年11月3日判决撤销了涉案的仲裁裁决,同时引用英国一位法官的以下名言支持其决断:"法律的基本原则不只是要实施正义,而且必须以明显和清晰的方式实施正义。"④

在司法审查实践中,另一些国家或地区的法院对当事人一方或数方提

---

① See Yaraslau Kryvoi & Dmitry Davydenko, "Consent Awards in International Arbitration: From Settlement to Enforcement", *Brooklyn Journal of International Law*, 2015, p.849.
② 卢云华、沈四宝、Naill Lawless:《在线仲裁研究》,北京,法律出版社,2008年,第49页。
③ [意]莫鲁·鲁比诺-萨马塔诺:《国际仲裁法律与实践》,北京,中信出版社,2003年,第339~340页。
④ 同上书,第340页。

供的文件或信息被仲裁员私自保有的效果进行更仔细的分析,如果该信息或文件具有成为后来的仲裁裁决主要依据的效果,则对该裁决作出撤销或拒绝执行的司法审查决定。1975年德国某法院对某案的判决[①]典型地体现了这种司法审查实践并常为一些学者引用。该案当事人约定根据美国仲裁协会仲裁规则进行仲裁,仲裁地为纽约。在仲裁期间,独任仲裁员没有开庭质证而只进行了书面审理,并且该仲裁员收取了美国当事人提交的一封德国当事人根本不知其存在的信件,然后主要依据该信件作出对前者有利的仲裁裁决。在拒绝承认和执行该裁决的判决中,汉堡上诉法院认为:德国法律秩序原则只有在极端的案件中才能被认定遭到违反;根据当事人约定的仲裁规则,获得研究文件的机会应当给予所有的当事人;仲裁员不仅没有进行公平审理,而且依据另一方当事人所不知情的信件作成了仲裁裁决,这种行为使本案成为违反德国法律秩序原则的极端案件,因为没有单方信件联系会产生对德国企业更有利结果的可能性不能被它排除。[②]

(三) 当事人获得了陈述案情的机会

1. 当事人获得了陈述案情机会的常见实践

当事人获得了陈述案情机会在英文中常被表述为"提供被倾听的机会"(the opportunity to be heard),该种提法实际上更能精确地保障当事人在仲裁审理中应有的权利,即当事人不仅有权获得陈述案情的机会,而且这些陈述应当获得仲裁员的倾听和重视。然而,鉴于中国学界普遍地使用后一种提法,下文也较多地这样表述。

再就"陈述案情"的内容而言,从司法审查的实践角度来看,不仅包括口头或书面地讲述案情,而且还包括支持其讲述的提交证据与评论对方当事人讲述及提交证据的关联性、重要性等。在境外,涉及是否给予这种陈述案情的充分或合理机会的司法审查决定很多,作出否定性认定的著名判决包括法国最高法院2010年对FFIRC案的判决、瑞士联邦法院2009年对Goitia案的判决和美国第二巡回上诉法院1992年对Avco公司与Iran Aircraft Industries纠纷案的判决等。在上述第一项判决中,当事人一方为法国公司、另一方为西班牙公司,根据所选的仲裁机构规则规定,当事人的所有证明文件都由该仲裁机构传向对方当事人,该仲裁机构将法国公司的

[①] See William Grantham, "The Arbitrability of International Intellectual Property Disputes", *Berkeley Journal of International Law*, 1996.

[②] See Hrvoje Sikiric, "Arbitration proceedings and Public Policy", *Croatian Arbitration Yearbook*, 2000, pp.89-90 & pp.109-110; See also Tibor Vardy, et al. (eds.), *International Commercial Arbitration*, West Group, 2003, pp.427-428.

一份文件只传给了独任仲裁员却未传给西班牙公司,该独任仲裁员没有进行口头庭审就依据该份文件作出了裁决——西班牙公司赔偿大笔损失费用。对此,法国最高法院不仅以损害西班牙公司抗辩权为由撤销了该仲裁裁决,而且还判令该仲裁机构向西班牙公司赔偿约定的高额损失。① 在上述第二项判决中,瑞士联邦法院撤销仲裁裁决的理由是:仲裁庭适用瑞士联邦劳动服务和出租服务法认定当事人间合同无效的裁决完全不适当,当事人对该裁决毫无预料,只有在经纪人在瑞士有营业地的情况下才有可能适用瑞士劳动法,当事人之间的争议与瑞士没有任何客观联系,并且当事人都没有在仲裁过程中提到瑞士该法,就适用瑞士法律的问题,当事人也没有被仲裁庭给予可能的机会进行答辩。② 在上述 Avco 公司与 Iran Aircraft Industries 纠纷案中,双方当事人选择了荷兰海牙为仲裁地,在审前会议 (pre-hearing conference) 上,伊朗-美国求偿仲裁庭主席建议 Avco 公司不要提交数千克重的发票而要提交经审计可接受的账目报告。随后,Avco 公司便递交了由独立审计师签发的宣誓称符合原始发票的账目报告。在举行实体问题的听证程序中,因原主席离职,仲裁庭的新主席替换了进来,Iran Aircraft Industries 的代理律师对未提交发票的问题进行了质疑,Avco 公司则重申自己是按审前会议上的要求行事。但是,对于单纯由 Avco 公司账目簿和宣誓的审计报告证明的索赔额,仲裁庭根据多数仲裁员意见作成的仲裁裁决没有予以采信。美国联邦第二巡回上诉法院对该裁决作出了拒绝执行的司法审查决定,其依据是:在已使 Avco 公司确信其采用了适当方法证明自己主张的情况下,仲裁庭又以缺乏证据为由驳回其主张,Avco 公司以有意义的方式陈述其主张的机会被如此令人误解的行为所剥夺。③

相反,由于取得有利裁决的当事人举证适当或充分,没有给予陈述案情及提交与评论证据充分或合理机会的指控被司法审查决定驳回的同样也不少。21 世纪以来,发生在英美法系国家的著名判决包括澳大利亚维多利亚 (Victoria) 州最高法院对 Amasya Enterprises Pty Ltd 诉 Asta Developments 的判决和英国高等法院 2004 年 *Margulead Ltd v. Exide Technologies* 案的判决等。在前一起案件中,澳大利亚维多利亚州最高法院驳回 Amasya Enterprises 提出的撤销涉案仲裁裁决的理由是:在最后开庭审理前三天,Amasya

---

① See V. V. Veeder, "Arbitrators and Arbitral Institutions: Legal Risks for Product Liability?" *American University Business Law Review*, 2016, pp.337-338.
② 黄世席:《国际体育仲裁裁决的撤销》,《天津体育学院学报》2011 年第 5 期。
③ See Tai-Heng Cheng, et al. (eds.), *International Arbitration in the United States*, Kluwer Law International, 2017, pp.581-582.

Enterprises 所收到的来自 Asta Developments 的答复文件中提到了仲裁裁决中认定的内容,尽管很简短却也足以给前者充分的机会回应该主张,由此满足了提供合理回应机会的标准。① 在后一起案件中,一家美国企业与一家以色列企业对合资合同的履行发生纠纷后进入了以伦敦为仲裁地的仲裁程序。仲裁开庭的最后一天,对于以色列企业作为申请人的律师再陈述请求,希望在午饭前结束庭审的独任仲裁员以没有必要为由表示拒绝,并最后作出对申请人不利的裁决。该申请人对该裁决提出了异议,理由是:仲裁庭没有给他们最后的话语权而构成仲裁程序的不合法。该仲裁裁决却受到英国法院的支持,该法院认为,给予原告最后发言的诉讼规则对仲裁审理并不适用,可适用的仲裁条款、《联合国仲裁规则》和《IBA取证规则》等一系列程序规则都没有权威规定谁最后发言。②

此外,21世纪以来大陆法系国家中的仲裁强国瑞士联邦法院司法审查态度的变化也非常值得关注。在十几年前的一起案件中,原告方声称,根据约定的仲裁规则,适当的开庭质证程序应当举行,仲裁庭只作书面审理就发布了仲裁裁决,从而使得当事人获得陈述案情机会的权利受到损害。瑞士联邦法院 2004 年 7 月 1 日在对该案的判决中指出,不能仅因违反约定程序的行为就撤销仲裁裁决,为了撤销仲裁裁决,所依据的理由应当是:违反了该国立法中的强行仲裁程序要求,即无论选择了何种程序,当事人在对抗的仲裁程序中被倾听的权利和平等待遇获得了确保;本案的仲裁庭根据当事人提交的书面文件作出了仲裁裁决,并且,在提供特别证人证言形式的实质性证据方面,原告也没有适时地向仲裁庭申请许可。③然而,近年来瑞士最高法院在多起案件中反复地声明仲裁庭必须考虑当事人提出的所有相关事实,并指出原则上仲裁庭在裁决中处理了对裁决理由有影响的相关事实和争论即为足够。仲裁裁决中如果没有适当或足够地处理有关争论,瑞士联邦最高法院认为反对撤销仲裁裁决的当事人或仲裁庭必须证明:该种争论不重要或已被默示地考虑进去。这表明瑞士最高法院已大大地限制仲裁庭不提供任何理由的这种令人质疑的做法。④ 我们据此联想到中国国际经济

---

① See *Damian Sturzaker*, *Amasya Enterprises Pty Ltd v. Asta Developments* (*Aust*)[2016] VSC 326, Supreme Court of Victoria, S CI 2016 01359S CI 2016 01254, 17 June 2016, A contribution by the ITA Board of Reporters, Kluwer Law International.
② 严红:《国际商事仲裁软法探究》,《社会科学战线》2016 年第 10 期。
③ See Matthais Scherer, "Due Process and Right to Be Heard", *International Arbitration Law Review*, 2005, p.26.
④ See Daniel Girsberger & Nathalie Voser, *International Arbitration: Comparative and Swiss Perspectives*, Kluwer Law International, 2016, pp.387-388.

贸易仲裁委员会于建龙秘书长十多年前曾在一次研讨会中说过：境外有学者或官员已认识到既要程序公正也要实体公正，才能确保仲裁的公信力和吸引力。瑞士最高法院从爱护该国仲裁发展的角度出发，适时地在司法审查中对仲裁过程和仲裁裁决的质量都把关较严，这对瑞士继续成为世界少有的顶级仲裁中心之一显然是功不可没的。

中国最高人民法院在2003年的一起司法审查就以仲裁庭在开庭审理环节未审查被申请方的反请求为由撤销了一项仲裁裁决。① 最近在司法审查中中国多地的人民法院几乎同时高度注意到当事人这方面的正当程序权利，如对境内较多仲裁机构的"先于仲裁"确认书予以撤销、拒绝承认与执行时就将其作为理由之一。一些学者和法官指出："先于仲裁"确认书不仅违背了《2018年若干问题的规定》中规定的仲裁裁决或者仲裁调解书必须具备"金钱给付具体数额或计算方法明确"的条件，而且剥夺了当事人在仲裁中本该具备的答辩、提交证据、提出反请求、辩论、最后陈述等基本程序权利；对无放贷资质的企业非法经营贷款行为进行确认，对变相违法提高利息的行为未进行严格核实即予以确认，与一些小贷公司、网贷平台存在暧昧关系而丧失其中立性和公平性；违反了诉的基本原理并颠覆了仲裁制度，仲裁机构未依照仲裁法规定的程序审理纠纷或主持调解而行使了类似公证机关的职权。②

特别值得关注的是，中国内地主流的仲裁机构中国国际经济贸易仲裁委员会等的仲裁裁决多年来频繁地在中国香港等处的法院遭到因正当程序方面的问题受到司法审查以至于被拒绝执行的情况，其根本原因在于中国国际经济贸易仲裁委员会原先的仲裁规则规定：仲裁庭可主动地进行调查；仲裁庭在主动调查过程中可以却不是必须通知当事人在场；一方或各方当事人不在场也不影响调查结果。所幸的是，中国国际经济贸易仲裁委员会已修改了这方面的规则。③ 我们希望其他的机构或临时仲裁庭也能引以为戒，从而为以中国内地为仲裁地的仲裁树立良好的中立性声誉作出贡献。

---

① See Lanfang Fei, "Setting Aside Foreign-Related Arbitral Awards under Chinese Law", *Journal of International Arbitration*, Volume 26, Issue 2, 2009, pp.237-248.
② 舒锐：《莫把违法的"先于仲裁"当创新》(2018年6月13日)，法律周末，http://www.legalweekly.cn/article_show.jsp?f_article_id=16385，最后浏览日期：2018年9月16日。
③ See Kenneth D. Beale & Nelson Goh, "Due Process Challenges in Asia: An Emerging High Bar", *Asian International Arbitration Journal*, Volume 13, Issue 1, 2017, pp.8-13; See also Hilary Heilbron, "The English Courts' Approach to Review of Awards by Way of Challenge and Enforcement", *BCDR International Arbitration Review*, Volume 2, Issue 1, 2015, pp.53-170.

2. 特别情况下的陈述案情机会问题

这里的特别情况仅指当事人交付仲裁成本义务。

在机构仲裁的实践中,当事人一般被要求平等地垫付该机构的管理费用和仲裁庭的成本,如果当事人不予垫付,仲裁程序就可能被指令中止。不过,平等地垫付仲裁成本仅仅为一项任意性规定,为启动正式的仲裁程序,仲裁申请人一般被允许先支付所有的仲裁成本,然后再以仲裁庭的仲裁裁决或指令等形式要求对方当事人支付。另外,基于对方当事人拒绝垫付仲裁成本的这种违约行为,同于解除实体合同之法理,当事人也可以要求仲裁庭或相关国家或地区法院宣布解除仲裁协议。作出 1998 年第 9667 号裁决的国际商会仲裁庭就采取了这样的立场。在有些仲裁案件中,当事人拒绝垫付仲裁成本的原因可能是遇到经济困难。对此,为了不危及当事人的抗辩陈述案情权等,德国一些法院干脆宣布相应的仲裁协议不具有可执行性。① 然而,2003 年 3 月 12 日瑞士联邦法院所作的一项司法审查决定显示,只有这种可能后果在充分和正式通知了缺席当事人的前提下,仲裁庭才可宣告解除仲裁协议。②

在司法审查实践中,有时也会出现未履行垫付义务的当事人是否依然拥有陈述案情等强行法权利问题。美国纽约州法院 2003 年的一项司法审查决定肯定地回答了此问题。当事人在该案中约定仲裁地为纽约,美国仲裁协会为管理仲裁的机构,适用该机构的建筑仲裁规则。审理该案的仲裁庭遇到了被申请人非故意支付不出成本的情况,仲裁申请人拒绝替为垫付并提议在被申请人缺席的情况下仲裁庭继续仲裁。根据以上的机构规则,仲裁庭鉴于此案情可决定仲裁程序的中止、终止或继续。该案仲裁庭却选择了类似于纽约州《民事程序法》中诉讼缺席审理的继续仲裁,即除了被允许参与评估程序,未支付仲裁成本的当事人只能出席、审计和记录而不能主动参与仲裁其他程序。上述法院撤销了该案中的仲裁裁决,并指出:剥夺未付仲裁成本的当事人基本的公平审理权是非法的;否定其获得律师协助、提供证据、进行陈述及询问证人等权利也是错误的。③

(四) 遵守仲裁员合审合议的原则

除了一人仲裁庭外,多人仲裁庭仲裁需要遵循合审和合议原则(the

---

① See Gary B. Born, *International Commercial Arbitration*, Kluwer Law International, 2014, pp.892-893.
② See Georgios Petrochilos, *Procedural Law In International Commercial Arbitration*, New York: Oxford University Press, 2004, pp.125-126.
③ Ibid., p.127.

principle of collegiality），即：每一位仲裁员都有权参加仲裁审理和仲裁裁决合议（deliberations）。该种合议是指多人仲裁庭中所有仲裁员都有权参加集体讨论和共同作成仲裁裁决的程序或过程。当事人选择仲裁的目的即是为解决所有争议而通过仲裁员的仲裁审理获得一项或多项仲裁裁决。对于仲裁中的合审合议问题，境外很多仲裁制定法中既无直接的规范，也未明确地将该过程的缺乏作为仲裁裁决的撤销或拒绝执行的一项理由。然而，境外不少法院的司法审查决定却将该过程列入强行正当程序中的基本成分之一，并将适当的该过程的缺乏视为违背程序公共政策的行为，并据此撤销或拒绝承认与执行相应的仲裁裁决。①

在司法审查实践中，缺员仲裁庭（truncated tribunals）继续审议后作成的裁决常遭到一方当事人提出的合审合议不当指控。② 有时多人仲裁庭中某一位仲裁员可能由于死亡、疾病、辞职甚或犯罪指控等原因而不再继续参加仲裁审理和裁决。在仲裁程序刚开始的阶段，如果发生了这种情况，一般会按照之前选任该仲裁员的方式再选一新仲裁员填补。然而，在发生以上情形时，如果仲裁程序已进行到仲裁审理程序的快结束甚至是仲裁裁决的合议阶段，则最有效率的办法已不是再选一新仲裁员替换，因为任何正常的新仲裁员对先前审理中的情况并不了解，而再重复一遍审理程序也非常劳民伤财。为此，允许剩余仲裁员组成的仲裁庭继续审裁受到境外一些仲裁制定法和不少机构的仲裁规则确认。如瑞典的仲裁制定法中就规定：对于某事项，如果某仲裁员未能参加仲裁庭作出决议且无正当理由，就该事项并不妨碍其他仲裁员作出决议。③ 学术界所称的缺员仲裁庭就是这种由剩余仲裁员组成的仲裁庭。

司法审查有关这种缺员仲裁庭运行仲裁程序和合议纠纷的著名判例除了上文提及的 2010 年德国最高法院的一项判决④之外，还包括震动世界仲裁实务界和理论界的 2005 年 4 月 21 日法国巴黎上诉法院对 Long 与 Malecki 纠纷案的判决、1991 年 4 月 13 日瑞士联邦法院对 Deutsche Babcok

---

① ［法］菲利普·福盖德、［法］伊曼纽尔·盖拉德、［法］贝托尔德·戈德曼：《国际商事仲裁》，北京，中信出版社，2004 年，第 746 页。
② 西班牙马德里的上诉法院却撤销过一起并非缺员而是不让一名仲裁员参加合意的仲裁裁决。See Carlos Gonzalez-Bueno Catalán de Ocón（ed.），*40 under 40 International Arbitration*，Dykinson，S.L.，2018，p.430.
③ 参见瑞典 2019 年 3 月 1 日最新修订生效的《仲裁法》第 30 条第 1 款。
④ See Albert Jan van den Berg（ed.），*Yearbook Commercial Arbitration*，Kluwer Law International，2009，pp.504-509.

与 Ivan Milutinovic 纠纷案的判决①等。

在上述由法国巴黎上诉法院受理的案件中，当事人约定了美国仲裁协会的机构仲裁，适用其"商事仲裁规则"（the Commercial Rules of Arbitration），仲裁地为美国宾夕法尼亚州的费城。争议发生后，双方根据该规则各任命了一位仲裁员，三人仲裁庭中的首席仲裁员则由仲裁机构任命。成立该仲裁庭后不久，当事人 Malecki 家族解雇了其代理律师且将此事及其正由美国迁往法国的情况通知了美国仲裁协会，并要求后者向其法国的新址寄送新的联络信息。获知该变化后的次日，所有当事人都被美国仲裁协会通知称：后者的国际争议解决中心（the International Centre for Dispute Resolution, ICDR）将负责以后仲裁的管理，同时邀请所有当事人对管理者变化一事进行评论。但该变化所有当事人却都未作评论。在 2001 年 2~3 月间，Malecki 家族通知仲裁庭及其管理机构：第一次的开庭会与所有其后的仲裁程序都不参加。Malecki 家族选择的仲裁员戴维托（De Vito）先生在 2001 年 4 月的首次开庭会前一天写信给美国仲裁协会、其他仲裁员及上述被解雇的前律师，称：在被解雇时该前律师以其仲裁服务没有获得 Malecki 家族付费保证为由指示自己不要再参加任何仲裁程序，自己听从该指示而将不参加其后所有的仲裁程序。对戴维托先生的信件，Malecki 家族一无所知，美国仲裁协会和剩余的仲裁员也不予置评。剩余的两名仲裁员 2001 年 6 月 29 日作出了仲裁裁决，规定：Malecki 家族应赔付对方当事人 617 458 美元加利息。对于法国巴黎一审法院不利的执行裁决决定，Malecki 家族提出上诉并获得巴黎上诉法院的支持。该上诉法院指出：美国仲裁协会的国际仲裁规则（the International Arbitration Rules）尽管在本案应予适用；对剩余多数（两名）仲裁员继续仲裁和作出裁决前，该规则并未明确规定应向当事人发出通知并向当事人提供表达观点的机会；本案的仲裁庭并没有违反该规则的行为；法国方面的当事人却没有获得戴维托先生的信件，这样在没有关注当事人观点且没有任何说明的情况下，由剩余仲裁员组建的仲裁庭是不正常的，该剩余仲裁员组成的仲裁庭作出的裁决违背了合审合议的原则；对于每一个事件和每一项程序步骤，包括缺席当事人在内的所有当事人都有权获得仲裁员发送的通知和表达观点的机会，Malecki 家族未参与仲裁及本案中机构仲裁规则的适用，都不构成对这些权利的放弃。②

---

① ［意］莫鲁·鲁比诺-萨马塔诺：《国际仲裁法律与实践》，北京，中信出版社，2003 年，第 349 页。
② See Denis BENSAUDE, "Malecki v Long: Truncated Tribunals and Waivers of Dutco Rights", *Journal of International Arbitration*, Volume 23, Issue 1, 2006, pp.81-83 & pp.86-87.

境内外学者支持或反对缺员仲裁的观点林林总总,他们中有不少人都从多国家或地区的司法审查实践中寻找佐证。[1] 在马绍尔群岛第一投资公司与福建省马尾造船股份有限公司等纠纷中,中国内地厦门海事法院也遇到对缺员仲裁的司法审查问题,并最终裁定拒绝承认与执行相应的缺员仲裁裁决。[2] 有学者在阐述境内外较多的缺员仲裁司法审查实例后总结性指出:剩余仲裁员在当事人明确授权时,可继续仲裁;在所适用仲裁规则有条件地允许时,按条件是否具备审慎地决定是否继续仲裁;在当事人或所适用仲裁规则都没有授权时,不应继续仲裁。[3] 我们很赞成这种观点,但同时认为当事人默示授权或弃权异议的情况下也可继续缺员仲裁。此外,秘鲁利马高等法院(Superior Court of Lima)2015 年 4 月 17 日在对 Pure Biofuels 诉 Blue Oil 案的判决中认为,仲裁庭成员之一有足够机会参与合议时却拒绝参与的情况不能作为质疑仲裁裁决的理由。[4] 我们也认可这种司法审查主张,并建议中国同行予以借鉴,因为若允许该种情况质疑,当事人单方任命的仲裁员都可随意以不合议的方式否定仲裁裁决。

第三节 中国司法审查依据的制度及其完善

一、中国司法审查依据的制度及其缺陷

中国司法审查仲裁程序争议所依据的现行制定法制度主要体现于《仲裁法》第四章第一节与第三节部分条款、第五章第 58 条、第六章第 63 条和第七章第 70~71 条。

以上法律条文中所规定的制度有如下的主要缺陷。

(一) 大部分条款的布局不当

中国仲裁审理程序争议司法审查所依据的制定法制度主要放在现行《仲裁法》标题为"仲裁程序"第四章中。该标题名称本身没有问题,如下所述,不少境外国家或地区专门集合仲裁审理程序问题的规范而成的其仲裁

---

[1] 齐湘泉:《国际商事争议缺员仲裁合法性质疑》,《比较法研究》2011 年第 5 期。
[2] 该裁定的编号为〔2006〕厦海法认字第 1 号,可见于:http://www.sjzzc.gov.cn/html/ziliao/lilun/2017/0222/3148.html,最后浏览日期:2020 年 7 月 10 日。
[3] 胡荻:《国际商事仲裁权研究》,北京,法律出版社,2015 年,第 166~168 页。
[4] See Henry Burnett, "Recent Developments Developments in Key Latin American Jurisdictions to Attract International Commercial Arbitration", *American University Business Law Review*, 2016, pp.395-396.

制定法中的"章"或"部分"也是采用该标题名称,但是,中国《仲裁法》的该章中混着很多名实不符的非仲裁审理程序规范。

例如,该章第一节中的第 26 条涉及法院与仲裁协议及仲裁机构的关系,这种内容的规范一般都被境外的仲裁制定法放入"仲裁协议"章目之下。

又如,该章的第二节全是"仲裁庭的组成"方面的规范。仲裁庭或仲裁员确实是仲裁审理程序中一个必不可少的主体,然而,仲裁庭的组成过程或方式等并不属于仲裁审理程序。同时,就时间顺序而言,总是有了仲裁庭或仲裁员这样的主体以后才有仲裁审理程序,然后再有仲裁裁决等。[①] 根据此种逻辑原理,对于中国现行《仲裁法》第二章中唯一涉及仲裁员任职资格的第 13 条、第四章第二节"仲裁庭的组成"名目下规定的主要事项,一般被境外的仲裁制定法放在以"仲裁员与仲裁庭"[②]"仲裁员"[③]"仲裁庭"[④]"仲裁庭之组织"[⑤]或"仲裁庭的组成"[⑥](下文中采用"仲裁员"之类的统称)为标题的单独一章或部分中进行规范,并列于这些制定法中的名目为"总则"和/或"仲裁协议"之外的其他各章或部分之前[⑦],如瑞典 2019 年 3 月 1 日最新修订生效的《仲裁法》第 2 部分、第 2 条第 1 款,中国台湾 2009 年修订的所谓"仲裁法"第 3 章,亚美尼亚 2006 年《商事仲裁法》第 3 章,意大利 2006 年《民事程序法典》第 3 章,日本 2003 年《仲裁法》第 3 章,德国 1998 年《民事程序法典》第 10 编第 3 章,1985 年版和 2006 年版《示范法》的第 3 章等。

---

① 张圣翠:《仲裁程序争议司法审查制度比较与借鉴》,《上海财经大学学报》2017 年第 2 期。
② 如葡萄牙 2012 年的《自愿仲裁法》。
③ 如日本、意大利等国的仲裁制定法。
④ 如新加坡 2002 年的《仲裁法》。
⑤ 如中国台湾 2002 年所谓"仲裁法"。
⑥ 如亚美尼亚 2006 年的《商事仲裁法》。
⑦ 英国、苏格兰、新加坡等国家或地区的仲裁制定法稍稍有所不同。如新加坡 2002 年《仲裁法》在"仲裁协议"(第 2 部分)与"仲裁庭"(第 5 部分)两部分之间分别插入"法律程序的搁置"部分(第 3 部分)和"仲裁程序的开始"部分(第 4 部分),其中的第 3 部分实际上规范的事项与其他国家或地区制定法中"仲裁协议"章或部分下的"仲裁协议与向法院提出的实体主张"条相同或近似,第 4 部分则基本上与其他国家或地区制定法中"仲裁程序"章或部分下的"仲裁协议与向法院提出的实体主张"条相同或近似。其理念显然是:规范了仲裁协议及其与向法院提出的实体主张关系等之后,就应当考虑仲裁程序的开始问题,然而,仲裁员或仲裁庭这一仲裁程序中必不可少主体的相关问题太多,不得不归为单独的一章或一部分。这样,只能先用一章或部分仅仅规定仲裁程序的开始问题,其他绝大部分的仲裁程序问题只能在紧随"仲裁员"之类章或部分的后面章或部分中规范。以上情况说明,境外仲裁制定法的结构顺序具有实质上的高度近似性。我们建议如此归亲大结构模式采用更接近两版《示范法》以及法国、中国香港特别行政区、西班牙、奥地利、德国等国家或地区仲裁制定法结构的原因在于:中国现行《仲裁法》的结构去除其第二章之后就与以上国家或地区更接近。

再如,以"开庭和裁决"为标题的该章第三节,将仲裁开庭等程序与仲裁裁决方面的问题混合放入"仲裁程序"章目之下规范,这不仅不同于境外任何模式而且同样名不符实,更不便于境外的仲裁消费者熟悉和选择中国内地为仲裁地以适用中国的仲裁程序立法。

(二) 当事人有约定程序的权利和自由未予明确

境外一些学者的实证调查成果表明,仲裁程序或过程的灵活性是很高比例(有时达到50%)的当事人和/或其律师选择仲裁的重要甚至是首要原因。① 有学者指出,衡量一国仲裁法治现代化程度的重要标准之一,就是仲裁程序的自由化程度。② 对于在强行法律允许的范围内当事人可以对仲裁程序事项作出自由约定的原则,中国现行《仲裁法》却没有使用任何条文予以直接明确的宣布,该法仅是在第39条和第40条中规定:当事人有协议仲裁公开进行与仲裁不开庭进行的自由。然而,从很多境外仲裁制定法的规定和一些学者的分析情况来看,仲裁开始程序时间的确定、申请书和答辩书的提交时限、参与仲裁活动的方式及专家的指定等,都属于仲裁审理的程序事项,在符合获得陈述案情充分机会和平等待遇等强制定法律规则的前提下,在这些程序事项上,当事人也应当享有自主约定权,中国现行的《仲裁法》既无总体的原则宣示,又未作出具体明确的规定,这显然构成了对当事人在这些程序方面协议自治权的严重忽视。

(三) 仲裁正当程序的强行要求不周全

与境外普遍强行的仲裁正当程序原则沾点边的规则,目前只体现于中国现行《仲裁法》第四章第45条与第47条的规定之中。这两条不仅只寥寥几项地规定了在仲裁过程中当事人有权进行辩论、在仲裁开庭时对证据有权质证、独任仲裁员或首席仲裁员在最后辩论时有义务征询当事人的最后意见,而且所处位置在"仲裁程序"一章中非常偏后。对当事人在所有的仲裁程序中应当享有平等待遇的原则或概括权利,该章其他条款根本没有明确的规定,当事人获得提交证据和陈述其案情③等机会也没有规定必须达到合理或充分的程度,可见强行的仲裁正当程序要求在中国现行《仲裁法》中没有完整周全地得到体现,从而导致在某些仲裁案件中发生仲裁员敢与一

---

① [英]维杰·K.巴蒂亚、[澳]克里斯托弗·N.坎德林、[意]毛里齐奥·戈蒂:《国际商事仲裁中的话语与实务:问题、挑战与展望》,林枚、潘苏悦译,北京,北京大学出版社,2016年,第241页。
② 谢新胜:《论国际商事仲裁实现程序自治的路径》,《法学评论》2012年第6期。
③ 如下文中阐释,现行《仲裁法》第43条的举证规则并不是赋予当事人提交证据的权利而是一种在某些情况下可能很不妥当的义务。

方当事人的代理律师私下一起用餐和谈论案情的问题。①

（四）其他程序规范存在缺位或缺陷问题

中国现行《仲裁法》等制定法中还存在着无仲裁程序合并规则、无仲裁地确定规则、仲裁调解程序规则有缺陷等缺位或缺陷问题。

二、中国司法审查依据的制度完善建议

（一）在单独的一章中对仲裁程序集中规定

境外以上的仲裁制定法与 1985 年及 2006 年版《示范法》在单独的一章中对仲裁程序集中规定的这种主流结构已为中国境内和涉外仲裁使用者和推广者十分熟悉，在引入该种结构后他们无疑会很方便地进行查阅和掌握。

具体方法是，首先，将中国现行《仲裁法》中第 26 条下诉讼抗辩或仲裁放弃规范及第 28 条下保全措施规范移到其他章目下，按照前述的建议进行增删改。其次，对于该法第四章第二节的内容，同样予以全部移出增删改。然后再移出该章第三节裁决方面的部分规则至另一章中进行完善改造。②从境外的制定法情况来看，除了 2009 年修订的中国台湾所谓"仲裁法"以外，其他一般都未将仲裁裁决方面规则与仲裁程序规则合混在同一章或部分之中作出规定。其中的一些制定法集中仲裁裁决方面规则作为单独的一章或部分，另一些制定法则与仲裁程序终止规则合为一章或部分。法国 2011 年修订的《民事程序法典》等采用前一种模式，选择后一种模式的如德国 1998 年《民事程序法典》、1985 年版和 2006 年版《示范法》等。将仲裁裁决方面规则混列于"仲裁程序"章目下的不合适性已被中国一些学者所认识，进而建议分章规定。③ 我们十分同意此种建议，并认为按照以上修改方法保留下的仲裁程序规则即便需要较大的增删改，则基于境外先进合理的经验就不再有分节的必要性了。这样，中国《仲裁法》修订后的"仲裁程序"章不仅在体例上更协调地同于另外各章无分节，而且也与国际模式相似。

（二）明确规定当事人有约定仲裁程序权与自由

为了消除现行制定法中的上述第（二）项缺陷，对于当事人有约定仲裁程序的权利与自由，中国当然要在未来修订的《仲裁法》中进行明确规定。就法律条文的具体设计而言，不仅不宜采用 1985 年或 2006 年版《示范法》

---

① 张圣翠：《我国仲裁市场竞争法律制度的困境与突破》，《政治与法律》2015 年第 7 期。
② 进一步的方法可参见张圣翠：《仲裁程序争议司法审查制度比较与借鉴》，《上海财经大学学报》2017 年第 2 期。
③ 武汉大学国际法研究所《仲裁法》修改课题组：《中华人民共和国仲裁法（建议修改稿）》，《仲裁研究》2006 年第 2 期。

第 19 条的规定,而且也不必照搬德国、奥地利等将其与正当仲裁程序要求的规则合并同一条款中加以规定的模式,主要原因在于:《示范法》中该条的规定太简单,中国还应当借鉴或吸收数个境外其他仲裁制定法中另行的好规范进行补充,此种情形下再利用德、奥等并于一条规定的模式,将会使这一仲裁程序方面的重要原则大为淡化。因此,为避免以上缺陷,就应采取两个条文分别规定正当仲裁程序要求与当事人有约定仲裁程序的权利和自由的方式。

就关于当事人有约定仲裁程序的权利和自由方面的条文具体内容而言,可先将 1985 年版和 2006 年版《示范法》第 19 条作为基础,再主要地参考瑞典 2019 年 3 月 1 日最新修订生效的《仲裁法》第 21 条、中国香港 2010 年《仲裁条例》第 46 条第 3 款(c)项、英国 1996 年《仲裁法》第 33 条第 2 款(b)项等添加更多的细化内容,由此形成的专门一条的内容应当是:(1) 在本法强制性规定没有被违背的前提下,对于仲裁审理程序,当事人可以自由约定。在本法强制性规定没有被违背且当事人没有约定的情况下,为了避免不必要的拖延或开支,仲裁庭应采用适合具体案件的程序进行审理。(2) 在前一项规定得到遵循的条件下,授予仲裁庭的权力包括对任何证据的可采性、相关性、重要性和实质性的决定权。境外以上制定法中更具有操作性规定的参考价值及应如此完善中国立法规定的合理性已受到一些学者的肯定和较充分的论证。[1] 故此不赘述。

(三) 完善强行的仲裁正当程序要求

为了解决强行仲裁正当程序要求规范的前述不周全等问题,未来中国《仲裁法》修改时,不仅要大幅度地提前现行的第 45 条与第 47 条位置,而且对其内容还应予以更仔细的完善。

就位置而言,中国内地完全可效法如苏格兰、澳大利亚、中国香港、奥地利、瑞典、德国、韩国、英国等国家或地区仲裁制定法及 1985 年版和 2006 年版《示范法》,即在"仲裁程序"章目下增加一条作为首个或第二个条文作出这种强行要求。

再就内容来看,修订中国《仲裁法》时可以总括性地规定:当事人应当享有平等待遇,并应当获得陈述其案情、提交证据和评论对方当事人陈述与举证的合理机会;对于前项权利,当事人可以授权律师或其他人行使。[2]

---

[1] 张圣翠:《仲裁程序争议司法审查制度比较与借鉴》,《上海财经大学学报》2017 年第 2 期;武汉大学国际法研究所"《仲裁法》修改"课题组:《中华人民共和国仲裁法(建议修改稿)》第 47 条,《仲裁研究》2006 年第 2 期。

[2] 张圣翠:《仲裁程序争议司法审查制度比较与借鉴》,《上海财经大学学报》2017 年第 2 期。

在此应予指出的是,"合理"或"充分"两个不同的限定用语普遍地被列于境外仲裁制定法的相应条款中的"机会"一词之前。在司法审查仲裁程序争议的实践中,这两个限定语含义具有通用性,即"充分"只能具有"合理"之意而不是没完没了地陈述或评论等,或者达到合理程度就被认为已够"充分"。① 可见,采用文与意更相符的"合理"一词在中国《仲裁法》修订时更合适。

还应予以说明的是,只有孟加拉国、苏格兰和克罗地亚等极少数国家或地区的仲裁立法另行添加了"每一方当事人应有合理的机会研究所有文件和其他相关资料"②或"每一方当事人有权回应对方当事人的陈述与主张"③等内容,其他国家或地区的仲裁制定法一般都是简洁地规定:当事人应当获得平等待遇并有权有充分(合理)机会陈述其案情。但是,在仲裁司法审查的实践中,这些更简短的规定都被法官们解释为包括"当事人有权提供证据和评论其他当事人陈述与证据"的"充分(合理)机会"。同时,由于关于"提供证据"在中国现行《仲裁法》第 43 条第 1 款中非为当事人权利而是义务的宣示可能既与中国其他法律规定不一致又与国际惯例不符④,并考虑到为了避免因中国自愿仲裁发展的时间不长而可能产生的很多仲裁使用者误作的狭义理解,我们建议该法修订条文在吸收上述境外简洁规定之后,明确地添加一段用顿号连接的"提供证据和评论对方当事人陈述与证据"的内容。

(四) 改进仲裁程序其他方面的规范

在上述需要完善的仲裁程序规范之外,由于中国无当事人未约定时的仲裁地确认规则⑤及未按前文提及的国际主流做法宣示仲裁地程序规则控制仲裁程序的原则,同时,仲裁调解程序规则与仲裁程序异议权放弃规范⑥等也存在较大的缺陷。限于篇幅等,我们将在本著作之外进行探讨。

---

① See Gary B. Born, *International Commercial Arbitration*, Kluwer Law International, 2014, pp.2172-2178 & pp.2252-2295.
② 孟加拉国 2001 年《仲裁法》第 23 条。
③ 克罗地亚 2001 年《仲裁法》第 17 条。苏格兰 2010 年《仲裁法》规则 24 第(2)款后半段也添加了类似意思的文字,该款的英文内容为:Treating the parties fairly includes giving each party a reasonable opportunity to put its case and to deal with the other party's case.
④ 如中国一些法律中的倒置举证规则就不要求提出主张的一方当事人举证,而是要求对方当事人举证反驳主张。中国已有学者发现了该条的这种缺陷,因此建议将该条改为:当事人应当对自己的主张提供证据,但法律另有规定的除外。参见武汉大学国际法研究所"《仲裁法》修改"课题组:《中华人民共和国仲裁法(建议修改稿)》,《仲裁研究》2006 年第 2 期。
⑤ 《2018 年若干问题的规定》第 15 条仅规定承认当事人明示选择所确定的仲裁地。
⑥ 高薇:《论仲裁异议权的放弃——德国法视角下的分析及相关司法实践》,《甘肃政法学院学报》2010 年第 5 期。

本 章 小 结

仲裁程序争议司法审查制度的合适性对促进仲裁的健康发展是十分重要的,其规范的司法审查对象比较常见为是否违反约定仲裁程序与是否违反仲裁程序强行法争议的两种类型,其所依据的制定法不仅体现为国内法或域内法,而且有国际条约的统一约束。

然而,个别国家或地区的法院历史上或当今在违反约定仲裁程序的司法审查中作出了有违国际主流实践的解释。可喜的是,这种情况越来越少和越来越受到严厉批评。在违反仲裁程序强行法争议司法审查所依据的制定法方面,仲裁强国或强区不仅有突出确保仲裁程序在仲裁庭组建后符合当代正义的仲裁正当程序要求的原则规定,而且陆续发生了仲裁员不得与当事人及其代表单方联系、对各种程序以适当可靠的方式发出通知、令当事人获得陈述案情和提供证据的充分或合理机会、仲裁员的合审合议行为符合规范等很细致丰富的判例实践,对相关当事人的行为具有很好的指导作用。

中国仲裁程序争议司法审查所依据的制定法存在较大的缺陷,具体的表现包括《仲裁法》中大部分条款的放置位置不妥、没有明确当事人有约定程序的权利和自由、强行的仲裁正当程序要求不完整、其他的程序规范不合理或缺位,中国应在借鉴仲裁强国或强区的先进制度的基础上结合国情,主要通过修订相应规则予以弥补。

第六章　裁决撤销及承认与执行争议的司法审查机制

第一节　裁决撤销争议的司法审查

一、裁决撤销争议司法审查的意义

裁决撤销争议的司法审查是一种最为严格的仲裁司法审查形式①，该方面的机制也是各国家或地区仲裁司法审查机制中的一个重要组成部分，在中国仲裁司法审查机制中也居于同样地位。学者们对于这方面机制存在的意义的看法可分成截然不同的两派。

一派学者表示，司法审查仲裁裁决撤销争议的机制有着正面的积极意义。他们的依据是：并非所有仲裁的运作过程都令人满意，同样，并非所有仲裁裁决都完全合理无错；对于存在缺乏公正性或程序错误等缺陷问题的仲裁裁决，在足够早的阶段，应向受害当事人提供撤销救济的司法审查途径，否则，在仲裁中被错误地驳回索赔要求的申请人将投诉无门，在错误仲裁裁决的受害人是被申请人的情况下，该被申请人受到执行程序骚扰的范围将可能是全球。② 不过，对司法审查仲裁裁决撤销争议的机制持"积极意义说"的学者观点也不尽相同，具体又可分为两小类：其一为仅保留司法审查仲裁裁决撤销争议机制而取消司法审查不予执行争议的机制③；其二为同

---

① 章杰超：《论仲裁司法审查理念之变迁——以N市中院申请撤销国内仲裁裁定为基础》，《当代法学》2015年第4期。
② 周江：《论仲裁裁决撤销中的几个问题》，《北京仲裁》2009年第3期。
③ 邓建民、曾青：《仲裁程序若干问题研究：基于理论前沿和实务规范的思考》，北京，民族出版社，2014年，第140页。此外，还有种观点认为：在保留司法审查仲裁裁决撤销争议机制的同时，用确认或不确认仲裁裁决机制取代是否承认与执行仲裁裁决机制。关于极少数学者才有的这种观点详情可参见张卫平：《现行仲裁执行司法监督制度结构的反思与调整——兼论仲裁裁决不予执行制度》，《现代法学》2020年第1期。

时保留和完善司法审查仲裁裁决撤销或执行争议的机制。① 当然,后一小类的观点也不是铁板一块,其中有人认为,司法审查仲裁裁决撤销或执行争议的机制更为主要,对国内仲裁尤其如此。②

另一派学者却宣称,仲裁裁决撤销争议司法审查机制只有负面的消极意义,应当将之废除。这些学者的理由主要是:法院受理撤销仲裁裁决的请求既会延误仲裁的顺利终结,也会构成对仲裁的不当干预;各国家或地区的法院在承认或执行阶段都会对仲裁裁决进行司法审查,在此种背景下,司法审查仲裁裁决撤销争议机制的继续保留会产生对仲裁控制的重复;撤销仲裁裁决的事由在各国家或地区与拒绝承认和执行仲裁裁决的事由相同或大体相同,在司法审查承认或执行仲裁裁决争议的机制之外再添加一个撤销机制完全没有必要。③

我们认为,裁决撤销争议的司法审查机制可否发挥积极作用和避免消极影响,完全取决于其是否有适当或合理的内容。适当的司法审查仲裁裁决撤销争议机制不仅能节省当事人在各个潜在执行地抗辩的成本,在一定程度上纠正了某些极端不公正的仲裁裁决,而且对以后的仲裁产生重要的示范效应。这种机制存在的本身对仲裁公信力的存在具有关键作用,能避免很多经济地位重要的当事人较放心地选择仲裁。④ 相反,不合理的司法审查仲裁裁决撤销争议机制则会令人们不敢选择仲裁,这会对所在地的经济利益等造成严重的负面后果。⑤ 中国现行的司法审查仲裁裁决撤销争议的机制很不完善。在此项机制普遍地存在于世界众多国家或地区的环境下,该机制的取消在意图倡导"一带一路"和融入国际社会的中国显然是行不通的。同样,正如下一节的更详细分析,在境外有广泛采用的背景下,中国也不可能因司法审查仲裁裁决撤销争议机制的存在就废除仲裁裁决承认或执行争议的司法审查机制。由此可见,中国应对两种机制的现有弊端或缺陷予以正视,采用认真科学的方法进行完善。为此,本节在参考学者们研究成果、境外很多国家或地区的仲裁制定法与司法审查实践的基础上,探讨这一机制在中国进一步改革完善的措施。

---

① 邓杰:《商事仲裁法》,北京,清华大学出版社,2008年,第226~248页。
② 张卫平:《仲裁裁决撤销程序的法理分析》,《比较法研究》2018年第6期。
③ 赵健:《国际商事仲裁的司法监督》,北京,法律出版社,2000年,第240页;李燕:《试论我国仲裁监督体制的完善》,《学术界》2009年第5期。
④ 晏玲菊:《国际商事仲裁制度的经济学分析》,上海,上海三联书店,2016年,第85~86页。
⑤ 杨良宜:《国际商务仲裁》,北京,中国政法大学出版社,1997年,第41~49页;谢新胜:《国际商事仲裁裁决撤销制度"废弃论"之批判》,《法商研究》2010年第5期。

二、境外所依据的制定法规范

境外裁决撤销争议司法审查所依据的制定法规范涉及受理法院、时限、仲裁裁决撤销理由、重新仲裁及是否允许上诉等规则或制度。

(一) 受理法院和时限制度

在受理法院方面，不少国家或地区的仲裁制定法都有明确的规定。如意大利 2006 年《民事程序法典》第 828 条、法国 2011 年《民事程序法典》第 1519 条第 1 款等规定：由级别较高的法院受理司法审查仲裁裁决撤销争议的申请。对于国际仲裁裁决撤销争议的申请，瑞士甚至规定联邦最高法院是司法审查的唯一法院。[1] 民事初审法院虽然被一些境外立法规定为受理司法审查撤销仲裁裁决争议请求的法院，但同时有特别区域的限定，如亚美尼亚的立法规定，该国受理司法审查撤销仲裁裁决争议申请的法院只能是肯特隆 (Kentron) 区和诺尔克-马拉什 (Nork-Marash) 区的一审法院。[2] 这些限制规定的依据可能是：对于通常具有终局性效力的仲裁裁决，在很多案件中对当事人的影响程度都高于一审诉讼判决，这便使得撤销裁决争议的司法审查对受案法官的素质与水平等必须有更高的要求[3]，即专业性审理能力好的较高级别法院或特定区域法院的法官负责初步审查或一局终审，较能确保实现规范仲裁司法审查的立法者意图。

除了国内法规范以外，一些国际条约中也直接或间接地含有撤销争议受理法院的规范，如 1958 年的《纽约公约》第 5 条第 1 款 (e) 项即明确了仲裁地国家和适用仲裁程序法的国家法院都可受理撤销争议。不过，《纽约公约》该项关于一个以上的缔约国法院可受理撤销裁决争议的规范不仅使问题变得复杂化，而且在实践中也受到一些国家和地区法院的缩限的解释。Pertamina 案即是一例，在该案中，当事人约定合同的准据法为印度尼西亚法律及可能产生的争议在瑞士进行仲裁。印度尼西亚雅加达中心区法院撤销了该裁决。美国法院对该裁决却给予执行，依据是印度尼西亚法院不是撤销该裁决的适当的管辖法院。对于《纽约公约》该项规定的"裁决所依据法律之国家"中的"法律"，中国香港特别行政区初审法院 2003 年 3 月 27 日也裁定其指的是仲裁程序法即仲裁地瑞士法而不是作为合同实体问题准据法的印度尼西亚法。[4]

---

[1] 参见瑞士 1987 年《联邦国际私法法规》第 191 条。
[2] 参见亚美尼亚 2006 年《商事仲裁法》第 6 条和第 34 条第 2 款。
[3] 王红松:《〈仲裁法〉存在的问题及修改建议》，《北京仲裁》2004 年第 2 期。
[4] 卢松:《〈纽约公约〉与裁决的撤销》，《北京仲裁》2009 年第 1 期。

在仲裁裁决撤销时限制度方面,1985 年版和 2006 年版的《国际商事仲裁示范法》及对其予以采纳的数十个国家或地区的仲裁制定法一般规定为三个月,这也是目前我们所能发现的境外最长时限,波兰等国则为两个月或两个月以下。① 此外,在裁决得到之日后的较长一段时间,一方当事人才可能偶然地发现某些撤销理由,如仲裁员接受贿赂或恶意地与另一方当事人串通欺诈等。对于这些撤销裁决的特别理由,一些境外的立法规定了时限方面的特别规则。如爱尔兰的仲裁立法规定:违反公共政策的撤销理由的提出时限为 56 天,自当事人知道或理应知道该理由之日起算。② 根据该规定,若仲裁地为爱尔兰,在仲裁裁决作出后的第三年才发现在对方当事人的公司中某仲裁员有大额持股,对于该仲裁员未作披露的这种违反公共政策行为,则受害的当事人仍可以在其后的 56 天时间内提起撤销仲裁裁决之诉。类似于爱尔兰上述规定的还有:美国 2000 年修订的《统一仲裁法》的第 12 条、荷兰 2015 年《民事程序法典》第 1068 条③等。

(二) 仲裁裁决撤销理由的规则

在境外很多国家或地区的仲裁制定法中一般都有仲裁裁决撤销理由的规则,如瑞典 2019 年 3 月 1 日修订生效的《仲裁法》第 34 条、荷兰 2015 年《民事程序法典》第 1065 条、西澳大利亚州 2012 年《商事仲裁法》第 34A 条、中国香港 2010 年《仲裁条例》第 81 条、奥地利 2006 年《民事程序法典》第 611 条、丹麦 2005 年《仲裁法》第 37 条、挪威 2004 年《仲裁法》第 43 条、日本 2003 年《仲裁法》第 44 条、德国 1998 年《民事程序法典》第 1059 条、英国 1996 年《仲裁法》第 69 条及 1985 年版和 2006 年版《示范法》第 34 条等。

除英国与西澳大利亚州的制定法规范有条件地允许将仲裁实体法律适用错误作为仲裁裁决撤销理由④以外,其他国家或地区的上述法条都没有将实体公共政策以外的其他实体规范适用不当作为仲裁裁决撤销理由。

(三) 重新仲裁制度

个别学者指出,在广义上,重新仲裁有以下两种情形:(1) 在撤销仲裁裁决后,根据原仲裁协议或者重新达成的仲裁协议,当事人之间重新进行仲

---

① See Johannes Koepp & Agnieszka Ason, "An Anti-Enforcement Bias? The Application of the Substantive Public Policy Exception in Polish Annulment Proceedings", *Journal of International Arbitration*, Volume 35, Issue 2, 2018, p.166.
② 参见 2010 年爱尔兰《仲裁法》第 12 条。
③ 该条现已将欺诈且另一方知情列为唯一的裁决撤销理由。
④ See Rowan Platt, "The Appeal of Appeal Mechanisms in International Arbitration: Fairness over Finality?" *Journal of International Arbitration*, Volume 30, Issue 5, 2013, pp.531-560.

裁。对于其中根据原仲裁协议进行的重新仲裁,可能性在于该原仲裁协议是否有约定或法定在仲裁裁决撤销后依然有效的情况。(2)作为撤销仲裁裁决的一种替代方式设置于仲裁撤销制度之中,即申请撤销仲裁裁决后,法院经审查发现仲裁裁决的缺陷能由仲裁庭消除,则裁定中止撤销仲裁裁决,并通知仲裁庭限期对案件重新审理。① 考察过数篇探讨文献后,我们认为该学者的这种观点很有新颖性,不过,绝大多数学者和本书所称的重新仲裁除特别说明外都是指上述第(2)种情形。

从境外的情况来看,一些国家的仲裁制定法中并无重新仲裁的制度,如日本 2003 年《仲裁法》、奥地利 2006 年的《民事程序法典》中的仲裁法规范部分等。但是,另一些国家或地区仲裁制定法中却有这项规则,如瑞典 2019 年 3 月 1 日生效的《仲裁法》第 35 条、中国香港 2010 年《仲裁条例》第 81 条第 1 款、迪拜 2008 年《仲裁法》第 41 条第 4 款、新西兰 2007 年修订的《仲裁法》表 1 中第 34 条第 4 款、塞尔维亚 2006 年《仲裁法》第 60 条、亚美尼亚 2006 年《商事仲裁法》第 34 条第 4 款、阿富汗 2005 年《商事仲裁法》第 55 条、挪威 2004 年《仲裁法》第 44 条第 2 款、新加坡 2002 年《仲裁法》第 48 条第 3 款、克罗地亚 2001 年《仲裁法》第 37 条第 2 款、德国 1998 年《民事程序法典》第 1059 条第 4 款、英国 1996 年《仲裁法》第 68 条第 3 款等。

境外仲裁制定法关于重新仲裁的上述两种态度可能是该种措施因情况而有利有弊。在有些情况下,重新仲裁可以发生避免仲裁裁决撤销导致的新仲裁或新诉讼造成的当事人或法院浪费人力、物力和时间等情况,同时因《纽约公约》等相关的国际法或本地法规范的存在,重新仲裁后作成的裁决还可能具有执行上的便利。但是,在另一些情况下,如发生了仲裁员死亡等仲裁庭不复存在或难以召集或者因仲裁员不公正而无法再获得当事人的信任等,重新仲裁也可能会具有浪费金钱和时间等副作用。②

此外就内容而言,在含有重新仲裁制度的国家或地区中,目前只有苏格兰、挪威和英格兰及威尔士等少数国家或地区的仲裁制定法没有规定:法院在作出撤销裁决或重新仲裁等决定时,应顾及一方或所有当事人的意愿。但是,"适当性"这一条件在这些国家或地区都被要求必须存在。③ 除了需要

---

① 李海涛:《重新仲裁制度的立法审视及实践困境》,《哈尔滨师范大学社会科学学报》2016 年第 5 期。
② 朱萍:《涉外仲裁司法审查中重新仲裁之实践检讨与立法完善》,《法律适用》2011 年第 4 期。
③ 如 1996 年英格兰与威尔士《仲裁法》第 68 条第 3 款第 2 项、2010 年苏格兰《仲裁法》规则 68 条第 3 款第 3 项的规定等。

符合"适当性"条件以外，新西兰、中国香港、新加坡、克罗地亚、阿富汗、塞尔维亚、德国等更多国家或地区的仲裁制定法还要求有"一方当事人请求"这一前提。

（四）是否允许上诉的规则

世界上有些国家或地区的仲裁制定法明确地规定对撤销裁决争议的司法审查判决或决定不允许上诉，如爱尔兰 2010 年《仲裁法》的第 11 条等。另一些境外的仲裁制定法规定符合法院许可的前提条件后才能上诉，如中国香港 2010 年《仲裁条例》第 81 条第 4 款、英国 1996 年《仲裁法》第 67 条第 4 款和第 68 条第 4 款。不过，有不少国家或地区的仲裁制定法确实规定无条件地许可上诉，如丹麦 2005 年《仲裁法》第 5 条、日本 2003 年《仲裁法》第 44 条第 4 款、德国 1998 年《民事程序法典》第 1065 条第 1 款等。

三、境外的司法审查实践

除了前面相关部分阐述的因违反具体仲裁制定法规则而被撤销仲裁裁决以外，境外还有很多撤销仲裁裁决争议的司法审查实践判例涉及其他问题。

如在 2013 年 Oxford Health Plans LLC 诉 Sutter 的判决中，美国联邦最高法院认为：仲裁裁决通常只能在极端的情况下才能予以撤销。① 美国其他法院的多次判决和法国法院的一些判决也体现了与美国联邦最高法院在这起案件中所显示的较尊重仲裁裁决的态度。② 为了有效地支持仲裁裁决，美国纽约的联邦区法院在 Digitelcom 有限公司诉 Tele2 Sverige AB 案中甚至采用发禁令等严厉措施制约有显然故意拖延目的、质疑仲裁裁决的当事人或律师。③ 不过，美国等国家或地区在多起司法审查判决中不接受当事人约定的法定范围以外撤销理由④的情况表明：在仲裁裁决撤销理由方面，当事人的意思自治能力在司法资源高负荷占用的情况下受到很大的限制。

此外，新加坡高等法院在 2006 年 Aloe Vera of Am. Inc.诉 Asianic Food (S) Pte Ltd 案和瑞典最高法院在 2009 年 Soyak 诉 Hochtief 案中的

---

① See 133 S.Ct. 2064, 2068 (U.S. S.Ct. 2013).
② 齐湘泉：《论仲裁庭（员）作出惩罚性仲裁裁决的权力》，《中国政法大学学报》2009 年第 2 期；See Gary B. Born, *International Commercial Arbitration*, Kluwer Law International, 2014, pp.3182-3184。
③ See Carlos Gonzalez-Bueno Catalán de Ocón (ed.), *40 under 40 International Arbitration*, Dykinson, S.L., 2018, p.35.
④ 石现明：《国际商事仲裁当事人扩大司法审查范围之协议及其效力探析》，《北京交通大学学报》（社会科学版）2012 年第 1 期。

司法审查立场也很值得关注。新加坡高等法院在前一案件中指出：对当事人而言，在法院管辖权范围内提出的仲裁裁决撤销理由，可以不同于抵制仲裁裁决执行的理由。① 瑞典最高法院在后一案件中认为，仲裁裁决不写理由或所写理由少得几乎等于没写，属于仲裁程序不正常的情况而应予以撤销。②

特别引人关注的是仲裁强国瑞士的数起关于公共政策等撤销理由及附条件的排除撤销规则在司法审查中的运用情况。较新涉及公共政策撤销理由的一起司法审查决定由瑞士联邦最高法院2016年5月3日作出，其所针对的是当事人之间的仲裁是否遵守了程序公共政策问题。在三轮相互主张与文件交换及数个仲裁指令之后，独任仲裁员与当事人进行了一次开庭面审，直到本阶段只有索赔方当事人提交索赔的佣金数额，被索赔方当事人却声称没有责任。开庭期间与开庭之后，被索赔方当事人要求独任仲裁员将程序分开，先行裁决确定哪些投资引发佣金，然后处理赔偿的佣金数额问题。尽管独任仲裁员随后邀请被索赔方当事人评论赔偿的佣金数额问题，后者却予以拒绝且继续坚持要获得对责任的先行裁决，2015年12月21日，该独任仲裁员完全按照索赔方当事人的测算裁决赔偿额。瑞士联邦最高法院驳回被索赔方当事人撤销裁决的请求时指出：正当程序权利这样的程序公共政策并不是让一方当事人按其所愿控制仲裁程序；本案中索赔方与被索赔方有同样多的次数提交相关文件。③ 瑞士最高法院2010年4月的一项判决也较典型地涉及公共政策。该判决撤销了国际体育仲裁院（以下简称CAS）作出的涉及葡籍球员丹尼尔（Daniel）的培养费争议仲裁裁决，理由是其违反了"已决之案"（res judicata）原则而违反了公共政策（public policy）。④ 再就排除撤销仲裁裁决的规则而言，由于瑞士1987年《国际私法法典》第192条规定了一项附条件的排除撤销裁决司法审查管辖的规则⑤，该国就曾发生了1990年Conatrach案、1991年Clear Star案及1997年U公司与L公司纠纷案、2017年MOL Hungarian Oil and Gas Company Plc

---

① See[2006] SGHC 78.
② See Sigvard Jarvin, "Swedish Court Decisions on Arbitration", *Journal of International Arbitration*, Volume 26, Issue 6, 2009, pp.873-889.
③ Elisabeth Leimbacher & Georg von Segesser, "BGer-4A_42/2016, Federal Supreme Court of Switzerland, 1st Civil Law Chamber, 4A_42/2016, 03 May 2016", in *A contribution by the ITA Board of Reporters*, Kluwer Law International, 16 May, 2016.
④ 黄世席：《国际体育仲裁裁决的撤销》，《天津体育学院学报》2011年第5期。
⑤ 该条的确切内容是：任何一方当事人在瑞士没有住所、惯常居所或营业机构的情况下，可以在仲裁协议或随后的书面协议中明示排除所有撤销程序，也可以将撤销程序限为第190条第2款列举的一项或数项理由。

与 INA Croatia 纠纷案①等数起适用该条问题的司法审查纠纷。就瑞士法院对这些案件的司法审查决定而言,上述规则的适用有着非常严格的条件要求,即当事人必须采用书面约定的方式坚定明确而不含混地表示仲裁裁决具有绝对的终局力,否则,在仲裁协议中仅作出仲裁裁决为终局的单纯表示、引用仲裁规则中"法律允许放弃撤销裁决司法审查权时推定当事人作出此类弃权"之类的一般表示等,在效果上都不能排除当事人的任意性司法审查请求权。② 根据上述判例等可以说,在采用类似规则的国家或地区中,排除撤销裁决司法审查的特有书面表达方式是强行的。以这种强行的外在书面表达方式作为上述任意性规则适用的前提表明:排除撤销裁决司法审查权在这些国家或地区被认为是一种重大事项,因此,当事人的这种真实意愿一定要采取明白无误的方式予以体现。此外,上述规则也说明:这些国家或地区同时认为,撤销仲裁裁决争议的司法审查权具有保护当事人合法权益等积极功能,因此,对于本国国民、居民或法人是一方当事人的仲裁裁决,必须仍然保留对强行的仲裁裁决撤销纠纷司法审查机制予以控制。

另外,一些国家或地区法院的司法审查实践相当怪异,例如,某律师与其客户之间纠纷的仲裁裁决的理由是:只要破产程序允许该客户的主张,当事人相互间费用安排的条件就得到了满足。波兰最高法院在 2011 年 3 月 11 日的司法审查决定却撤销了该裁决,其给出的原因为:仲裁庭的推理明显地违反了波兰合同法的基本原则;在缺乏清晰理由的情况下,以协议另一方当事人的代价保护一方当事人的做法违反了保护财产权的宪法原则。又如日本东京地方法院于 2011 年 6 月 13 日的一份判决也是这种典型的实例。③ 再如阿根廷的地方法院和最高法院对国内仲裁裁决作出的司法审查决定中就使用了"不合宪法、非法或不合理"之类可大开审查范围的撤销理由。④ 中外学者认

---

① 该起最新的排除撤销仲裁裁决救济的英文表述为:"Awards rendered in any arbitration hereunder shall be final and conclusive and judgment thereon may be entered into any court having jurisdiction for enforcement thereof. There shall be no appeal to any court from awards rendered hereunder."该表述在瑞士最高法院 2017 年 10 月 17 日的判决中被认定为有效,且当事人被宣告连修改仲裁裁决的请求权也没有。See Stephan Wilske, Todd J. Fox & Rafał Kos, "What's New in European Arbitration?" *Dispute Resolution Journal*, 2017, pp.84-87.
② [法]菲利普·福盖德、[法]伊曼纽尔·盖拉德、[法]贝托尔德·戈德曼:《国际商事仲裁》,北京,中信出版社,2004 年,第 911 页。
③ 张兴伟:《日本商事仲裁司法审查中的公共政策适用问题》,《国家行政学院学报》2016 年第 5 期。
④ See Andrés Jana L., "International Commercial Arbitration in Latin America: Myths and Realities", *Journal of International Arbitration*, Volume 32, Issue 4, 2015, pp.413-446.

为,这些过度扩张理由的司法审查决定是导致这些国家不能成为有仲裁地吸引力的重要原因。① 我们也十分同意这种看法,这些司法审查决定完全要求仲裁员按法官的思维和判决书的格式作出仲裁裁决,其结果就是要使仲裁失去意义。

四、中国仲裁裁决撤销争议司法审查制度的完善

有统计显示,中国有良好声誉的仲裁机构仲裁裁决的撤销比例达到司法审查申请数的10%左右,竟然为西方发达国家或地区通常比例的三倍多,比更强调公平正义的美国劳动仲裁的比例也高出两倍多,中国其他机构仲裁裁决的撤销比例在有些年份高出了更多倍。② 这说明中国仲裁裁决撤销争议司法审查制度有着较大的缺陷,需要尽早地予以完善。

(一)改进受理撤销裁决争议的法院和时限制度

中国受理仲裁裁决撤销争议的人民法院和时限制度主要体现于现行的《仲裁法》第58条至第60条和2006年《司法解释》、2017年5月22日发布《关于仲裁司法审查案件归口办理有关问题的通知(法〔2017〕152号)》(下称2017年《归口办理》)、2018年7月1日施行的《最高人民法院关于设立国际商事法庭若干问题的规定》、2018年《通知》、前文提及的各级人民法院发布的一些司法审查意见③等之中,其主要内容是:对于中国内地仲裁机构管理的仲裁庭作出的境内、涉外仲裁裁决,其撤销争议的受理法院通常为仲裁机构所在地的中级人民法院;司法审查该种争议的具体工作由作为专门业务庭该级别的人民法院审理涉外商事案件的审判庭(合议庭)归口负责;对于被首批纳入"一站式"国际商事纠纷多元化解决机制的前述五家仲裁机构处理的三亿元以上标的额或有重大影响的国际仲裁裁决撤销争议,由最高人民法院的国际商事法庭受理④;自收到仲裁裁决之日起六个月内,意图该

---

① See also Johannes Koepp & Agnieszka Ason, "An Anti-Enforcement Bias? The Application of the Substantive Public Policy Exception in Polish Annulment Proceedings", *Journal of International Arbitration*, Volume 35, Issue 2, 2018, pp.168-169.
② 蒋慧:《〈仲裁法〉二十周年回望:民商事仲裁危机与重塑》,《学术交流》2016年第7期;See also Nico Gurian, "Rethinking Judicial Review of Arbitration", *Columbia Journal of Law and Social Problems*, Summer, 2017, p.520.
③ 章杰超:《论仲裁司法审查理念之变迁——以N市中院申请撤销国内仲裁裁决裁定为基础》,《当代法学》2015年第4期。
④ 法释〔2018〕11号。该规定由最高人民法院审判委员会2018年6月25日第1743次会议审议通过,http://sa.sogou.com/sgsearch/sgs_tc_news.php?req=tLQAZx2AFURFC6HGY7V0kzC9wb0bf9SNFhKfuspWPZKfTZL9qPeymwrmMhLq3dfI&user_type=1,最后浏览日期:2018年11月26日。

裁决撤销的当事人应当提出申请;在受理申请日起两个月内,有管辖权的人民法院应作出驳回申请或撤销裁决的裁定;对于重新仲裁裁决,自其送达日起六个月内,不满的当事人,可以向人民法院申请予以撤销。

应该说,撤销仲裁裁决请求的司法审查职责交由较高级别的中级人民法院负责,既有境外类似模式相匹配,又无国内的异议之声。然而,效法前述的某些国家一概指定特定区域法院、更高级别的法院等,对于中国这个大国来说是实际情况不能许可的。因此,除了标的额特别巨大或影响特别重大的案件以外,中级人民法院被规定为中国撤销仲裁裁决请求的受理法院依然是合适的,根本不必进行修改。此外,从英国等专门挑选一定数量的法官负责仲裁司法审查[①]的经验来看,归口管理的新规定结束了以前负责部门混乱、不懂仲裁性质与程序的外行法官审查"内行"的局面也是值得肯定的。[②]

然而,很不妥当的是,对于撤销中国内地仲裁机构管理的仲裁庭作出的境内、涉外仲裁裁决的请求,规定受理法院为"仲裁机构所在地"中级人民法院。这是因为:即使继续在非涉自贸区领域不允许进行临时仲裁,在境外仲裁机构管理的仲裁庭以内地为仲裁地作出仲裁裁决的情况下,中国仍有必要提供撤销依据。已有正式的报道称:境外的国际商会仲裁院管理的仲裁庭已作出了仲裁地为中国内地的仲裁裁决,并得到某人民法院的执行。境外其他仲裁机构管理的仲裁庭将来也可能陆续地受理仲裁地为中国境内的争议并作出仲裁裁决。有学者称:基于该种仲裁裁决并不是本国裁决,中国主动放弃了对之撤销争议的司法审查权。[③] 前已指出,对本国或本地为仲裁地且涉及国籍、地籍或居所在该仲裁地当事人的仲裁裁决,境外没有国家或地区放弃撤销的司法审查权,对仲裁采取较不干预立场的瑞士、比利时等以求保持或成为世界仲裁中心的国家同样无例外,其目的在于要向涉该仲裁地的当事人提供适当司法保护。同时,比利时等的历史教训还显示:对于仲裁地在本国但没有本国国民、居民或法人为当事人的国际仲裁裁决,强行地放弃或禁止行使撤销的司法审查权,会因无撤销仲裁裁决这种仲裁质量控制机制导致绝大多数境外的当事人不敢选择该国为仲裁地,由此而

[①] 初丛艳:《2006年6月赴欧考察报告——对仲裁的司法审查》,《北京仲裁》2006年第4期。
[②] 这种混乱的较详细情况可参见姜霞:《仲裁裁决撤销程序的定位及建构》,《广西民族大学学报》(哲学社会科学版)2009年第3期。
[③] 赵秀文:《国际商事仲裁现代化研究》,北京,法律出版社,2010年,第261页;陈力:《ICC国际仲裁院在我国作成仲裁裁决的承认与执行——兼论〈纽约公约〉视角下的"非内国裁决"》,《法商研究》2010年第6期。

严重地妨碍该国获得或维持国际仲裁中心地位目标的实现,同时对该国的其他重大利益也会造成损害。① 可见,对于境外仲裁机构管理的仲裁庭作出的内地为仲裁地的仲裁裁决,中国应当尽快添加该种裁决撤销争议的司法审查机制。另外,由于中国内地并不是境外仲裁机构的所在地,因此,在境外仲裁机构管理的仲裁庭作出的内地为仲裁地的仲裁裁决情况下,对于中国内地受理撤销该种仲裁裁决撤销请求的人民法院确定问题,表述成"仲裁机构所在地的中级人民法院"这样的规则就根本没有适用性。同时,在大量学者的倡议和人民法院法官受案量太大的背景下,中国的立法者一旦有改革魄力在全境内允许临时仲裁与现行具有准垄断地位②的机构仲裁竞争,则一个常设仲裁机构才有的"所在地"在前者所产生的临时仲裁裁决中根本找不到。很明显,上述问题获得解决的唯一途径是:参照境外普适的机制③,中国应当使用"仲裁地"替换上述"仲裁机构所在地的中级人民法院"规则中的"仲裁机构所在地"这一用语。

同样具有很大缺陷的是关于当事人有"六个月"长度时限提出撤销仲裁裁决申请的规定。限于当时对仲裁性质的认识水平,有学者在《仲裁法》颁行之初认为此时限太短,对保护当事人的合法权益很不利。④ 然而,数年后直至今天,就此问题发表观点的实务人士或学者都已共同地认为,是太长而不是太短成为该时限规定的弊端,其理论依据是不符合国际惯例,并且令仲裁裁决处于不确定状态的时间过长,不符合当事人对仲裁效率的合理期望。不过,以上人士或学者关于应然时限的观点各异,一至三个月之间时段结合境外的一些制定法择一时段。⑤ 笔者认为,根据前述的一些境外立法方面的先进经验,中国应按照申请的撤销理由之不同而作出不同的时限规定。首先,为了促进仲裁业的健康发展,对一方当事人与仲裁员串通欺诈、贿赂等的撤销理由,中国应实行特别的时限规则,一年可被考虑为该种理由提出的具体时限。其次,对于目前中国其他撤销理由的提出时限,我们赞同以上后

---

① See Georgios Petrochilos, *Procedural Law in International Arbitration*, New York: Oxford University Press, 2004, p.87.
② 陈建:《论仲裁员在市场经济中的定位》,博士学位论文,对外经济贸易大学,2007年,第222页;黄亚英:《我国仲裁机构的发展定位探讨——兼谈仲裁机构的"国际化"新视野》,《北京仲裁》2008年第2期。
③ See Hamid G. Gharav, *The International Effectiveness of the Annulment of an Arbitral Award*, Kluwer Law International, 2002, pp.12-15.
④ 宋朝武:《论完善仲裁监督机制》,《政法论坛》1996年第3期。
⑤ 袁冶:《论国际商事仲裁裁决撤销的若干程序问题》,《西南政法大学学报》2004年第6期;覃华平:《我国仲裁裁决撤销制度探析及立法完善之建议》,《中国政法大学学报》2017年第2期。

一派人士所持的"过长"的认识,但建议将时限由"六个月"改为"三个月",理由是:不像英、法等有悠久法治传统的国家或地区当事人,以中国内地为仲裁地的当事人一般没有较强的证据搜集水平或保管意识,时限过短的规则对保护中国这类一般当事人利益非常不利,并且也会引发仲裁活动约束程度的降低,从而可能更加弱化整体上已处于较低水平的中国仲裁公信力和仲裁快速发展的吸引力;相比于原来的时限,"三个月"已缩短了一半,并且已被境外很多的制定法和《示范法》所选择。①

最后一种主要缺陷是人民法院必须在过短而不是太长的两个月内裁定驳回申请或撤销裁决的时限规定。在司法审查实践中,即使不进行相对人质证的程序,中国人民法院都有感到该时间特别紧或超出该时限作出裁定的情况。② 在透明化改进司法审查程序以包含给予相对人质证机会以后,该时限更容易被人民法院违反而使其形象受到损害。为了不产生此种消极恶果,境外很多仲裁立法都不对这种司法审查规定具体的时限。一些境外的法官们素质较高,在司法审查方面很注意时间控制,如瑞士最高法院通常都在不足五个月的时间内发布是否撤销仲裁裁决的司法审查决定。③ 最高或各地人民法院法官在中国内地这样广大的区域内有很不相同的时间效率观念,统一的时限规定在制定法中继续保留有助于实现司法审查效率的价值取向和遏制拖延情况的蔓延。鉴于中国实务界和理论界不少人士将瑞士法院等司法审查五个月左右的时间视为快速,在修订的《仲裁法》中,我们建议以"四个月"取代上述人民法院裁定驳回申请或撤销裁决时限规则中的"两个月"规定。

(二) 修改裁决撤销理由制度

目前中国裁决撤销争议司法审查理由制度很突出的特征之一是:采用双轨模式,因涉外性裁决或境内裁决的不同而有别。就涉外性而言,当事人可自行提出的撤销申请理由为:(1) 约定的合同中无有效的仲裁条款或无有效的仲裁单独协议;(2) 任命仲裁员或进行仲裁程序的通知未被撤销申请方当事人获得;(3) 撤销申请方当事人无过错地未能陈述案情;(4) 仲裁庭的组成或仲裁程序违背仲裁规则;(5) 裁决的争议仲裁机构无权仲裁或

---

① 张圣翠:《中国仲裁法制改革》,北京,北京大学出版社,2018年,第118页。
② 吕欣:《关于完善我国商事仲裁司法监督制度的思考》,《法律适用》2006年第3期;陈治东:《我国仲裁裁决撤销程序若干法律问题之剖析——兼谈裁决撤销程序的立法完善》,《法学》1998年第11期。
③ 商事仲裁子课题组:《最高人民法院建立和完善多元化纠纷解决机制调研课题——商事仲裁子课题项目调研报告》,《北京仲裁》2008年第3期。

者超出仲裁协议范围。① 除了同于以上第(1)项可谓是"无仲裁协议"及第(2)项"无客体可仲裁性"与"超裁"以外,《仲裁法》第58条对境内裁决还规定了以下几项撤销理由:仲裁庭的组成或仲裁程序与法定程序不符;所根据的证据被伪造(以下简称"伪造证据");对方当事人隐瞒了足以影响公正裁决的证据(以下简称"隐瞒证据");在仲裁该案时,仲裁员有徇私舞弊、索贿受贿、枉法裁决行为;裁决损害社会公共利益。2006年《司法解释》对列于以上《仲裁法》第58条的理由采用数个条文予以限制,如其第19条对后者中的"超裁"在可分的情况下限定为撤销"超裁"裁决部分的理由②,其第20条对后者中"伪造证据"之理由附加"可能影响案件正确裁决的情形"的条件,其第27条对后者"无仲裁协议"之理由作出了"仲裁程序中"提出过异议的限定。应予肯定的是,对于境外普遍实行的仲裁裁决撤销争议司法审查理由默示放弃的制度,该《司法解释》令之在中国首次获得确立,即:对于仲裁协议的效力,在仲裁程序中,当事人并未提出异议;在仲裁裁决作出后,就向人民法院申请撤销该裁决的司法审查程序而言,该当事人就不得提出该仲裁协议不存在或无效之类的理由。③

在20余年前,对于涉外和境内仲裁裁决的撤销争议,中国有学者认为双轨不同的司法审查理由顾及了两类争议特性,在当时中国整体仲裁水平还较低的现实中不仅能保证境内仲裁裁决质量,而且对涉外仲裁国际地位的保证又很有利,且符合中国参加的1958年《纽约公约》的规定。④ 其后,主张"并轨"撤销境内和涉外仲裁裁决的司法审查理由的学者就多了起来,他们的理由是:实行"双轨制"不符合中国参加的有关仲裁的国际条约中非歧视规定,也不利于维护法律的尊严,并与先进的境外现代立法惯例不一致。⑤ 然而,后一种理论在具体内容方面也不尽相同,由此两种不同的主张可以被进一步地区分出来。第一种建议是扩大涉外裁决撤销争议的司法审查理由,令其同于境内裁决相应的审查理由。⑥ 第二种主张则相反,即要删改

---

① 参见《仲裁法》第70条和2012年修正的《民事诉讼法》第274条第1款。
② 这种限定对涉外仲裁裁决也是适用的——笔者注。
③ 张圣翠:《论我国仲裁裁决撤销制度的完善》,《上海财经大学学报》2012年第1期;刘加良:《实现民事诉讼法全面修改的另一种视角——〈仲裁法解释〉评介》,《山东警察学院学报》2008年第1期。
④ 郭晓文:《论〈仲裁法〉对我国仲裁制度的改革》,《仲裁与法律通讯》1995年第3期,转引自徐前权:《论我国仲裁监督体制》,《法学评论》1997年第6期。
⑤ 陈安:《中国涉外仲裁监督机制评析》,《中国社会科学》1995年第4期;林悠:《〈仲裁法〉实施中若干问题的研究》,《政治与法律》1999年第1期。
⑥ 陈安:《英、美、德、法等国涉外仲裁监督机制辨析——与肖永平先生商榷》,《法学评论》1998年第5期。

境内裁决撤销争议的司法审查理由，使之与涉外裁决相应的审查理由一样。①

上述学者们的不少意见很有参考价值，他们还认为现行机制中的以下弊端应予以关注：对仲裁地为中国的非中国仲裁机构组建的仲裁庭的仲裁裁决的撤销争议没有提供司法审查理由；对于是否可以通过司法审查撤销存在仲裁员的受贿、违反公共利益等情形的涉外仲裁裁决等没有明确规定，由此产生了很不相同的主张。②

然而，其中的一些人士提出的"并轨制"或"单轨制"都是"世界各国家或地区仲裁立法的先进通例"、撤销仲裁裁决的司法审查理由仅限于程序问题都是国际惯例、中国仲裁司法审查机制中"伪造证据"和"隐瞒证据"之类理由规则具有实体性而应全部废除③等观点并不正确。

以法国 1981 年和 2011 年的《仲裁修改法令》这一受到中国学者公认具有先进性的仲裁制定法为例，在国内仲裁裁决违反了这两法中的"国内公共政策"的情况下，该国法院可主动审查并将之作为撤销该国内仲裁裁决的理由。然而，在撤销国际仲裁裁决争议中，对应的理由必须是范围更小的这两法中的"国际公共政策"被违反的情况。其他国家或地区虽然大多没有效法法国如此明确地在其仲裁制定法中作出区别规定，但是，在司法审查实践中，这些国家或地区的法院往往对撤销国际或涉外仲裁裁决的理由也是更严格地限制适用。④

再进一步地就"公共政策"这一撤销仲裁裁决方面国际惯例中必不可少的理由而言，"实体性公共政策"和"程序性公共政策"都被包含其中，各种仲裁程序即使正常，仲裁裁决的实体内容却严重违反公共政策，如裁定的惩罚性赔偿为损失数百倍以上高比例、严重有损本地良好风化的履行要求、严重违反保护公共利益的竞争法规则的措施等，主动或被动的司法审查的撤销

---

① 吕欣：《关于完善我国商事仲裁司法监督制度的思考》，《法律适用》2006 年第 3 期。
② 陈治东：《我国仲裁裁决撤销程序若干法律问题之剖析——兼谈裁决撤销程序的立法完善》，《法学》1998 年第 11 期；See also Li Hu, "Setting Aside an Arbitral Award in the People's Republic of China", *The American Review of International Arbitration*, 2001, p.25。
③ 提出这些理论依据的著述可参见严红：《论我国商事仲裁裁决撤销事由中存在的问题》，《江西社会科学》2003 年第 3 期；洪浩：《论新时期我国仲裁司法监督范围的调整——以一组数据为样本的实证分析》，《法学评论》2007 年第 1 期等。此外，有些学者甚至将裁决的事项不属于仲裁协议的范围或者仲裁委员会无权仲裁的这一撤销理由视为实体性理由，可参见谭兵主编《中国仲裁制度的改革与完善》，北京，人民法院出版社，2005 年，第 403 页。
④ See Bassiri & Draye (eds.), *Arbitration in Belgium*, Kluwer Law International, 2016, p.529.

救济在很多国家或地区法院依然可以获得。①

至于"伪造证据"或"隐瞒证据"问题,连中国少数学者都已认识到其至少不仅仅是实体问题而且也牵连程序问题。退一步而言,这两问题即使被认定具有实体性,则也在境外不少国家或地区成为撤销裁决的司法审查理由之一②,一些国内学者还注意到瑞典最高法院对侵犯了当事人享有的基本自由的实体纠纷③、伪造证据作出仲裁裁决的实体纠纷进行司法审查④,境外学者阐述过更多涉及仲裁实体纠纷的司法审查判例,包括英国法院 2017 年对 Anatolie Stati and others 诉 Kazakhstan 的判决等⑤,只是这些境外国家或地区的立法采用了在司法审查中一看就认为不可容忍的"欺诈"(fraud)术语,如苏格兰 2010 年《仲裁法》规则第 68 条第 2 款第 6 项第 2 目、孟加拉国 2001 年《仲裁法》第 42 条第 4 款、英国 1996 年《仲裁法》第 68 条第 1 款第 7 项、美国 1925 年《联邦仲裁法》第 10 条第 1 款第 1 项等。另一些国家或地区则直接在立法中明确地规定"欺诈"所产生的仲裁裁决违反其公共政策,如澳大利亚 2010 年《国际仲裁法》第 15 条第 1 款第 1 项、新西兰 2007 年修订的《仲裁法》表 1 中第 34 条第 6 款第 1 项等。

可见,在很大程度上,《仲裁法》等相关的规范表述不当造成了中国上述一些学者的认识误差。无疑,如果境外一些准确的学术研究成果⑥和司法审查理由受到了广泛关注,同时在制定中国《仲裁法》中将裁决撤销理由表述得如同常见的 1985 年版或 2006 年版《示范法》第 34 条,中国境内流传得如此之广的这些误论就不会再有市场。

当然,将欺诈等公共政策范畴列为裁决撤销理由之一确实可能会导致当事人滥诉等。如广州仲裁委员会的案件统计显示,在 1996 年到 2004 年

---

① 江保国:《国际商事仲裁中的国际公共政策的识别与适用》,《仲裁研究》2008 年第 2 期;See also Johannes Koepp & Agnieszka Ason, "An Anti-Enforcement Bias? The Application of the Substantive Public Policy Exception in Polish Annulment Proceedings", *Journal of International Arbitration*, Volume 35, Issue 2, 2018, pp.157-172。
② 陈安:《英、美、德、法等国涉外仲裁监督机制辨析——与肖永平先生商榷》,《法学评论》1998 年第 5 期。
③ 黄世席:《国际体育仲裁裁决的撤销与公共政策抗辩》,《法学评论》2013 年第 1 期。
④ 赵秀文:《国际商事仲裁现代化研究》,北京,法律出版社,2010 年,第 306~309 页。
⑤ See Carlos Gonzalez-Bueno Catalán de Ocón (ed.), *40 under 40 International Arbitration*, Dykinson, S.L., 2018, pp.430-432.
⑥ 如境外有些学者认为,虽然《示范法》第 34 条第 2 款没有明确地将以贪污或欺诈等方式获得裁决列举为一项裁决撤销的理由,但是该款 b 项中的第 2 目的公共政策规则完全可以涵盖该理由。中国学者至今几乎未注意到这种正确地概括了很多国家或地区立法与司法实践的仲裁法学理论。境外有关学者的这种理论可参见 [法] 菲利普·福盖德、[法] 伊曼纽尔·盖拉德、[法] 贝托尔德·戈德曼:《国际商事仲裁》,北京,中信出版社,2004 年,第 920 页。

的时段期间,共有68起案件当事人以"对方当事人隐瞒了足以影响公正裁决的证据""伪造证据"为由申请司法撤销仲裁裁决。实际上,在这68起案件中,只有不足3%的两起案件的仲裁裁决司法审查撤销申请得到人民法院的支持。① 然而,我们认为,不能据此废除这一司法审查理由,否则,人民法院将不再能保护少数真正受欺诈之害的当事人,同时这种不能保护的状况在信息扩散非常容易的当代将严重损害仲裁的声誉,从而使更多的当事人不选择仲裁。至于保留该种司法审查理由所产生的滥诉问题,完全可通过完善的仲裁费用担保措施规范及其他使败诉当事人承担不利经济后果的法律制度等予以防止或减少。同时,在司法审查实践中倡导中国人民法院法官效法韩国、荷兰等同行的做法,对欺诈或伪造证据行为的确立采用较高的证明标准。②

此外,尽管2006年《司法解释》中上述可分性的一些规定具有弥补现行《仲裁法》中相关规定的缺陷和支持仲裁的作用③,如"超裁"限定为"超裁"、部分裁决的撤销理由及对"违反法定程序"附加了"可能影响案件正确裁决的情形"的条件等,但是,如果像其他国家或地区一样,将这些规定上升到仲裁基本法规范的阶位,其权威性显而易见会更胜一筹。

综上,撤销仲裁裁决司法审查理由制度的完善措施应当是废除2006年《司法解释》中的不适当规定并修订现行《仲裁法》中的相关规定。具体而言,在修订的《仲裁法》中首先明确地对仲裁地为中国的涉外仲裁裁决的撤销理由作出一一列举,并且完全不再将此方面的规定与《民事诉讼法》挂钩,以避免如目前这种因后者在2012年和2017年的修正而反复出现的援引条款不对应的问题。在具体的撤销理由方面,中国则可以借鉴法国2011年《民事程序法典》、1985年版或2006年版《示范法》等中的相应规定。同时对现行《仲裁法》第58条第3款下的规定作出改进。我们建议该规定应被替代为:认定该裁决针对的争议事项不能提交仲裁或违反中国的公共政策的,人民法院也应当裁定撤销。此外,在包含前述建议的赋予仲裁庭自裁管辖权的修订《仲裁法》中,中国还可以考虑增加关于仲裁庭否定管辖权决定的定性及司法审查撤销请求的规则,具体内容可参照英国、法国、瑞士、中国

---

① 陈忠谦:《论仲裁裁决的撤销与不予执行》,《仲裁研究》2006年第8期。
② 胡荻:《国际商事仲裁权研究》,北京,法律出版社,2015年,第108～109页;张圣翠:《论我国仲裁裁决撤销制度的完善》,《上海财经大学学报》2012年第1期。
③ 万鄂湘、于喜富:《我国仲裁司法监督制度的最新发展——评最高人民法院关于适用仲裁法的司法解释》,《法学评论》2007年第1期。

香港等仲裁强国或强区的相应规定。①

(三) 重新仲裁制度的改革

中国现行《仲裁法》第 61 条和 2006 年《司法解释》第 21 条至第 23 条主要体现了司法审查撤销仲裁裁决争议中发生的重新仲裁制度,其基本内容是:对于申请撤销境内仲裁裁决的案件,如果存在上述的"伪造证据"或"隐瞒证据"情形,在认为仲裁庭重新仲裁合适的情况下,人民法院可以通知仲裁庭重新仲裁并裁定撤销程序中止;在通知中,人民法院应具体说明要求重新仲裁的理由和期限;仲裁庭在限期内开始了重新仲裁,则人民法院应裁定撤销程序终结;在限期内仲裁庭未开始重新仲裁的情况下,人民法院应当裁定撤销程序恢复。

从境外法律机制与中国学者们的已有考察来看,中国司法审查程序中的重新仲裁制度存在以下几种缺陷:在撤销境内裁决的司法审查程序中,仅与英国等个别国家一样由人民法院的任意裁量决定是否重新仲裁,既未考虑到一方或所有当事人的意愿,又未要求人民法院只有基于适当的情况才能作出重新仲裁的司法审查决定;对于重新仲裁,采用效力处于下位的司法解释规范②限为两种情形,既断然地将其他适合重新仲裁的案件排除在此制度之外,又没有考虑到存在这两种情形的案件未必全部适合重新仲裁;因为没有明确的制定法规定以及需要运行其他制度,在中国司法审查撤销涉外仲裁裁决争议的程序中,人民法院作出重新仲裁决定几乎不存在。③

我们认为,前述的较多国家或地区采取的模式应当被中国效法,将"一方当事人请求"和"适当性"并列为重新仲裁必备的两项条件。前已指出,重新仲裁可能因情况的不同而有不同的利弊④,因此,对于是否重新仲裁,人民法院不应当任意决定。为此,鉴于重新仲裁一般情况下并不违反社会公共利益,并且根据尊重仲裁当事人意思自治或意定性之基本原则或价值取向的理论⑤,只有至少有一方当事人主动请求且综合考虑到所有情况都合适的情况下,人民法院才能作出重新仲裁的司法审查决定。在制定法的文字表

---

① 金鑫:《论法国法上仲裁庭否认自身管辖权的仲裁裁决——以 Abela 案为例》,《法学评论》2015 年第 2 期;See also Daniel Girsberger & Nathalie Voser, *International Arbitration: Comparative and Swiss Perspectives*, Kluwer Law International, 2016, p.402。
② 指 2006 年《司法解释》第 21 条第 1 款。
③ 朱萍:《涉外仲裁司法审查中重新仲裁之实践检讨与立法完善》,《法律适用》2011 年第 4 期;江伟、肖建国:《仲裁法》,北京,中国人民大学出版社,2016 年,第 292~294 页。
④ 郭玉军、欧海燕:《重新仲裁若干法律问题刍议》,《中国对外贸易》2001 年第 12 期;宁敏:《论裁决后对国际商事仲裁管辖权司法审查之后果》,《法商研究》2000 年第 2 期等。
⑤ 江伟、肖建国:《仲裁法》,北京,中国人民大学出版社,2016 年,第 292~294 页。

达方面,中国可以部分地考虑予以吸收瑞典 2019 年 3 月 1 日生效的《仲裁法》第 35 条,即:无论如何,人民法院在所有当事人都同意的情况下可以通过司法审查决定指令重新仲裁。吸收该规定的理由在于:共同同意表明所有当事人对重新仲裁都有信心,在强行法未被违反的通常情况下,这种共同意愿理应得到人民法院的尊重。

此外,在司法审查"伪造证据"或"隐瞒证据"之类裁决撤销争议的程序中,如果出现了仲裁庭拒绝重新仲裁的情况,则人民法院肯定无法强迫仲裁庭重新仲裁。同时,在独任仲裁员死亡或在原先的仲裁程序中发生过不尽职、不公正等不适合履行重新仲裁职责的背景下,人民法院也不适合指令重新仲裁。相反,在未给予当事人陈述或质证证据等违反程序①的裁决撤销案件中,除了存在争议不具备可仲裁性、仲裁员收受贿赂或无仲裁协议等撤销理由以外,如果仲裁庭并非难以召集或拒绝重新仲裁等,则人民法院作出重新仲裁的司法审查决定也具有合理性。正是由于可能出现这种多样性的案件情况,境外的仲裁制定法对重新仲裁的案件类别一般都不进行具体限定。② 可见,重新仲裁被中国 2006 年《司法解释》限为两种列举的情形是非常不当的,当然应尽快地给予废除,从而使得各地人民法院在这方面拥有必要的自主裁量权。

同时,为了在涉外仲裁裁决撤销争议的司法审查中便于适用修改后的重新仲裁制度,除了如上文提及的该种司法审查程序的时限应予延长以外,对于下文中进一步讨论的司法审查裁决撤销争议的内部限时报告制度,中国也应当予以废除。

另外,我们也赞同一些学者的观点,即:可以依据《仲裁法》第 58 条规定,在送达重新仲裁裁决书之后的法定时限内,对于该重新仲裁裁决,当事人可以向人民法院申请撤销。③ 再者,在发布重新仲裁的指令时,中国的人民法院还应借鉴境外同行的经验,明确需要重新仲裁的事项包括仅指令重新仲裁部分争议等,以减少重新仲裁后的仲裁庭任意进行仲裁。④ 另外,对于曾经发生过的重新仲裁多次之反常情况⑤,在今后的司法审查中,中国的人民法院也应当注意防止再次发生。

---

① 姜霞:《仲裁裁决撤销程序的定位及建构》,《广西民族大学学报》(哲学社会科学版)2009 年第 3 期。
② 宁敏:《论裁决后对国际商事仲裁管辖权司法审查之后果》,《法商研究》2000 年第 2 期;袁冶:《论国际商事仲裁裁决撤销的若干程序问题》,《西南政法大学学报》2004 年第 5 期。
③ 周清华、王利民:《论我国的重新仲裁制度》,《社会科学辑刊》2008 年第 3 期。
④ 王哲:《重新仲裁的若干法律问题研究》,《武汉理工大学学报》(社会科学版)2016 年第 2 期。
⑤ 参见刘晓红主编《仲裁"一局终局"制度之困境及本位回归》,北京,法律出版社,2016 年,第 152 页。

（四）完善仲裁裁决撤销争议司法审查的其他制度

在其他方面，主要是裁决撤销争议司法审查的程序和决定形式与效力的制度有完善的必要性。全国统一实施的法律或法规之中的《仲裁法》第58条第2款与第3款、《民事诉讼法》第154条及第70条和最高人民法院作出的数项司法解释[①]等是现行这种制度的主要体现，其基本内容为：对于当事人一方或数方提出撤销境内或涉外仲裁裁决的请求，人民法院应成立合议庭进行审查，对方当事人应被列为司法审查程序的被申请人，并且所有的当事人要被"询问"，同时还可以向管理该仲裁案件的仲裁机构调阅仲裁案卷或者要求其作出说明，人民法院应采用民事特别程序审查仲裁裁决撤销的争议并应采用裁定的形式作出决定，该种裁定具有终局性，当事人申请再审或提出上诉，同于仲裁协议纠纷的司法审查，对涉外和当事人住所地跨省级行政区的境内仲裁裁决认为应当撤销的，受理的人民法院需要事先报所在区域的高级人民法院审查，如获得了后者的同意，则应报送和等待最高人民法院答复后再根据该答复作出裁定[②]；对其他境内仲裁裁决，下级人民法院在同样情况下也要上报到高级人民法院。[③]

一些学者认为，目前中国关于仲裁裁决撤销争议的司法审查程序和决定形式及效力规范的缺陷主要是：（1）对于该种司法审查程序，《仲裁法》作为专门的基本法律没有明确规定，《民事诉讼法》与最高人民法院发布有关的司法文件常常自相矛盾，即《民事诉讼法》中民事特别程序审理对象通常仅有一方当事人而对方当事人不明或下落不明，其目的是确定实体性民事权利或事实的存在状态，这种不明或下落不明的对方当事人不能在民事特别程序的案件中存在，该法却将该种司法审查程序归入此种民事特别程序，使得仲裁裁决撤销的被申请当事人无程序相对人的资格，在此背景下，一项

---

① 如1997年4月23日作出的《关于人民法院裁定撤销仲裁裁决或驳回当事人申请后当事人能否上诉问题的批复》（法复〔1997〕5号）、1998年4月23日发布的《关于人民法院撤销涉外仲裁裁决有关事项的通知》（法〔1998〕40号）、1998年7月21日下发的《关于审理当事人申请撤销仲裁裁决案件几个具体问题的批复》（法释〔1998〕16号）、1999年1月29日作出的《关于当事人对人民法院撤销仲裁裁决的裁定不服申请再审人民法院是否受理问题的批复》（法释〔1999〕6号）、2000年12月3日通过的《关于人民检察院对不撤销仲裁裁决的民事裁定提出抗诉人民法院应否受理问题的批复》（法释〔2000〕46号）和2006年《司法解释》（法释〔2006〕7号）、2004年7月20日最高人民法院审判委员会第1320次会议通过2004年7月26日发布2004年7月29日生效《关于当事人对驳回其申请撤销仲裁裁决的裁定不服而申请再审，人民法院不予受理问题的批复》（法释〔2004〕9号）、2011年2月28日发布的《关于修改〈民事案件案由规定〉的决定》（法发〔2011〕7号）等。
② 詹婉秋：《论我国国际商事仲裁的内部报告制度》，《技术与市场》2011年第12期。
③ 参见最高人民法院2017年11月20日发布的、自2018年1月1日起施行的《关于仲裁司法审查案件报核问题的有关规定》（法释〔2017〕21号）第2条第2款和第7条。

仲裁裁决可能仅根据一方当事人的申请和提供的证据就被人民法院撤销[1]，从而使得被申请当事人的合法权益受到严重损害[2]；（2）新的有关司法文件则规定被申请人是司法审查撤销仲裁裁决争议程序中的对方当事人，但缺乏基本法律的权威并造成下位法违反上位法的局面，并且该种司法文件本身的内容也存在过于行政化、对当事人基本的程序权利无明晰保障等问题[3]；（3）对于撤销仲裁裁决的司法审查裁定，没有根据国际惯例允许提请上诉，给最初受理案件的法官对仲裁裁决的随意性审查制造了很大的空间，对相应的错误司法审查裁定没有提供纠正途径[4]；（4）对作出撤销境内和涉外仲裁裁决裁定前的内部报告制度，存在与前述否定仲裁协议效力的情况下的报告制度同样的缺陷。[5]

我们认为，学者们所指出的以上前两项缺陷确实很突出，实践中对仲裁裁决的撤销纠纷，一些人民法院采用开庭审查的方式，被申请的当事人由此获得了当庭质证与陈述意见的机会。然而，单纯的书面审理方式也被另一些人民法院采用过。[6] 是否撤销仲裁裁决切实地关乎各方当事人的直接利益，为此，境外不少的立法明确地规定应采取诉讼对抗、听证或开庭言辞辩论的程序，如法国 2011 年《民事程序法典》第 1495 条、西班牙 2011 年《仲裁法》第 42 条第 1 款、日本 2003 年《仲裁法》第 44 条第 5 款、德国 1998 年《民事程序法典》第 1063 条第 2 款等。[7] 很明显，在撤销裁决的纠纷的司法审查过程中，正是由于《仲裁法》作为基本法律没有明确规定应经过开庭审查之类的程序，中国一些地方的人民法院出现了不给予所有当事人合理陈述的机会或仅采用书面审查方式等问题。最高人民法院 2011 年 2 月 18 日发布的《民事案件案由规定》将申请撤销裁决列为"适用特殊程序案件案由"。2018 年《若干问题的规定》第 11 条确实统一规定了包括撤销裁决争议在内的所有仲裁司法审查活动都要询问当事人。但这仍然如前所言不及立法的权威性[8]和宣传效果，且未进一步明确是否给予当事人辩论的机会。实际

---

[1] 姜霞：《仲裁司法审查程序的性质探析》，《仲裁司法审查程序的性质探析》2007 年第 3 期。
[2] 刘丽珍：《撤销涉外仲裁裁决案件审理程序研究》，《现代商贸工业》2010 年第 6 期。
[3] 张卫平：《仲裁裁决撤销程序的法理分析》，《比较法研究》2018 年第 6 期。
[4] 郭晓文：《从申请撤销涉外仲裁裁决司法审查制度中存在的问题看〈仲裁法〉修改和完善的必要性》，《中国对外贸易》2001 年第 2 期；叶知年、陈义冠：《国内仲裁裁决司法审查制度研究》，《福建农林大学学报》2004 年第 2 期。
[5] 江伟、肖建国：《仲裁法》，北京，中国人民大学出版社，2016 年，第 310 页。
[6] 付本超：《仲裁司法审查的改革与创新》，《山东审判》2010 年第 6 期；杨晓迪：《我国涉外仲裁司法审查制度的问题与完善》，《经济研究导刊》2007 年第 8 期。
[7] 不过，根据挪威 2004 年《仲裁法》第 6 条第 3 款，其法院仅在必要时才应进行口头审理程序。
[8] 祁壮：《论国际商事仲裁裁决的国籍属性》，《江西社会科学》2018 年第 9 期。

上,撤销裁决纠纷司法审查程序要解决的当事人之间的实体权利义务纠纷且客观上存在实质对立的当事人而具有争诉性,应当按照通常的民事审判程序进行。① 有鉴于此,解决该问题的办法就是修改《仲裁法》和《民事诉讼法》,规定撤销仲裁裁决申请人以外的当事人应列为司法审查程序相对人,同时明确各方当事人的陈述和/或辩论权可以通过听证或开庭的方式行使。

另外,对于以上学者们论及的第(4)项缺陷及废除内部报告制度的建议,我们也持赞同的立场。但是,在前文中,我们提供的论据表明:在分析上述第(3)项缺陷时,对撤销仲裁裁决争议的司法判决或裁定,一些学者声称的国际惯例是允许上诉的观点与境外仲裁制定法的实际情况并不十分相符。

考虑到无统一可鉴的国际惯例,受理仲裁裁决撤销争议的为位界较高的中级人民法院等,中国还应先对 2017 年第三次修订后的《民事诉讼法》第154 条第 2 款(2012 年第二次修改前为第 140 条第 2 款)作出修改②,修改后的该款内容可以是:对前款第(一)(二)(三)(九)项③裁定及其他法律另有明确规定的裁定,当事人可以提出上诉。然后在修订的《仲裁法》相应条文中明确规定:只有对撤销仲裁裁决的裁定,当事人可以请求上诉。这样修改的依据是:中国内地的不少地区之前撤销仲裁裁决比例就不高④,如上海市第二中级人民法院在 2002 年至 2008 年间撤销仲裁裁决的裁定只占3.39%⑤,前文提到的广州仲裁委员会管理的仲裁裁决的撤销比例也很低,以后要发展仲裁分流诉讼案源,肯定如英国⑥、瑞士⑦等仲裁大国一样,仍然只撤销少量的仲裁裁决,这样对不撤销仲裁裁决的裁定不允许上诉而只允许对撤销仲裁裁决的裁定上诉不会太大地增加高级人民法院的负担。另一方面,即使少数中级人民法院可能错误地作出不撤销仲裁裁决的司法审查决定,但是,在通讯非常多样化和便捷的当今社会中,非常容易广泛地扩散传播这种情况,其他各种民商事活动的参与者由此能获得警示,从而慎重地选择仲裁或者愿意吸取教训和舍得付出必要代价,尽量选择声誉好的仲裁,

---

① 江伟、肖建国:《仲裁法》,北京,中国人民大学出版社,2016 年,第 269~270 页。
② 目前该条只允许对不予受理、对管辖权有异议的和驳回起诉这三种裁定提出上诉。
③ 其中的第(九)项裁定是指不予执行裁决的裁定,笔者也建议将之列入可上诉裁定的范围。
④ 王小莉:《从一起撤销仲裁裁决案看我国司法监督的范围》,《仲裁研究》2007 年第 2 期。
⑤ 崔学杰、杨馥宇:《商事仲裁司法监督的实证研究——以上海市第二中级人民法院商事仲裁司法监督的实践为视角》,《北京仲裁》2010 年第 1 期。
⑥ See Hilary Heilbron, "The English Courts'Approach to Review of Awards by Way of Challenge and Enforcement", *BCDR International Arbitration Review*, Volume 2, Issue 1, 2015, pp.53-170.
⑦ See Girsberger & Voser, *International Arbitration: Comparative and Swiss Perspectives*, Kluwer Law International, 2016, pp.402-403.

随后寻求人民法院撤销仲裁裁决的司法审查请求就会相应地减少,这会进一步降低人民法院错误裁定不撤销仲裁裁决的比例。

此外,中国还发生多起仲裁调解书能否被撤销的司法审查案件。按照中国现行《仲裁法》第51条第2款的规定,仲裁调解书与仲裁裁决书有同等效力。但是,中国没有任何仲裁制定法规范规定仲裁调解书是否能被撤销,由此导致中国不同地方的人民法院不同的司法审查态度。如浙江、湖北等地的人民法院拒绝给予撤销救济,而广东等地的人民法院将之等同于仲裁裁决准许当事人提起撤销申请。中国最高人民法院在就广州现代信息工程职业技术学院与沈国松之间仲裁纠纷案中支持了广州中级人民法院的上述后一种立场。中国官方机构中的一些学者及其他学者却不赞成最高人民法院的这一态度,认为没有必要对仲裁调解书给予撤销的司法审查救济,理由是:其他救济机制足够,比方说当事人可拒绝签署与接受仲裁调解书并随即请求仲裁庭作出仲裁裁决。[①] 我们不同意这些学者的看法,在前述被撤销的仲裁调解书的案件中,仲裁庭竟然处理了刑事争议或伪造当事人签名等情况,仲裁调解书作成时当事人可能不知仲裁调解书违反刑法及《仲裁法》下的可仲裁性规定、存在伪造当事人签名等情况,后在六个月内发现了这种情况,人民法院在不按仲裁裁决书给予撤销救济的情况下赋予其同未撤销或驳回撤销申请的仲裁裁决一样的约束力具有不言而喻的不公平性。实际上,在境外的一些司法审查实践中就已出现了不看仲裁庭决定的名称而看有无处理实体法律问题内容和终局性判断是否为仲裁裁决的做法。[②] 中国仲裁庭作成的仲裁调解书因其处理了实体法律问题内容和具有终局性而同样应被视为仲裁裁决,对其撤销的纠纷,人民法院应当给予司法审查救济。

第二节 仲裁裁决承认与执行争议的司法审查

一、仲裁裁决承认与执行的区别和联系

在学者们的著述中,仲裁裁决的"承认"与"执行"经常被放置在一起表

---

① See Christine Kang, "Oriental Experience of Combing Arbitration with Conciliation: New Development of CIETAC and Chinese Judicial Practice", *Fordham International Law Journal*, April 2017, pp.932-936.

② See Bassiri & Draye (eds.), *Arbitration in Belgium*, Kluwer Law International, 2016, p.427.

述,在多数国内和国际仲裁法律制度中也常常联合使用,但这并不意味着这两种行为含义和目的相同或它们必须对所有的裁决一并实施。实际上,尽管在很多案件中,获得有利裁决的当事人同时需要这两种行为,在另一些案件中却仅仅需要仲裁裁决得到承认。如对驳回索赔的当事人所有请求的仲裁裁决,被索赔的当事人只需要有关国家或地区有管辖权的法院承认即可,根本无需该法院执行。① 不过,如果一方当事人意图强迫另一方当事人履行裁决,就必须既要请求法院承认该裁决,又必须进一步请求法院执行该裁决。② 对司法审查的法院而言,决定执行某项裁决必然意味着对该裁决的承认,因此,有学者认为:确切地来说,"承认"与"执行"方面的区别等同于"承认"与"承认和执行"之间的区别;根据缔约方众多的1958年《纽约公约》第3条规定,仲裁裁决应当被各缔约方承认具有约束力,并且依照裁决需其承认和执行地方的程序规则予以执行;该公约中的该规定表明了其已区分"承认"与"承认和执行"的概念。③ 我们十分赞同以上的观点,鉴于没有其他反驳性理念,在此仅作进一步说明的是:就下文而言,如无明确的另有所指,"承认"仅指仲裁裁决的"承认","执行"则同时指仲裁裁决的"承认和执行"。

仲裁裁决自其被仲裁庭作成之时起自动具有约束力是很多现代仲裁制度中的一项基本原则,但是,在未被法院正式承认之前,仲裁裁决一般只是初步地表明该裁决中的争议已被解决。法院的正式承认才是该裁决中的争议被解决的终局性证据(conclusive proof),获得有利裁决的当事人才能不受对抗地向其他法院或仲裁庭有效地主张不得对相同当事人相同争议问题再次行使管辖权。换句话说,当事人寻求法院的正式承认可以实现使仲裁裁决获得终局性一事不再理或称"已决"(res judicata)效力的目的。④

当事人寻求法院执行仲裁裁决的目的,在于确保获得不利裁决结果的当事人执行该裁决。当事人的这种执行请求实际上包含了承认请求。再从有关国家法院司法审查程序来看,如果不承认仲裁裁决,则不能宣布该裁决具有可执行性,因此,该法院的可执行性宣告也包含了承认。⑤ 可见,在很多

---

① [法]菲利普·福盖德、[法]伊曼纽尔·盖拉德、[法]贝托尔德·戈德曼:《国际商事仲裁》,北京,中信出版社,2004年,第889页。
② See Gary B. Born, *International Commercial Arbitration*, Kluwer Law International, 2014, pp.2894-2895.
③ 韩健:《国际商事仲裁法的理论与实践》,北京,法律出版社,2000年,第371页。
④ See Christer Soderlund, Lis Pendens, "Res judicata and the Issue of Parallel Judicial Proceedings", *Journal of International Arbitration*, Volume 22, Issue 4, 2005, pp.304-310.
⑤ [意]莫鲁·鲁比诺-萨马塔诺:《国际仲裁法律与实践》,北京,中信出版社,2003年,第918页。

案件中，承认与执行是密不可分的。另外，各国承认与执行问题的管辖法院及司法审查的依据一般也是相同的。

不过，尽管有旨在保障仲裁裁决在世界范围内的承认与执行或其解决有一定程度一致性①的全球性《纽约公约》的存在，就一些国家或地区的司法审查实践而言，是否承认与执行某一仲裁裁决的司法审查决定具有独立性，即一仲裁裁决在一国家或地区被撤销或拒绝承认与执行并不一定导致另一国家或地区的法院拒绝承认与执行该仲裁裁决，同时，一国家或地区的法院驳回撤销或拒绝承认与执行某仲裁裁决的决定也并不导致该裁决在另一国家或地区得到执行。②

在 The Chromalloy Case 中，美国 Chromalloy 空中服务公司与埃及阿拉伯共和国（The Arab Republic of Egypt）间产生了纠纷，进行的仲裁以埃及开罗为仲裁地，所作出的仲裁裁决被埃及上诉法院的司法审查决定所撤销，但是，1996 年美国法院无视埃及法院的撤销行为而执行了该裁决。该美国法院认为，根据《纽约公约》第 7 条，对于裁决中获胜一方寻求执行的权利，受理申请执行的法院应该最大限度地予以保护，只有有证据证明裁决存在显然漠视法律、程序错误等不正义的情形发生时，美国法院才可以不予执行仲裁裁决。③

在 Yukos Capital 与 Rosneft 的纠纷案中，莫斯科商会国际商事仲裁院作出的有利于卢森堡国籍 Yukos Capital 仲裁裁决被莫斯科商事法院撤销，其上诉法院也支持该撤销决定。在荷兰的执行程序中，阿姆斯特丹地方法院于 2008 年 2 月 28 日作出决定认为，在没有充分证据显示应该执行的情况下，根据《纽约公约》第 5 条第 1 款 e 项的规定，该仲裁裁决应被拒绝执行。但是，在其司法审查中，阿姆斯特丹上诉法院表示，由于作出仲裁裁决撤销决定的俄罗斯法院很可能不具有公正性与独立性，阿姆斯特丹地方法院的以上司法审查决定应予以推翻。2009 年 6 月 25 日，荷兰最高法院通过宣布 Rosneft 的上诉申请不具备可受理性而使该仲裁裁决最终获得了执行。④

---

① 樊堃：《仲裁在中国：法律与文化分析》，北京，法律出版社，2017 年，第 81 页。
② See Stephan W. Schill（ed.），*Yearbook Commercial Arbitration*，Kluwer Law International，2019，pp.1-26.
③ 上海国际经济贸易仲裁委员会商事仲裁研究中心：《申请执行被撤销的仲裁裁决：案例与分析》，《上海律师》2014 年第 12 期；李沣桦：《已撤销商事仲裁裁决之承认与执行实证研究——以 Chromalloy 案为例对〈纽约公约〉的适用分析》，《北京仲裁》2008 年第 3 期。
④ 傅攀峰：《未竟的争鸣：被撤销的国际商事仲裁裁决的承认与执行》，《现代法学》2017 年第 1 期；See also Patricia Nacimiento & Alexey Barnashov, "Recognition and Enforcement of Arbitral Awards in Russia", *Journal of International Arbitration*, Volume 27, Issue 3, 2010, pp.295-306.

法国也曾执行过在国外被撤销的仲裁裁决。① 然而,上述案例仅代表极少数国家或地区的法院在极少数情况下采用前文立场的司法审查情况。事实上,法国近年来也有拒绝执行在境外被撤销仲裁裁决的判例。② 另一些国家或地区以前或近来却一直拒绝承认与执行在仲裁地被撤销的仲裁裁决。以巴西高等法院2015年12月2日对EDF International S/A 与Endesa Latinoamérica S/A 纠纷案的判决为例,其拒绝承认在阿根廷被撤销的国际商会仲裁庭作出的仲裁裁决是因为:巴西法律对只有变成了已决事项法院或仲裁庭的决定才予以承认;巴西数项立法及可适用的《纽约公约》第5条第1款e项、《巴拿马公约》第5条第1款都规定可以拒绝承认与执行在来源国被撤销的仲裁裁决。该案中的仲裁裁决被撤销之后在智利也遭到拒绝执行。

在这一问题上,还有些国家或地区的法院存在着历史前后纵向或空间区域横向的不一致态度。如在20世纪90年代曾在包括上述Chromalloy在内的几起案件中,美国一些法院承认和执行了在国外被撤销的仲裁裁决。然而,在更多的其他类似案件特别是近年来的类似案件中,美国的不少法院又因国外仲裁地的法院已撤销了仲裁裁决而作出拒绝承认或执行的司法审查决定,所提的理由常常是:境外法院司法审查活动适格;未出现违反或严重违反程序的情形③,就连本段所提案件中的仲裁裁决在阿根廷撤销进行期间,美国特拉华区法院就表示了拒绝给予执行。④

从以上的阐述中可以看出,在国外被撤销裁决将被拒绝予以承认与执行,特别在近几年已变成包括美国在内的多数国家或地区几乎一致的做法。我们认为,这同很少撤销裁决、撤销裁决更有道理等有关,同时也是出于对撤销国法院的尊重。不过,仍然不能排除将来能杜绝某些国家与地区法院司法审查的偏袒性,鉴于现在一般都由仲裁地法院行使撤销权,当事人还是要选择信誉好、中立性强的仲裁地。

---

① See Bassiri & Draye (eds.), *Arbitration in Belgium*, Kluwer Law International, 2016, pp.333-334.
② See George A. Bermann, *Recognition and Enforcement of Foreign Arbitral Awards*, Springer International Publishing AG, 2017, p.54.
③ 谢新胜:《国际商事仲裁程序法的适用》,北京,中国检察出版社,2009年,第230~258页。
④ 傅攀峰:《未竟的争鸣:被撤销的国际商事仲裁裁决的承认与执行》,《现代法学》2017年第1期;See also Albert Jan van den Berg (ed.), "Brazil No. 2016-1, *EDF International S/A v. Endesa Latinoamérica S/A*, Superior Court of Justice of Brazil, Case No. SEC no. 5.782-EX, 2 December 2015," in *Yearbook Commercial Arbitration* (Volume 41), Kluwer Law International, 2016, pp.1-10.

二、境外法院所依据的制定法规范

由于司法审查仲裁裁决承认或执行争议的受理法院及程序等规范与仲裁裁决撤销争议的规范很相同或很相近,这里仅进一步阐述这种争议司法审查所主要涉及的拒绝承认与执行的理由及异议程序等规则或制度。

(一) 拒绝承认与执行仲裁裁决理由的规则

在世界层面上,有国际条约对其涵盖的仲裁裁决作出了整齐划一的约束。[①] 其中最重要的《纽约公约》第5条所规定的拒绝承认与执行裁决的司法审查理由为以下各项:(1)根据对其适用的法律订立仲裁协议时,当事人欠缺行为能力;根据当事人约定的法律或无约定时根据作出裁决国家的法律,该仲裁协议是无效的;(2)执行的被申请当事人未获得仲裁员任命或仲裁程序进行的通知;执行的被申请当事人无过错却未能陈述案情;(3)仲裁裁决处理了仲裁协议未涵盖的争议[②];(4)仲裁庭的组成或仲裁程序未遵循当事人的约定;在当事人无确定时违背仲裁地法;(5)仲裁裁决尚无约束力或已被作出裁决国家的管辖当局撤销或拒绝执行;(6)裁决所处理的事项依照本国法律不具有可仲裁性;(7)裁决的承认或执行构成对本国公共政策的违反。[③]

对于国际条约所不涵盖的仲裁裁决的承认或执行申请,除实体公共政策以外,境外一般都不允许提出其他方面的认定事实和适用法律错误的异议理由,也就是说,只有非实体公共政策方面的异议理由才可能而非必然是被允许的。但是,境外的仲裁制定法在实体公共政策方面异议理由的规范并不一致,可以在大体上将它们分为两种不同的模式。其中的一种模式是将仲裁裁决承认或执行的异议理由规定得十分近似或完全相同于仲裁裁决撤销的理由。另外一种模式则是对本国或本地作成的仲裁裁决不提供或仅提供较少的承认或执行异议理由。属于前一种模式的如葡萄牙2012年《自愿仲裁法》第47条第3款、澳大利亚南威尔士2010年《商事仲裁法》第36条第2款、中国香港2010年《仲裁条例》第86条第1~3款、新西兰2007年修订的《仲裁法》第36条第1款、柬埔寨2006年《商事仲裁法》第46条第1款、阿富汗2005年《商事仲裁法》第56条、丹麦2005年《仲裁法》第39条第

---

① 樊堃:《仲裁在中国:法律与文化分析》,北京,法律出版社,2017年,第81页。
② 《纽约公约》同时对该项理由作出了但书规定,即:如果可以将裁决中对仲裁协议范围以内事项的决定与仲裁协议范围以外事项的决定分开,则其中对仲裁协议范围以内事项的决定部分仍然可以予以承认与执行。
③ 宋连斌、林一飞:《国际商事仲裁资料精选》,北京,知识出版社,2004年,第548~549页。

1款、挪威 2004 年《仲裁法》第 46 条、日本 2003 年《仲裁法》第 45 条第 2 款、韩国 1999 年《仲裁法》第 38 条、德国 1998 年《民事程序法典》第 1060 条第 2 款及 1985 年版和 2006 年版的《示范法》第 36 条第 2 款。① 属于后一种模式的有法国、英国、新加坡、印度、中国台湾等国家或地区的仲裁制定法等。其中新加坡 2002 年的《仲裁法》仲裁裁决执行的异议理由完全未规定,这可能与该国有另外一部《国际仲裁法》对国外作出的仲裁裁决有保护本国国民、居民或法人的执行异议理由规范有很大的关系。② 法国 2011 年《民事程序法典》第 1488 条第 1 款将"裁决明显违反公共政策"规定为唯一的拒绝执行理由。③ 英国的仲裁立法也仅规定"仲裁庭无实体管辖权"为唯一的执行异议理由④,且该理由还受异议权放弃规则的适用限制。中国台湾地区 2009 年修订的所谓"仲裁法"第 38 条规定的执行异议理由则是以下三项:仲裁协议标的之争议与仲裁裁决无关或者仲裁裁决超出仲裁协议范围;仲裁裁决未附应附的理由;仲裁裁决指令当事人做法律上所不许可的行为。同时,尽管在执行阶段允许当事人提出与撤销理由相同的执行异议理由,德国 1998 年《民事程序法典》第 1060 条第 2 款却并列地规定:撤销仲裁裁决申请期限一届满,该仲裁裁决的执行异议理由就仅剩为不具有可仲裁性和违反公共政策两项。此外,还有如美国等鉴于制定法中不予执行裁决理由的较少,其有管辖权的法院就通过司法审查决定补充了一些不违反制定法目的的不予执行裁决理由。⑤

(二) 请求拒绝承认与执行裁决的异议程序规则

这种请求拒绝承认与执行裁决的异议程序规则同样存在着国际条约和国内法两种并行的制定法形式。

例如,按照《纽约公约》的第 3 条的规定,对于承认或执行该公约所涵盖的仲裁裁决纠纷,缔约国可以采用其认为合适的司法审查程序规则。但是,该条后半部分同时要求:该公约下裁决的承认或执行与本国仲裁裁决的承认或执行相比,缔约国所采用的程序规则不应当导致实质上条件更烦琐或

---

① 但是,该款第 5 项裁决尚无约束力的理由不能作为撤销理由。
② 顾维遐:《无涉外因素争议的域外仲裁问题》,《中外法学》2018 年第 3 期。
③ 该法的第 1514 条也将违反国际"公共政策"定为不予以承认和执行国际仲裁裁决的一个理由。See Luxi Gan & Shudong Yang, "Issues in the Recognition and Enforcement of Foreign Arbitral Awards in China", *Asian International Arbitration Journal*, Volume 13, Issue 1, 2017, pp.87-88.
④ 参见 1996 年英国英格兰与威尔士《仲裁法》第 66 条第 3 款和 2010 年英国苏格兰的《仲裁法》第 12 条第 3 款。
⑤ 张潇剑:《中美两国执行国际商事仲裁裁决比较研究》,《河北法学》2011 年第 4 期。

费用更高。日本、瑞士、法国和德国等缔约国对国内仲裁裁决与《纽约公约》下仲裁裁决的承认和执行适用相同的程序规则。① 这种内外同等的方法当然符合《纽约公约》的第 3 条要求。但是，一些国际权威学者认为，在《纽约公约》第 3 条上述后半部分所禁止结果不会产生的前提下，缔约方可以适用完全不同于国内仲裁裁决承认或执行的程序规则。②

三、境外的司法审查实践

境外有着十分丰富的承认或执行仲裁裁决争议的司法审查实践，除了前文已有的阐述以外，这里再进一步地推出以下一些司法审查实践。

例如，在对 1993 年 3 月 10 日波兰海洋管道公司诉 Jolasary 公司案判决中，法国最高法院宣布在波兰停止效力的一起裁决可以被执行时明确地指出：对于仲裁裁决请求司法审查拒绝承认或执行的理由③，该国在 1981 年《民事程序法典》第 1052 条中删除了《纽约公约》第 5 条第 1 款 e 项的规定，这是以该公约第 7 条的所谓更优惠规则为依据的；该第 1052 条列举的更少的司法审查理由具有穷尽列举的性质。在 1997 年 1 月 14 日对 Chromally 案判决中，巴黎上诉法院完全采取了同样的立场。④

又如，在 1999 年对 Polytek 工程有限公司与河北进出口有限公司纠纷案的判决中，中国香港终审法院指出：英文文本的《纽约公约》第 5 条第 1 款采用了"recognition and enforcement of the award may be refused"（承认与执行可以被拒绝）而不是"shall be refused"（应当被拒绝）的表述语，据此即使存在所列理由，执行地法院在特别情况下也可以执行仲裁裁决。由于在进行该案仲裁的期间，对于声称的程序异常情况，拒绝执行裁决的申请方当事人没有提出任何异议，该申请最后被中国香港特别行政区终审法院驳回。⑤ 同样，在 2013 年 Pemex 案的判决中，对于被墨西哥法院司法审查撤销的一项仲裁裁决，美国纽约南区法院自行裁量未适用《纽约公约》中的拒

---

① 韩健：《现代国际商事仲裁法的理论与实践》，北京，法律出版社，2000 年，第 397～399 页。
② ［法］菲利普·福盖德、［法］伊曼纽尔·盖拉德、［法］贝托尔德·戈德曼：《国际商事仲裁》，北京，中信出版社，2004 年，第 968 页。
③ 该条限定的拒绝承认与执行裁决的理由为：仲裁员在缺乏仲裁协议或仲裁协议无效或已过期的情况下作成裁决；仲裁庭不正常地组建或独任仲裁员不正常地任命；仲裁员没有按照授予其使命要求作成裁决；没有尊重正当程序；仲裁裁决与国际公共政策相违背。
④ See Hamid G. Gharav, *The International Effectiveness of the Annulment of an Arbitral Award*, Kluwer Law International, 2002, pp.78-79.
⑤ See Eckhard R. Hellbeck & Carolyn B. Lamm, "The Enforcement of Foreign Arbitral AwardS under the New York Convention: Recent Developments", *International Arbitration Law Review*, 2002, p.139.

绝执行规则而给予执行。① 这些司法审查判例表明：对《纽约公约》中的以上各项承认或执行异议理由，一些缔约方或其所属地区的仲裁制定法尽管采取了强制性规则全部或大部分地予以吸收，但是，在司法审查实践中并非其中的一项或几项理由一经确立，受理的法院对仲裁裁决就一律作出拒绝承认或执行的判决，而是结合案件的其他情况自由裁量地决定应否承认或执行。再如，俄罗斯联邦最高法院 2012 年对 CJSC Russian Telephone Company 诉 Sony Ericsson Mobile Communications Rus 案的判决中以额外工作与合同具有密切联系为由驳回了被申请执行人的超裁异议。② 2008 年对尼日利亚国家石油公司（Nigerian National Petroleum Corporation）诉 IPCO(Nigeria)Limited 判决中，英国伦敦的商事法院同样宽待仲裁裁决地指出：《纽约公约》的目的是确保仲裁裁决的有效和快速执行；执行全部仲裁裁决或完全不执行仲裁裁决都与该公约的目的不符；本案允许部分地执行裁决是合理的。③

　　以上认定仲裁裁决具有全部或部分可执行性的司法审查态度都是正当的，未受到学者的批评，笔者也给予正面评价。不过，境外包括人们常称道的发达国家或地区也有法院出现一些受到学者们谴责不予执行仲裁裁决的司法审查立场。例如，早在 1998 年美国的一联邦区法院就利用《纽约公约》中的"不方便管辖"为由拒绝执行一份在芬兰作出的仲裁裁决，美国联邦第九巡回上诉法院以在该案的下级法院程序中未提及为由认定上诉人已经弃权质疑。后来联邦第二巡回上诉法院又在数起案件中使用该理由拒绝执行仲裁裁决。美国法院在近年来的数起案件中也援引了该理由。④ 有学者称，这种"不方便管辖"理由在大陆法系国家或地区并不存在。⑤ 然而，另一些学者提供的信息表明这种观点并不成立。例如，前述的瑞典斯维尔上诉法院（the Svea Court of Appeal）2005 年 2 月 28 日在对美国 Titan 公司与法国 Alcatel CIT 公司之间纠纷作出的司法审查决定同样运用了这一理由，情况

---

① See Paulsson, *The 1958 New York Convention in Action*, Kluwer Law International, 2016, pp.208-209.
② See Albert Jan van den Berg (ed.), *Yearbook Commercial Arbitration*, Kluwer Law International, 2013, pp.451-452.
③ See Paulsson, *The 1958 New York Convention in Action*, Kluwer Law International, 2016, p.190.
④ See George A. Bermann, *Recognition and Enforcement of Foreign Arbitral Awards*, Springer International Publishing AG, 2017, p.70.
⑤ See Victor Bonnin Reynes, "Forum non conveniens: A Hidden Ground to Refuse Enforcement of Arbitral Awards in the United States", *Journal of International Arbitration*, Volume 30, Issue 2, 2013, pp.165-175.

不同之处仅仅在于：该瑞典法院面对的是以本国为仲裁地的仲裁裁决撤销纠纷①，而上述美国法院面对的是以外国为仲裁地的仲裁裁决执行纠纷。总体来看，美国和瑞典的法院对仲裁有着较友好的声誉，但其中的极个别法院有时也会产生很不正常的司法审查结论，我们对此只能与其他学者一道进行聚焦并在更大范围里进行曝光，以达到较强的舆论约束之目的，同时给予相关的当事人必要的警示，以在类似情况下基于节约成本等考虑不选这些国家或地区为仲裁裁决的执行地或纠纷的仲裁地。

当然，并非境外拒绝执行仲裁裁决的所有司法审查决定都是不正当的，2018年10月18日中国香港高等法院原讼庭在Z诉Y（[2018]HKCFI 2342）案中所作的司法审查决定就是一个很好的例证。针对中国内地某仲裁机构管辖的仲裁庭作成的该案仲裁裁决中未就主合同违法性问题给予适当分析和较足够说理的这一重要情况，该法院认为违反了中国香港公共政策而拒绝执行该仲裁裁决。该法院在该决定中还援引了R诉F案（R v. F [2012] 5 HKLRD 278）②和A诉B案（A v. B [2001] 3 HKC 521）分别关于仲裁庭说理、中国香港公共政策根基方面的意见作为理由。最先阐述该案决定的学者不仅未批评其不正当，还建议中国内地仲裁员们应反思和受到警示。③ 我们十分同意这种观点，实际上，鉴于仲裁裁决理由同一方当事人抗辩权等④十分有关，比利时布鲁塞尔原审法院在2012年也曾以"未写明理由"违反公共政策为由拒绝执行过一份在美国作出的仲裁裁决。比利时2013年的新《司法法典》第1721条第1款a(iv)项尽管不再将国外准据法允许不写理由的仲裁裁决视为违反公共政策，以比利时为仲裁地或以比利时法为实体争议准据法的仲裁裁决却仍然要符合先前的必须包含理由的规则。⑤ 由此可见，仲裁庭不能在根本上成为法外之庭，除非所有当事人事先有共同真诚的授权，仲裁员们作出的仲裁裁决不能无理由或理由非常欠缺。

---

① See Sigvard Jarvin, "Swedish Court Decisions on Arbitration", *Journal of International Arbitration*, Volume 26, Issue 6, 2009, pp.873-889.

② *Applied in SCo v. BCo*, HCCT 12/2013, 24 July 2014.参见王生长：《裁决缺乏说理危及裁决执行——简评香港法院以违反公共政策为由不予执行内地仲裁裁决》（2018年11月14日），微信公众号"汇仲律师事务所"，https://mp.weixin.qq.com/s/qSEg85CC6M-KeSzaJVUSnA，最后浏览日期：2018年11月18日。

③ 同上。

④ See John Burritt McArthur, "Parties Usually Benefit Most from Reasoned Awards, NOT Standard Awards", *Alternatives to the High Cost of Litigation*, March, 2020, pp.45-48.

⑤ See Bassiri & Draye (eds.), *Arbitration in Belgium*, Kluwer Law International, 2016, pp.263-254 & p.481.

四、中国裁决承认与执行争议司法审查制度的完善

中国仲裁裁决承认与执行制度组成的渊源不仅有《民事诉讼法》①《海事诉讼特别程序法》②《仲裁法》③与多个司法解释等国内法规范,而且还有中国为其缔约方的《纽约公约》、1999 年 6 月 21 日内地最高人民法院与中国香港律政司共同签署的《关于内地与香港特别行政区相互执行仲裁裁决的安排》(下称《香港与内地安排》)④、2007 年 10 月 30 日内地与中国澳门共同制定的《关于内地与澳门特别行政区相互执行仲裁裁决的安排》(下称《澳门与内地安排》)⑤等。对于其中的国内法规范,理论界和实务界都认为存在很多缺陷且提出了不少有价值的完善建议。我们也认为,中国现行的承认或执行仲裁裁决的制度存在不少缺陷,需要在更广泛地参考更多学者们研究成果及境外立法与司法审查实践的基础上结合中国的实际情况进行完善。

(一) 改进仲裁裁决分类规范

在很多境外的法律规范中,按照其不同的特征,常对仲裁裁决进行分类并作出不同的命名,如"外国仲裁裁决""涉外仲裁裁决"或"境外仲裁裁决""国际仲裁裁决""仲裁裁决""境内仲裁裁决""国内仲裁裁决"等,由此可能适用不同的承认或执行规范。上述分类名称可谓是仲裁裁决的类别标识,其在立法中被赋名的恰当性对仲裁使用者或研究者易于正确理解仲裁裁决类型及其适用规范无疑具有影响性,否则,就会有随意而令人难以理解的怪名称。⑥

基于承认或执行仲裁裁决之目的,在中国现行有效的法律、法规中,1987 年 4 月 10 日最高人民法院发布一项通知(以下简称 1987 年《通知》)较早地含有仲裁裁决类别的规定。⑦ 按照该 1987 年《通知》的第 1 条,外国仲裁裁决有两类,即:在非缔约国领土内作出的仲裁裁决;在另一缔约国领土内作出的仲裁裁决。从履行中国为其缔约国的《纽约公约》中的义务角

---

① 该法第 237 条、第 273 条至第 275 条。
② 该法第 11 条。
③ 该法第 9 条、第 62 条至第 64 条和第 71 条。
④ 该《内地与香港安排》于 2000 年 2 月 1 日生效,可下载于 http://www.law-lib.com/law/law_view.asp?id=13,最后浏览日期:2018 年 11 月 30 日。
⑤ 该《内地与澳门安排》自 2008 年 1 月 1 日起实施,可下载于 http://www.law-lib.com/law/law_view.asp?id=281655,最后浏览日期:2018 年 11 月 30 日。
⑥ 张圣翠:《论我国仲裁裁决承认与执行制度的矫正》,《上海财经大学学报》2013 年第 1 期。
⑦ 该通知的全名为《关于执行我国加入的〈承认与执行外国仲裁裁决的公约〉的通知》(法发〔1987〕15 号)。

度来看,该1987年《通知》作出的对外国仲裁裁决这两类划分没有任何错误。

在目前的仲裁制定法规范中,对于具有承认或执行层面上意义的用语,《民事诉讼法》的规定有三个,即:"国外仲裁机构裁决""涉外仲裁机构裁决""依法设立的仲裁机构的裁决"。① 《仲裁法》中非援引条文则规定了两个分类名称,即"涉外仲裁裁决"和"裁决"。② 但是,《民事诉讼法》原第213条(现改为第237条)与原第258条(现改为第274条)的以上后两个分类名称又分别被该法的第63条和第71条所援引。

由于《民事诉讼法》和《仲裁法》在很多方面的缺陷较大,为应对各种涉及仲裁纠纷的司法审查实践问题,中国最高人民法院发布实施的很多司法文件中含不少司法审查仲裁裁决承认或执行争议的规范,如2018年《规则(试行)》及其他司法文件等。③ 此外,最高人民法院还同中国香港、中国澳门两个特别行政区联合制定了上述的《香港与内地安排》及《澳门与内地安排》。这些司法文件采用了"仲裁裁决""国际商事仲裁机构仲裁裁决""涉外仲裁机构裁决""涉外仲裁裁决""外国仲裁裁决""外国仲裁机构的裁决""依据《中华人民共和国仲裁法》作出的仲裁裁决""在香港特区按香港特区《仲裁条例》作出的仲裁裁决""在内地——作出的仲裁裁决""在——澳门特别行政区作出的仲裁裁决""中国台湾地区仲裁裁决"等用语。

除了"国际商事仲裁机构仲裁裁决"能明显确定范围④以外,以上的法律、法规无一对"涉外仲裁裁决""仲裁机构""外国仲裁机构"或"国外仲裁机构"明确地作出界定,学者们的解释也很不相同。如一些学者将"仲裁机构"不仅定义为指中国国际经济贸易仲裁委员会、英国伦敦国际仲裁院、美国仲裁协会、总部在法国的国际商会仲裁院之类的常设机构,而且也将临时仲裁中的仲裁庭描述成一种仲裁机构。⑤ 尽管不承认境内非涉自贸区的临时仲裁,对于临时仲裁中的仲裁庭和常设仲裁机构下组建的仲裁庭在境外作成

---

① 参见《民事诉讼法》第237条、第273条至第274条及第283条。
② 参见《仲裁法》第62条至第67条、第71条。
③ 如2009年12月30日发布的《关于香港仲裁裁决在内地执行的有关问题的通知》(法〔2009〕415号)、"2006年《司法解释》"、1998年10月21日发布施行的《关于承认和执行外国仲裁裁决收费及审查期限问题的规定》(法释〔1998〕28号)、1996年6月26日作出的《关于当事人因对不予执行仲裁裁决的裁定不服而申请再审人民法院不予受理的批复》(法复〔1996〕8号)、1995年8月28日发布的《关于人民法院处理与涉外仲裁及外国仲裁事项有关问题的通知》(法发〔1995〕18号)等。
④ 法办〔2018〕212号。
⑤ 谭兵:《中国仲裁制度的改革与完善》,北京,人民出版社,2005年,第152页。

的仲裁裁决,中国大陆根据国际或区际协议却在这些协议涵盖的范围内有义务予以承认或执行,因此,上述中国法律、法规中的"仲裁机构"在与"中国香港""中国澳门""外国"或"国外"等境外因素连接时,根据其上下文解释当然应包括了临时仲裁中的仲裁庭。然而,如果不与"中国香港""中国澳门""中国台湾""外国"或"国外"等境外因素连接,中国这些法律法规中的"仲裁机构"肯定不包括临时仲裁中的临时仲裁庭。同时,即使与"中国香港""中国澳门""中国台湾""外国"或"国外"等境外因素有牵连,例如,当事人约定根据中国台湾法或英国法成立临时仲裁庭,同时这些当事人又约定仲裁地为中国大陆某地,则中国人民法院也不会将该临时仲裁庭视为这些法律、法规中的"国外仲裁机构"或"中国香港仲裁机构"等。仅在 2015 年 6 月 2 日通过并于 2015 年 7 月 1 日施行的《关于认可和执行台湾地区仲裁裁决的规定》(法释〔2015〕14 号)的第 2 条中,中国的最高人民法院才定义称:台湾地区仲裁裁决意指"有关常设仲裁机构及临时仲裁庭在台湾地区按照台湾地区仲裁规定就有关民商事争议作出的仲裁裁决"。然而,这并未解决以上的其他种种问题。

很明显,中国现行法律规范中采用的"国外仲裁机构""仲裁机构"或"外国仲裁机构"之类名称中同一"仲裁机构"的用语含义却根本不同,且对其在不同情况下的不同含义,只有较熟悉中国仲裁司法审查机制的极少数专门人士能有较正确的把握。按照应采用"使用者友好型用语"这一为当代主流立法学派[①]所提倡的原则,中国上述法律、法规中的各种用语确实应被视为很有缺陷。同时,按照仲裁法学的现代视野,这些所谓"仲裁机构裁决"的表述也是很不恰当的,因为它们很容易被普通人士错误地理解为仲裁裁决是由"仲裁机构"作成的或"仲裁机构"能作出仲裁裁决。然而,即使是由某常设机构管理的仲裁,该常设"仲裁机构"也不能直接作出仲裁裁决,只有其管理的仲裁庭才有权直接作出仲裁裁决。[②] 在仅允许机构仲裁的中国《仲裁法》中也有数个条文明确地表明:仲裁庭才是仲裁裁决的唯一作出主体。[③] 再从境外

[①] 反映这种主流立法学观点的英文作品包括:J. Paul Salembier, "A Template for Regulatory Rule-making", *Statute law Review*, 2003; Ruth Sullivan, "The Promise of Plain Language Drafting", *McGill Law Journal*, November, 2001; Robert B. Seidman, "A Pragmatic, Institutionalist Approach to the Memorandum of Law, Legislative Theory, and Practical Reason", *Harvard Journal on Legislatiorn*, Winter, 1992;等等。

[②] 参见赵秀文:《从奥特克案看外国临时仲裁裁决在我国的承认与执行》,《政法论丛》2007 年第 3 期。

[③] 参见中国《仲裁法》第 49 条、第 51~53 条。

立法和研究成果来看,除了极个别的例外①,常设"仲裁机构"才被称为"仲裁机构",对应英文是"arbitral institution",而"仲裁庭"的对应英文是"arbitral tribunal"。可见,对于出自仲裁庭的裁决,中国的法律、法规赋其名为"仲裁机构裁决"显然是非常不合适的。

1996年6月8日国务院办公厅公布的一项通知②的第3条规定:在当事人自愿选择的情况下,涉外仲裁案件可以由新组建的仲裁委员会受理。如前所述,以上法律规范中的"涉外仲裁机构"的名称因该条规定立即就变得过时,分别在2007年、2012年和2017年进行三次修正的中国《民事诉讼法》却没有在这么多次的改动中划除该名称中的"涉外"用语。

另外,由于上述《民事诉讼法》第283条③及其他法律规范中没有"仲裁地"的概念或"仲裁地"的概念不突出,从而导致中国一些进行司法审查的人民法院完全无视"仲裁地法"才是仲裁程序法和确定仲裁国籍依据的国际惯例。④例如,针对下级法院一项要求执行当事人约定的仲裁地在中国香港特别行政区的国际商会国际仲裁院裁决的诉讼所应适用法律问题的请示,最高人民法院在2004年7月5日所发布的〔2004〕民四他字第6号复函中指出,该诉讼不应适用内地与中国香港特别行政区之间关于仲裁裁决承认与执行的特别安排而应适用《纽约公约》,其理由是:国际商会仲裁院设立地为法国,该国与中国都是《纽约公约》的缔约国。⑤又如,近年来的一些司法审查实践显示,一些人民法院竟然按申请人的国籍作为仲裁裁决的国籍。⑥这种不重视"仲裁地"法的司法审查态度可能会给当事人的仲裁程序造成不必要的复杂、不确定性等风险。⑦

---

① 据我们的大量考查,只有新加坡2002年《仲裁法》第2条第1款第2项和2009年《国际仲裁法》第2条第1款第1项将"arbitral tribunal"界定为可指独任仲裁员(a sole arbitrator)、数人仲裁庭(a panel of arbitrators)或仲裁机构(arbitral institution)。笔者认为,新加坡的此项立法界定是很不妥当的,其一些法条中的"arbitral tribunal"显然不能涵盖仲裁机构(arbitral institution),如其2002年《仲裁法》第15条第2款第1项中的"arbitral tribunal"一词,因为该项的"知悉the arbitral tribunal成立后15天内"的表达不可能是指一常设的仲裁机构成立后的15天内。
② 该通知的全名为《关于贯彻实施〈中华人民共和国仲裁法〉需要明确的几个问题的通知》。
③ 该条在修改前为第267条,其内容修订前后都是:国外仲裁机构的裁决,需要中华人民共和国人民法院承认和执行的,应当由当事人直接向被执行人住所地或者其财产所在地的中级人民法院申请,人民法院应当依照中华人民共和国缔结或者参加的国际条约或者按照互惠原则办理。
④ 祁壮:《论国际商事仲裁裁决的国籍属性》,《江西社会科学》2018年第9期。
⑤ 卢松:《〈纽约公约〉与裁决的撤销》,《北京仲裁》2009年第3期。
⑥ 刘敬东、王路路:《"一带一路"倡议下我国对外国仲裁裁决承认与执行的实证研究》,《法律适用》2018年第5期。
⑦ 徐伟功:《国际商事仲裁理论与实务》,武汉,华中科技大学出版社,2017年,第128页。

总之，关于仲裁裁决的分类名称或用语，在中国现行的法律、法规中被十分混乱地使用，其中不少用语很不适当或不贴合实际，这很可能会造成人们对同名称的不同理解。① 这不仅对中国立法水平方面的声誉有严重的负面影响，而且也令实务界和学术界困惑不已。这一缺陷消除的根本方法应是立足于中国仲裁使用者一般理解水平的实际情况，在参考境外的先进制定法体例的基础上对其科学的分类用语规范予以借鉴或吸收，并且可以在未来修订的《仲裁法》中进行宣示。②

具体而言，在仲裁裁决承认或执行争议的司法审查方面，中国可统一采用"内地仲裁裁决""非缔约国仲裁裁决""缔约国仲裁裁决""在内地作成的涉外仲裁裁决""在香港作成的仲裁裁决""在台湾作成的仲裁裁决""在澳门作成的仲裁裁决"共七个分类用语，然后分别实行不同的制度。但是，除了其中一目了然地与中国港澳台关联的三个用语而无须细化解释外，对其他四个用语，中国官方应当作出全国统一的定义。对此，我们的建议分别是：将"内地仲裁裁决"定义为指仲裁地为中国港澳台以外的境内且针对境内争议的仲裁裁决；将"在内地作成的涉外仲裁裁决"定义为指仲裁地为中国港澳台以外的境内且针对国际或区际（非单纯境内）争议的仲裁裁决；将仲裁地是与中国无仲裁条约关系的国家或地区的仲裁裁决界定为"非缔约国仲裁裁决"；将仲裁地是与中国有仲裁公约或条约关系国家的仲裁裁决指称为"缔约国仲裁裁决"。

建议如上分类与界定的依据是：中国存在台港澳与内地四个法域情况，对于在前三个法域作出的裁决，内地由于法律机制的不同必须给予不同的对待。然而，对于在前三个法域作出的裁决，在内地实际上获得的待遇，通过单方规定或区际协议，即使同于境外缔约国是仲裁地的仲裁裁决，然而，按照只有一个中国的原则，对于在前三个法域作出的仲裁裁决，我们绝不能称之为"非缔约国仲裁裁决"或"缔约国仲裁裁决"。

（二）完善仲裁裁决承认或执行的拒绝理由制度

在仲裁裁决承认或执行的拒绝理由方面，中国现行制度主要体现于已成为其缔约方的《纽约公约》的第 5 条第 1~2 款、属于区际协议的《香港与内地安排》和《澳门与内地安排》第 7 条第 3 款、《仲裁法》第 63 条和第 71

---

① 李燕：《试论我国仲裁监督体制的完善》，《学术界》2009 年第 5 期。
② 由此可以解决中国有学者提到的一些立法悖谬问题，该种问题的例证之一可参见张淑钿：《海峡两岸"仲裁裁决参照民事判决认可与执行"：立法悖谬与司法困境》，《台湾研究集刊》2015 年第 4 期。

条、《民事诉讼法》第 237 条和第 274 条和其他文件里一些法律条文之中。①其中,按照《纽约公约》,中国人民法院有权主动认定的仲裁裁决承认或执行的拒绝理由是:根据中国法律,裁决的争议不具有客体可仲裁性;仲裁裁决内容构成了对中国公共政策的违反。② 在与中国港澳的区际协议中,《纽约公约》下的后一理由被换成为:违反了内地法律基本原则或社会公共利益;在除涉台的法规以外的其他的法律、法规中则只有"违背社会公共利益"这一项理由。③

此外,目前在中国对于承认或执行仲裁裁决的被申请人而言,有权提出且有义务证明的承认或执行异议理由因裁决的类型的不同而并不相同。对于《纽约公约》与中国港澳的区际协议所涵盖的仲裁裁决,中国内地允许的承认或执行异议理由同于该公约中前述的前五项理由。对于境内裁决,在拒绝承认或执行仲裁裁决承认的理由方面,《仲裁法》第 63 条和《民事诉讼法》2007 年第一次修订后的第 213 条第 2 款的规定有六项。④ 在仲裁界的争取下,第二次修正且于 2013 年 1 月 1 日施行的《民事诉讼法》第 237 条第 2 款作出了修改,至此,国内仲裁裁决的撤销与不予执行理由统一了起来。⑤ 对于涉外裁决的不予执行理由,《仲裁法》和上述第二次修正的《民事诉讼法》的规定有以下四项:无有效的仲裁协议;裁决的事项不具有客体可仲裁或超出仲裁协议的范围;被申请人未获得指定仲裁员或进行仲裁程序的通知,或者无过错地未能陈述意见;仲裁规则与仲裁庭的组成或者仲裁的程序不符。⑥ 2017 年第三次修正且于 2017 年 7 月 1 日施行的《民事诉讼法》在两个同条款中保留了完全相同的规定。此外,在仲裁裁决的拒绝执行理由方面,2006 年《司法解释》第 27 条与第 28 条不仅规定了同于前述撤销仲裁裁决的弃权规则,而且还宣告:对于源于和解协议的仲裁裁决,当事人任何执行异议的理由都不可提出。

另外,《民事诉讼法》自颁布起由于就含有执行时效的规定,从而使"超

---

① 如《关于台湾规定》第 9 条、2006 年《司法解释》第 27 条和第 28 条等。
② 中国人民法院在 2008 年就首次引用了此项理由。参见吕炳斌:《论外国仲裁机构到我国境内仲裁的问题——兼析我国加入〈纽约公约〉时的保留》,《法治研究》2010 年第 10 期。
③ See Tietie Zhang, "Judicial Sovereignty and Public Policy Under Chinese Arbitration Law", *American Review of International Arbitration*, 2017, pp.381-382.
④ 这 6 项分别是:(1)当事人在合同中没有订有仲裁条款或者没有达成事后的书面仲裁协议;(2)裁决的事项是仲裁机构无权仲裁的或者不属于仲裁协议的范围;(3)仲裁庭的组成或者仲裁的程序不符合法定程序;(4)主要证据不足以认定事实;(5)确有错误适用法律;(6)在仲裁该案时,仲裁员有枉法裁决、贪污受贿或徇私舞弊行为。
⑤ 江伟、肖建国主编《仲裁法》,北京,中国人民大学出版社,2016 年,第 304 页。
⑥ 参见《仲裁法》第 70 条和第 2 次修正的《民事诉讼法》第 274 条第 2 款。

过执行时效"也能成为一项拒绝执行的理由,中国实践中有当事人已成功地使用了这一理由。① 这一理由在《纽约公约》规定的范围之外②,但却被很多缔约方的法院引用过。如仲裁业发达的瑞士,其最高法院在2013年一项司法审查判决中也支持当事人援引这项理由。③ 在世界经济头号强国美国,其Arizona区法院2019年对John Lindsey et al.诉Punta Vista Bahia S.A.案下拒绝执行仲裁的判决也给出了该理由。④ 由此可见,中国人民法院一些法官的仲裁司法审查认知在该点上也达到了国际先进水平。

不过,《仲裁法》颁布之初,一些学者就认为中国的不予承认或执行理由的规范存在着缺陷,并主张《仲裁法》第58条和1991年《民事诉讼法》第217条及其2007年修正时改成的第213条所列举的不同理由合在一起是最合适的境内和涉外裁决的不予承认或执行理由。⑤ 后来,反对该种主张的学者逐步增多。其中的一些反对声音较温和,他们仅仅提倡去除上述针对国内裁决中的第(4)和(5)项实体性的执行异议理由,或将当今的涉外仲裁裁决的执行异议理由推广适用于境内仲裁裁决,其理论依据是"国际惯例"。另一些则属于很极端的反对者,他们主张拒绝执行制度都在整体上应予以废除,包括不向当事人提供仲裁裁决承认或执行的任何异议理由,其依据是:中国有仲裁裁决撤销制度的存在,在此情况下再包含承认或执行异议制度,构成严重地损害仲裁效率的双重审查仲裁裁决的局面。⑥ 我们不同意此种观点,因为从实践情况来看,一些当事人可能根本未签署仲裁协议,更不知仲裁程序和其产生的仲裁裁决,从而没法在法定期限内申请撤销裁决。同时境外学者就已指出,在国际仲裁中《纽约公约》的第5条第1款规定也表明,仅因存在仲裁裁决撤销制度就废除不予执行理由肯定是不合适的,否

---

① 张志:《仲裁立法的自由化、国际化和本土化》,北京,中国社会科学出版社,2016年,第146页;See also Lin Yifei, *Judicial Review of Arbitration: Law and Practice in China*, Kluwer Law International, 2018, pp.29-62.
② See Katia Fach Gomez & Ana M. Lopez-Rodriguez (eds.), *60 Years of the New York Convention: Key Issues and Future Challenges*, Kluwer Law International, 2019, pp.85-86.
③ See Daniel Girsberger & Nathalie Voser, *International Arbitration: Comparative and Swiss Perspectives*, Kluwer Law International, 2016, pp.130-131.
④ See Stephan W. Schill (ed.), *Yearbook Commercial Arbitration* (Volume XLIV), Kluwer Law International, 2019, pp.1-10.
⑤ 陈安:《中国涉外仲裁监督机制评析》,《中国社会科学》1995年第4期。
⑥ 刘武俊:《仲裁业发展存在的问题及对策——对福建、安徽、吉林三省部分仲裁机构调研分析报告》,《北京仲裁》2007年第3期;韩平:《我国仲裁裁决双重救济制度之检视》,《法学》2012年第4期。

则,该公约中该款规定的适用就会严重受限。①

可能是意识到了废除不予执行制度的荒谬性,由此产生了取中间立场的学派。该派学者认为,拒绝执行的理由原则上应具有程序性,在时限有特别约定的情况下,当事人才可以提出实体性的拒绝执行理由,并声言其理论立足点是基于国际惯例。② 同时,还有些人士提出裁决不予承认或执行的理由应与裁决撤销理由一致。③ 很明显,中国的立法者在《民事诉讼法》2012年修正并被2017年修正保留而成的第237条中已接受了这最后一种观点。

另外,有些学者认为《纽约公约》和与中国港澳的区际协议中几乎完全相同的不予承认与执行理由是科学合理的,且非常详细地指出中国针对其他仲裁裁决承认或执行的异议理由很不适当,包括:在《民事诉讼法》第237条和《仲裁法》第63条中,只规定没有仲裁协议这一种情况,却未考虑到另一种有仲裁协议但该协议无效的情况也应成为不予执行的理由;在规定"裁决的事项不属于仲裁协议的范围"这一拒绝执行理由时,未考虑到"超裁"部分与"属于仲裁协议的范围"的部分可能具有可分性,由此便没有进一步规定在具有可分性的情况下仅不予执行"不属于仲裁协议的范围"那部分裁决,并且这一缺陷在后来的各司法解释中未能得到弥补;根据不应没有意义地与前半句构成重复的逻辑理解,该第(2)项理由中的"仲裁机构无权仲裁"的表述应理解为仲裁裁决的争议依法不具有客体可仲裁性,按照众多国家或地区的仲裁制定法与《纽约公约》第5条第2款之规定,这种理由应无需当事人举证证明而由法院主动予以认定,无疑,中国法律中该项规定导致了当事人举证责任的加重。④ 同时,中国对争议可仲裁性司法审查启动程序的这种制度既与国际通行制度完全不符合,在法理上也没有依据,因为争议可仲裁性规定是国家法律"在可仲裁与不可仲裁的争议事项之间划出的一条明确的界限",属于强行性规定,具有必须遵守的法律效力,仲裁庭不得以任何理由予以突破,当事人也不得以协议方式加以改变;违反法律关于争议可仲裁性规定作出的仲裁裁决侵犯的是法院对特定争议的专属管辖权;客体可仲裁性属于影响社会公共利益的公共政策范畴,违背该方面的规范会对社会公共利益等造成损害。⑤

---

① See Sirko Harder, "Enforcing Foreign Arbitral Awards in Australia against Non-Signatories of the Arbitration Agreement", *Asian International Arbitration Journal*, Volume 8, Issue 2, 2012, pp.131-160.
② 万鄂湘、于喜富:《再论司法与仲裁的关系——关于法院应否监督仲裁实体内容的立法与实践模式及理论思考》,《法学评论》2004年第3期。
③ 付本超:《仲裁司法审查的改革与创新》,《山东审判》2010年第6期。
④ 刘想树:《涉外仲裁裁决执行制度之评析》,《现代法学》2001年第4期。
⑤ 于喜富:《论争议可仲裁性司法审查之启动程序》,《法学评论》2016年第3期。

我们也同意中国目前的裁决不予承认或执行的理由的规范有着不少缺陷的主张。然而，从境外的制定法与司法审查应用的实践情况来看，除了关于实体问题的立场以外，在承认或执行异议理由方面并无统一的国际惯例可供中国简单地照搬。

先就实体问题而论，在我们所能查到的几十部中文版或英文版的现行仲裁制定法中，确实能发现不少部里面有条文允许当事人在有明确约定的情况下向有管辖权的法院提请司法审查裁决中可能出现的法律错误，如根据2011年《仲裁修改法令》(Decree No. 2011-2048 reforming the law governing arbitration of 13 January) 修订后的法国《民事程序法典》的第1489～1490条和第1494～1498条、苏格兰2010年《仲裁法》规则69～70、中国香港2010年《仲裁条例》第81条第2款c项及表2中第5条、澳大利亚南威尔士2010年《商事仲裁法》第34A条、新加坡2002年《仲裁法》第49～52条、英国1996年《仲裁法》第69～71条等。① 该种司法审查的范围在加拿大可以包括认定事实方面的错误。② 然而，在这些境外的仲裁制定法中，我们注意到，在英文章目或条款名称表述方面，该种按照当事人明示协议进行的司法审查一般称为"appeal"（上诉）③，其司法审查决定的结果可能是确

---

① 法国的这些条文并没有明确规定只能针对仲裁裁决中的法律问题提起上诉，不过，该法的第1490条第2款规定：(对于在没有相反协议的情况下一方当事人提出的针对仲裁裁决的上诉请求，裁决作成地的法国上诉）法院应当在仲裁庭的职权范围内根据法律或以友好调停人身份作出决定(The court shall rule in accordance with the law or as amiable compositeur, within the limits of the arbitral tribunal's mandate)。再结合该法第1478条明显关于仲裁庭裁决实体纠纷依据的规定来看，法国允许的仲裁裁决上诉也是针对实体法律问题。其中该法第1478条的英文表述为：The arbitral tribunal shall decide the dispute in accordance with the law, unless the parties have empowered it to rule as amiable compositeur.
② 可参见加拿大2017年修订的《仲裁法》第45条及第47条与第49条。该法可见于：http://www.e-laws.gov.on.ca/html/statutes/english/elaws_statutes_91a17_e.htm，最后浏览日期：2015年2月26日。
③ 在境外仲裁制定法或法学论著中，"appeal"（上诉）根据其上下文中有时是指本段类型的上诉，另一些时候则可能指仲裁裁决的内部上诉或者针对下级法院作出的一审判决或裁定向上一级法院提起的上诉。但是，这三种上诉寻求的救济机构或所针对的对象是不同的。第一种和第二种上诉所针对的对象都是仲裁裁决，但是，第一种上诉寻求的救济机构是一个国家或地区的法院，第二种上诉寻求的救济机构通常是按同一常设仲裁机构仲裁规则所组建的二审仲裁庭，某些商品贸易如谷物饲料贸易协会(GAFTA)及巴黎海事仲裁协会等即采用此种做法(可参见周江:《论仲裁裁决撤销中的几个问题》,《北京仲裁》2009年第3期)。第一种和第三种上诉寻求的救济机构都是一个国家或地区的法院，然而，第三种上诉针对的对象不是第一种所针对的仲裁裁决，而是一个国家或地区的法院的一审判决或裁定，其内容可能涉及仲裁裁决或其他争议，即便其内容才涉及仲裁裁决，这种上诉却是针对就仲裁裁决问题作出的一审法院判决或裁定。

认、变更、撤销仲裁裁决或发回重新仲裁。① 很明显，这种司法审查制度目的是要解决仲裁裁决是否要撤销或修改的问题而不是本节中仲裁裁决承认或执行的纠纷问题。在以上的仲裁制定法中，任何公共政策以外的事实认定或适用法律错误被规定为裁决承认或执行异议理由之一的规定根本无法找出。为此，在上一次和这一次最新修正的《民事诉讼法》中，笔者赞同中国立法者将这两项错误不再保留为仲裁裁决承认或执行的异议理由。顺便说明的是，美国现行 1925 年的《联邦仲裁法》、德国 1998 年《民事程序法典》、日本 2003 年《仲裁法》、奥地利 2006 年《民事程序法典》、中国台湾 2009 年修订的所谓"仲裁法"、西班牙 2011 年《仲裁法》、瑞典 2019 年 3 月 1 日生效的《仲裁法》等很多国家或地区的仲裁制定法规范中并无这种明示的仲裁裁决上诉制度。同时考虑到在中国目前人民法院感到司法审查内部报告制度扩大到国内仲裁裁决会是工作量上很大冲击的情况下②，我们建议暂缓引入这种仲裁裁决的上诉制度。

我们认为，就仲裁裁决不予承认或执行的理由而言，在裁决撤销申请期满后，违反公共政策③和不具有客体可仲裁性的仲裁裁决仍然应被法院主动认定为拒绝执行的理由。在根据当事人和解协议作成的裁决书④的情况下，也不能例外地不遵循这一原则，因为：诸如存在欺诈、有人身奴役内容等违反公共政策的仲裁裁决显然不会得到司法执行，否则，强制进行执行的人民

---

① 如英国 1996 年《仲裁法》第 69 条第 7 款、新加坡 2002 年《仲裁法》第 49 条第 8 款、加拿大 2009 年修订的《仲裁法》第 45 条第 5 款、中国香港 2010 年《仲裁条例》表 2 中第 5 条第 5 款等。不过，苏格兰 2010 年《仲裁法》规则 69 第 8 款中只规定了确认仲裁裁决、命令仲裁庭重新仲裁或撤销仲裁裁决的三种司法审查决定。此外，根据法国 2011 年《民事程序法典》第 1490 第 1 款和第 1498 条第 2 款，法国法院至少可以作出推翻仲裁裁决、撤销仲裁裁决和驳回上诉三种司法审查决定。
② 万鄂湘、于喜富：《我国仲裁司法监督制度的最新发展——评最高人民法院关于适用仲裁法的司法解释》，《法学评论》2007 年第 1 期。
③ 鉴于很多学者认为中国现行仲裁法制中的"社会公共利益"术语不够十分恰当，笔者建议改革后的中国仲裁法制应将之替换为"公共政策"。笔者将下一部分更详细地讨论这一问题。关于"社会公共利益"术语的局限性论著可参见刘想树：《涉外仲裁裁决执行制度之评析》，《现代法学》2001 年第 4 期；杜新丽：《论外国仲裁裁决在我国的承认与执行——兼论〈纽约公约〉在中国的适用》，《比较法研究》2005 年第 4 期；李洋桦：《强制性规则与公共政策在商事仲裁裁决承认与执行中的适用研究》，《北京仲裁》2009 年第 2 期等。
④ 中国《民事诉讼法》第 96 条规定人民法院确认的调解协议的内容不得违反法律。由此要求根据当事人和解协议作成的裁决书不得违反纠纷不具有可仲裁性或公共政策规则是理所当然的。一些国家或地区的仲裁法对此有明确的规定，如德国 1998 年《民事程序法典》第 1053 条、奥地利 2006 年《民事程序法典》第 605 条。其他国家或地区仲裁法虽然未专门申明，但是，它们关于所有的裁决书不得违反仲裁性或公共政策规则的规定对根据当事人和解协议作成的裁决书也是适用的。

法院的正义形象将会受到严重损害；同样，依法不具有客体可仲裁性的规则本身即表明不能对其涵盖的争议作出仲裁裁决，否则，如刑事纠纷由人民法院专属管辖之类保护社会公共利益的法律规定就会形同虚设。然而，对于其他可导致撤销仲裁裁决的理由，在撤销申请期限届满后，中国修订的制定法应当不允许当事人用作执行异议的依据，否则，为防止双重司法审查而即使有了被驳回的撤销裁决的理由不得在执行期间再次提起的规定，在撤销裁决申请期限内，一些当事人却仍然可能会保持沉默，待到其后的裁决强制执行程序中提出同于裁决撤销理由的执行异议主张。中国一些地方法院不时地遇到滥用裁决执行异议理由便是例证，如2007~2008年杭州市中级人民法院受理仲裁裁决执行申请的案件合计120件，当事人在执行程序中提出的仲裁裁决执行异议申请共计72件，通过司法审查仅有三件不予执行理由成立。① 如本著作开始部分所述，好的仲裁立法应当是以督促当事人尽快行使救济权、防止裁决效力长期处于不确定状态等效率、正义之价值取向为目的。可见，尽管中国今后修改而成的好法可以进一步规定提出不予执行理由的当事人应交付包括执行异议不成立时裁决的延迟执行损失在内的适当担保，却仍然需要配上以上的异议弃权规则，即撤销仲裁裁决期间能提出的理由不能在执行异议程序中采用，不然，上述好的立法意图就会落空。

综上，兼考虑到中国参加的《纽约公约》、一些区际协议②及人民法院在司法审查实践中有时也使用"公共政策"这一国际流行用语③，对于内地为仲裁地的涉外和境内裁决，我们认为，中国只应许可违反公共政策和针对的争议无客体可仲裁性两项仲裁裁决的执行异议理由。但是，根据国际、区际协议或单边规定，对于在国外或中国台港澳是仲裁地的仲裁裁决，中国内地应当继续保留所有必要的拒绝承认或执行理由，其中的一些理由肯定超出了中国内地是仲裁地的境内和涉外裁决应然的撤销理由范围，并且，在境外仲裁制定法和《示范法》中，这些理由受到了广泛的确认，也被中国参加的《纽约公约》（第5条第1款第1项第5目）所承认。例如，中国香港2010年《仲裁法》第89条第2款第6项、中国台湾2009年修订的所谓"仲裁法"第50条第6款、丹麦2005年《仲裁法》第39条第1款第1项第5目、挪威2004年《仲裁法》第46条第1款第5项、日本2003年《仲裁法》第45条第2款第7

---

① 韩红俊：《仲裁裁决不予执行的司法审查研究》，《河北法学》2010年第7期。
② 何其生：《国际商事仲裁司法审查中的公共政策》，《中国社会科学》2014年第7期。
③ 林一飞主编《最新商事仲裁与司法实践专题案例》（第十卷），北京，对外经贸大学出版社，2013年，第184~185页；宋建立：《涉外仲裁裁决司法审查原理与实践》，北京，法律出版社，2016年，第101~109页。

项、克罗地亚 2001 年《仲裁法》第 40 条第 1 款、1985 年版和 2006 年版《示范法》第 36 条第 1 款第 1 项第 5 目等规定以下情形也可以是拒绝执行的一种理由：仲裁裁决对当事人尚无约束力，或已由裁决地所在国或裁决依据的法律的所属国的法院所撤销或中止执行。无疑，仲裁裁决只有在已产生了约束力的情况下才谈得上是否经过司法审查予以撤销的问题，在因走仲裁机构内部上诉等程序而使仲裁裁决"尚无约束力"的情况下，则肯定不能发生撤销该仲裁裁决的问题。因此，"仲裁裁决对当事人尚无约束力"不能成为撤销理由。然而，一方当事人申请"尚无约束力"的仲裁裁决执行时，另一方当事人提出的拒绝执行的请求在任何境外国家或地区都是被允许的，中国当然不应无理地例外处理。另外，按照前述的应当科学改革中国裁决撤销争议司法审查机制的理念，人民法院应当是只受理中国内地为仲裁地的仲裁裁决撤销案件，同时，为了维护正常的对外交往秩序，中国内地的人民法院对国外或境外法院正当行使裁决撤销或中止执行权必须给予应有的尊重。① 因此，对于国外或境外是仲裁地的仲裁裁决，其在国外或境外中止执行或被撤销的事实，中国内地也应将之作为一项执行异议理由。至于仲裁裁决拒绝承认或执行的其他理由，应予保留的依据则是：它们既可能是财产在中国内地的该仲裁裁决被申请执行人在国际条约或区际协议下的应有权利，中国内地的制定法不应愚昧地予以放弃。从公开可获得的资料来看，有些情况下，这些当事人在国外或境外采取撤销仲裁裁决之类救济措施等可能昂贵或复杂得难以承受。同时，一些境外区域等对通过欺诈获得的仲裁裁决等没有提供特殊的撤销时限保护规则，涉及中国内地的一般当事人却可能因信息难以获得而使其在该区域不再能寻求撤销裁决等救济措施，在这种情况下，再不给予其必要的执行异议保护，显然会严重挫伤祖国大陆的声誉和吸引力。

（三）裁决承认或执行及其异议程序规范的完善

中国现行的该种规范主要体现于《仲裁法》第 63～64 条和第 71 条、《民事诉讼法》第 154 条第 1 款第 9 项和第 237 条第 2 款和第 3 款及第 274 条、总共 24 个条文的《2018 年若干问题的规定》《2015 年民事诉讼法司法解释》第 478 条、2018 年 7 月 1 日施行的《最高人民法院关于设立国际商事法庭若干问题的规定》第 14 条②、2018 年《规则（试行）》第 34 条和第 35 条、2006 年

---

① 周江、金晶：《仲裁裁决撤销制度若干问题析论》（上），《仲裁研究》2010 年第 1 期。
② 法释〔2018〕11 号。该规定由最高人民法院审判委员会 2018 年 6 月 25 日第 1743 次会议审议通过，http://sa.sogou.com/sgsearch/sgs_tc_news.php?req=tLQAZx2AFURFC6HGY7V0kzC9wb0bf9SNFhKfuspWPZKfTZL9qPeymwrmMhLq3dfI&user_type=1，最后浏览日期：2018 年 11 月 26 日。

《司法解释》第 25 条和第 30 条、1998 年 10 月 21 日与 1996 年 6 月 26 日及 1995 年 8 月 28 日由最高人民法院分别发布的《关于承认和执行外国仲裁裁决收费及审查期限问题的规定》①和《关于人民法院处理与涉外仲裁及外国仲裁事项有关问题的通知》②等。

  以上法律、法规中的相关规定内容主要是：对于境内仲裁裁决承认或执行及其异议的司法审查问题，由被申请当事人的住所地或财产所在地的中级人民法院③、具备规定标准且被符合条件的高级人民法院批准的基层人民法院④受理；对于被首批纳入"一站式"国际商事纠纷多元化解决机制的前述五家仲裁机构处理的 3 亿元以上标的额或有重大影响的国际仲裁裁决执行争议，由最高人民法院的国际商事法庭受理⑤；对拒绝执行涉外裁决和境内裁决争议，人民法院的司法审查应采用合议庭方式并在支持异议的情况下用裁定形式作出决定⑥；对于一当事人撤销申请被受理后又被另一当事人申请执行、一当事人申请执行而被另一当事人申请撤销的仲裁裁决，人民法院应裁定中止执行，在作出撤销决定的情况下应裁定终结执行，在驳回撤销申请的情况下应裁定执行恢复⑦；对于当事人就拒绝执行仲裁裁决的司法审查决定提出再审的请求，人民法院不予受理⑧；根据司法审查仲裁裁决执行纠纷的实际需要，人民法院可以要求仲裁机构提供说明或者其仲裁案卷⑨；对于申请撤销仲裁裁决被驳回后在执行程序中当事人以相同事由提出的执行异议，人民法院不应当支持；对于拒绝执行仲裁裁决的申请被驳回后当事人提出相同的撤销理由，人民法院同样不应支持⑩；对于非外国或非涉外的仲裁裁决，只有逐级报告到高级人民法院获准后拒绝执行的司法审查决定才能作出；对于涉外仲裁裁决和外国仲裁裁决，只有两个月内逐级报告到最

---

① 法释〔1998〕28 号。
② 法发〔1995〕18 号。
③ 2006 年《司法解释》第 29 条。
④ 《2018 年若干问题的规定》第 2 条。
⑤ 法释〔2018〕11 号。该规定由最高人民法院审判委员会 2018 年 6 月 25 日第 1743 次会议审议通过，http://sa.sogou.com/sgsearch/sgs_tc_news.php?req=tLQAZx2AFURFC6HGY7V0kzC9wb0bf9SNFhKfuspWPZKfTZL9qPeymwrmMhLq3dfI&user_type=1，最后浏览日期：2018 年 11 月 26 日。
⑥ 《民事诉讼法》第 154 条第 1 款第九项和第 237 条及第 274 条、《仲裁法》第 63 条和第 71 条。
⑦ 《仲裁法》第 64 条、2006 年《司法解释》第 25 条。
⑧ 1996 年 6 月 26 日作出的《关于当事人因对不予执行仲裁裁决的裁定不服而申请再审人民法院不予受理的批复》（法复〔1996〕8 号）。
⑨ 2006 年《司法解释》第 30 条第 1 款。
⑩ 2017 年《若干问题的规定》第 20 条。

高人民法院获准后才能作出拒绝执行的司法审查决定①；如果决定承认或执行外国仲裁裁决，在受理申请之日起两个月内人民法院应作出裁定，在裁定后六个月内除特殊情况外应执行结束②；在涉及的执行标的尚未执行终结的情况下，案外人有证据证明当事人恶意或者虚假仲裁损害其合法权益的，可在规定的时间内向人民法院提请不予执行仲裁裁决书或调解书，人民根据查证的属实情况等标准决定是否支持该请求。③

中国目前关于仲裁裁决承认或执行及其异议的程序规范主要缺陷是：(1) 对于不予承认或执行仲裁裁决的裁定，没有按照境外的普遍做法允许不服的当事人提出上诉，从而造成相关法官对仲裁裁决的司法审查有很大的随意性，并且即使审查错误也不再有司法救济渠道④；(2) 相同于上文针对撤销裁决制度提及的缺陷，对司法审查裁定仲裁裁决不予承认或执行前的内部报告制度与程序很低效且透明性极差⑤，同时也构成了对审判独立原则的违反⑥；(3) 仅前述名称不妥的涉外仲裁机构仲裁裁决的执行抗辩的司法审查在《2015年民事诉讼法司法解释》第541条中有规定，却仍没有对外国仲裁裁决承认或执行以合议庭方式进行司法审查的方式作出统一的规定，实践中便出现了书面司法审查这种不适当的方式⑦，上述《2018年若干问题的规定》第11条今后可能会彻底地改变这一点，然而所有法律与法规对异议的审查时限一直都规定得太短，比独任审理的简易程序的三个月的时限甚至都更短，从而使得人民法院在实践中超期审查和裁定的发生频率非常之高，最长达七年的也有⑧；(4) 在一方当事人撤销申请所导致的仲裁裁决中止执行期间，未规定任何保障措施应对所可能发生的财产转移引发的仲裁裁决最后虽被确认却无法执行的问题；(5) 对于因仲裁裁决的执行而非法受害的案外人提供救济的规则不完善，包括仅对中国内地涉自贸区

---

① 1995年8月28日发布的《关于人民法院处理与涉外仲裁及外国仲裁事项有关问题的通知》第2条。
② 《关于承认和执行外国仲裁裁决收费及审查期限问题的规定》第4条。
③ 《2018年若干问题的规定》第9条、第11条、第19条及第21条。
④ 张虎：《外国仲裁裁决在我国承认与执行程序的重构》，《法学杂志》2018年第10期；万鄂湘、于喜富：《我国仲裁司法监督制度的最新发展——评最高人民法院关于适用仲裁法的司法解释》，《法学评论》2007年第1期。
⑤ 樊堃：《仲裁在中国：法律与文化分析》，北京，法律出版社，2017年，第96、111～113页。
⑥ 顾维遐：《我们信赖仲裁吗？——关于中国仲裁研究的英文文献综述》，《北京仲裁》2010年第2期；张潇剑：《中美两国执行国际商事仲裁裁决比较研究》，《河北法学》2011年第4期。
⑦ 王秀玲：《我国涉外仲裁的司法审查及其修改与完善》，《河北法学》2005年第5期。
⑧ 张虎：《外国仲裁裁决在我国承认与执行程序的重构》，《法学杂志》2018年第10期；周资艳：《我国司法审查外国仲裁裁决听证程序之构想》，《百色学院学报》2010年第5期。

的非机构仲裁裁决或调解书的案外人未提供救济渠道、没有为境外仲裁裁决来中国内地执行而受害的案外人提供救济手段、很多规定不够细化①等。

对于上述第(1)和(2)项缺陷,可以通过允许对裁决不予承认或执行的司法裁定提出上诉方法和废除内部报告的做法加以消除。进一步而言,首先修正现行《民事诉讼法》第 154 条第 2 款,针对该条第 1 款中第 9 项不予执行的裁定,明确规定允许当事人在一定的期限内提起上诉。其次是要对《仲裁法》作出修订,增加一条规定人民法院只能按照《民事诉讼法》和该法进行仲裁司法审查,这样通过违反独立审查原则的内部报告等不当地干预仲裁司法审查的现象就会完全消失。

对于以上的第(3)项缺陷问题,可以采用两种弥补措施。第一种是:提高规范阶位和立法权威,借鉴一些国家或地区的制定法中的表述②,在中国《仲裁法》的修订中规定人民法院对境外为仲裁地的仲裁裁决承认或执行争议应采用听证或开庭的方式进行司法审查。将该种规定限制地适用于承认或执行境外作出仲裁裁决纠纷争议的主要原因是:通过前文论及的完善方法之后,在境内作出的境内或涉外仲裁裁决的承认或执行制度就只需要针对公共政策和客体可仲裁性这两种事项问题,除了涉及下文阐述的案外人纠纷等意外,它们通常都仅凭人民法院主动的书面审查就能解决。第二种为在《仲裁法》修订时规定:对于是否予以承认或执行仲裁裁决的纠纷,有管辖权的人民法院的合议庭的司法审查裁定应当在三个月内作出;在必要时该时限可被该人民法院院长决定延长,但不得超过一年。规定时限为三个月的主要原因是:现行的内部报告制经改革被废后可节省很多时间,从而没必要有更多的延长。同时,人民法院院长能决定延长的规则可满足特别疑难案件可能所需的更长时间。此外,由于拒绝执行裁定的上诉制度要被引入,超过最长兜底一年的更长时限很可能产生不必要的拖延弊端。

在境外,就法定时限内而言,当事人一方提出的撤销仲裁裁决申请一般会导致该裁决的执行中止。由于有管辖权的法院需要时间审理该撤销纠纷,为了避免申请撤销裁决的当事人利用该段时间转移财产而导致申请被驳回后发生无任何可执行财产的情形,境外的立法普遍地规定:按照意图

---

① 李昌超:《论仲裁案外人权利救济》,《甘肃理论学刊》2013 年第 6 期;朱华芳、郭佑宁:《最高法院"亮剑"虚假仲裁:评析〈最高人民法院关于人民法院办理仲裁裁决执行案件若干问题的规定〉案外人申请不予执行制度》(2018 年 3 月 8 日),重庆律师网,http://www.cqlsw.net/business/theory/2018030823487.html,最后浏览日期:2018 年 12 月 1 日。

② 如德国 1998 年《民事程序法典》第 1063 条第 2 款、挪威 2004 年《仲裁法》第 6 条第 2 款、丹麦 2005 年《仲裁法》第 5 条第 2~4 款等。

执行裁决的当事人请求,该受理的法院可以要求该申请的当事人提供适当的担保。例如,荷兰 2015 年《民事程序法典》第 1066 条第 5 款、澳大利亚南威尔士 2010 年《商事仲裁法》第 36 条第 2 款、中国香港特别行政区 2010 年《仲裁条例》第 86 条第 4 款、柬埔寨 2006 年《商事仲裁法》第 46 条第 2 款、阿富汗 2005 年《商事仲裁法》第 58 条、丹麦 2005 年《仲裁法》第 39 条第 3 款、挪威 2004 年《仲裁法》第 47 条、日本 2003 年《仲裁法》第 45 条第 3 款及 1985 年版和 2006 年版《示范法》第 36 条第 2 款等都作出了这样的规定。为此,我们建议:为了消除上述第(4)项缺陷,中国应当借鉴境外的上述普遍规定。

对于上述第(5)项缺陷,比较高效的办法是最高人民法院出台新的司法解释予以弥补。对该新司法解释规则的细化完善及是否应在修订的《仲裁法》中予以包含的问题,我们将另行撰文阐释。

本 章 小 结

裁决撤销争议的司法审查是包括中国大陆在内的世界绝大多数国家或地区仲裁制定法中普遍包含的一项制度,其内容涉及受理法院、时限、仲裁裁决撤销理由、重新仲裁及是否允许上诉等。境外有学者采用前述的非国内化理论批评仲裁地的法院司法审查仲裁裁决撤销争议,但是,实践中,越来越多的国家或地区的法官对于该种批评都不买账。不过,较为突出的局面是:对于除公共政策以外的实体问题,确实有不少国家或地区的制定法皆不允许其法院在撤销程序中进行审查。

撤销仲裁裁决争议的司法审查机制的存废或如何完善在中国存在着较大的争论。我们认为,简单地废除该机制会有很多弊端,正确的方法应当是:使用"仲裁地"而不是"仲裁机构所在地"作为确定受理的人民法院管辖权的依据、大幅度地将申请撤销仲裁裁决的时限缩短到目前的一半、改进撤销仲裁裁决的理由以使得严重的欺诈行为不能遁形、完善仲裁裁决撤销程序中重新仲裁规则以涵盖当事人的意愿、对仲裁裁决撤销的司法审查程序和决定的形式与效力规则进行重构等。

仲裁裁决承认争议与执行争议的司法审查因当事人的不同需求时而单独时而合并进行。在境外很多国家或地区,仲裁裁决承认或执行争议的司法审查受理法院、承认或执行异议的理由及程序等规范与撤销仲裁裁决争议的制定法规范很相同或很相近。不过,也有数个国家或地区的专门制定法对其国内或境内仲裁裁决的执行仅规定了较少的异议理由。在仲裁裁决承认或执行争议的司法审查方面特别令人关注的是：存在撤销仲裁裁决审查环节所没有的有关国际条约或区际协议的适用问题。

中国现行的仲裁裁决承认与执行制度存在着分类用语十分混乱、不予执行理由不适当及仲裁裁决承认或执行异议程序不合理方面的诸多缺陷。对此，为了增强仲裁的正面功能，中国不仅要立足于自身的实际情况，而且还应在参考更广泛的学者们研究成果及更多最新境外仲裁制定法与司法实践的基础上进行矫正，包括：应使用七个分类用语并确切地予以界定，对纯内地裁决仅应保留可仲裁性和违反公共政策这两项不予执行的理由，废除针对各类仲裁裁决的不予执行司法审查裁定前的内部报告，对涉外仲裁裁决和外国仲裁裁决的承认或执行异议采用合议庭听证等制度。

图书在版编目(CIP)数据

仲裁司法审查机制研究/张圣翠著. —上海:复旦大学出版社,2020.11
ISBN 978-7-309-15156-5

Ⅰ.①仲… Ⅱ.①张… Ⅲ.①仲裁法-研究-中国 Ⅳ.①D925.704

中国版本图书馆 CIP 数据核字(2020)第 119230 号

仲裁司法审查机制研究
张圣翠 著
责任编辑/张 炼

复旦大学出版社有限公司出版发行
上海市国权路 579 号 邮编:200433
网址:fupnet@fudanpress.com http://www.fudanpress.com
门市零售:86-21-65102580 团体订购:86-21-65104505
外埠邮购:86-21-65642846 出版部电话:86-21-65642845
上海春秋印刷厂

开本 787×1092 1/16 印张 19.5 字数 339 千
2020 年 11 月第 1 版第 1 次印刷

ISBN 978-7-309-15156-5/D·1041
定价:75.00 元

如有印装质量问题,请向复旦大学出版社有限公司出版部调换。
版权所有 侵权必究